避 諱 學

范志新著

臺灣 學生書局 印行

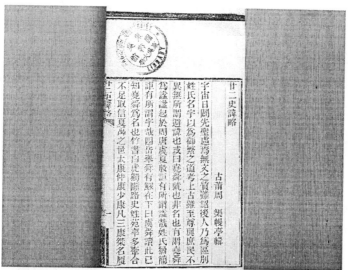

周榘　廿二史諱略（嘯園叢書本）

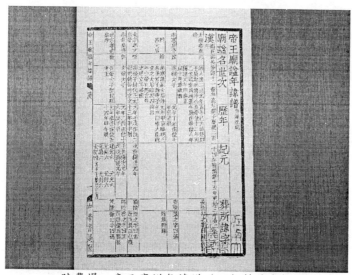

陸費墀　帝王廟諡年諱譜（四部備要本）

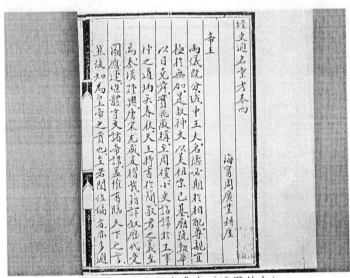

劉錫信　歷代諱名攷（畿輔叢書本）

周廣業　經史避名彙考（適園鈔本）

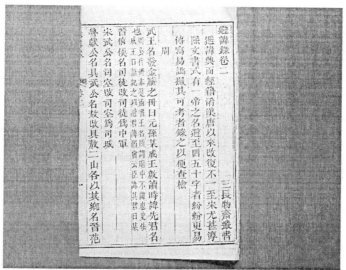

黃本驥　避諱錄（三長物齋叢書本）

張惟驤　歷代諱字譜（小雙寂庵叢書本）

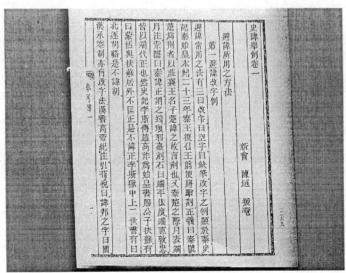

陳垣　史諱舉例（勵耘書屋叢刻本）

序

　　人名避諱學，是一門傳統學科。自漢末應劭《舊君名諱》以來，代有專著，可惜大多散佚。今所見唯清人周榘、劉錫信、周廣業、近人張惟驤、陳垣等六、七種而已。

　　人名避諱又是一門新興的學科，上世紀八、九十年代以來，有朱星《古代文化基礎知識》、高振鐸《古籍知識手冊》、臺灣李清志《古書版本鑑定研究》等，各自從文化、古籍、版本的角度，設章節討論。又有趙慧平《忌諱》、陳北郊《漢語語諱學》、李中生《中國語言避諱習俗》等，雖為專著，然大抵從廣義的語言文化背景下泛論忌諱，並非傳統意義上的人名避諱。至九十年代末期，王建《史諱辭典》和王彥坤《歷代避諱字彙典》，方是兩部總結歷代避諱現象頗具功力的工具書。王建別有《中國古代避諱史》，是避諱史專題研究，對避諱學原理、方法等本質的研究，也有涉及。

　　歷代著作中，最具價值的是周氏《經史避名彙考》和陳氏《史諱舉例》。《彙考》史料弘富，是避諱學之武庫，《舉例》初具現代避諱學的框架，然誠如臺灣學者喬衍琯指出的：「《彙考》是史料的集成，不講如何應用於研究文史。」《舉例》也有兩大缺陷：陳氏當初未及見《彙考》，於豐富的避諱史料未能充分利用，此其一。其二，《舉例》體例，仿清人俞樾《古書疑義舉例》，其內容

未免為體例所拘束，其形式不易為今日讀者所接受。所以喬衍琯氏二十餘年前在《彙考·前言》中即登高疾呼：「利用周氏辛勤搜羅的資料，和陳氏精心研析的條理，寫一新著，事半而功倍。」簡言之，人名避諱的研究，自《舉例》以來，尚無一部將理論與實踐相結合的，較全面較系統地介紹有關避諱學的基本原理，有初步的理論研究，引導讀者入門，並以此為工具，運用於鑑定文物、考證年代、校勘古籍、辨別真偽、解釋疑義等文史工作實踐的專著。本書初衷即在於此，竊欲結束此種缺憾，也權當對喬氏的一聲響應。

本書內容大致分上中下三板塊。上篇八章：介紹避諱的起源、類型、性質和內容（分上下）、方法、通則、對文獻的負面影響，以及諱字的鑑定、避諱學的應用（包括五個方面：解釋疑滯、考證辨析、校勘文字、鑑定版本、古義古音的研究）。

中篇收有三組文章，是作者運用避諱學原理研究文史的初步實踐。

下篇包括二部分：〈避諱文獻導讀〉和〈歷代避諱述略〉。

別有附錄，包括〈歷代避諱論著及論文索引〉、〈歷朝帝王諱例簡表〉。

上篇是基礎，力求講清避諱學的基本原理，從歷史發展的視角，梳理避諱類型、性質和內容、方法、通則的演變之迹。其中避諱通則與方法，各朝都有沿襲，但又有變化，比如「臨文不諱」、「詩書不諱」，歷代的理解及相關律令就有很大不同，論諱者不可不辨。一朝一代帝王的避諱律令也會有截然不同的表現，如乾隆朝可以四十二年為轉捩點，前期寬泛，四十二年後趨於嚴厲，至屢興文字大獄等。本書注意從實踐的角度，討論如何應用避諱原理解決

文史實際問題，以及應用過程中須注意的現象和問題，這裏有前人經驗的總結，也有本人近年學習運用避諱學的體會和教訓。

中篇三類文章，一類側重於利用避諱原理考訂敦煌寫本的年代；八篇劄記，大抵是對歷史文獻中出現的避諱現象的分析；錢大昕一篇，則從避諱學的角度研究避諱學人及其著作。我以為錢大昕是避諱學學科的真正奠基人，所以他成為我的首選。

下篇文獻閱讀，是對上篇闡述原理引用資料的補充，又為引導讀者直接閱讀原始文獻的橋樑。避諱史略，則力圖從宏觀上考察自周以來歷朝紛繁的避諱現象、特點、律令的變化及其產生的機制，其與上篇之分論通則方法等的演變，經緯互補。初步勾勒人名避諱的真相與歷史風貌。

附錄部分，旨在提供應用避諱學所需的資料和工具。〈簡表〉融匯《舉例》以來眾長，既羅列帝王正字、主要避代詞，而且標明出處引文。持此一編，比照對勘，或可初步解決一些問題。〈索引〉提供避諱學研究的歷史和現狀，以為深入研究之助。

避諱學研究的現實意義是顯而易見的。上世紀九十年代紅學研究中發生的對脂抄本抄寫年代的大論戰，正反兩方都曾利用避諱學這一武器，來幫助判定年代。今日回頭看這場論戰，兩方似都不免臨陣擦槍，時有見肘之嫌。敦煌學的研究歷史中，也有類似的現象。許多寫卷年代的考訂，主要依賴於諱字的鑑定。避諱法本多有取俗寫替代，而六朝唐五代人寫本偏多俗寫，故而何者為避諱，何者為俗寫，最易混淆。不少俗寫字被誤認作諱字，自然抄本的年代會搞錯。近年以來學者逐漸重視對寫本俗字現象的綜合研究，釐清俗字與諱字之區別，此乃避免偏執誤判的明智之舉。

予於避諱專門之學,未能少測其崖岸,然私心好之,以為根柢
實學,又為治學之利器。癸未歲,竊不自量,成講義五萬字,欲與
諸生共講藝。嗣扼於經濟,乃汰其五分之三,綱要以備記覽而已。
不意甫經講授,諸生以筆記為苦,紛紛請益篇幅,好事者有以網絡
資料惠貺,情為感動,乃事重訂。歷時一十八月,積稿盈尺。內子
與諸生五人共事打印,勒成此編,已逾二十五萬字矣。年屆耳順,
自慚炳燭之光,猶且溺解惑之業,不自量力,斯亦狂矣。然《詩》
不云乎:「攸介攸止,烝我髦士」,講肄之樂,豈彼阿堵諸物所可
代哉!今臺灣學生書局,不嫌淺陋,慷慨梓印,以廣流傳。是亦與
筆者同狂中人乎?至於糾謬匡正,不能無望於將伯之助云。

范志新 識於乙酉年六月

避 諱 學

目 次

中篇：實踐

上篇：理論

緒　論

　　避諱是中國古代禮俗之一。諱字的含義在避諱學中大略有二：《廣雅・釋詁》云：「諱，避也。」❶避諱學中所謂「嫌名不諱」、「二名不偏諱」、「詩書不諱」、「臨文不諱」，都是用的這個意思。古人又有「生曰名，死曰諱」之說❷，諱就是名的意思了。周人重諱，設大史、小史等掌諱事。大史「奉諱惡」，小史「昭王忌諱」，大約大史主禮儀之官，小史類書記。鄭玄注說：「諱先王名」、「名為諱」❸，此當是「生名死諱」說的來源。大約自西漢宣帝開始，生亦稱諱了。元康二年詔書說，古天子之名，難知而易諱，方今百姓多有因上書觸諱而犯罪的，我很可憐他們，「其更諱詢，諸觸諱在令前者赦之。」❹「更諱」即是更名，宣帝初名病已。避諱學中「婦諱不出門」、陳垣《史諱舉例》有「舊諱

---

❶　王念孫：《廣雅疏證》，頁 430，四部精要本，上海古籍出版社，1992。

❷　黃汝成：《日知錄集釋》，頁 1691，上海古籍出版社，1985。

❸　孔穎達：《禮記正義・王制》：「大史典禮，……奉諱惡。」注：「諱，先王名，惡，忌日。」頁 1345。《周禮・春官・小史》：「小史掌邦國之志，……若有事，則詔王之忌諱。」注：「先王死日為忌，名為諱。」頁 818，十三經注疏本，中華書局，1980。

❹　《漢書・宣帝紀》，頁 256，中華書局，1962。

新諱例」❺，即用此意。所謂避諱，即是指古人於君父尊長，出於敬畏，在言語和行文中，生則不直呼其名；死則迴避，而改用其他稱呼的一種禮俗。

一代文人、史家因避諱而改呼尊長，後來學者又以當代避諱追改從前文獻，復有為恢復原本面目而作回改。有改而未盡，又有不當改而誤改，遂踳駁紛雜，造成文獻的混淆，後人閱讀的困難。而一朝有一朝的諱字，各不相沿，有它的獨特性。梁陳以前，帝諱無不立訓上榜，昭示群臣，唐以後掌之禮部，頒行天下，故而避諱不僅是一種禮俗，實際也成為封建專制文化制度的一個組成部分。學者起而以避諱為研究物件，並且利用它解釋古文獻疑滯，校勘古書、辨別文物真偽、推斷版本的年代；自漢應劭《舊君諱議》以來，代有研究避諱專門之作，於是興起形成避諱專門之學。何謂避諱學？避諱學是以歷代避諱為研究物件，它研究避諱的物件、性質、內容、範疇、方法、原則，以及將之運用於校勘、考古、辨偽、版本諸學的一門綜合性實踐性強的應用科學。

今天為何要學避諱學？簡言之，避諱學是一門應用科學，陳垣稱之為「史學中一輔助科學」❻，又說：「史書上之記載，有待於以避諱解釋者甚眾。不講避諱學，不足以讀中國之史也。」❼說它是應用科學，因為它不止於歷史，同時也是閱讀古文獻、考定文物等的鑰匙和工具。至於史學，歸根結底是知人論世、讀書明理之

---

❺　陳垣：《史諱舉例》，頁 61，上海書店，1997。
❻　同前註。
❼　陳垣：《通鑒胡注表微‧避諱篇序》，頁 80，中華書局，1962。

學，因此可以說知人論世、讀書明理不可不講避諱學。

先說知人論世不可以不講。

我國古代避諱律令與禮俗相互依存，互為消長。然唐以前朝廷律令無聞，從上舉元康詔看，是漢已有犯諱法律，唐有冒榮之禁。《唐律疏議·職制律》云——

> 諸府號官稱犯父祖名，而冒榮居之者，徒一年。《疏議》云：府有正號，官有名稱。府號者，假若父名衛，不得於諸衛任官，或祖名安，不得任長安縣職之類；官稱者，或父名軍，不得作將軍，或祖父卿，不得居卿任之類。皆須自言，不得輒受。❽

兩宋則科場條令尤為苛細，宋儒洪邁《容齋隨筆·三筆》為實錄云——

> 本朝尚文之習大盛，故禮官討論，每欲其多，廟諱遂有五十字者。舉場試卷，小涉疑似，士人輒不敢用。一或犯之，往往暗行黜落。方州科舉尤甚，此風殆不可革。❾

避諱之俗和避諱法令，廣泛而深刻地影響了古人的社會生活。不但科舉仕宦，舉凡一時一地之風俗，朋友親串，交遊往來，婚喪嫁

---

❽　《唐律疏議·職制律》，頁 206，中華書局，1962。
❾　洪邁：《容齋隨筆·三筆》，卷十一，頁 541，上海古籍出版社，1978。

娶，隨處可見避諱的影響。六朝顏之推《顏氏家訓·勉學》說，一日，與親戚劉靈交談。他問劉的兩個兒子：「和你們父親名同音的字有多少，都能記得嗎？」

兩劉說：「沒有想過。」顏告訴他們，這類事如果不心中有數，遇有不識問人，反為無賴所欺。接著一口氣給他們列舉了十多個同音字。❿〈風操〉篇又說道——

> 今人避諱更急於古，凡名子者當為孫地。吾親識中有諱裹、諱友、諱同、諱清、諱和、諱禹。交疏造次，一座百犯，聞者辛苦，無慘賴焉。⓫

六朝江南避諱風俗由此可見。古人交往，進門必先問主人父祖之諱，以免觸犯，這叫「入門而問諱」。東晉王羲之有〈與郗家論婚書〉云「欲使子敬為門閨之賓，故具書祖宗職諱。可否之間，進退惟命。」⓬子敬是王的兒子，求婚郗曇女。觀右軍此書，可見彼時士大夫之家通婚姻，簡牘通問，都須避諱，這正是古代入門而問諱的流韻遺風。陸游《老學庵筆記》記載，北宋政和末年，議改元。

---

❿　《顏氏家訓·勉學篇》：「思魯等姨夫彭城劉靈，嘗與吾坐，諸子侍焉。吾問儒行、敏行曰：『凡字與諸議名同音者，其數多少，能盡識乎？』答曰：『未之究也，請導示之。』吾曰：『凡如此例，不預研檢，忽見不識，誤以問人，反為無賴所欺，不容易也。』因為說之，得五十許字。諸劉歎曰：『不意乃爾！』若遂不知，亦為異事。」頁 1058，四部精要本，上海古籍出版社，1992。

⓫　同前註，〈風操篇〉，頁 1047。

⓬　王羲之：《王右軍集》，卷一，光緒十八年刻本。

初擬用重和，已下詔書。有大臣奏道：「此契丹號也」。因改為宣和。其實契丹興宗年號叫重熙，不叫重和。後避天祚年號延禧嫌名，追改為重和，本不必避。❸是邦交為避諱牽制。避諱禮俗既如此廣泛深刻地滲透到古人精神生活的各個領域，則今日治學欲知人論世，勢不可不講避諱；講而不精也不行，否則就會如這個大臣，知其一不知其二，草率建白，結果外則有辱國體，內則朝令暮改，亂政擾民。而從宣和群臣杯弓蛇影避遼年號本身，清晰真實地折射出當時國是日非，積弱積貧，危機四伏的北宋政局，離靖康之難已為期不遠了。避諱現象無疑成了透析北宋政局的晴雨表。

次說讀書不可不講。

古書難讀。今存唐以前古籍文獻多出唐本，經唐人抄寫，而唐重避諱，故不可避免地留有唐諱的痕跡，細校必有數字避唐諱，讀古書不可不知。如《史記》述孔子弟子有字子斂的，他的大名自《史記》以來文獻，今所見即有邦巽、國選、邦選、邦巽和邦選五種，讓人莫衷一是。倘從避諱入手，就能明其從出先後：子斂大名原本邦巽（宣帝以前或有諱作國巽，今未見），宣帝時避嫌名作國選，而邦選、邦選皆當後人所改，或竟出唐人，蓋唐人多從翌代諱耳。（說詳〈實踐篇·荀記·說邦巽〉）唐以後古籍文獻，迭經翻刻，諱中有諱，真相難見。宋人《冊府元龜·帝王部·名諱門》——

> 唐穆宗諱（同於真宗）初名宥，元和七年，立為皇太子，始更之。十五年即位，改嘗岳為鎮嶽，嘗州為鎮州，定州嘗陽縣

---

❸　陸游：《老學庵筆記》，卷一，頁 7，中華書局，1979。

為曲陽縣,嘗王房子孫為派王房。⓮

《冊府》本欲敘述唐人避諱改地名,但今日讀者讀懂它殊非易事。
因編在宋人,故而先避宋諱,「同於真宗」,即諱恆也,因是之
故,恒嶽、恒州、恒陽、恒王房,在宋均寫作常。又因重刻在明末
光宗時,光宗名常洛,明人刻書又改常為嘗。古書難讀如此。又有
韓擒虎一人而在諸書中有六名者。《隋書》本傳止曰韓擒,〈五行
志〉童謠作韓擒獸,本傳引〈五行志〉童謠又作彪,《北史》作韓
禽,本名禽武。《隋書》、《北史》都成於唐,唐人避高祖祖父
諱,去虎,或改作獸、彪、武、豹,禽與擒通,六名實為一人。此
皆賴從避諱而疑釋。再如,《叢書集成》本王鳴盛《十七史商榷》
卷七十「改昏葉宮」條說:「《舊紀》:顯慶二年十二月,改昏葉
宮,原本同,校本宮作字。以意揣之,必是以昏字之上民字,葉字
之中世字犯諱,故改昏從氏,改葉從冊,校本是。」⓯此本「冊」
字誤。唐人諱太宗,往往缺筆改民從氏、改世為卅(或世,俗謂三
十),其形似冊。《叢書》本校者不知,遂有此訛。再有柳宗元的
弟弟叫宗玄,清嘉慶刻《全唐文》作宗圓,是因為倘依例改元,則
兄弟同名了。粵雅堂本《韓柳年譜》作宗系,玄怎麼會作系?蓋玄
清人或改亠,刻本誤作系。⓰本來對校也能解決問題,但若不知避
諱就無以解釋致誤之緣。是讀書要懂校勘,校勘須有一點避諱知識

⓮　　《冊府元龜·帝王部·名諱門》,頁37,中華書局,1960。
⓯　　王鳴盛:《十七史商榷》,卷七十,頁 745,叢書集成初編本,民國商務印
　　　書館。
⓰　　同註❺,頁48。

也。讀書要講究版本，講究版本同樣要懂一點避諱。講碑帖的，都知道淳化官本法帖，是上品，其次是絳帖。此帖世稱「亮字不全本」。就是因避金主亮諱，凡庾亮帖內亮字，皆省右邊轉筆得名。事見陶氏《南村輟耕錄》（卷十五）。

周廣業《經史避名彙考》卷十二：魏酈道元注《水經》，四十卷，見《魏書》、《北史》本傳，而李賢注《後漢書》、張守節《史記正義》、李（吉）〔林〕甫《六典注》、〔李吉甫〕《郡縣志》諸書稱引，皆曰酈元。唐於道字無所避，何以割截其名？《隋志》又但舉字曰酈善長，至《舊唐志》始正稱酈道元。歷來治此經者未嘗論及。考是時南北交通，魏孝文借書於齊，酈注亦引沈約《宋書》（自注：《宋書》成齊武帝永明六年，約卒於梁武天監十二年，道元卒於魏明帝孝昌二年，當天監五年成書，其先後，即此可推），知是書成後，江左必競傳抄，特以名犯齊高帝、梁治事、陳太常偏諱，故永明《四部》、文德《目錄》及太建寫本，俱相承刪去道字，單稱元，與齊薛淵同例；其舉字，又與宋王景文同例。唐人所用皆江左本也。唐本既然，今所傳者，地名改廣漢為廣魏，似矣。道武以下諸帝諱則觸目皆是，至宋武帝、文帝、明帝皆帝而不名，此為傳抄改定益明。武帝或作劉公、或作劉武王。「淄水」條，上言「劉武帝代慕容超於廣固」，下言「河間人元文說裕云」，又言「裕塞之」。武帝不應連姓，其原文必劉裕也。下兩裕字，乃改之不盡耳。讀書論世者，諱顧可不講

　　哉！**⑰**

案：齊高帝，蕭道成；梁治事，梁武帝祖蕭道賜；陳太常，陳高祖
祖陳道巨。周氏從隋唐人著錄徵引《水經注》著者酈道元省道字或
舉其字，而唐人不諱道字，推知唐人所用本為江左本；復因書中稱
宋武帝裕不應連姓、於裕字或諱或不諱，進而推定為江左傳抄改定
之本。雖然周氏所言不過一書的版本，然當時江左競鈔酈書、南北
文化交融的盛況，酈學的傳播及其對唐世的影響，一一可見。並皆
賴諱字而推知。周氏讀書論世者不可不講諱之告誡，因此也具有無
容置疑、不可抗拒的公信力。

　　反之，讀書不明避諱，則不解疑滯；輕易發難，更多誆誤。

　　洪邁《容齋隨筆·三筆》卷十記載：鄂州興唐寺有鐘，鑄有官
階姓名，一云金紫光祿大兼御史大某，一云銀青光祿大兼御史大
某，「大字之下，皆當有夫字，而悉削去，觀者莫能曉」。洪氏終
釋疑團，所據主要即劉道原《十國紀年》，載五代楊吳王父名惉，
蓋避嫌諱省字。

　　宋人《海錄碎事》謂淵明一字泉明，李白詩多用之。楊慎《丹
鉛總錄》又載李白詩「且就東山賒月色，酣歌一夜送泉明」，時人
改為泉聲。**⑱**此皆不明作泉是避唐高祖諱。唐玄宗的女兒恒山公
主，《新唐書·諸帝公主傳》說她下嫁薛譚，同書〈薛稷傳〉卻
說，娶恒山公主的是薛談，這是避武宗之諱，史臣追改談作譚。吳

⑰　　周廣業：《經史避名彙考》，卷十二，頁 187，臺北明文書局，1986。
⑱　　同前註，卷十四，頁 210。

繽《唐書糾謬》，以為字誤，直以不誤為誤了。

　　以上所論似乎都是從本本到本本，今天為什麼要講避諱學，其實也可說「經世致用」。避諱既是古代的一種禮俗，作為文化遺產，它還會時不時衝擊現實生活。作家舒蕪（方管）在自傳中用調侃的筆墨，敘述了年青時與避諱發生過的一段糾葛——

> 想動手寫點理學家式的筆記。先是拿出架式，要標舉一個什麼字，以顯示自成一家的決心。標舉一個什麼字呢？想來想去想出一個「誠」字，可又覺得犯了曾祖父的名諱，不大合適。請教別人，也都說不行，我就只好放下這個「誠」字，再慢慢想。❶

舒蕪曾祖父名宗誠，字存之，號柏堂。師從方東樹，是姚鼐的再傳弟子。

　　當代，避諱也在現實生活中掀起過波瀾。文革時，八大樣板戲之一，京劇《智取威虎山》，改編自小說《林海雪原》。劇中少劍波稱讚楊子榮，唱詞有：「擒欒平，逮胡標，活捉野狼嚎」。「胡標」，小說原作「胡彪」；「野狼嚎」原名「一撮毛」。「彪」、「毛」兩字當時即為犯諱，劇作者不得不作此改動。

　　治學原為致用，無疑，對避諱這一特殊的文化遺產多一點瞭解，便能對當代某些文化現象的實質，有批判的眼光和正確的理解，這也是今天我們繼承優秀的文化傳統，構築和發展進步的人類

---

❶　許福蘆：《舒蕪口述自傳》，頁5，中國社會科學出版社，2002。

文明所不能不重視的。

如何才能學好避諱學？要有古代文化多方面的知識，最好有一點文字音韻訓詁，也就是通常說的小學的知識、校勘學的、文獻學等其他學科的知識。舉一兩個例子：中華書局本《金史·孫即康傳》，章宗和孫即康討論偏旁避諱。章宗轉述參知政事賈鉉的主張：如果廟諱御名正字全體是諱字的偏旁，那麼諱字當缺筆或形變。如睿宗名宗堯，遇崇字，下半有宗字全體，就改作祟，又說——

> 顯宗廟諱「允」，「充」字合缺點畫，如「統」傍之「充」，似不合缺。

顯宗是章宗的父親，名允恭。乍看允字全體，似是充字的偏旁，按睿宗例，充字應當形變，但是充字又是統字的偏旁，為何統字又「不合缺」了呢？豈非自相矛盾？深諳諱禮的賈鉉不可能有此說。清人俞正燮校正說「賈說充當作允」、「允字合缺點畫」，就理順了上下文。允是正諱，當然「合缺點畫」，然允字並非充之偏旁。楷書看上去似是，篆書卻不是。這要從文字學的角度才能說清楚。允，《說文·儿部》：「從儿㠯聲。」允上厶，原來是㠯（即「以」），而充字雖同在《說文》儿部，卻「從儿育省聲」。育上去，他骨切，與厶（㠯）音義皆不相干。所以以充為偏旁的「從系充聲」的統字，自然不合缺筆了。再如，同治諱載淳，清代規定下字左從氵，右從隸書之享，作淳，亦即下字作湻。單用享字，則不得改亯。什麼原因？就在正字淳其篆文非從享而從𦎧，即享字並非

淳之偏旁，故不得改音。至如敦、惇、孰、熟、錞等偏旁雖則同正字，然因與正字非音同義近，也都不得作音。（唯醇字與淳通，音同義近，諱作醨）這是需文字學基礎的例子，再舉個需校勘學的例子。《舊唐書·哀帝紀》也有一節論御名嫌諱文字，中華書局本是如此處理的——

　　中書奏：「太常寺止鼓兩字『敔』上字犯御名，請改曰『肇』。從之。」

「止鼓兩字敔」頗不易索解。中書省奏本意是：太常寺柷敔樂器，上字犯哀帝（柷）嫌名，請改為肇。因為表述要避柷字，權借「止鼓」代之。「止鼓」何以可代柷？是據《爾雅注疏·釋樂》：「所以鼓柷，謂之止；所以鼓敔，謂之籈」而來。有人擔心讀者不明「止鼓」所指，就在敔下加「兩字」之注，變成：「太常寺止鼓敔_{兩字}上字犯御名請改曰肇」。後來傳抄「兩字」又誤入正文，且位移至「鼓」下，就成了今日所見似通非通的面目了。明白了個中緣故，現在我們不妨刪去「兩字」，如此標點——

　　中書奏：「太常寺止鼓敔，上字犯御名，請改曰肇。」從之。

肇為何可代柷？因為擊柷，表示樂曲的開始，（《書·益稷》「下管鼗鼓，合止柷敔」孔疏：「樂之初，擊柷以作之；樂之末，戛敔以止之。」）肇亦訓

始，亦同訓相代之意。❷如此說來，學避諱有一點校勘、訓詁的知識，也是必要的。

　　漢末汝南應劭撰《舊君諱儀》二卷，是今所知最早的我國古代避諱專著。晉有陳壽撰《釋諱》，可惜已與應書一樣早佚了。唐代有《唐諱行略》一卷，見《新唐書·藝文志》，其內容大略可從宋人宋敏求《後錄》五卷揆知，著錄進士登第者族系、名字、行第、官秩及父祖諱、主司名氏等，大概為主司考核冒榮者用，頗似後世《登科記》之類檔案材料，不是嚴格意義上的研究避諱的學術著作。倒是杜佑《通典》對歷代避諱史料有較多的著錄。唐代論避諱最有名的便是韓愈為李賀作的《諱辨》，是有影響的單篇論文。自南北朝顏之推《顏氏家訓》以來，學者對避諱時俗，都習慣於以筆記的形式加以著錄研究。以趙宋最盛。較著名的如王觀國的《學林》、洪邁（1123－1202）的《容齋隨筆》、陸游（1151－1201）的《老學庵筆記》、王楙（1151－1213）的《野客叢書》、岳珂（1183－1234）的《媿郯錄》、吳曾的《能改齋漫錄》、王應麟（1223－1296）的《困學紀聞》、周密（1232－1298）的《齊東野語》等等。明代無聞。清則考據學興，避諱研究專著與散論雜出，是避諱研究最興盛的時期。散論有顧炎武（1613－1682）《日知錄》登高一呼，嗣起者有王鳴盛（1722－1797）《十七史商榷》、王昶（1725－1807）《金石萃編》、趙翼（1727－1807）《廿二史劄記》、《陔餘叢考》、錢大昕（1728－1804）《十駕齋養新錄》《餘錄》和《廿二史考異》、俞正燮（1775－1840）《癸巳存稿》、張之洞（1837－1909）

---

❷　上二例，見中篇：箚記八篇。

《輶軒語》等，以顧、錢兩人成就最大。專著則有周榘《廿二史諱略》一卷、陸費墀《帝王廟諡年譜》一冊。陸費墀，浙江桐鄉人，乾隆三十一年（1766）進士。書成於乾隆乙未年（1775）。近人楊家駱為補《清帝廟諡年諱譜》一卷。乾隆間順天劉錫信有《歷代諱名考》一卷，留意往籍，略有可觀。《續修四庫全書總目》謂其：「持說頗精切，多所發明，其有沿習至今而不改者，均為指明。是則不特有裨典故，且足為讀史之助矣」。**㉑**嘉慶間海甯周廣業撰《經史避名彙考》四十六卷，以經史為綱領、諸子百家為條目，旁徵曲引，集清以前避諱之大成，卷首「原名」和「條例」，具序論的性質。自宋學者如王觀國、洪邁、陸游、王楙、岳珂、周密喜論避諱，至清顧炎武、王鳴盛、王昶、趙翼、錢大昕、俞正燮等屢以避諱解釋讀書疑難。但都是散在諸書，未作統理，不能系統，不及周氏彙作一編，蔚為大觀。周氏之不足則不光是未收清代資料，主要還在大抵只是資料的羅列，未能建立避諱學的完整體系。道光間，湖南甯鄉黃本驥有《避諱錄》五卷附《避諱錄補正》一卷，陸、黃皆宗周榘《諱略》，周謂書出宋餘懷《帝諱考略》。三書同出一源，初無發明，且多訛誤，故陳垣先生以為「不足為典要」。

近代，專著有張惟驤《歷代諱字譜》、歷史學家陳垣（1880－1971）《史諱舉例》，散論則有孫德謙《古書讀法略例》。陳氏《舉例》始能融會舊說，自成體系，將避諱置於科學基礎之上，利用避諱分析研究文史，應用於考古、校勘、辨偽諸學上，成為歷史學的輔助科學。但是由於《舉例》對周氏《彙考》未及充分利用，

㉑ 《續修四庫全書總目稿本》，第十一冊，頁217，齊魯書社，1996。

資料採集上多有遺珠，故上世紀八十年代中期，臺灣喬衍琯先生即呼籲利用周氏之資料、陳氏之條理，「寫一新著」，近二十年來，避諱學逐漸引起學界的重視，時賢虞萬里、王建、王彥坤等的研究都有新創獲。又《舉例》體例，乃仿俞樾《古書疑義舉例》，在理論體系上不免受拘束，於當代青年學子閱讀、接受有所不便。因不揣淺陋，吸收周陳以來學界成果，上溯避諱起源，考辨避諱原理，梳理避諱史料，重構理論框架，總結前人利用避諱研究文史的經驗，以現代傳播的形式，草為此編。初衷唯在薪火相傳，以普及光大避諱之學，使之成為既是研讀文史的有效工具和武器，又逐步脫離史學，由附庸蔚為大國，有獨立存在價值的一門人文科學。

第一章　避諱的起源

　　當代中國學者說起避諱制度的成因，大多援引東西方人類學者如美國摩爾根、英國弗雷澤、法國列維·布留爾、列維·斯特勞斯、日人穗積陳重等人的說法，以為源於原始人類的珍名心理和名字禁忌的習俗，這看法對於拓展學者的思維空間、加深對避諱本質的理解、促進避諱學研究的深化，無疑是有益的。但是，我們也應該看到，中國人所說的避諱、中國古代的避諱制度與人類學者所說的原始人類的名字禁忌，儘管都是語言禁忌，但本質上有很大的差別，中國古代的避諱是一種獨特的文化現象。

　　上舉諸人類學者關於名字禁忌習俗的調查，主要可集中為如下幾條——

> 　　在日常應酬之際，直接呼對方個人的名字，或直接詢問對方個人的名字，在印第安人間，是認為失禮的。
> 　　也有不少因為迷信關係，在患過一次重病後，由特別請求得到改名的。
>
> 　　　　　　　　　　　　　　　　　　——摩爾根《古代社會》❶

---

❶　摩爾根：《古代社會》，頁127、128，北京商務印書館，1971。

如果說出死者的名字，死去的鬼魂就會回來，他們並不希望
這樣，因此就禁忌不提死者名字。

他們有一條嚴格的規定，禁止在談到死者本人及其行為時直
呼其名。

未開化的民族對於語言和事物不能明確區分，常以為名字和
它們所代表的人或物之間不僅是人的思想概念上的聯繫，而
且是實在的物質的聯繫，從而巫術容易通過名字……來為害
於人……由此還產生了許多隱瞞和更改名字的奇怪規定。

—— 弗雷澤《金枝》❷

綜觀人類學家們總結的原始人名忌諱，可以發現，它與我國古
代所說的避諱有三大分歧。

第一，原始人名忌諱，是言語的忌諱，它是文字產生之前的原
始習俗。而我國古代所謂避諱，是發生在文字產生之後，既是口頭
的，又包括行文寫作的稱呼禁忌。

第二，原始人名忌諱，它有強烈的原始宗教的神秘色彩。人們
之所以禁忌相互直呼其名字，是怕鬼神、巫術的加害，是出於恐懼
的心理而產生的趨利避害的行為，完全是被動的。而我國古代所謂
避諱，具有人文的更多儒家文化的特徵。《白虎通義·姓名》說：
「必有名何？所以吐情自紀，尊事人者也」。❸《說文》也說：

---

❷　弗雷澤：《金枝》，頁 377、378，北京中國民間文藝出版社，1987。

❸　班固：《白虎通義·姓名》，頁 848，四部精要本，上海古籍出版社，
　　1993。

「名，自命也。從口夕者，夕者冥也。冥不相見，以口自名」。❹
與「吐情自紀」說合。但同時「有名」，也是「尊事人者」所必要
的；而且它是出於敬畏的心理，恐懼之外，還有自律和對尊長的崇
敬，它不全是被動的行為。

　　第三，原始人名忌諱，其忌諱，既是對自己名的忌諱，也是對
他者人名的禁忌，其間沒有等級之差別，其棄舊名改用新名，只是
為避某種特發事件（如大病）的禍害，有一定的隨意性；新名與舊
名之間，亦無尊卑之分。而我國古代所謂避諱，是受社會等級的制
約，上可名下，下不可名上。我國古人，名之外又有字。這個也可
以說是新名，字與名卻被認為有尊卑高下。《公羊傳》說：「名不
如字」。❺《白虎通義》說：「名者，幼小卑賤之稱也」。❻而同
時古人又有「字以敬名」、「諡以尊名」之說。名、字、諡，對一
個人來說，它們的使用，從人生經歷說是相對穩定的。《禮記·檀
弓上》：「幼名，冠字，五十以伯仲，死諡，周道也」。❼周人記
載我國古時命名有一定禮節儀式，鄭重其事。小孩生三月之末，擇
日，剪發。父親登上祖廟臺階，母親抱子出。父執了右手，逗引小
兒發出笑聲，使他有知覺，而後命名。母親讓人遍告諸女眷，父親
遍告同宗諸男。記下某年某月某日某生而藏之。又讓家人報告鄉里
的閭史。閭史書公文一式兩份，一份藏在閭府；一份上獻州史·州

---

❹　許慎：《說文解字》，頁 31，北京中華書局，1863。

❺　《太平御覽》，卷 361 引秦紀，北京中華書局，1863。

❻　同註❸。

❼　《禮記·檀弓》：「幼名，冠字，五十以伯仲，死諡，周道也。」頁 1286，
　　十三經注疏本，北京中華書局，1980。

史獻給州伯，州伯命史藏諸州府。❽禮儀繁縟莊重，似乎亦有神秘的氣氛，但實在的意義卻是，「幼名」旨在為長輩區別子息，便於呼喚。此是它的社交屬性。這儀式雖為周制，亦當「含有上古命名儀式之原形」。❾先秦男子二十而冠，女子十五而笄。行冠笄禮時即取字，「已冠而字之，成人之道也」。成人之道，即是「有為人父之道，朋友等類，不可復呼其名」❿，而當稱其字。這就是《儀禮·士冠禮》「冠而字之，敬其名也」。⓫稱字是朋友、晚輩對其名的尊重，不是說其人之名不如其字之尊，乃是說被人所字，則近乎見尊；被人所名，則近乎見卑也。這才是字與名的本質聯繫。人至五十，則單稱排行，並字不稱，或排行輔以甫（父）以呼。五十後人卒，既葬，由上諡下，即所謂「諡以尊名」，其理同「既冠稱字」，亦為諱名。所以，可以說中國古代諱名的形態是動態形的，但不是像原始忌名的更名是突發型的，而是相對穩定有規律性的。本書所講述的我國古代避諱，是人類由原始蒙昧進入文明社會後，帶有等級制烙印的產物，是我國獨特的文化現象。

有學者認為我國夏代已有私名。我國有文字記載的歷史，始於商代。殷商卜辭中，貞人代王占卜，「王卜曰」、「王固曰」，稱時王而不名，銘文器主稱父母祖先以日干廟號。卜辭中王於諸侯臣工婦子，直呼其名，昭示了避諱之俗，至遲萌芽於殷商；萌芽伊始，就伴隨著上可名下，下不可名上的等級制的社會屬性。禮諱之

---

❽　同註❼，〈內則〉，頁 1469。

❾　虞萬里：《榆枋齋學術論集》，頁 294，南京江蘇古籍出版社，2001。

❿　同註❼，〈冠義孔疏〉，頁 1679。

⓫　《儀禮·士冠禮》，頁 958，十三經注疏本，北京中華書局，1980。

制，則發軔、形成於西周，《禮》書所載，足可徵信。《禮記‧王制》：「大史典禮，執簡記，奉諱惡」。注：「諱，先王名；惡，忌日。」⓬《周禮‧春官‧小史》云：「小史掌邦國之志，奠系世，辨昭穆。若有事，則詔王之忌諱。」注：「先王死日為忌，名為諱。」⓭孫詒讓謂大史地位高，小史是大史的屬官，長屬上下通職。小史大約是負責具體事務的。大史、小史外別有宰夫，《禮記‧檀弓下》：「既卒哭，宰夫執木鐸以命於宮曰：舍故而諱新」。⓮宰夫同大史、小史都是司諱禮的職官。既有分工如此細緻的職官之設，此當是西周諱有定制之證。〈雜記〉亦云：「卒哭而諱」⓯，《左傳‧桓公六年》申繻云：「周人以諱事神，名，終將諱之」⓰，將此兩者與上引〈檀弓〉互相證發，學者以此為西周初期諱禮之原型。

　　鄭注〈王制〉、〈小史〉並云諱即名，以參《左傳》申繻所說「名，終將諱之」，可以認為周人首將時王的名字叫作「名」，先王的名字改稱為諱。所以《禮記‧雜記》所謂卒哭乃諱，是說卒哭之禮畢，稱先王不能用「名」，該用「諱」。生前所用之「名」，終將被「諱」字替代。並不可如鄭玄那樣，推論出「生者不相避名」的結論。相反，古人交往是奉行「諸侯不生名」的。

　　《左傳‧桓公六年》所載申繻論命名有「六不」：不以國，不以官，不以山川，不以隱疾，不以牲畜，不以器幣。因為「以國則

⓬　同註❼，〈王制〉，頁 1345。

⓭　《周禮‧春官‧小史》，頁 818，十三經注疏本，北京中華書局，1980。

⓮　同註❼，〈檀弓〉，頁 1313。

⓯　同註❼，〈雜記〉，頁 1564。

⓰　《左傳‧桓公六年》，頁 1751，十三經注疏本，北京中華書局，1980。

廢名，以官則廢職，以山川則廢主，以牲畜則廢祀，以器幣則廢禮」等等。從中可看出，「凡祭不諱」、「二名不偏諱」、「嫌名不諱」的諸諱禮原則，不是周初已有之制，它們是對諱禮一些原則的修正和補充，其目的是不「失事正」，不「惑未知」。它們產生的時間當是春秋時代。申繻論述中，已有「以牲畜則廢祀」之說，見得凡祭久已有所諱，否則就不存在不以牲畜命名的問題了。而申氏所述乃是周初之諱禮，（「周人以諱事神，名，終將諱之」）故而，至春秋始同二名、嫌名一樣，有「不諱」之修訂。申繻的命名說，已透露出春秋時代，帝王命名已有難犯易避的傾向。《禮記・曲禮上》有類似申繻的說法，「名子者不以國，不以日月」云云，鄭注：「此在常語中為難諱也」。❼

　　《禮記・曲禮》「大功小功不諱」等，乃是以喪服中的親疏為標準，界定諱限。它清楚地揭示了周諱的真相，它是以等級制的宗法制為基礎的。上可名下，下不可名上，起源當在殷商。《禮記・曲禮》「廟中不諱」，鄭注：「廟中上不諱下」❽也揭示諱禮的等級屬性。《禮記・曲禮》又說到：「入境而問禁，入國而問俗，入門而問諱」❾，說明周人人際交流已將避諱禮俗與國家禁令、一地的風俗等同，為士民所遵循。

　　夏有私名，商漸起諱俗，西周乃有諱禮定制，這是我對避諱起源的認識。

---

❼　同註❼，〈曲禮〉，頁 1241。
❽　同註❼，〈曲禮〉，頁 1251。
❾　同註❼，〈曲禮〉，頁 1251。

第二章　避諱的類型

　　古人諱名所以示尊重，長臣子之敬，取式質樸，後世繁重，在避正名之外，復有避嫌名、避偏旁、避形似，合之為四大類型。為敘述方便，先界限幾個概念。

　　正字：君父尊長之名字，又稱本字、正名、正諱、正呼等。

　　諱字：因避諱而改用之代字，或形變之字。

　　合諱字：應諱而尚未處理之字，指正字之嫌名、偏旁字、形近字之類。

第一節　避正呼

　　古籍文獻所論避諱，最常見為此類。

　　　《舊五代史・僭偽列傳第一》：「（南唐李）景，本名璟，
　　　及將臣于周，以犯廟諱，故改之。」❶

---

❶　《舊五代史・僭偽列傳》第一，頁 1787，《舊五代史・楊光遠傳》，頁
　　1290，又，《舊五代史・唐末帝紀》：「中書奏：『准敕，凡廟諱但迴避正

中主李璟，後去帝號，稱國主，避周高祖郭璟諱改名景。

王應麟《困學紀聞》卷五：《左傳》啟蟄而郊。《正義》
云：太初以後更改氣名，以雨水為正月中，驚蟄為二月節，
迄今不改。何焯注云，改啟為驚，蓋避景帝諱。❷

《戰國策·秦策一》：臣聞：天下陰燕陽魏，連荊固齊。鮑
彪注：荊，楚也。始皇諱其父名，故曰荊。❸

《戰國策·秦策四》：郢威王聞之，寢不寐，食不飽。鮑
注：郢，楚都也，亦避始皇父諱。❹

《晉書·職官制》：晉初以景帝諱故，置太宰以代太師之
任。❺

《彙考》卷九：琴曲曰暢、曰操。操者，言遇災害不失其操
也。自虞及漢，皆有之。魏以武帝諱，避而不作，故自蔡中

文，其偏旁文字不在減少點畫。今定州節度使楊檀、檀州、金壇等名。酌情
制宜，並請改之。其表章文案，偏旁字閼點畫；凡臣僚名涉偏旁，亦請改
名。』詔曰：『偏旁文字，音韻懸殊，止避正呼，不宜全改。楊檀賜名光
遠，餘依舊。』」頁648，北京中華書局，1976。
❷　王應麟：《困學紀聞》，卷五，頁431，萬有文庫本，商務印書館，1935。
❸　《戰國策·秦策一》，頁95，上海古籍出版社，1985。
❹　同註❸，〈秦策四〉，頁259。
❺　《晉書·職官制》，頁725，北京中華書局，1974。

郎《十操》以後，至唐韓昌黎始為嗣響。……時有作者，以
歌名之，如阮瑀《琴歌》、曹植《琴瑟調歌》、嵇康《風如
松歌》及《中散四弄》之類。至康所善《廣陵散》，散亦操
之別名。……劉潛《琴議》曰：杜夔妙於《廣陵散》，嵇就
其子猛求得此聲。是廣陵本古琴操名，非康自製。其曰散
者，因避武帝諱耳。❻

以上數例，改人名、節氣名、國名、地名、官職名、樂曲名，皆以
犯君父正字。
　　與正字，形（字）同音異，則不在犯正諱限內。
　　《晉書》載，明帝時，王敦敗後，徵王舒為尚書僕射，時將征
蘇峻。司徒王導欲出舒為外援，乃授撫軍將軍會稽內史。舒上疏辭
以父名。朝議以字同音異，於禮無嫌。舒陳狀，音雖異而字同，求
換他郡。於是改會為鄶，不得已而行。王舒父名會。會有二音：黃
外切，又古外切。王舒父讀黃外切，會稽之會讀古外切，故朝臣以
字同音異，於禮無嫌，不作犯諱。宋代《淳熙重修文書式》特地於
正諱下注明反切，如真宗名恒，字下注：胡登切。即胡登切合避，
恒另一讀音古鄧反，許用。《詩·天保》「如月之恒」，恒，《經
典釋文》本作縆，古鄧反。弦也。與胡登反不同，即非諱字。不當
迴避，也不缺末筆。
　　與正字形同音異，即多音字，亦有並諱的，但常用不同的字相
代。下面試舉唐人避一字多音，以見一斑。

---

❻　　周廣業：《經史避名彙考》，卷九，頁 136，臺北明文書局，1986。

　　唐高宗名治，字為善。治有二音：澄之反和直吏反。前者平
聲，後者去聲。高宗既字為善，則當讀平聲。劉三吾《書傳會選》
云：「治字本平聲，借為去聲。故陸氏（陸德明《經典釋文》）於諸經
中平聲者，並無音，去聲者乃用音。」音直吏反。❼平聲者，修理
其事，方用其力也。去聲者，事有條理，已見其效也。周廣業說，
唐初避治字，遇平聲皆改理，遇去聲則改化。亦有雜出，但大概如
此。

　　　　《後漢書·光武紀》：修理長安高廟、理兵仕職、吾理天下
　　　　猶理城郭也。化致升平。❽

　　　　《後漢書·明帝紀》：人冤不能理、理狀尤異者各一人。❾

　　　　《後漢書·安帝紀》：承天理人、才任理人。❿

　　　　《後漢書·仲長統傳》：〈理亂篇〉：亂世長而化世短。⓫

　　　　《後漢書·王符傳》：化國之日舒以長。⓬

---

❼　劉三吾：《書傳會選》，頁 12，四庫全書本，上海古籍出版社，1987。
❽　《後漢書·光武紀》，頁 56，北京中華書局，1965。
❾　同註❽，〈明帝紀〉，頁 111、112。
❿　同註❽，〈安帝紀〉，頁 210。
⓫　同註❽，〈仲長統傳〉，頁 1649。

上文理字、化字，皆避唐諱而改。《晉書》本唐人修，《後漢書》乃南朝范曄撰而唐章懷太子注，乃並本文改之，因而亦避唐諱。據劉三吾說，是治字平聲多用作動詞，去聲則用作名詞，准此以觀上述諸例，作動詞者多改作理，作名詞用者都改作化。見得周廣業氏所說唐初平聲改理、去聲改化是有根據的。

當然，大多情況下，正字為多音字只避與正字同音者。

第二節　避嫌名

何謂嫌？《說文・女部》：「嫌，一曰疑也。」❸《呂氏春秋・貴直》：「出若言非平論也，將以就敗也，固嫌於危。」注：「嫌，猶近也。」❹何謂嫌名？《禮・曲禮上》：「禮不諱嫌名。」鄭玄注：「嫌名，謂音聲相近，若禹與雨、丘與區也。」❺所謂避嫌名，就是避與正字音聲相近之字。若須避禹，則亦須避音近之雨、宇；若丘為正字，亦須避區，避雨、宇、區，就是避嫌名。

　　周密《齊東野語》卷四：梁太祖父烈祖名誠，遂改城曰牆。❻

---

❷　同註❽，〈王符傳〉，頁 1639。

❸　許慎：《說文解字》，卷十二下，頁 263，北京中華局，1963。

❹　《呂氏春秋・貴直》，頁 639，四部精要本，上海古籍出版社，1992。

❺　孔穎達：《禮記正義・曲禮上》，頁 2351，十三經注疏本，北京中華書局，1982。

❻　周密：《齊東野語》，卷四，頁 57，北京中華書局，1983。

《冊府元龜》卷三：晉高祖諱敬瑭，少帝天福七年勅：唐州為沁州，恩唐州為恩化州。密州輔唐縣為膠西縣。❼

陸游《老學庵筆記》卷八：契丹僭號有高坐官，亦侍從之比。（宋侍從官即唐所謂丞郎）坐本字犯御嫌名。❽

案：此當是墩字。

葉紹翁《四朝聞見錄·戊集》：姑蘇有地名韓墩，產梨為天下冠……中都謂之韓墩梨，後因光皇御諱改為韓村梨。吳中平田有培壘皆曰墩，後避諱皆曰堆。❾

光宗名惇，墩是嫌名。墩改坐、村、堆，皆避嫌名。

李林甫〈進御刊定《禮記·月令》表〉：「降及虞舜，則璿樞玉衡，以齊七政」。語本《尚書·舜典》「璿璣玉衡」，李林甫改璣作樞，是璣為御名基之嫌名。德宗〈九月九日賜曲江宴詩〉：「時此萬樞暇，適與佳節並。」則諱機，亦與基同音。❿

---

❼　《冊府元龜》，卷三，頁 38，北京中華書局，1960。

❽　陸游：《老學庵筆記》，卷八，頁 110，北京中華書局，1979。中華本「本字」倒作「字本」，今為校正。說詳見第八章「糾倒文」節。

❾　葉紹翁：《四朝聞見錄·戊集》，頁 763，四庫全書本，上海古籍出版社，1987。

❿　顧炎武：《日知錄》，卷二十三，頁 911，四庫全書本，上海古籍出版社，1987。

　　清嘉慶四年武進臧氏拜經堂刊《爾雅》於弘宏顯字等皆缺末二筆。案：弘為乾隆正諱，宏為其嫌名。顯是避清仁宗顒琰諱。

　　嫌名還有音近之字，是嫌名的「嫌名」。

　　宋《淳熙重修文書式》英宗諱曙，常恕切，嫌名有署等八字；樹，殊遇切，是曙之嫌名，其下又有嫌名竪等十七字。一諱避至二十六字。顧炎武《日知錄》卷二十三《嫌名》：注：《雍錄》以貞女樹為正女木。樹音同曙，英宗諱。

> 《光緒丹徒縣志》卷二：銀山，《舊志》云：在城西江口，舊
> 名土山，山形壁立，俗呼竪山。遇英宗諱，亦呼植土山。❷①

　　嫌名有因與正字古讀音相同而避諱的。音與正字古讀音相同的，多為同聲旁字。顧炎武《金石文字記》卷五載，唐國子學石經，凡經中……湛字皆缺筆作湛，葚作椹，椹作椹。避敬宗諱。」石經立在成宗開成二年，湛字當指敬宗廟諱。而敬宗諱讀丈減切。葚、椹，氏任切（《廣韻》），既非形合又且不同音，若依後世宋代諱例，本不必避。此時用避，蓋湛字古音直林切，是沈（俗寫沉）之古字。❷②石經諱及的葚、椹都是食任切（《廣韻》），與湛字古音合，所以當避。唐相鄭慶餘之孫茂諶，諶字也是氏任切，開成二年登進士，亦須避諱，諶字依當時例缺筆。

---

❷① 　《光緒丹徒縣志》，卷二，光緒五年刻本。

❷② 　段玉裁：《說文解字注》：「湛：湛、沈，古今字。沉，又沈之俗也。大徐宅減切，未知古音古義也。凡湛字引申之義甚多，其音不一，要其古音則同直林切而已。」頁556，上海古籍出版社，1981。

　　嫌名有二音以上者，只避與本字同音者。《慶元條法事類》卷三：宋孝宗淳熙十六年二月二十四日勅文云——

> 禮部狀。據國子監申，皇帝御名並同音二十五字數以內，鶉錞二字並係殊倫切，與淳字同音，不合迴避；又都昆切，即係與御名（惇字）同音，合從經傳子史音義避用。奉聖旨依。❷❸

准此，宋仁宗名禎，避嫌名徵。徵讀陟盈反的當諱，上聲宮商角徵羽的徵不當避。而宋人多以祉代之：如《玉海》：「宮商角祉」、「林鍾為祉，蕤賓為變祉」。《咸淳臨安志》：「蘇子瞻〈東陽水樂洞詩〉：鏘然澗谷含宮祉」。所以《禮部韻略·上聲止韻》曰：「不知祉字與此音不同，殊乖義理」。❷❹復如：《禮部韻略》附錄〈貢舉條式〉云：「字有合用而私相傳為當避者，如『分寸尺丈引』之『引』、『杼柚其空』之『杼』之類，舉人不敢用，有司不敢取」。❷❺案：杼，《廣韻》、《韻會》、《正韻》並直呂切，《集韻》：丈呂切。皆讀 zhu。《詩經·小雅·大東》：『杼柚其空』，杼當讀 zhu。《集韻》杼又音：「常恕切。泄水槽也」。《管子·禁藏》：「鑽燧易火，杼井易水」，即讀 shu。『杼柚其空』之『杼』，按理來說與本字不同音，是可以不避的。宋人科場

---

❷❸　謝深甫：《慶元條法事類》，卷三，頁 77，續修四庫全書本，上海古籍出版社，2002。

❷❹　《附釋文互注禮部韻略》，卷三，四部叢刊續編本，1989。

❷❺　同註❷❹，附錄〈貢舉條式〉。

不用,是免嫌疑。

古有方言讀音近正諱者,其字亦不當作嫌名而相避。如衣字,齊人讀為殷,《禮記·中庸》「一戎衣而有天下」鄭注:「壹戎衣者,壹用兵伐殷也」。**❷**訓衣作殷,業已有此說。宋人吳棫《韻補》亦云:「衣,於斤切。齊人言衣,聲如殷。今姓有衣者,殷之謂歟?」**❷**衣,涉殷廟諱嫌名,宋人因有避此衣者。與《中庸》相似的句子又見於《尚書·武成》「一戎衣天下大定」,鄭注:「衣,服也,一著戎服而滅紂」。宋儒因呈請朝廷:衣,字義字音,乞從〈武成〉篇為定,其音當於希反,其訓為服。所有《中庸》注云:「衣讀如殷」,及《釋文》「音於陳反」,並無證據,乞更不行用。即改正《中庸》「注衣為殷」,因為「自來傳襲以為合當迴避,而實與廟諱不同音」。**❷**

避嫌名是從什麼時候開始的?歷來有始於秦,漢,三國,隋四說。

清黃本驥主秦說,謂始於秦始皇。所著《避諱錄》（卷二）

---

❷ 《禮記·中庸》,頁 1628,十三經注疏本,北京中華書局,1982。

❷ 吳棫:《韻補》,頁 72,四庫全書本,上海古籍出版社,1987。

❷ 孔穎達疏:《禮記·中庸》:「武王纘大王、王季、文王之緒,壹戎衣而有天下」。鄭注:「衣讀如『殷』。齊人言『殷』,聲如『衣』。『壹戎衣』者,壹用兵伐殷也」。《禮部韻略》附〈貢舉條式〉:「自來傳襲以為合當迴避,而實與廟諱不同音,不當迴避者」項,出「壹戎衣」例,注曰:「今按《尚書·武成》云:『一戎衣天下大定』,注:『衣,服也。一著戎服而滅紂。』……〈中庸〉稱武王,壹戎衣而有天下,則字義字音乞從武成為定,衣音於希反。所有〈中庸〉注云:『衣讀如殷』,及《釋文》音於陳反,並無證據,乞更不行用。」十三經注疏本,頁 185,北京中華書局,1982。

云：「始皇名政，兼避正字」下自注云：「此避嫌名之始」。❷

　　主始於漢的是周廣業。《史記·天官書》云：「氣來卑而循車通者，不過三四日，去之五六里見」。《集解》：「車通，車轍也。避漢武諱，故曰通」。❸避漢武劉徹兼諱轍，這是他立論的根據。

　　陳垣主三國說。《舉例》說：「嫌名之諱，起於漢以後。《三國志·吳志》二：赤烏五年，立子和為太子，改禾興為嘉興。此諱嫌名之始也。」「嫌諱之俗，實起於三國。《晉書·羊祜傳》：祜卒，荊州人為祜諱名，屋室皆以門為稱，改『戶曹』為『辭曹』，嫌名之諱遂浸成風俗。」❹

　　主隋說的是王鳴盛。《十七史商榷》說：「齊〈文惠太子長懋傳〉：在宋末，轉秘書丞，以與宣帝諱同不就。《南齊書》同。案：宣帝，高帝道成之父，長懋之曾祖也。宣帝諱承之，丞其嫌名耳。然此事在宋本非功令，考《南齊書·百官志》太常光祿勳衛尉廷尉大司農少府皆有丞，尚書有左右丞，皆不諱，而〈州郡志〉南琅琊郡有承縣，則並正名亦不諱矣。范蔚宗為太子詹事，以父名泰，辭不拜。當時習尚如此，非定制。若隋文帝父名忠，而官名有中字者，皆改為內，則嫌名之諱始於隋。至唐益重。」❺

　　看來都是說嫌名始於何時，究其實，四家所論標的還是略有區別。黃周二氏說的是今所見避嫌名的最早文獻，陳氏所論的是嫌名

---

❷　黃本驥：《避諱錄》，卷二，道光二十六年，三長物齋叢書本。

❸　《史記》，頁 1337，北京中華書局，1959。

❹　陳垣：《史諱舉例》，頁 54，上海書店，1997。陳說實祖顧炎武，見《日知錄》卷二十三，四庫全書本，頁 913，上海古籍出版社，1987。

❺　王鳴盛：《十七史商榷》，頁 606，叢書集成初編本，民國商務印書館。

之風俗所起，王氏則兼論習俗與功令兩方面。若依王氏兼論風俗功令的思路，依我看法，風俗則《禮記‧曲禮》既載有「嫌名不諱」，早已證明周代或其前已有風俗之漸，故周禮方設有此原則。若論功令，則當以《史記》所載諱漢武，兼避轍改通為最早，周氏所論固可視作漢代功令。不取黃說，則因始皇究竟名政還是名正，今不能定也。

第三節　避偏旁

漢惠帝名盈，漢人避諱多以滿字代。楹字則以柱代之：《史記‧孔子世家》：「謂子貢曰：夏人殯於東階，⋯⋯殷人兩柱之間。昨暮，予夢坐奠兩柱之間。」兩柱字，《禮記‧檀弓上》都作楹。〈齊世家〉：「（莊）公擁柱而歌」。柱字，《左傳‧襄公二十五年》作楹。《史記‧秦本紀》：「五十六年秋，昭襄王卒，子孝文王立。」《索隱》：「名柱，五十三而立，立一年，卒。子莊襄王。」❸❸柱，孝文王名，其孫始皇時決無此稱，必漢人追改為柱。《漢書‧劉輔傳》：「俚語曰：腐木不可以為柱，卑人不可以為主。」❸❹無不呼楹為柱。楹與盈音同，漢雖有嫌名之漸，然漢人避諱多以同訓相代，故論者或以楹字為避偏旁之始。

避偏旁有多種類型：

(1)正字是合諱字的偏旁，或結構的一部分。盈之與楹屬此類。

---

❸❸　同註❸⓪，頁 1944、1501、219。

❸❹　《漢書》，卷七十七，頁 3252，北京中華書局，1962。

復如——

　　五代唐明宗名亶，楊檀「以偏旁字犯之，始改名楊光遠」。❸

　　唐經典碑帖於且及但坦景影曁亶宣等字皆日字缺中一畫。此避
睿宗旦諱。

　　唐武宗名炎，談譚本二姓，談改譚。白居易《香山集》自撰
〈墓誌〉述女適談氏，又有〈小歲日喜談氏外孫女孩滿月詩〉，李
商隱〈白公墓志〉則作：一女適譚氏。其實一人。

　　　　《金史·孫即康傳》：「睿宗廟諱（宗堯，初名宗輔）改作崇
　　　　字，其下卻有本字全體。不若將示字依《蘭亭帖》，寫作未
　　　　字……上問即康，即康奏曰：唐太宗諱世民，偏旁犯如葉字
　　　　作菜、泯字作汦字。」❸

　　《南齊書》、《梁書》避梁武帝蕭衍偏旁諱，愆例皆作僁。
〈齊郁林紀·贊〉：「十僁有一，無國不失。」〈梁本紀〉：「天
監元年詔：嬰僁入罪」、「十一年詔：同坐入僁」。《文選》亦
然：陸倕〈石闕銘〉：「尊嚴之度，不僁于師旅」、〈刻漏銘〉：
「授受靡僁」。❸

　　《舊唐書·崔玄暐傳》：本名曅，以字下體有則天祖（華）
諱，乃改為玄暐。

---

❸　同註❶。

❸　《金史·孫即康傳》，頁 2196，北京中華書局，1975。

❸　同註❻，卷十二，頁 181。

(2)正字之偏旁，也是合諱字之偏旁。

梁章鉅《南省公餘錄》卷四曰：「睿廟之諱，只須敬就本字缺筆，並無偏旁字缺筆明文，而今人每於『談』字、『淡』字之右下，亦作『又』，則無所據矣。」**❸**

清嘉慶仁宗睿皇帝名顒琰。避「琰」之偏旁諱。炎為琰之嫌名，又是它的偏旁。此例其實是避嫌名兼及其偏旁字。

這種類型不多見。

(3)正字之嫌名，是合諱字的偏旁。

法藏敦煌《文選》伯 2525 是五代朱梁時的寫本，〈光武紀贊〉「三象霧塞」，霧字左下偏旁矛字缺末一撇，此蓋避後梁帝朱全忠曾祖茂琳之茂字。矛與茂音同，莫侯切。矛是嫌名，在霧字為偏旁。再如《俄藏敦煌寫本 ф.242 文選注》中韋孟〈諷諫詩〉「矜矜之王」、「務此鳥獸」，兩矜字一務字，偏旁矛字亦缺末一筆，皆避茂字諱。**❸**

第四節　避形似

合諱字與正字僅形似而已。

---

❸　梁章鉅：《南省公餘錄》，卷四，頁 5062，臺北新興書局，筆記小說大觀本，第 28 編。

❸　范志新：《文選版本論稿・法藏敦煌文選伯 2525 係五代朱梁寫本》，頁 230－232、《再論俄藏敦煌寫本 ф.242 文選注的成書年代》，頁 217－220，江西人民出版社，2003。

　　唐玄宗多忌諱，如幽州幽字近幽，改為邠州。❹《朱子語類》卷一百二十七：「向改慶元年號，先擬『隆平』。某云：向來改『隆興』時有人議破，以為隆字近降字。今既說破，則不可用。」❹兩例性質不屬人名避諱，但人名避諱的確也存在避形似的現象。

　　《續漢百官志》：「虎賁中郎將」，劉昭《補注》引蔡質《漢官曲職儀式》云：虎賁舊作虎奔。言如虎之奔也。王莽以古有勇士孟賁改焉。沈約《宋書·百官志》亦云莽輔政以奔為賁。《太平御覽》引應劭《漢官儀》：「虎賁中郎將，古官也。舊稱武王伐紂，虎賁[奔]三百人。言其猛忽如虎之奔赴。平帝元始元年，更名虎賁郎。古有勇者孟賁，改奔為賁。」蔡、應皆漢人，必非妄言。《漢書·百官志》：「武帝置期門，平帝元始元年更名虎賁郎。」顏師古注：「賁讀與奔同。言如猛獸之奔。言為奔走之任也。」但云同義，未說本字。周廣業《彙考》云：「奔與莽字形近。元始改制，詔莽者為易賁，以避其名。《周禮》乃劉歆所上，王莽時奏置博士，立之學官，宋人多疑劉歆所作，故《周禮·夏官禮》有虎賁氏、旅賁氏，鄭玄杜預諸儒皆為所騙。」❹奔僅因形近莽而改避作賁。形近致諱，始見於此。朱梁時嘗更天干戊為武，《容齋續筆》謂以戊類成字，故司天監詔之。以為避朱溫父誠，當然是不對的，戊為茂之嫌名，避的是朱溫曾祖。但說「以戊類成」，有形近致諱一說，當是有所據而言，王莽改奔作賁，是為明證。

---

❹　《太平御覽》，卷 164，頁 799，北京中華書局，1960。
❹　朱熹：《朱子語類》，卷 127，頁 3062，北京中華書局，1986。
❹　同註❻，卷七，頁 116。

司馬相如《上林賦》「窮及倦谻」，是指野獸被追逐得無路可走，極度疲憊。谻，此字左從谷（亦其虐切），俗寫久而成山谷之谷。右從丮（ji），隸變成丸、卂（音 wan 不是凡）、几，俗寫與丸凡几無異，《漢書》、《史記》、《文選》便作郄、谻、却、埶諸字。宋欽宗名桓，《淳熙重修文書式》嫌名第三十六字㽘，音胡官切，其義唯取宋人訛為鏝㽘亭之亭名㊸此外別無義可取。與谻之俗寫㽘，形迹相似，音義都不同，本是兩字。宋代樓鑰（1137－1213）《攻媿集》（卷七十八）載：進士同年有名申錫的，參加博學宏詞考試。此人作文喜用奇字，已在選中，卻因用了「倦㽘」字，有司以為犯欽宗嫌名而遭黜落。樓氏以為「過矣」。㊹宋末周密（1232－

㊸ 鏝㽘亭之㽘應作㽘，音仇（qiu）。《顏氏家訓·勉學》：「及檢字林·韻集，乃知……亢仇舊是鏝㽘亭（趙明曦注：上音武安反，下音仇），悉屬上艾。」頁 1057，上海古籍出版社，四部精要本，1992。

㊹ 樓鑰：〈跋㽘書〉：「蜀隆州有山名跨鼇。郡人李公新號跨鼇先生，有書一編名《㽘書》。觀物先生張公行成跋云：『《方言》曰：㽘，倦也。丁度謂字或作谻。故司馬相如云：窮極倦谻，而釋者亦云倦谻，疲憊也。先生之書以㽘名，蓋示其倦遊不睎時用也。』余考之《集韻》二十陌有㽘字，與劇同音。注引《方言》：倦也。然則此書之名，音從劇，義則倦，跨鼇之意不過此爾。然《說文解字》：無㽘而有谻。《集韻》：㽘，胡官切。鏝㽘，亭名。在上谷。鏝，謨官切。《說文解字》：谻，其虐切，相踦谻也。二字若不類而俗書足以相亂。㽘，從山谷之谷，彈丸之丸，則是欽宗廟諱嫌名第三十六字。止是亭名，別無義可取。跨鼇卒於宣和之末，故不以靖康之嫌名為避。谻，從谷，亦其虐切。口上阿也。從口，上象其理。郤、綌皆從此，俗書與山谷之谷無別。丮，已逆切，持也，象手也。《集韻》云隸變為丸。執孰等之丸、卂恐築之卂，當從丮。俗書與丸、凡無別。司馬相如〈上林賦〉曰「徼谻受詘」、曰「窮及倦谻」，俱音劇。倦㽘，疲憊也。而《說文》谻字，徐鍇通釋亦引〈上林賦〉徼谻受屈，謂以力相踦角，徼要極而受屈也。

1298）《癸辛雜識・前集》轉述申氏故事，訦字並改作亂，或亂。
宋諱重音，正字有一字多音的，本可只避與正字同音者，嫌名亦
然。此明載在《淳熙重修文書式》，況且申氏已與倦字連用，與取
義亭名之訦，明顯是兩字。主司還以嫌名論處，可見宋諱類型有避
形似一說。有人或許會說，宋諱只避與正字同音令式，最早見於光
宗間，申錫故事不能援以為宋諱有避形似之據。姑不論申赴試弘
詞，在光宗還是孝宗，同是宋人的周密再述前事，改作亂字，便是
宋有避形似的鐵證。周廣業《彙考》即如此認定的——

　　亂字亦與訦字稍異。疑泗水潛夫因避諱，小變其體也。❹

泗水潛夫，是周密的號，「小變其體」，即為形迹相似，不是用改
代字之類。並且，認定周密是始作俑者。

　　避形似，來源甚古。《說文・辛部》「辠」字云：「辠，犯法
也……秦以『辠』似『皇』字，改為罪。」❹此當避形似之最早的
記錄。後之經書皆以罪易辠，宋時學者考核，唯《禮記》、《爾
雅》尚有保存。

訦，竭戟切。餒，其虐切。聲亦相近，疑即餒字也。跨鼇之書不應取跨餒之
義，正用《方言》、〈上林賦〉倦訦之意耳。區區雖若辭費，詳考及此，因
並見之，以俟好古者。癸未申同年錫，赴宏詞。多用奇字。已在選中，正用
倦訦字。而有司以為犯廟諱嫌名而罷之。過矣。」頁 249－250，四庫全書
本，上海古籍出版社，1987。
❹　　同註❻，卷二十，頁 330。
❹　　同註❸，卷十四下，頁 309。

第三章　避諱的物件性質和內容（上）

　　《公羊傳·閔公元年》曰：「為尊者諱，為親者諱，為賢者諱。」❶雖說的是《春秋》一書的寫作原則，對三者的過失避而不書，是泛言忌諱而非人名忌諱，然所論忌諱的物件，卻與人名避諱有共通處。尊者，指帝王、高官、守土之長吏；親者，主要指直系之長輩；賢者，指師長等等。

　　歷代避諱，若按其性質可分為公諱和私諱兩大類。

　　公諱，又稱國諱。指對包括時王御名、先王廟諱❷在內的、與帝王有關的人和稱號的迴避。公諱是天下臣民舉國共諱，事諱者不是限於一人、一姓或一地方者。

　　私諱，包括家諱、內諱。泛指對父祖直系長輩、母妻親屬、師友、守土長吏等尊長之諱。事諱者多人子一人、一姓或一地方之百姓。

---

❶　《春秋公羊傳注疏》，卷九，頁 2244，十三經注疏本，北京中華書局，1980。

❷　程大昌：《演繁露》，卷五，頁46，叢書集成初編本，民國商務印書館。

公諱和私諱各有不同的的物件、避諱內容。

公諱。

公諱的物件，可分兩類：一類是與帝王有關的人。帝王（御名廟諱）外，別有：后妃、太子、藩王、外戚、先聖、高官和異族君王等。一類是各種與帝王有關的稱號，具體說，主要有：帝姓、國號、年號、諡號、尊號和陵名等。

第一節　與帝王有關的人

后妃。自春秋末秦芊（悼武后）攝政，加號帝母曰皇太后、祖母曰太皇太后，嫡曰皇后，漢以後因之。呂雉稱制，遂立野雞之訓，天下諱之。此為皇后上榜立訓之始。東漢《后紀》臨朝始章德竇后及和熹、安思、順烈、桓思、靈思、何后凡六人，諱法均無考，安思閻皇后，少帝時尊為太后，躬臨前殿，太后東面，少帝西面，朝堂之上，儼然二帝，史謂「后諱與帝諱俱下」❸，殆權輿於是。在此之前，后諱止上榜，使臣下不得命名，並不頒下，亦不立訓。迄西晉初，武帝太始二年，有司奏皇后諱與帝諱俱下為故事，詔曰：「禮：內諱不出宮。而近代諱之，非也。勿下。」❹俱下既非「故事」，乃令「勿下」，即勿頒下，但上榜，不令海內盡避之如帝也。東晉又將后諱備載，頒下如舊。避諱精詳，已違武帝祖訓。成恭杜皇后名陵，改宣城陵陽縣為廣陽縣。會稽太妃鄭阿春，

---

❸　《南齊書》，卷九，頁148，北京中華書局，1972。

❹　《通典》，卷一百四，頁2735，北京中華書局，1988。

係簡文帝生母，孝文帝時尊號簡文太后。唯因不是嫡母，朝廷爆發
了一場該不該避簡文太后諱的爭論。主張不避的，在爭論中似乎占
了上風，但實際上凡地名中有春字的都改為陽，壽春改壽陽、富春
改富陽、宜春改漢陽。不但改地名，連《春秋》也改為《陽秋》。
晉人孫盛先著書《魏氏春秋》，到了寫晉史就名《晉陽秋》了。後
人葛立方，號稱博洽，作詩話名之曰《韻語陽秋》。趙宋人而為晉
諱，蓋未深考耳。江左宋齊，追步東晉，后諱無不頒降列榜，率土
同諱。南齊建元元年（479），朝廷也發生過后諱立訓上榜的爭議。
僕射王儉及從兄王慈反對后諱立訓，反對榜制。慈說：「朝堂榜
志，諱字懸露。義非綿古，事殷中世。空失資敬之情，徒乖嚴配之
道。」博士李撝、太常丞王儞之、儀曹郎任昉則堅持班訓立榜。以
為：「直班諱之典，爰自漢世，降及有晉。歷代無爽。今之諱榜，
兼明義訓。……故懸諸朝堂，……敬避之道，昭然易從。此乃敬恭
之深旨，何情典之或廢？」❺結果慈議不行。上榜、頒下、立訓是
三個禮儀。諱榜最早見於漢代。西晉后諱只上榜，東晉頒下，至齊
始兼明義訓。其有人名、地名犯帝后諱者皆改。梁代，武帝丁貴嬪
為昭明太子、簡文帝生母。貴嬪名令光，亦四海共諱，然二字止禁
連呼，故言語仍稱令而哀策亦不避光字也。北魏后諱，史書皆缺，
是上榜頒諱之制與江左已異。隋唐以降，最重帝諱，於后諱記載亦
絕無聞，唐武則天臨朝稱制，自名為曌，則天乃中宗重定后諡。宋
真宗劉皇后，仁宗時尊為太后，與帝同御，垂簾決事，乃有詔中外
避太后父通諱，是為殊禮。太后崩，即廢。后父諱且避，則后諱之

---

❺　同註❸，卷四十六，頁 802。

避迴，不必言矣。唐宋諱禮與漢晉固已不同。明代宮幃最稱清肅，不見后臨朝稱制，自然無諱訓上榜。清則雖有慈禧稱制，亦無頒諱立訓之事。

太子。又稱世子、儲君、副主。周制，天子、諸侯之子稱世子、太子不定。西漢皇帝嫡嗣稱皇太子，諸侯王嫡子亦稱太子，至東漢諸侯王嫡子盡稱世子。後世因之。唐因諱太宗，世子改太子。避太子名諱，始見於西漢。《漢書・戾太子傳》：江充上書武帝，誣太子以巫蠱事。帝怒，發兵收斬之。太子出亡。壺關三老上書言亟罷甲兵，毋令太子久亡。帝尋感悟，太子已為吏所捕死。三老上言稱皇太子而不名，證知避太子諱此制始於漢。（卷六十三）按禮，太子分居臣子，「父前子名，君前臣名」，不必諱也。司馬遷《史記》於周天子並皆言名，漢之儲貳俱沒其諱，蓋以尊漢卑周。隋人魏澹嘗論其失。然彼所著《魏史》，於帝則諱名、太子則書字不名，實亦諱也。三國以後，於太子則或諱或不諱。嘉禾改嘉興，是東吳諱例，而據《雲麓漫鈔》，末帝天璽元年陽羨山《封禪碑》云：「嘉禾秀穎，甘露凝液。」❻又不諱禾字。可見並無定準（或以為已廢不諱）。西晉山濤官尚書僕射，有《啟事》稱皇太子而不言名。而《日知錄・皇太子名不諱》（卷二十三）援《漢魏故事》：晉咸寧中，議除皇太子稱臣制。摯虞以為《孝經》「資于事父以事君」，義兼臣子則不嫌於稱臣。詔令依舊。是西晉初已有分歧。《通典》載，東晉孝武帝太元間，義興太守褚爽上表稱太子名，引

---

❻　趙彥衛：《雲麓漫鈔》，卷一，頁 1523，筆記小說大觀本，臺北新興書局，1978。

發太學一場爭議。這場爭論似乎影響深遠，至唐還未有垂為定制。武則天篡位以後，由於種種原因，復立中宗李顯為太子。左庶子王方慶首先「建言不斥太子名」。❼他說，山濤中朝名士，必詳典故，《啟事》稱皇太子而不名，應有憑准。本朝為太子李弘，改弘教門為崇教門，為太子李賢改崇賢觀為崇文觀。現在東宮殿及門名，皆有觸犯，臨事上疏，迴避不便。於是「制可」，改顯德殿為明德殿、顯福門為明福門。王方慶的建言，從歷史學家來看，是有為李家王朝復辟的政治含義，而從避諱學看，武氏雖號革命，也接受了太子避諱的成例。可到後來，仍未能循此成例。比如：憲宗初名淳，為太子時，陸淳侍讀東宮，迴避改名質。監察御史韋淳初不肯改，聽說陸改名，不得已亦改名處厚。先是兵部尚書王紹本名亦與太子同，冊禮前，紹上書請改名。議者非之，說皇太子亦人臣也。東宮之臣當請改，你非其屬，遽請改名，豈是以禮事上呢？爭論由該不該避，引出廷臣是否當如東宮僚屬避太子諱。事見《唐書》、《冊府元龜》。宋人避諱雖嚴，而於避儲副亦似稍疏。太宗子昭成太子元僖，其曾嗣孫仲恕，諡號純僖。犯太子名，不以為非。明洪武間規定百官、內官稱皇太子、諸王曰殿下，是有明之制，太子親王俱應迴避。清嘉慶時，因錦州知府名善璉，遂有「璉字係朕兄端慧太子之名。著改連」字之諭。試場不以《論語》「瑚璉也」命題，瑚連字仍不可用。❽清代避太子諱，止見此。

藩封。周武王立仲雍後吳王周章之弟於故夏墟，是為虞仲。封

❼　《新唐書·王方慶傳》，頁 4255，北京中華書局，1975。

❽　張之洞：《張之洞全集·輶軒語》，頁 9816，河北人民出版社，1998。

於虞而字仲也。虞後為晉所滅。《春秋·僖公五年》：晉人執虞公。書爵而不名，猶尊其諱，這或是藩封避諱之始見。周初立國七十一，姬姓居六十二，異姓居九耳。其時屏藩典重，國皆置史，以奉諱惡。東遷之後，亡滅者多。秦燔一炬，譜諜散佚，司馬遷《史記·諸侯年表》合同異姓止十二國而已。先秦藩封避諱例訓，故闕而莫明。秦廢封建，其制遂湮。漢晉以降，最重親王。史書序帝子，必先庶姓，實春秋屏藩遺意也。漢高祖時，列侯多至百數，唯皇子加號稱王，即史所謂諸侯王也。王在國辟置官屬，撫治百姓。凡王有撰書，則多事避諱。淮南王劉安，父名長，所撰《淮南子》長字改修，《顏氏家訓》所謂「厲王名長，琴有修短之目」**❾**；劉向《戰國策·序》云「國策……或曰長書，或曰修書」**❿**，此修字亦劉安所改。《後漢書》云趙人毛萇傳《詩》，《漢書·儒林傳》但言毛公為河間獻王博士，當時避厲王嫌名，故以公稱之。河間獻王名德，修學好古，好鈔書，所藏多先秦舊本古文，《周官》、《尚書》、《禮記》、《老子》、《孟子》之屬皆經傳說記。諸經德字不諱，此固「臨文不諱」。若《樂記》為王自撰，內史丞王度所為傳，理當避諱，而有「禮樂皆得謂之有德」之文，人咸疑之。晉世宗藩見寵，東海王越世子名毗。《晉書·地理志》：「惠帝以毗陵郡封毗，避毗諱改為晉陵。」**⓫**諸王之避名可知，只是晉與漢諸王諱法無考。江左崇親藩。《南齊書·武十七王傳》：「晉陵王

---

❾ 顏之推：《顏氏家訓·風操》，頁 1047，上海古籍出版社，四部精要本，1992。

❿ 劉向：《戰國策序》，頁 57，上海古籍出版社，四部精要本，1992。

⓫ 《晉書·地理志》，頁 463，北京中華書局，1974。

子良先為宋邵陵王[師]友，王名友，尋廢此官，遷安南長史。」⓬
劉宋制度：王國置師友、文學各一人。子良官師友，職名犯邵陵王
諱，而廢此官職。可見諱法一斑。江左於親王偏諱、嫌諱則仍不
避。建平王景素，江淹為主簿，其〈從冠軍建平王登廬山香爐峰〉
乃云：「藉蘭素多意。」⓭又〈遊紀南城〉詩云：「願借若木
景」。⓮齊謝朓為隨郡王子隆文學，〈奉和晉陵王（子良）同沈右
率過劉先主墓詩〉：「琢玉良可寶」、〈奉和隨王殿下詩〉十二：
「龍德待雲霧」；梁徐陵〈為貞楊侯淵明與王太尉書〉，既稱太尉
為明公，又言「于公明允」、「寔誓神明」⓯（俱見本集），皆為明
證。北朝諸史皆以《王傳》接《后妃》之後，尊重可想。北魏高祖
嘗特詔：（道武曾孫）奏事，諸臣相稱，可云姓名，惟南平王一人，
可直言其封。⓰（本傳）《魏書·邢劭傳》：「劭小字吉，少時有
避，遂不行名。」《通鑑》注：「邢劭字子才，避魏主兄彭城王劭
諱，故以字行。」⓱是北地未嘗不諱藩封。李唐對宗室的態度與前
朝似有不同。唐初皇族甚少，從弟有封王者，太宗即位，疏屬悉降
為公。分房立等，其制甚詳。宗室選用，法承漢緒，永王李璘以
前，居宰輔者諸房有十一人，之後疏忌漸生，十四代諸王無復出
閤。宗室地位日降。隋唐以來，選辟變為貢舉，宗室選用法外，亦

⓬　同註❽，〈武十七王傳〉，頁 692。

⓭　蕭統：《文選》，頁 319，北京中華書局，1977。

⓮　周廣業：《經史避名彙考》，卷二十八，頁 443，臺北明文書局，1986。

⓯　同前註，頁 443。

⓰　《北史》，卷十六，頁 595，北京中華書局，1974。

⓱　《資治通鑑》，卷一百五十四，頁 4780，北京中華書局，1965。

多由進士起家。李賀，鄭王房宗室，所以有聽韓愈之勸而欲舉進士。宗室特權的削弱，使宗室避諱與唐代帝王避諱漸嚴的大背景表現出矛盾悖反現象，究其實亦在加強中央集權帝王獨尊的地位。永王李璘之反，導火線竟是吳郡採訪使李希言的一紙公文，「乃平牒璘，大署其名。」璘遂激怒，諜報曰：「寡人上皇天屬，皇帝友于，簡書往來，應有常儀，今乃平牒抗威，落筆書字，漢儀紊墜，一至於斯。」❸乃使渾惟明取希言。按楊鉅記翰林學士院舊規云，書詔樣：賜諸王詔，如是兄叔不呼名，卿處改為王。璘雖為皇弟，李希言諜直署其名，於諱禮實有輕慢，故而李璘不堪。舉進士，禮部試，吏唱名，隴西恭王房李戡恥之，袖手而出。唱名，宗室與庶氏一體，亦宗室避諱禮疏之驗。五代，《五代會要》載：「周顯德三年（958）八月，宣翰林學士院，今後凡與諸侯王詔書，除本名外，其文詞內有與其名同者，宜改避之。」❹

　　宋代皇帝對宗室的疑忌更深，戒備更嚴，宗子仕宦，罕見顯達。這可能與太宗即位，燭影傳疑有關。它直接影響了藩封親王的諱制。宋初皇族命名用字習而多犯復，致有數人共一名，或犯別房尊長名諱，為防止失昭穆之序，而有連名制。所謂連名，是指兄弟雙名，並以一字共有；單名則偏旁相同。聯名之制或起於五代。周恭帝柴宗訓即位，「皇弟宗讓更名熙讓，封曹王」，是避與帝名連字也。❺宋設計連字多杜撰隨意，如太宗下宗支連字有「不」、

❸　《舊唐書·玄宗諸子傳》，一百七卷，3265，北京中華書局，1975。

❹　《五代會要》，卷十三，頁 228，上海古籍出版社，1978。

❺　王彥坤：《歷代避諱字匯典》，頁 689，中州古籍社，1997。

「善」等字。連名制或行或不行，英宗初名宗實，其弟名宗懿、宗樸、宗漢等為遵連名。而據《愧郯錄》載：英宗治平三年，有「皇族賜名，其屬絕無服，而異字同音、或上下一字同者，勿避」❷之旨，足見治平以前凡同族之名，一字之同，皆在當避之域，與連名之制正悖反。而宗子訓名避重疊之敕，則屢見於歷代詔制，足見令而不行、禁而不斷。皇族命名的不嚴肅和沒有權威，就影響官僚、文人對宗室之諱的嘲戲。《老學庵筆記》載，英宗弟宗漢惡人犯其名。謂漢子曰兵士，舉宮皆然。其妻供羅漢，其子授《漢書》，宮中人曰：今日夫人召僧供十八大阿羅兵士。太保請官教點《兵士書》。都下哄傳以為笑。又載，蘇東坡贈嗣安定郡王趙令時《秋陽賦》云「生於不土之里，而詠無言之詩」，蓋寓時字，近於戲謔。是宋代士風於親王宗室名諱，多有不恭也。哲宗紹聖三年（1096）宗室賜名，以親疏論用字，於別祖下無服親，非連名，雖本字亦許用，具見皇族命名的無所忌諱和輕忽，這就是蘇軾可以宗室名為戲的背景和時風的由來。

　　入金，親王公牘，例不書名。

　　明制敬重親王，親王與太子名俱令迴避。據《日知錄》（卷二十三），正統十二年山西鄉試《詩經》題「維周之楨」，楨字犯楚王諱，考試及同考官俱被罰俸一月。其令行禁止可知。韓國奎章閣藏《六臣注文選》附卞季良跋，稱彼國君曰殿下❷，蓋當時韓為明

---

❷　岳珂：《愧郯錄》，卷二，頁 1387，筆記小說大觀本，臺北新興書局，
　　1978。
❷　韓國奎章閣藏《六臣注文選》，韓國正文社，1983。

屬國，例同藩王故。可見明諱對屬國的影響。然後來皇族命名之困，亦類宋代。清代則避迴大抵局於各親王府內，諱禁顯不如明代之嚴。

外戚。外戚在封建社會政治生活中是一股重要的政治力量。位尊權重，故亦多有避諱。外戚避諱，多指避皇后、太后、太皇太后的父母及兄長之諱。

《詩·大明》：「維師尚父」，乃謂武王后太姜父。師，其官職；尚，其名；父，音甫，男子美稱。加父字，明不敢直呼其名。《史記·齊世家》云「太公望」者，字望而尊稱為太公。這是諱外戚之昉。古有「后父于禮不臣」之說，是謂后父於帝輩分為長，故帝不以臣禮待后父，於后父不直斥其名，而代以爵號、官職或稱其字。漢竇嬰字王孫，孝文后從兄。景帝時，吳楚七國反，召嬰入見，嬰固辭謝病，景帝發急道：「天下方有急，王孫寧可以讓邪？」七國平，封魏其侯。劉舍免相，竇太后數薦嬰。武帝卻說「魏其者沾沾自喜耳，多易，難以為相持重」，遂不用。❷⃝先稱字后呼爵，皆不名。不名，是皇帝對外戚的殊禮，就像對外姓功臣一樣，但並非必然之禮，全看皇帝的高興。所以江左梁代，昭明太子妃父名蔡樽。天監間官至吏部尚書、侍中領秘書監。武帝曾設大臣湯餅宴，樽在坐。帝頻呼蔡樽，樽竟不應，食餅如故。帝覺其負氣，改喚蔡尚書。樽始放筯執笏，答曰：「爾。」帝說：「卿向何聾今何聰？」樽答：「臣預為右戚，且職在納言，陛下不應以名垂喚。」《南史》載此事，並結尾道：「帝有慚色。」蔡樽據守兩

---

❷⃝　《史記·魏其武安侯列傳》，頁 2841，北京中華書局，1962。

點：右戚和納言職務，於禮，帝不當直斥其名，雖然他只是太子的丈人，與武帝為平輩。納言之職與外戚身分，于稱呼禮儀同尊，也說明不呼名是皇帝的殊禮，非定制。其性質是帝王私家之諱，而終非天下公諱。皇后之母諱，則如《晉書·虞預傳》云：「本名茂，犯明穆皇后母諱，易之。」❷明穆庚皇后母冊丘氏，名茂。避皇后兄諱，如《宋史·李繼宣傳》：「繼宣本名繼隆，與明德皇后兄同姓名。至是，太宗為改焉。」❷避皇后母諱不如父兄諱為常見。

外戚之諱由私家轉為公家，怕起於漢孝元后。其父名禁，因改禁中曰省中。漢宮中叫禁中，因宮門常有禁衛省察，省與禁義同，故以省代。禁中之改，起于避后父諱，可以認作公諱了。范曄《後漢書·桓思竇皇后紀》曰：「父諱武」。❷這是史書后父言諱之始。曄，南齊人，可見以后父諱為公諱，已被史家接受。當然后父名前稱諱，是史之變例。

后父之諱變為公諱，大多發生在太后、太皇太后臨朝聽政之時。漢代、唐宋都有。最具代表性的是宋代二后。仁宗時章獻太后與帝並御崇德殿聽政，詔中外避皇太后父諱通字。《媿郯錄》曰：「通之名，頒之四海。上書奏事，科舉程文，避之如官制。改通判為同判，州郡之名，如通利軍之類，亦莫不改。」❷「頒之四海」，改官制、地名，正是公諱的標識。外戚避諱的特點是：一、為時短。如劉太后父通字諱，頒在天聖元年（1023），至明道二年

---

❷　同註⓫，〈虞預傳〉，頁 2143。

❷　《宋史·李繼宣傳》，卷三百八，頁 10144，北京中華書局，1977。

❷　《後漢書·桓思竇皇后紀》，頁 445，北京中華書局，1965。

❷　同註㉑，卷十五，頁 1540。

（1033）太后崩，即告廢除，前後十一年，是權宜之計也。哲宗時高太皇太后，元豐八年（1085）因聽政，亦令中外避父名遘，紹聖元年（1094）二月，后崩，亦罷避。❷后父之諱，多因太后有威權。二、並不嚴格。南齊高昭后弟名劉文蔚，世祖舅。《齊書·劉良政傳》：「劉懷尉字彥泰，本名聞慰，世祖即位，以與舅氏同名，勅改之。」而《梁書·劉杳傳》：「父懷慰，齊東陽太守。」懷字下注云：「一作聞」。同書〈劉睿〉、〈劉啟〉二傳，並云「聞慰，齊正員郎」，則劉本名，終未嘗廢也。足見外戚諱例並不嚴格執行。個中根本原因，怕在外戚避諱由私轉為公諱，於禮終不順也。《宋史·劉正夫傳》：「元豐八年，南省奏名在優選，而犯高魯王諱，凡五人，皆當黜落。宣仁曰：外家私諱，不可以妨寒士，命置末級。」❷宣仁，即高太皇太后，魯王謂遘甫，夫為甫嫌名。這條材料透露了太后以私諱頒行天下底氣不足心虛理虧的心理。

唐中宗時，太后武氏聽政，孫處約改名茂道、韋思謙名仁約以字行，皆以約字為武后父士彠嫌名，其後天下又避武氏曾祖儉、祖華諱，尊及三世，這是因武則天稱帝追尊三代，以帝廟諱處之，與外戚之諱有公私之別，是不可等量齊觀者也。

官僚。此指高官。事避者為天下吏民，非止一人一姓一方百姓，故亦是公諱。與此相對的是守土之吏，擬放在私諱中講。避官僚之諱，源於帝王的優禮異數。春秋，有不名之禮。天子公卿稱

---

❷　同註❷，卷十七，頁339。

❷　同註❷，〈劉正夫傳〉，頁11099。

爵、大夫稱字、中士書名；諸侯兄弟稱字，大夫稱名。名不如字，所以示褒貶，明貴賤也。《公羊傳·桓四年》注：「《禮》：君與臣不名者有五：諸父兄不名，《經》曰王札子是也……；上大夫不名，祭伯是也；盛德之士不名，叔肸是也；老臣不名，宰渠伯糾是也。」❸稱爵如同稱官職、稱姓稱氏，不名亦有諱名的意思。漢以降，勳舊親賢又有贊拜不名、與殿不趨，尋常稱謂也多舉字或稱官職。漢高帝稱張子房，裴松之注《三國志》成，呈上，晉君曰：「裴世期可不朽矣。」皆直呼其字。又或呼其官，如劉邦、呂后稱蕭何相國，梁武呼蔡樽尚書之類。魏晉以後，呼官職遂蔚為風氣。唐初，封德彝、房玄齡、尉遲敬德等，皆以字顯，顧炎武以為都因開國創業之初，人主常以字呼，後遂用以為名耳。唐代帝王，自高祖呼裴寂為裴三、明皇呼宋濟為宋五、德宗呼陸贄為陸九、宣宗呼馮袞為馮三，以行第呼臣，幾沿為家法。此唐人詩中多稱行第之源焉。帝王優禮，則所屬吏民例無指斥。據楊鉅記翰林學士院舊規，其號簿例云，不得有兇惡文字及廟諱、官諱，是官諱之避幾同於廟諱。可見唐官家之重官諱。宋承漢唐舉字稱官職，於執政之諱又進一層。蔡京，徽宗時累進太師，封魯國公，更定官名，自號公相。內外官司公移皆避其名，改京東、京西為畿左、畿右。❸《養新錄》引《能改齋漫錄》云：「（仁宗）皇祐中，御筆賜蔡襄字君謨。後唱進士第日，有竊為名者。仁宗怒曰：『近臣之字，卿何得

---

❸　同註❶，卷四，頁2215。

❸　周密：《齊東野語》，卷四，頁64，北京中華書局，1982。

而名之？』遂令更改。」❷宋於近臣優禮，寵異歷代。王鞏《聞見
近錄》：「先公三守平涼，召自許州。及對，英宗皇帝曰：『端明
舊德。不當更守邊，但顧在廷，無更如端明者，且為官家行，便當
召回還。』先公曰：『陛下方即位，邊有警，豈臣避難之時。然陛
下以官家自名，呼臣等以官，未正名分。』英宗曰：『方此即位，
視先朝舊臣，豈敢遽以卿禮。』」❸觀王素事，可見宋於老臣，禮
賢接下，呼老臣必以官，不以名。金世宗大定二十三年制：「外任
官嘗為宰執者，凡吏牘上省部，依親王例，免書名。」❹史家以為
頗得君臣之體。元人循金之例，執政出典外郡，申部公文，書姓不
書名，以示尊禮。明清則沿漢唐或字或官職。帝王優禮，究其質，
亦是迴避，不過事避者帝王降尊就卑而已。

鄰邦屬國。古人視鄰國之君，如同本國之君，故《大戴禮記·
曾子立事》云：「君子入人之國，不稱其諱」❺，所謂入國而問諱
也。《三國志·蜀書·陳震傳》：「孫權稱尊號，以震為衛尉，賀
權踐阼。震入吳界，移關候曰：『震以不才，得充下使，奉聘敘
好，踐界踴躍，入則如歸。獻子適魯，犯其山諱，《春秋》譏之。
望必啟告，使行人睦焉。……幸必斟誨，示其所宜。』震到武昌，
孫權與震升壇歃盟，交分天下。」❻吳甘露元年（265），孫皓遣紀
陟、弘璆使魏。干寶《晉紀》記其事云「陟、璆奉使如魏，入境而

❷　錢大昕：《十駕齋養新錄》，卷七，頁 163，上海書店，1983。
❸　王鞏：《聞見近錄》，頁 908，筆記小說大觀本，臺北新興書局，1978。
❹　《金史·世宗本紀》，頁 185，北京中華書局，1975。
❺　《大戴禮記·曾子立事》，頁 438，四庫全書本，上海古籍出版社，1987。
❻　《三國志·蜀書·陳震傳》，頁 984，北京中華書局，1959。

問諱，入國而問俗。」**㉗**是三國時猶存古儀，邦國間互相避諱。及宋金遼，鄰邦間奉禮避諱，時見文獻。遼金起自朔漠，本無所謂避諱，蓋其始連文字都沒有。宋人重諱，邦交中遼金受其熏染，亦設有諱律並施於邦交。

　　《續資治通鑑長編》一四二：宋慶曆三年八月，閤門通事舍人李惟賢，充賀遼國母正旦副使。「詔惟賢權更名寶臣……以避契丹諱。」**㉘**

　　《宋會要‧職官》六十一之五：「李允則領緒州團練使，尋改高州，避契丹諱。」**㉙**

這是宋避遼諱緒字。

　　《日知錄》卷二十三：「趙元昊以父名德明，改宋明道年號為顯道。而范文正公與元昊書，亦改後唐明宗為顯宗。」**㉚**

此宋臣避西夏諱。范文正後罷帥奪官，或謂擅答元昊書亦一罪名，當時諱西夏君父，諒非文正一人。

㉗　同前註，〈孫皓傳〉裴注，頁 1162。

㉘　《續資治通鑑長編》，卷一四二，頁 3418。北京中華書局，1995。

㉙　《宋會要‧職官》，頁 219，續修四庫全書本，上海古籍出版社，2002。

㉚　顧炎武：《日知錄》，卷二十三，頁 1748，四庫全書，上海古籍出版社，1987。

《宋史·地理志五》：「舊名岷州。紹興十二年，與金人和，以岷犯金太祖嫌名，改西和州。」❹

《金史·光英傳》：「天德四年二月，立光英為皇太子。……宋亦改光州為蔣州，光山縣為期思縣，光化軍為通化軍云」。❷

此宋避金主並太子諱。金太祖名旻，岷與旻音相近爾。

鄰邦當然亦避宋帝諱。

《續資治通鑑長編》：「乾興元年六月乙巳，契丹主聞（宋）真宗崩，下令國中諸犯真宗諱（者），悉易之。」❸

《契丹國志》七：「有教坊都知格守樂名格子眼，轉充色長，因取新譜宣讀，帝欲更進一官，見本名正犯（宋）真宗諱，因怒曰：『汝充教坊首領，豈不知我兄皇諱字？』遂以筆抹其宣而止。燕京僧錄亦犯真宗諱，敕更名圓融。尋下令國中，應內外文武百僚、僧道、軍人、百姓等犯（宋）真宗諱者，悉令改之。」❹

此遼避宋諱，《宋史·夏國傳》載李彝殷避宋宣祖諱，改名彝興。

---

❹　同註㉕，〈地理志〉，頁 2225。

❷　同註㉞，〈光英傳〉，頁 1852。

❸　同註㉞，頁 3418。

❹　《契丹國志七》，頁 73，上海古籍出版社，1985。

《金史・章宗紀》記金遣完顏匡使宋，避太祖諱，權更名弼。是西夏、金亦避宋諱。禮尚往來也。

屬國有請諱之制。北魏世祖時，高麗王連遣使貢方物並請國諱，始祖因詔下帝系名諱于其國。高麗王本名璉，史諱其名，也相應省玉旁作連。事見《魏書・高句麗傳》。

遼、金與高麗之間亦有互相避諱——

> 《高麗史》七：「文宗九年十月，生辰回謝使戶部侍郎崔宗弼還自契丹。奏：禮部云：『帝名宗真，汝名犯宗字，宜改之。』臣于表狀改稱崔弼。」

倘兩國失和，就有不循舊例。[45]

> 《宋會要・蕃夷》：「紹聖元年閏四月二十六日，樞密院言：瀛州通判徐興宗與北朝廟號偶同，因遼使問，即權更易。詔後為例。」[46]

《契丹國志》十一、《三朝北盟會編》廿二，徐俱作辛。此南北失和，遂不諱遼主嫌名。

當時鄰邦互相照會應避事項。《大金集禮・御名》載其事云——

---

[45]　《高麗史七》，頁168，四庫全書存目叢刊本，齊魯書社，1996。

[46]　同註[39]，〈蕃夷〉，頁265。

大定二年閏二月十一日，奏定御名廟諱，並欽慈、貞懿皇后
迴避字樣。合遍天下隨處外，御名廟諱報諭外方。**❹**

第二節　與帝王有關的稱號

帝姓。

又稱國姓。今所知避國姓的有東漢、唐、明三家。許慎《說
文》不收劉而有鎦字，更不敢以劉訓殺。鎦字又史傳所不見，古今
學者如徐鍇、陸宗達因疑鎦即劉字，並以為諱劉秀國姓。蓋劉字已
見今文《尚書》，可見西漢並未避諱，諱的是東漢。**❹**唐段成式
《酉陽雜俎》卷十七云：「國朝律：取得鯉魚即宜放，仍不得吃。
號赤鯶公。賣者決六十。言鯉為李也。」**❹**是律起於明皇——

《舊唐書·玄宗紀》：開元三年二月，禁斷天下采捕鯉魚。**❺**

明陸容《菽園雜記》卷三：國初，江岸善崩，土人謂有山獸
曰豬婆龍者，搜抉其下而然。適朝廷訪求其故。人以豬與國
姓同音，諱之，乃嫁禍於黿。上以黿與元同音，愈惡之。於

---

❹　《大金集禮·御名》，頁 203，叢書集成初編本，民國商務印書館。

❹　許慎：《說文解字》，頁 298，北京中華書局，1999；陸宗達：《說文解字
通論》，頁 218，北京人民出版社，1981。

❹　段成式：《酉陽雜俎》，卷十七，頁 163，北京中華書局，1981。

❺　同註**⑱**，〈玄宗紀〉，頁 175。

是下令捕黿。(51)

《彙考》卷四十六引《雜史》：凡內臣姓朱者皆改姓諸，禮所謂「公族無刑人」之義也。(52)

國號。

王莽，漢元后侄，平帝后父。初封新都侯，及篡位，遂定國號曰新。

《漢書・王莽傳》：「是歲（四年），改十一公號，以『新』為『心』，後又改『心』為『信』。」(53)

《資治通鑑》「國師嘉信公秀」，胡三省注：「信，當作新。」(54)

胡注誤。不知此蓋避新字也。

金避諸邦交國號——

《金史・章宗紀》：「（明昌二年三月癸亥）敕有司，國號犯漢、遼、唐、宋等名，不得封臣下。有司議：以遼為恆，宋

(51) 陸容：《菽園雜記》，卷三，頁 32，北京中華書局，1985。

(52) 同註⑭，卷四十六引雜史，頁 643。

(53) 《漢書・王莽傳》，頁 4132，北京中華書局，1962。

(54) 同註⑰，卷三十八，頁 1227。

為汴，秦為鎬，晉為并，漢為益，梁為邵，齊為彭，殷為
譙，唐為絳，吳為鄂，蜀為夔，陳為宛，隋為涇，虞為澤。
制可。」**㊺**

明黃瑜《雙槐歲鈔》卷二載，鄞人單仲友，洪武中徵至京師，備顧
問。因言本府名明州，與國號同，請上易之。郭子章《郡縣釋名》
亦云，避國號諱，改明州府為寧波府。

年號。

年號自漢武帝始創，稱建元。新君即位，換易年號，叫改元。
明清兩代，新君即位後不再如前代一再改元，故可以年號代稱皇
帝。年號之避，肇自晉惠帝。惠帝之前似尚不避，如東漢袁紹，字
本初。本初即本朝質帝年號。惠帝之避，見《道光武康縣志》（卷
一）——

> 晉武帝太康元年（280），改永安縣為永康，尋改武康，屬吳
> 興郡。……改永康為武康者，以同惠帝年號故也。**㊻**

是晉代已見因年號改地名。**㊼**但隋唐、兩宋或避或不避，未為定
制。隋唐至兩宋反而多見郡縣更名往往取年號者。隋唐如仁壽、上

㊺ 同註**㉞**，〈章宗紀〉，卷九，頁217。

㊻ 《道光武康縣志》，卷一，中國方志叢書本，臺灣成文出版有限公司，
1983。

㊼ 劉錫信：《歷代諱名考》，以明代避穆宗諱改隆慶州名延慶，為避年號改地
名之始，恐非是。

元、大足、寶應之類，兩宋幾乎習以為常，如太平、興國、淳化、祥符、紹興、慶元、嘉定、寶應，比比而是。甚至有以年號為字者。據顧炎武《金石文字記》，萬歲通天二年，立珍州榮德縣丞〈梁師亮墓誌〉，師亮字永徽。是以高宗年號為字。開元時，或唐人始諱。《新唐書·姚崇傳》：「姚崇，字元之，始名元崇，以與突厥叱剌同名，武後時以字行；至開元世，避帝號，更以今名。」❺⑧宋代命名取字一般是避年號的，但亦有例外讓人不解者。程顥之歿，文彥博以仁宗年號明道私諡大程，故清儒錢大昕以為未喻。❺⑨

宋遼金三朝，不僅本邦避年號，且互有避諱。宋避遼年號——

> 歐陽修《歸田錄》卷一：仁宗天聖九年，改元明道，「無何以犯契丹主諱，明年，遽改曰景祐。」❻⓪

緒論中言及的宋君臣誤改年號故事，陸游《老學庵筆記》卷一是這樣記述的——

> 政和末，議改元，王黼擬用重和。既下詔矣，范至虛間白上曰：「此契丹號也。改未幾，復改宣和。然宣和，契丹宮門名，猶我之宣德門也。年名則實曰重熙，建中靖國後，虜避

❺⑧　《新唐書·姚崇傳》，卷一百二十四，頁 4388，北京中華書局，1975。

❺⑨　同註❸②，頁 165。

❻⓪　歐陽修：《歸田錄》，卷一，頁 1638，筆記小說大觀本，臺灣新興書局，1978。

天祚嫌名，追謂重熙曰重和耳。不必避也。」⑥

宋避金年號——

> 《夷堅甲志》卷十七：「廣西昭州郡圃有亭曰天繪。建炎
> 中，郡守李丕以與金國年號同，欲更之……有范滋者為易曰
> 清暉。」⑥

金太宗年號為天會，是避嫌名。

明清兩代皆踵宋迹，多避年號。司禮監劉若愚，原名泰昌，避
光宗年號改名。《明史·地理志一》：「延慶州……永樂十二年三
月置隆慶州，屬北京行部。隆慶元年改曰延慶州。」注：「東南有
岔道口，與居庸關相接。關口有居庸關守禦千戶所，洪武三年置。
建文四年，燕王改為隆慶衛，隆慶元年曰延慶衛。」⑥《堅瓠秘
集》卷六「年號仍襲」云，改隆慶殿為慶源殿。⑥到了清雍正，竟
因犯年號，連續製造兩起文字獄。汪景祺《西征隨筆》案中所謂
「悖逆」言論，即指《歷代年號論》說正字有一止之象；查嗣庭
案，則以查所出江西鄉試《易經》次題，前有正字（正大而天地之情
可見矣），後用止字（詩經四題：百室盈止，婦子寧止），用意顯與汪案

---

⑥　陸游：《老學庵筆記》，卷一，頁 7，北京中華書局，1979。

⑥　洪邁：《夷堅甲志》，卷十七，頁 1494，筆記小說大觀本，臺灣新興書局，
　　1978。

⑥　《明史·地理志一》，頁 901，北京中華書局，1974。

⑥　《堅瓠秘集》，卷六，頁 6278，筆記小說大觀本，臺灣新興書局，1978。

悖逆語同。⑥所起大案，皆出於雍正的懲戒朋黨，有意立威的政治
意圖，卻多借犯年號而羅織周納。嚴格地說非關避諱。而至乾隆即
位，三十四年著令，「於前代年號地名，凡有引用之處，概行從
舊，不准改易。」⑥真此一時彼一時了。然民間心有餘悸，刻寫書
籍往往避及年號。康熙間黃虞稷編的《千頃堂書目》，一向未有刻
本，民間傳抄過程中將卷三十一總集類《名公翰藻》的著者淩稚
隆，缺筆作降。⑥此蓋避乾隆號也。

　　諡號。

　　古代帝王在世所加稱號叫尊號，帝王、諸侯、卿大夫死後，出
於避諱，另取美稱，所追贈的稱號謂諡號。帝王的諡號由禮官議
定，由繼位的帝王批准，臣下諡號，則由朝廷賜給。諡號，大約開
始于西周初年。唐張守節《諡法解》：「周公旦、太公望開嗣王
業，建功於牧野，終將葬，乃制諡遂敘諡法。」《諡法解》載，古
時共有 164 個諡號，根據生前的品行分為美、平、惡三類。美諡，
即褒揚，如：文、武、昭、元、平、桓、康、景、惠、宣、成、
明、獻、穆等。惡諡即貶斥，如：厲、暴、昏、煬、靈。平諡，表
示同情，如：哀、懷、愍、悼。唐哀帝的「哀」即表示「恭仁短
折」。宋以前諡號本有褒有貶，宋代以後，唯有褒無貶了。上古，
諡號多用一個字。從唐開始，字數加多。宋神宗諡號長達二十字，
清乾隆的諡號有二十二字。

---

⑥　參中國第一歷史博物館：《乾隆朝上諭檔》，北京檔案出版社，1991。

⑥　《欽定大清事例會典》，卷三百四十三，頁 5，宣統己酉本，商務印書館。

⑥　黃虞稷：《千頃堂書目》，頁 761，上海古籍出版社，1990。

　　避帝王諡號，昉自晉司馬昭。《晉書·景帝紀》：有司議諡曰武公。「文帝表讓曰：臣亡父不敢受丞相相國九命之禮，亡兄不敢受相國之位，誠以太祖常所階歷也。今諡與二祖同，必所祗懼。昔蕭何、張良、霍光咸有匡佐之功，何諡文終，良諡文成，光諡宣成。必以文武為諡，請依何等就加。詔許之，諡曰忠武。晉國既建，追尊曰景王。武帝受禪，上尊號曰景皇帝。」❻❽魏初諡司馬懿為文侯，師為武侯。文王表不宜與二祖同諡，故改諡宣文、忠武。二祖，指曹操諡武、曹丕諡文。武帝太康八年，太常上諡平陵男郭奕為景侯，引發一場該否避帝王諡號的爭論。景為司馬師諡號，武帝追尊為景皇帝。有人主張當避。有人主宜同諱之議，但及七廟祖宗而已，不避已遷毀之廟；有人引周公父子同諡曰文為證不必避。最後武帝詔改為簡，不了了之。至東晉孝武帝，已歷近百年，太元四年（379）侍中王欣之上表，君臣不嫌同諡，詔可。自後，唐宋兩代偶見避諡號事。《舊唐書·德宗紀下》貞元十一年十一月辛丑，「太常定馬燧諡曰景武。上曰：景，太祖諡，改莊武可也。」❻❾李虎，唐高祖追尊為太祖景皇帝。《唐會要》卷三十：「麟德二年二月十二日，所司奏乾元殿成。其應天門先亦焚之，及是造成，號為則天門。」注曰：「神龍元年三年十一日，避則天后號，改為應天門。唐隆元年七月，避中宗號，改為神龍門。」❼⓿則天，武后諡號。宋代見數例——

---

❻❽　同註⓫，〈景帝紀〉，卷二，頁31。

❻❾　《舊唐書·德宗紀下》，卷十三，頁382，北京中華書局，1975。

❼⓿　《唐會要》，卷三十，頁552，北京中華書局，1955。

《東都事略》卷七十：「慶曆中，夏竦卒，諡文正，劉敞以竦行不應諡，改諡文獻。王洙曰：此僖祖諡也。前有司諡王溥為文獻，章得象為文憲，字雖異而音同，皆當改。於是太常更諡文莊。而溥、得象皆易諡。」**❼❶**

趙朓，宋太祖追尊為僖祖文獻皇帝。此見宋代亦忽而君臣同諡，忽而改正，兼避嫌名，如晉代無定制。景祐四年改武定軍為武康，昭武軍為甯武，避真宗、宣祖諡。真宗諡文明武定章聖元孝皇帝，宣祖諡昭武皇帝。見《媿郯錄》卷十三。

《歸田錄》卷一：「丁文簡公（度）罷參知政事為紫宸殿學士，即文明殿學士也……以文明者，真宗諡號也，遂更曰紫宸。」**❼❷**

《齊東野語》卷十六：「度宗初擬諡，或擬純字，則謂有屯之象；或擬寔字，則宗實乃英宗舊名；或擬正字，則有一止之嫌，後遂定為端文明武景孝皇帝。」**❼❸**

此是日後清雍正查嗣庭案之藍本。

金代避諡，罕見。《金史·后妃傳下》：世宗昭德后烏林答

---

❼❶ 《東都事略》，卷七十，頁451，四庫全書本，上海古籍出版社，1987。
❼❷ 同註**❻⓪**，頁1643。
❼❸ 周密：《齊東野語》，卷十六，頁297－298，北京中華書局，1983。

· 61 ·

氏，本諡昭德皇后，「章宗時，有司奏太祖諡有昭德字，改諡明德皇后。」❼今案：金太祖諡應乾興運昭德定功仁明莊孝大聖武元皇帝。

朱明不諱諡號。《革朝志》：「建文元年二月庚戌追尊皇考為孝康皇帝、廟號興宗。詔曰：宗祖廟諡稱號，所以褒顯功德，非所當諱。今後惟廟諱如律迴避，廟諡號稱勿諱。」❼這是明令不諱諡號。清代未見避諡號。

廟號。

又稱帝號。廟號始於殷代，帝王死後，在太廟立室奉祀。自漢代起，每個朝代，第一代皇帝廟號為高祖、太祖或世祖，以後嗣君則為太宗、世宗等等。廟號在漢代並非每個皇帝可以追尊的，到了唐代從此就濫了，幾乎每個皇帝多有。廟號一般不避，但亦有避諱的。如明姚德聞《滑縣志》載，祁伯裕原名光宗，戊戌進士，避廟號以字行。

陵名。

帝王陵寢名。歷代避帝王陵寢名號者不數見。陵名之避，昉於劉宋。《宋書·州郡志三》：「永甯太守。晉安帝僑立為長寧郡；宋明帝以名與文帝陵同，改為永寧。」❼文帝劉義隆為太子所弒，陵名長寧陵。周廣業依此為避陵名之始。同時北魏孝文帝陵名長陵，則不避漢高祖陵名。嗣後歷代，多有犯前朝陵名者。唯趙宋最

---

❼　同註❸，〈后妃傳〉，卷六十四，頁 1522。

❼　許相卿：《革朝志》，頁 143，四庫全書存目叢刊本，齊魯書社，1996。

❼　《宋書·州郡志》，卷三，頁 1123，北京中華書局，1974。

重諱禮，岳珂《媿郯錄》卷一：「國朝故事：殿號、州縣鎮之犯宗廟徽稱、陵名，例從改易，蓋惡其復。如……天聖七年九月辛未，改永定軍為永甯避真宗陵之類是也。」[77]同卷又引《續通鑒長編》又云：「（仁宗）乾興元年七月，詔改章聖陵名曰永定。初，丁謂為山陵使，請名陵曰鎮。及謂貶，馮拯謂三陵皆有永字，故易曰永定陵。然永安，縣名也，宣祖陵上名安；又不知翼祖已名定，於是復追改翼祖陵曰靖。議者譏拯不學。當時無正之者。」[78]

這是宋儒因改陵名引起的一次爭論。

> 《遊宦紀聞》卷三：「永福縣創自唐代宗時，割福、泉、建三州地。因年號曰永泰。後避哲宗陵寢諱，改名永福。」[79]

永福初以年號得名，復以犯陵名二字皆同，改今名。

光宗陵名永崇，《媿郯錄》卷一論其失凡四——

> 唐德宗稱崇陵，雖無永字，然終非令名。失一。元符三年，上哲宗陵名永泰，初議永崇，中批：未至嘉美。再上永章、永慶。上與太后皆曰永慶佳。既聞遼聖宗陵名，遂復改，則永崇固元符之所棄，而可復用乎？失二。《揮塵錄》載：「崇先寺有真皇館御曰永崇。」按《會要》，是殿成於嘉祐

---

[77]　同註[21]，卷一，頁1381。

[78]　同註[21]，卷一，頁1382。

[79]　張世南：《遊宦紀聞》，卷三，頁28，北京中華書局，1981。

六年。崇先乃觀名，上清之遺址，明清已誤。且國朝故事：
殿號州縣鎮之犯宗廟徽稱陵名，例從改易，蓋惡其復。如慶
曆十年，改文明殿為紫宸殿；景祐四年，改武定軍為武康、
昭武軍為甯武，避真宗、宣祖諡；天聖七年，改永定軍為永
寧，避真宗陵之類是也。況子孫因山之地，祖宗衣冠之禦，
可混而不別乎？失三。紹興十三年，有旨，徽宗永固陵名，
委後省看詳。於是權戶部尚書張澂言：「惟永祐不犯歷代陵
名」。詔恭依。按《晉書》，互元僭楚，追尊父溫為帝，陵
號永崇。二字皆同，正永固之比。失四。又《會要》：紹聖
二年，禮部尚書林希言：「神宗宣光殿，與石虎之子韜所建
堂同名」，詔改顯承。以是觀之，不唯崇陵當易，崇先館
禦，亦不復可因仍矣。❽

這是宋儒再次議避陵名。岳珂之論有三點啟發：一，仁宗時有避真
宗陵諱事；二，有宋故事，不僅避陵名且諱廟號（宗廟徽稱）；三，
如同年號，宋議陵名亦避鄰邦遼陵名。

遼代有祖孫父子陵寢名相同者，殊不多見。

明代陵寢多干犯前代——

《裘杼廔叢說》：「明陵多犯前代陵名：孝陵太祖與後周武
帝同；長陵與漢高祖、魏孝文同；獻陵仁宗與唐高祖、金穆
宗同；景陵宣宗與魏宣武、唐憲宗、金睿宗同；裕陵英宗與

---

❽　同註❹，卷一，頁 1380。

金顯宗同；茂陵憲宗與漢武同；泰陵孝宗與唐玄宗、金肅宗
同；康陵武宗與漢平帝、東漢殤帝、後晉睿祖、宋順祖、南
漢劉龑同；永陵與南唐徐知誥、蜀王建、金世祖同；昭陵與
後周昭帝、唐太宗、南漢劉晟同；定陵與孫吳景帝、魏孝明、
後周宣帝、唐中宗、宋翼祖、金景祖同；慶陵光宗與唐元昭
後、後唐德祖、後周世宗、遼聖宗、興宗、道宗同；德陵熹
宗與南漢劉隱、金宣宗同；思陵毅宗與金熙宗同；又興獻帝
顯陵與前涼張重華、後晉高祖、遼世宗、義宗同。昔宋徽宗
梓宮南還，議上陵曰永固。王性之以犯後魏明帝、後周文宣
二后陵名，高宗特下秘書省參議。蓋陵名相犯，前代固多不
避。然使不同舊稱，亦在乎考禮之臣，多學博識爾。」 **㉛**

明帝陵寢不避歷代陵名，與上引建文元年之詔有直接的關係，所謂
「廟諡稱號，非所當諱」也。

先聖孔子。

孔子，後世帝王尊為至聖先師。自古以來為後世之師，歷代皆
知尊崇。故附論於帝王之末。而孔子諱名之典，並非完備。《春
秋》不名孔子。《左傳·哀十六年》於孔子之卒直書其名，曰：
「夏四月己丑，孔丘卒。」注：「仲尼既告老去位，猶書卒者，魯
之君臣，宗其聖德。」 **㉜**此蓋弟子左丘明痛其師亡，采《魯史記》
以續《春秋》經。《春秋·襄二十一年》，《公羊傳》、《穀梁

㉛　同註**⑭**，卷二十三，頁 376。
㉜　《左傳正義》，卷六十，頁 2177，十三經注疏本，北京中華書局，1980。

傳》皆書「孔子生」。蓋兩家弟子追記師之生年，故稱子而不名。是孔子稱子係門人所加。漢晉從之。唐則開元中諡孔子為文宣王，然多有以名犯者：《唐書》之〈宰相表〉有裴齊丘為秘書監，〈張鎰傳〉有張齊丘為朔方節度使；《藝文志》有《高丘事集類略》三十卷，此類觸犯甚多。《金石錄》有唐襄州孔子廟堂碑，于敬之撰，其前題「魯大司寇贈太師宣尼父孔丘」等等。

宋謹於宣聖諱禮。《通考·學校五》載：「徽宗政和元年六月二十七日，太常寺奉詔：孔子高弟子所封爵，與宣和聖名同，失弟子尊師之禮。今乞以瑕丘侯曾參改封為武城侯，苑丘侯顓孫師為潁川侯，龔丘侯南宮縚為汶陽侯。楚丘侯司馬耕為洛陽侯，頓丘侯琴張為陽平侯，瑕丘伯左丘明為中都伯，龔丘伯穀梁赤為洛陵伯，楚丘伯戴聖為考城伯。從之。」[83]《宋史·地理志》：「大觀四年，以瑕丘縣為瑕縣，龔丘縣為龔縣。」[84]宋人引書遇聖諱，皆改為「某」。《古文苑·張超·尼父贊》章樵注引《史記》，改曰「某」；史繩祖《學齋佔畢》引《論語·先進》：「由之瑟奚為於丘之門」，亦改某。周廣業說，直至清代誦讀文字，遇聖諱尚以「某」代之，沿宋舊例也。金元亦尊孔子。《金史·章宗紀一》：「明昌三年……詔：周公、孔子之名亦令迴避。」《章宗紀四》：「泰和五年三月甲戌，諭有司：進士名有犯孔子諱者避之，仍著為令。」[85]元孔齊《至正直記》三：「凡云孔丘者，則讀作某，以朱

---

[83] 《文獻通考》，卷四十四，頁415，北京中華書局，1986。

[84] 同註㉕，〈地理志〉，頁2110。

[85] 同註㉞，〈章宗紀〉，卷九，頁225、卷十二，頁271。

筆圈之；凡有丘字讀若區，至如《詩》以為韻者，皆讀作休；同義則如字。」❻元人謝應芳《龜巢稿》卷十八云：「字書之學，訓蒙者率以『上大人』二十五字先之，以為點畫簡而易習也。然所謂『三千』、『七十』，殆若指孔門弟子而言，是則第四字乃聖人名諱，理合迴避，豈宜手之口之，以瀆萬世帝王之師乎？……嘗易之數與方名，曰『一二三四五六七八九十百千萬億兆』，曰『東西南北上下左右前後』。以字畫較之，亦簡易也。」❼舊時孩童習字，初描紅用「上大人丘乙己化三千七十士爾小生八九子佳作仁可知禮也」二十五字，楊氏以句有「化三千」、「七十士」，故確定「第四字乃聖人名諱」，主「理合迴避」。兩例可見元代知識分子特重避孔子之諱。

　　明太祖洪武三年五月諭中書省：名字有犯古聖賢諱者，悉更之。曰古聖賢，則孔子之諱不可犯可知。清代《欽定大清事例會典》卷三四四：「（雍正三年）至聖諱，除祭天於圜丘，丘字不用迴避外，若各府州縣地名，有字相同者，交內閣選擇字樣，其姓氏相同者，今擬將丘姓加阝旁。」❽乾隆時又重申其禁。清人丘多改讀期音。張之洞《輶軒語・磨勘條例摘要》六：「不諱禁例，直書廟諱御名及先師孔子諱者，均罰停四科（凡停科者：舉人停會試，貢士停殿試）。」❾

---

❻　孔齊：《至正直記》，卷三，頁104，上海古籍出版社，1987。
❼　謝應芳：《龜巢稿》，卷十八，頁40，四部叢刊三編本，上海書店，1986。
❽　同註❻，卷三百四十四。
❾　同註❽，〈磨勘條例摘要六〉，頁9817。

第四章　避諱的物件性質和內容（下）

私諱。

私諱的物件，可分四類：父祖及父系親屬之諱、母妻及其親屬之諱、監臨上司守土長官之諱和師友之諱。

第一節　父祖及父系親屬之諱

父祖諱通常稱家諱。此類避諱與古代宗族制下的祭法、喪服制度，有內在的關係。父祖必諱，曾祖以上以親盡為限，親盡則不諱。親之盡與不盡，則繫於祭法。古者祭法：王立七廟，五世親盡。諸侯、大夫，廟數、禮諱之世數，相應遞減。士禮諱二廟，三世親盡，故不諱曾祖以上。唐人居官有犯名冒榮之禁，《唐律名例三》疏義亦云：選司唯責三代官名，若犯高祖名者，非職制中。劉宋，祖先名靖，向靖改稱小字，孔靖以字季恭行，《世說新語·德行篇》稱吳坦之小字道助，不言字處靖……皆避劉靖諱。至孝武帝劉駿時，何偃卒，諡靖。不諱靖，職由三代親盡，靖于孝武已四代矣。

三代親盡，曾祖以上可以不諱，原則上如此，文人實際生活及
著作中先祖名還是敬諱的多。如鄭玄注《周禮·天官冢宰第一》引
「鄭司農」、「鄭大夫」、「杜子春」三家。《正義》曰：「鄭司
農者，鄭眾字仲卿」、「鄭大夫者，鄭少贛。二鄭皆康成之先，故
言官不言名、字。杜子春者，非己宗，故指其名也。」❶案：少
贛，名興，玄之父。鄭眾則玄之先。酈道元《水經注》博采地志，
皆詳載作者姓名，獨三十七卷「浪水」，三引「王氏《交廣春
秋》」，不書作者姓名。蓋作者王範，名犯酈父名，故但稱王氏。
至其曾祖紹、祖崧不之避也。不諱曾祖並祖，許是地志的關係吧。
唐人撰墓誌銘之類述先世，有父以上皆直書其名，而名上加諱字
的，如顏真卿《顏氏家廟碑》、張說《先府君碑》。又有父名加諱
字，祖父以上並諱字都無、直書其名者，如陳子昂《有周居士文林
郎陳公墓志》、劉禹錫《劉子自傳》等，此則豈《禮記·曲禮》所
謂「不及事父母，則不諱者」乎？

文人避家諱，以史學著作與文集為常見。《春秋·桓公二
年》：「宋督弒其君與夷其大夫孔父。」《穀梁傳》云：「孔氏
父，字謚也。或曰其不稱名，蓋為祖諱也。孔子故宋也。」❷似是
孔子作《春秋》避家諱之證，然杜預注《左》，則以孔父為名。不
能定讞。漢則司馬遷的《史記》和班固《漢書》，可為避家諱之先
聲。《史記·自序》：「昌生無澤，無澤生喜，喜生談。談為太史

---

❶　《周禮·天官冢宰第一》，頁 639，十三經注疏本，北京中華書局，1980。
❷　《春秋左傳正義》，卷五，頁 1740，《穀梁傳》，卷三，頁 2373，十三經注
　　疏本，北京中華書局，1980。

公。」談字止兩見，以下但稱太史公。《漢書·敘傳》：「孺生回，回生況，況生三子：伯、遊、穉。穉生彪，彪字叔度。」以下稱字。是史為國史，不得避私諱。但《史記·趙世家》等遇談字輒作同，這是什麼原因？周廣業以為：同字與談義不同，本不可代談，家諱不可易以他字，又不忍斥，故當日特小字注其旁曰同，見此字與家諱同也。後人仿寫遂作大文。〈李斯傳〉「與宦者韓談」、〈滑稽傳〉「談言微中」，諸談字當是後人追改。班固舉父字，張晏亦以為是固避父彪諱。古人諱名不諱字。《史》《漢》之諱都是隱然為諱，公然諱家諱的史家要至范曄。《後漢書》稱父（泰）為「先大夫宣侯」❸、稱祖父（宥）為「王父豫章君」。❹此蓋三國時已並字諱之焉。名與父諱同，則徑取代字，如稱郭泰為郭太、鄭泰為鄭太之類。史學外之私人文集，似以劉安《淮南子》為發軔。〈齊俗訓〉用老子的「長短相形，高下相傾」語，改作「高下相傾，短修相形」，蓋其父諱長。梁人朱澹遠，家貧好學。時吞紙實腹，抱犬而臥以取暖。北朝顏之推《家訓·勉學篇》作朱澹。之推祖名見遠，王利器《顏氏家訓集解》疑之推即朱去遠字者因諱其祖。今案：王說可從。《家訓》遇遠字多見改作遙，如〈慕賢篇〉「貴耳賤目，重遙輕近」、〈歸心篇〉「遙大之物寧可度量」之類，但不可必其不用彼時固有之減字為避法者，況之推謹於家諱，已見前引〈風操〉、〈勉學〉諸篇，其於家諱，多所留心是可以想見的。六朝文人于私諱處下筆謹慎，文人家集，多用君字代父

---

❸　《後漢書》，卷83，頁2769，北京中華書局，1965。
❹　同註❸，卷35，頁1213。

諱，任昉《奏彈曹景宗》「臣昉誠惶誠恐」，家集即作「臣君」，蓋君有父義。唐人顏真卿撰《顏君家廟碑》，稱其父，皆作君。當時避私諱成風，杜甫詩集無閑字，甫父名閑，見《新唐書·杜審言傳》。人或舉杜詩〈寒食〉（鄰家閑不違）、〈諸將〉（曾閃朱旗北斗閑）、〈宴王使君宅〉（留歡卜夜閑）、〈小寒食日舟中作〉（娟娟戲蝶過閑幔）不諱閑字，此乃後人所改。宋人所見古寫本皆不作閑也。杜甫之後的王安石、朱熹，從政治家至學者，文集亦避私諱。王安石父名益，故《王荊公集》中無益字。朱熹父名松，熹撰《資治通鑑綱目》正文不諱松，蓋國史不得避私諱，而朱自己注書，如《論語》「歲寒」句、《詩經》「施于松柏」之類，都缺而不釋，用意與杜甫、王安石正同焉。

文人修史亦有不避家諱的。錢大昕《廿二史考異》就指出蕭子顯在《南齊書》中不避家諱的先例。《南齊書·李安民傳》「祖嶷，衛軍將軍」，《考異》發覆云：「子顯父名嶷，此書於嶷字亦不避」。❺

父系親屬有「期親為諱」之說。《禮記·曲禮上》「大功小功不諱」孔疏：「古者期親則為諱」。❻何謂期親？古時喪禮中有五服，五等喪服，分別親疏尊卑。(1)斬衰：父喪，夫喪。即三年之喪。(2)齊衰。又分四等：齊衰三年：母喪。齊衰用杖期：已嫁母喪、妻喪。齊衰不杖期：伯父母，昆弟之喪。齊衰十三月，稱期喪。在家女兒、在家姑、在家姐妹之喪，也屬期喪。齊衰五月，是

---

❺　同註❸，卷 25，頁 494。

❻　《禮記·曲禮》，頁 1251，十三經注疏本，北京中華書局，1980。

曾祖父母之喪。齊衰三月，是高祖父母之喪。(3)大功。從昆弟之喪，著大功服九月。(4)小功。再從昆弟、外祖父母之喪，著小功服五月。(5)緦麻。三從昆弟之喪，著緦麻三月。期喪之親就稱期親。伯叔父母、昆弟、在家之姑及在家之姐妹都屬期親。曾祖父之喪屬小功，所以不諱。❼《晉書·江統傳》載：江統叔父名春，臺選為宜春令。統上書曰：身名與官職同，則「佐吏不得表其官稱，子孫不得言其官號」，「若易私名以避官職，則違《春秋》不奪人親之義」，而朝廷「職位之眾，名號繁多」，「身名與官職同者，宜與觸父祖諱為比」。是即「皆得改選」，「朝廷從之」。❽統疏「佐吏」云云為公事，「子孫」云云即是期親私諱了。公私兼顧，所以朝廷為破例。《漢書·爰盎傳》記載了一個相反的例子：文帝時，盎徙為吳相。辭行，兄子種為之計曰：「吳王驕日久，國多奸，今絲欲刻治，彼不上書告君，則利劍刺君矣。南方卑濕，絲能日飲，亡何，說王毋反而已，如此幸得脫。」種兩呼盎之字絲。此是非禮之舉，《漢書》僅見，即便二十五史，亦不二見。核之《史記》本皆用君。《漢書》此傳多有訛奪，如誤「劾治」作「刻治」之類。清武英殿本《漢書》「考證」、王先謙《漢書補注》亦云《史記》作君「似為得之」。❾諸父為期親，循禮合避者。魏何晏字平，叔父咸。晏作《論語集解》最後云：包氏、周氏《章句》出焉。邢昺《正義》：「《漢·儒林傳》：包咸字子良，治《魯詩》、《論

---

❼　虞萬里：《先秦諱禮析論》，頁 340，榆枋齋學術論集，南京江蘇古籍出版社，2001。

❽　《晉書·江統傳》，卷五十六，頁 1534－1535，北京中華書局，1974。

❾　王先謙：《漢書補注》，頁 594，四部精要本，上海古籍出版社，1992。

語》。何氏諱咸，故沒其名，但言包氏，連言周氏耳。」❿《論語·學而篇》「道千乘之國」，《解》云：「融依《周禮》、包依《王制·孟子》。」《疏》云：「馬氏言名，包氏不言名者，何氏避其名。」⓫皇侃《論語集解義疏》卷一：「何《集注》皆呼名，唯包獨云氏者，包諱咸，何家諱咸故不言也。」⓬張世南《遊宦紀聞》卷六，紀其世父登第事曰：「先伯諱上大下正，字汝弼」。⓭諱下小注「上大下正」，蓋不敢斥名，故變文見例。

家諱有「子與父同諱」之說。女子喪服會因出嫁而發生變化。如父之姑、姐妹、女兒，即已之從祖姑、姑、姐妹。在家，她們於父親都為期親，於己則分別為小功、期親、期親。她們一旦適人，於父則為大功，於己則分別為緦麻、大功、大功，本可不諱。但由於她們於父為降服大功，不是本服大功，父親仍為諱，故己亦為之諱。此即諱禮「子須與父同諱」之義。《禮記·雜記》：「卒哭而諱。王父母兄弟、世父叔父、姑姊妹子，與父同諱。」⓮

疏屬則無須迴避。《南齊書·劉善明傳》「族兄乘民」⓯，錢氏《考異》云——

　　按：善明父名懷民，而族兄亦名乘民，乘民子有名懷慰，蓋

<hr>

❿　何晏：《論語集解序》，頁 2455，十三經注疏本，北京中華書局，1980。

⓫　《論語正義·學而篇》，頁 2457，十三經注疏本，北京中華書局，1980。

⓬　皇侃：《論語集解義疏》，卷一，頁 340，四庫全書本，上海古籍出版社。

⓭　張世南：《遊宦紀聞》，卷六，頁 54，北京中華書局，1981。

⓮　同註❻，〈雜記〉，頁 1564。

⓯　《南齊書·劉善明傳》，卷二十八，頁 522，北京中華書局，1972。

疏屬不相迴避。❶❻

本案例中，乘民及其子懷慰，俱犯善明父諱，但因乘民為善明族兄，兩人是三從昆弟，故從乘民言，懷民於其為族父（屬緦服，小功都不是），其子懷慰於懷民則親屬關係更遠，命名無須迴避。這裏錢大昕《考異》點明「疏屬不相迴避」，實際也是從大功小功諱例理論的意義上，作此類考論的。

　　封建宗法制度是封建社會的細胞，標誌宗族內尊卑親疏關係的家諱，天經地義地會受到朝廷官方的保護和強化。唐代就有居官冒榮之禁。就職，要自報父祖名字，不得與府號官稱相合。隱瞞者被視作冒榮昧進，處「徒一年」。❶❼考之史料，至遲晉代，就職已有改避的規矩，上舉晉人江統《疏》：「故事：父祖與官職同名，皆得改選」，已是明驗；既有「故事」云云，可見規矩其來自漸。可惜文獻散佚，今所見以唐律為最早耳。據《五代會要》，後唐天成時，外任除授朝官者，須具三代名諱，已在朝廷的當然業已上具。綜觀歷代統治者對家諱的執行、保護和強化，採用的都是雙重標準。一種是優禮，是對位高權重及朝廷應急任命的官吏。公家不但不要他避私諱反而遷就其私諱，如同優禮其本人。可以改官稱、可以改地名。《左傳·桓公六年》：申繻對問名曰：「名不以官，以官則廢職。晉以僖侯廢司徒，宋以武公廢司空。」杜注：「僖侯名

---

❶❻　錢大昕：《廿二史考異》，卷二十五，頁 495，叢書集成初編本，民國商務印書館。

❶❼　《唐律疏議·職制律·府號官稱犯父祖名》，卷十，頁 206，北京中華書局，1983。

司徒，廢為中軍；武公名司空，廢為司城。」⑱此當是最早為人臣家諱改官職故事。漢魏以降，纂重家諱。第二章《類型》說到晉明帝時朝廷用人之際，不得已改會為鄶，屈受王舒避家諱之請。此為人臣改地名例。五代後唐馮贇，父名璋。進位公臺，因平章字犯其父嫌名，朝廷為改平章事為同（中書門下）二品。事見《舊五代史·職官志》。⑲另一種標準是對中下層相對弱勢的官吏。通常用傳統避諱原則「二名不偏諱」、「嫌名不諱」、「君所無私諱」、「大夫之所有公諱」等等，或設有法律來鉗制他們，私諱服從公家。

《通典·禮典》六十四：「東晉成帝咸康八年，詔以王允之為衛將軍、會稽內史。允之表，郡與祖會名同，乞改授。詔曰：祖諱孰若君命之重耶？下八座詳之。給事黃門侍郎譙王無忌議，以為《春秋》之義，不以家事辭王事，是上之行乎下也。夫君命之重固不得崇其私，又國之典憲，亦無以祖名辭命之制也。」⑳允之為舒之子，所諱同是一人，或可或不可，誠此一時彼一時也。還有晉孔安國父名愉。以黃門侍郎王愉，名犯私諱，乃上表，不得連署，求解。議者有「頃者互相瞻式，源流既啟，莫知其極」云云。㉑事竟不行。此以君所無私諱原則、「國之典憲」雙管齊下壓私諱。私諱或者講，或者不講；或者權改郡名以遷就之，或者堅拒之，關鍵是朝廷的利益。王舒之請，所以優禮，是因為朝廷征戰急欲出舒為外

---

⑱　《春秋左傳正義·桓公六年》，頁 1751，十三經注疏本，北京中華書局，1983。

⑲　《舊五代史·職官志》，卷一百四十九，頁 222，北京中華書局，1976。

⑳　《通典·禮典》，六十四，頁 2734，北京中華書局，1988。

㉑　同註⑧，〈禮志〉，卷十，頁 73。

援，輪到他兒子就沒有了這殊榮。這是專制社會公家與私諱關係的本質。

親屬之諱，南北朝時已不勝其煩，《緒論》中引顏氏《家訓‧風操篇》記親識中諱多常用字：「交疏造次，一座百犯，聞者辛苦，無僇賴焉」云云，盧文弨以為：「交疏當為疏交，故容有不識者。……造次，倉猝也。」❷「聞者辛苦」，造次者亦必惶恐尷尬，無所措手足。殊可見當時親屬諱之風俗誤人焉。後人為免失禮，凡作書啟，必先記彼人父祖名諱於几案。事見《少儀外傳上》引《酬酢事變》。

第二節　母妻及其親屬之諱

內諱，又稱婦諱。內諱婦諱屬私諱，一般不稱家諱。《晉書‧王湛傳》：王述為揚州刺史，主簿請諱。教云「亡祖先君，名播海內，遠近所知；內諱不出於外，餘無所諱」云云，觀其語以內諱與父祖對舉可知。內諱有二層含義：一謂母妻之名，一指母妻之所為其親諱，即母系、妻系親屬之諱。古時，女子像男子一樣有名有字。生三月而由父命名，唯男子名遍告宗親，並在州司政府備案。女子名只有父母及將來婿家知道。婦人不以名行，一部《左傳》婦人有名諱的，不過宋元公母名棄、齊景公夫人名重、秦穆公女名簡璧、晉惠公女名妾、楚昭王妹季芊、畀我，六七人罷了。女子稱

---

❷　王利器：《顏氏家訓集解》（增補本），卷二，頁 70，北京中華書局，1993。

字，字是成人許嫁時由貫實所作。

母妻之諱。亦與喪服相聯繫，服制規定：父卒，子為母齊衰三年；父在，子為母齊衰一年。夫為妻亦齊衰一年。母妻皆為期親，自然須避諱。〈檀弓〉載孔子與弟子言談，「言徵不言在，言在不言徵」，當是較早避母諱的例子。文人避母諱，杜甫最典型。老杜在蜀中生活了八、九年，於蜀中花木吟詠殆遍，獨於名花海棠，未見隻字。晚唐鄭谷發現此現象，因有《題海棠》云：「浣花溪上堪惆悵，子美無心為發揚。」後來成為宋代詩人的熱門話題，吳中復、石曼卿、錢易、李定、王安石、楊萬里都有題詠，唯王安石以此故事詠梅花，最中肯綮：「少陵為爾牽詩興，可是無心賦海棠。」說老杜詩興為梅花占居，故不詠海棠，並不點破，所以為工。但王安石畢竟未及老杜不詠海棠的真正原因。其實當年鄭谷早經揭櫫，這是出於避母諱，老杜生母字海棠。此與杜集不見閑字避父諱，俱見老杜宅心忠厚。

母系、妻系親屬之諱，有「婦諱不出門」的規矩——

《禮記·曲禮上》：「婦諱不出門」。《正義》：「門謂婦宮門。婦家之諱，但于婦宮中不言耳。若于宮外則不諱也，故臣對君不諱也」。**❷❸**

《禮記·雜記》：「母之諱，宮中諱；妻之諱，不舉諸其側。與從祖昆弟同名則諱。」鄭《注》：「母之所為其親

---

❷❸ 同註**❻**，頁 1251。

諱，子孫于宮中不言。妻之所為其親諱，夫於其側亦不言
也。」《正義》：「但不得在側言之，則遠處得言之。母與
妻二者之諱，與已從祖昆弟同名，則為之諱；不但宮中旁
側，在他處皆諱之。」❷

據鄭注孔疏，簡而言之，即是母妻之諱及母妻所為其親諱者，一般
而言，是不出宮門的，外人無須為迴避。母之父母於己為小功，其
他人于服則更殺。妻之父母，於己為緦麻，其他則更殺。小功緦麻
于禮都不諱。但實際生活中於外祖父母、岳父母通常還是避諱的。
避母妻所諱者之諱，此舉一例——

　　《南史·王彧傳》：（長子）絢字長素，早慧。年五、六
　　歲，讀《論語》至「周監於二代」，外祖何尚之戲之曰：
　　「可改耶耶乎文哉！」絢應聲答曰：「尊者之名安可戲！寧
　　可道草翁之風必舅？」❷

今本《論語》「鬱鬱乎文哉」，鬱與絢父彧，音義相通，又六朝人
呼父為耶耶，故何尚之有「可改」之戲。《論語·顏淵》「草上之
風必偃」，絢改「草翁之風必舅」，蓋上為尚嫌名，故改作翁；尚
之子名偃，於絢為舅，故諱改如此。絢之答可謂捷對：針鋒相對而
不失諱禮大體。從避諱物件言，外祖與舅正母之所當諱者也。

---

❷　同註❻，〈雜記〉，頁1564。
❷　《南史·王彧傳》，卷二十三，頁636，北京中華書局，1975。

因婦諱不出門,古有知名認親之事,《藝文類聚》卷三十五引
《風俗通》云——

> (漢)南陽龐儉,少失其父。後居廬里。鑿井,得錢千餘
> 萬。行求老蒼頭,使主牛馬耕種,直錢二萬。有宴婚大會。
> 奴在竈下,竊言:堂上母,吾婦也。婢即具白母。母使儉問
> 其故,曰:我婦姓艾字阿橫。……右腋下有赤痣。曰:是我
> 翁也。因下堂,抱其頸啼泣,遂為婦。(今本脫「其」下 16
> 字)❷❻

唯妻之名(字)獨夫能知之,故雖年遠久別,猶可識也。

第三節　監臨上司守土長官之諱

　　泛指部曲對監臨上司、吏民對州郡守土的避諱。此非率土同
諱,故亦入私諱。上司長官之諱包括兩個內容:一是長官本身之
諱,一是他的私諱。敬長上正所以尊朝廷,這本是朝廷所鼓勵的。
朝廷應江統《身名與官職同者疏》「令佐吏不得表其官稱」之請,
《通典》載,晉太康七年(286)有尚書敕:自今以後,諸身名與官
職同者,與觸父祖諱同例。就是鼓勵部曲吏民避上司守吏身諱的表
示。

　　部曲避監臨,或根源於漢晉長官喪服制度。蓋自漢制三公得自

---

❷❻　　《藝文類聚》,卷三十五,頁631,上海古籍出版社,1965。

置吏，刺史得置從事，二十石得辟功曹掾吏，不由尚書選授。為所辟置者，即同家臣，故有君臣之誼。其後相沿，凡屬吏之于長官皆如之。《晉書·向雄傳》：雄為主簿時，為太守劉毅所笞；又吳奮為太守，繫雄於獄。後雄為黃門侍郎，而奮、毅俱為侍中，同在門下，不交一言。武帝聞之，特詔雄重修君臣之好。可見是時長官屬吏有君臣分誼，雖帝王不禁也。既有君臣之禮，遂有持服之制。《晉書·丁潭傳》：丁潭為琅琊王裒郎中令，裒薨。潭上書求終喪禮曰：「今制，王侯之喪，官僚服斬，既葬而除。今國無嗣子，喪廷乏主，臣宜終喪」。詔下博議，令既葬除服，心喪三年。〈桓玄傳〉：桓溫卒，服終，府、州、文武咸辭去。《齊書·王儉傳》：褚淵由司徒改司空，未拜而卒，司空掾屬疑應服與否。王儉議，依婦在途，聞夫家喪，改服而入之禮，其司徒掾屬，宜居官持服。《魏書·公孫邃傳》：公孫邃為青州刺史卒，佐吏疑所服。孝文帝詔曰：專古也，理與今違；專今也，大乖曩義。主簿云，近代相承服斬，過葬而除，自餘無服，如此則太寥落。可准諸境內，為齊衰三月。是晉以後屬吏為長官持服，並有定制，非如漢時之自以意為之也。**❷⑦**漢末，薛悌為泰山太守。時高堂隆為諸生，悌命為督郵。有郡督軍與悌爭論，名悌而呵之。高堂隆按劍斥督軍曰：「昔魯定見侮，仲尼歷階；趙彈秦箏，相如進缶。臨臣名君，義之所討也。」督軍失色。**❷⑧**

　　吏民對州郡守土的避諱。漢晉有主簿請諱之習，其起于晉或沿

---

❷⑦　趙翼：《廿二史劄記》，卷三，頁 63，叢書集成初編本，民國商務印書館。

❷⑧　《魏書·高堂隆傳》，卷二十五，頁 708，北京中華書局，1974。

自漢，俱未可考。所請之諱則是兼及家諱和內諱，上引王述故事可證。當時請諱，不過是文移牒訴之間，暫為遷就而已。

　　吏民避守土長吏諱，或最初由慕德而起。東漢末陳逸為魯相，父名蕃。魯人為諱，讀蕃音為皮。晉羊祜字叔子。為荊州都督，在南夏。吳人悅服，稱曰羊公，莫敢名者。及卒，有遺愛，故荊州人為諱，以戶為門，改戶為辭。《獨異志》云：「（祜）為荊州守，有恩及閭里。及死，荊州闔境並不言祜字。其有同音，亦改諱之。」❷⁹

　　監臨長官身諱木來僅施於所治部曲吏民。後世則乃奪人姓名，至有朝列改避私諱，如——

　　　　《南史·恩倖傳》：「（徐爰）本名瑗。後以與傅亮父同
　　　　名，亮啟改為爰。」❸⁰

亮，永初間尚書令也。唐宋之世，監臨州長多驕蹇自重，甚則出三代家諱公行所治。趙璘《因話錄》卷二載，唐韋臯為尹日，久旱求雨。縣令讀祝文，一心記臯家諱，及稱官銜畢而誤呼其先父名。臯但慘然，因命重讀，亦不之罪。唐藩鎮設有知客將，專職知會來賓避其家諱——

　　　　蘇軾《東坡志林》：徐寅，唐末號能賦。謁朱全忠，誤犯其

---

❷⁹　《獨異志》，卷中，頁30，北京中華書局，1983。

❸⁰　同註❷⁵，〈恩倖傳〉，卷七十七，頁209。

諱。全忠色變，寅狼狽走出。未及門，全忠呼知客將，責以
不先告語，斬于界石南。寅欲遁去，恐不得脫，乃作《過太
原賦》以獻。其略曰；千金漢將，感精魄以神交：一眼傖
夫，望英風而膽落。全忠大喜，遺絹五百匹。全忠自言，夢
見淮陰侯，使授兵法。一眼傖夫，指李克用也。**❸**

徐寅所犯，自然是家諱；若全忠身諱，寅不當不知矣。

朝廷雖有禁令，卻多令而不行。宋太宗雍熙二年詔曰——

臣僚三代名諱，止可行於己，州縣長史不得出家諱。**❸**

詔書很明白：三代名諱，只行於朝列臣僚，而非地方；而且「唯責
本身，非通行於人」。**❸**只可行於臣僚本人，不可累及他人；州縣
長史只能有己身官諱，而不得出家諱。而監臨長史一意孤行，自重
適所以自辱——

陸游《老學庵筆記》卷五：田登作郡，自諱其名。觸者必
怒，吏卒多被榜笞。於是舉州皆稱燈為火。上元放燈，許人
入州遊觀。吏人遂書榜揭於市曰：本州依例放火三日。**❸**

---

❸　蘇軾：《東坡志林》，卷七，頁911，叢書集成初編本，民國商務印書館。

❸　周廣業：《經史避名彙考》，卷三十八，頁567，臺北明文書局，1986。

❸　俞正燮：《癸巳存稿》，卷四，頁127，叢書集成初編本，民國商務印書館。

❸　陸游：《老學庵筆記》，卷五，頁61，北京中華書局，1979。

蔡絛《鐵圍山叢談》云，登因被白簡，至今遺士大夫談柄。此物極
必反，自然之理。矯蹇冒榮的反動，便是有意沖犯。早在南朝已有
先例。《南史·王亮傳》：亮遷晉陵太守，有晉陵令沈瓚之，好犯
亮諱。亮不堪，遂啟代之。瓚之乃造坐云：下官以犯諱被代，未知
明府諱。若為攸字，當作無骹尊傍犬？為犬傍無骹尊？若是有心
攸？無心悠？乞告示。骹，音敲，脛骨近之細處。此指尊字下寸
字，所以錢大昕《廿二史考異·南史二》解釋此文道：「無骹尊
者，酋也。酋傍犬為猷，犬傍酋為猶。有心為悠，無心為攸。攸悠
猷猶，四字同紐同音。亮父名攸，瓚之佯為不知，問是何字，頻觸
其諱，且以犬傍戲之也。」❸❺《齊東野語》卷四，也記有冒榮取辱
的故事。宋人徐申自諱其名，宣和中知常州。一邑宰白事，說到已
三狀申府未施行。徐怒形於色，責備道：「君為縣長，難道不知長
吏名，竟敢有意相侮？」豈知碰到邑宰亦是好犯上之人，即大聲
說：「今此事申府不報，便當申監司，否則申吏部、申臺、申省。
申來申去，直待身死即休！」說罷長揖而去。徐雖怒而無以罪之。
❸❻《雞肋編》也有類似的記載。此與沈瓚之戲王亮可謂異曲同工，
亦是對佞諱之薄懲。

　　州史私諱公行，甚者連妻妾小字亦諱。蒲松齡《聊齋》卷十一
《司劄吏》嘗載，某遊擊官，妻妾甚多，小字亦諱。稱年作歲，生
作硬，馬叫大驢，又忌敗字為勝字、安為放字。自己與人通信往來
不避，而家人犯上則怒。一日司劄吏稟事，不料誤犯。遊擊大怒，

---

❸❺　同註 ❶❻，卷三十六，頁 674。

❸❻　周密：《齊東野語》，卷四，頁 63，北京中華書局，1978。

以硯石擊吏，吏當場倒斃。三日後，遊擊醉臥，忽見司劄吏拿名刺入。遊擊問何干？吏曰：「馬子安來拜。」遊擊忽憶其為鬼，急忙拔劍斬之。吏微笑，將刺投几上泯然而逝。遊擊取刺，只見上面寫道：「歲家眷硬大驢子放勝。」暴虐之夫，為鬼揶揄，自取其辱。刺上數字意為：「年家眷生馬子安拜」。**㊲**諱敗作勝，拜又與敗音近。

第四節　師友之諱

古人尊師，重親友之道，師與君親並重，友與兄弟無殊。師友稱呼，歷代亦講避諱。茲先述師諱，後次朋友，略見演變。

按禮，師於弟子稱名，弟子則不可名字其師。前人據此論屈原《九辯》之真偽。舊說《九辯》為宋玉作，然中云：「貧士失職而志不平」、「皇天平分四時」，平為屈原之名，玉不應稱其師諱，則其為平自作無疑。漢人稱師，或稱公、生、先生、卿、君或竟稱先。

> 《史記·叔孫通傳》：叔孫通之降漢，從儒生弟子百餘人，
> 然通無所言進……弟子皆竊罵曰：「事先生數歲，幸得從降
> 漢，今不能進臣等……」（高帝拜通為太常，諸弟子悉為郎）。諸

㊲　蒲松齡：《聊齋志異·司劄吏》，卷十一，頁 656，上海古籍出版社，1979。

生乃皆喜曰：叔孫生誠聖人也。㊳

《漢書·梅福傳》：夫叔孫先非不忠也。顏師古注曰：先，猶言先生。㊴

《漢書·孟喜傳》：孟喜，字長卿，東海蘭陵人。父號孟卿，善為《禮》、《春秋》，授后蒼、疏廣。師古注：時人以卿呼之，若言公矣。㊵

《後漢書·侯瑾傳》：侯瑾字子瑜，敦煌人也……性篤學，覃思著述……河西人敬其才而不敢名之，皆稱為侯君云。㊶

晉宋時代則有以居地稱師者——

《南齊書·劉瓛傳》：儒學冠於當時。京師士子莫不下席受業……住在檀橋，瓦屋數間，上皆穿漏。學徒敬慕，不敢指斥，呼為青溪焉。㊷

趙宋熙甯中，周敦頤知南康軍，因家廬山蓮花峰下，取故鄉營道所

㊳　《史記·叔孫通傳》，頁2721，北京中華書局，1962。
㊴　《漢書·孟喜傳附》，頁3599，北京中華書局，1962。
㊵　同註㊴，〈爰盎傳〉，頁2272。
㊶　同註㊳，〈侯瑾傳〉，頁264。
㊷　同註⑮，〈劉瓛傳〉，卷三十九，頁679。

居濂溪名之，學者稱濂溪先生，事或宗劉。宋人尊師多稱夫子，是祖孔夫子之稱——

> 《東都事略》：邢惇，字君雅，雍丘人。真宗時舉進士不中，性介不妄交遊。耽玩經史，里人號為邢夫子。❹

> 《宋史・譙定傳》：譙定字天授，涪陵人。（精于《易》學）蜀人指其地曰譙岩。敬定而不敢名，稱之曰譙夫子。❹

理學家朱熹，徽州婺源人。慶元間官終秘閣修撰。人稱考亭夫子，或云紫陽夫子。亦其例。元明以後，人率稱師曰先生，不贅舉。

　　古者，師之於門人則名之，於朋友則字而不名。稱之於師，雖朋友亦名。故《論語》，子游稱顓孫師（字子張）曰：「吾友張也」，曾子稱彼亦曰：「堂堂乎張。」皆以字稱。游、夏相稱亦以字。其於孔子前，端木賜（子貢）則曰：「賜也何敢望回？」公西華自稱則曰：「由也問『聞斯行諸』」之類。

　　朋友之間，漢人，率多以親疏分而別之。

> 《漢書・爰盎傳》：盎即起說（丞相申屠嘉）曰：「君為相，自度孰與陳平、絳侯？」丞相曰：「不如。」❹

---

❹　《東都事略》，卷一百十八，頁 771，四庫全書本，上海古籍出版社。

❹　《宋史・譙定傳》，卷四百五十九，頁 13461，北京中華書局，1977。

❹　同註❸，〈李陵傳〉，頁 2458。

陳平、周勃皆故丞相，盎之稱呼，一名一爵者，絳侯與盎友善親近
故也。

> 《漢書·李陵傳》：昭帝立，大將軍霍光、左將軍上官桀輔
> 政，素與陵善，遣陵故人隴西任立政等三人俱至匈奴招
> 陵。……立政曰：「咄，少卿良苦！霍子孟、上官少叔謝
> 女。」陵曰：「霍與上官無恙乎？」立政曰：「請少卿來歸
> 故鄉，毋憂富貴。」陵字立政曰：「少公，歸易耳，恐再
> 辱，奈何！」❹❻

李陵於霍、上官但稱姓，而以少公字呼任，此亦有親疏，任氏，故
人也。朋友本有兄事之禮，故字任也。

魏晉時，朋友多有以名字相呼為戲謔者，此風氣使然——

> 《世說新語·排調篇》：荀隱字鳴鶴，陸雲字士龍，二人俱
> 會張茂先生。張令共語，以其並有大才，可勿作常語。陸舉
> 手曰：「雲間陸士龍。」荀答曰：「日下荀鳴鶴。」陸曰：
> 「既開青雲睹白雉，何不張爾弓、布爾矢？」荀曰：「本謂
> 雲龍騤騤，定是山鹿野麋，獸弱弩強，是以發遲。」張乃撫
> 掌大笑。❹❼

---

❹❻　同註❸❾，〈梅福傳〉，頁 2917。

❹❼　余嘉錫：《世說新語箋疏·排調篇》，頁 789，上海古籍出版社，1993。

降至隋唐，亦多見文人以名相呼。杜甫《解悶十二首六》：「復憶襄陽孟浩然，清詩句句盡堪傳」。《春日憶李白》有：「白也詩無敵，飄然思不群」。李白有《戲贈杜甫》：「飯顆山頭遇杜甫，頭戴笠子日卓午」。盧仝《與馮異結交詩》云：「昨日仝不仝，異自異，是謂大同而小異；今日同自同，異不異，是謂同不往兮異不至」。❹唐人朋友間更多是直呼其行。宋人以呼名為不尊重。黃庭堅《病起荊江亭即事十首七》：「閉門覓句陳無己，對客揮毫秦少游」❹宗杜而改字。其呼行雖從唐人，卻未嘗單呼行第，通常行下繼之以丈或兄字。然《禮記·曲禮》云：「年長以倍，則父事之；十年以長，則兄事之；五年以長，則肩隨之。」❺用丈、用兄自有一定之例，宋人所為同樣違反了禮制。明中葉以後，士習漸靡，稱為官者，一概用臺柱、翰撰，媚人所無；士大夫，或則加稱翁老，至有父母在堂之少年，亦稱翁稱老，人以為不祥之嫌。

　　諱字。

　　尊長之諱，除避名外，復有避字。《儀禮·士冠禮》、《禮記·郊特牲》都說：「冠而字之，敬其名也。」「敬其名」即是稱其字。《儀禮》賈疏云：「君父之前稱名。至於他人稱字也。是敬其名也。」❺古者稱字本是表敬重。尊長之前，自稱名，是卑稱；

❹　盧仝：《盧仝集》，卷二，頁 22，叢書集成初編本，民國商務印書館。

❹　《山谷內外集注》，卷十四，頁 371，四部精要本，上海古籍出版社，1992。

❺　同註❻，頁 1233。

❺　賈公彥：《儀禮註疏》，卷三，頁 958，十三經注疏本，北京中華書局，1980。

稱別人名，則是不禮貌的。是「微賤之稱」，因有「名不如字」之
說。但這並非說其人之名不如其字之尊，而是指為人所字，則近乎
見尊；為人所名，則近乎見卑也。❺古人敬其名，則無有不稱字
的。《儀禮》還說古時子孫於祖禰皆稱字。且多以王父之字為氏。
鄭樵《通志·氏族略序》列舉以王父之字為氏的，就有鄭公子騑字
子駟，其孫曰駟帶、駟乞；宋公子目夷字子魚，其孫曰魚莒、魚石
等等。屈原《離騷》「朕皇考曰伯庸」，直呼王父之字，都是古者
不諱字的明驗。春秋孔門弟子，記事類稱「仲尼」。《論語·子
張》：「叔孫武叔毀仲尼。子貢曰：無以為也，仲尼不可毀也。」
又曰：「仲尼日月也，無得而逾焉。」❺子思著《中庸》稱「仲尼
祖述堯舜，憲章文武」❺，且是孫呼祖字。劉邦未發迹時，呂後亦
呼劉邦字季，是秦末，餘風尚存。西漢稱父祖以字不數見。

唯至東漢，士風已變。司馬朗，九歲，人有道其父字者，朗
曰：「慢人親者，不敬其親者也。」客人只得謝罪。事在靈帝時，
具《三國志·魏書》本傳。同書〈常林傳〉亦載：父黨造門，呼父
字，林不拜，云：「臨子字父，何拜之有？」是呼人父之字，已被
看成輕慢之舉。及至魏晉，君王之字（包括小字）都在迴避之列，許
攸呼曹阿瞞遇害，馬超呼劉備字險遭不測，江夏孟宗避孫皓字（元
宗）易名仁，都是避諱史上以字諱的例證。《晉書·劉兆傳》載：

---

❺ 李昉：《太平御覽》，卷三百六十二，頁 1670，中華書局，1960。
❺ 何晏注邢昺疏：《論語注疏》，卷十九，頁 2533，十三經注疏本，北京中華書局，1980。
❺ 鄭玄注孔穎達正義：《禮記正義》，卷五十三，頁 1634，十三經注疏本，北京中華書局，1980。

客有騎驢至兆門，稱欲見劉延世，門人大怒，蓋兆儒德道素，青州無人稱兆字者。正見魏晉乃以字為諱之時風。

交替消長，南朝卻時行以字行。帝王稱臣子、臣子對帝王稱呼父祖，發生了顯著的變化。南朝風氣，人主不呼臣之名。上引《南史·蔡樽傳》，梁武帝設湯餅宴，頻呼蔡樽姓名，樽竟不答。乃改喚蔡尚書，樽始放箸執笏曰：陛下不應以名垂喚。帝有慚色云云。是其證。按古諱禮：君呼臣名，自是天經地義，而至南朝，從蔡樽理直氣壯的辯辭看來，帝呼臣名，合是非禮之舉，所以「帝有慚色」。帝呼臣通常稱官職。《文選》任昉〈為范尚書讓吏部封侯第一表〉云：「乃祖玄平」，玄平是其祖范汪字。此是南朝臣工上表，君前稱先祖以字，此於古禮亦前所未有。發生在南朝君臣之間稱呼的這種變化，必然影響到民間習俗，尤其士人，以字行之習，遂勃爾大興。

北朝諱字風俗又有所異。顏之推《顏氏家訓·風操》有明確的記載——

> 古者名以正體，字以表德。名終則諱之，字乃可以為孫氏。……江南至今不諱字也。河北士人全不辨之。名亦呼為字，字固呼為字。尚書王元之兄弟皆號名人，其父名雲，字羅漢，一皆諱之。其餘不足怪也。[55]

---

[55]　顏之推：《顏氏家訓》，卷二，頁 1048，四部精要本，上海古籍出版社，1993。

晉宋之際君王士人，多有名字相同者，史書所載，即有晉安帝德宗、恭帝德文，宋蔡興宗，齊顏見遠，梁王僧孺、劉孝綽，北齊慕容紹宗，後周王思政之類。或是北人不辨名字，一皆諱之之起因。《南史·王懿傳》：「懿字仲德。名犯晉宣帝諱，以字行。」《宋書》本傳，俱稱其字。周廣業歸結云：「六朝人凡名犯帝諱者，即以字行，不復更名。」❺

　　諱字之風，唐初又一丕變。唐初封德彝、房玄齡、尉遲敬德、武平一、秦叔寶等，皆以字顯。此蓋因開國之初，人主常以字呼，後遂用以為名耳。顧炎武以為堂陛之間，未甚闊絕，君臣而有朋友之義也。今案：此亦史有前例。《漢書·高祖紀》即有「運籌帷幄之中，決勝千里之外，吾不如子房」之說，〈竇嬰傳〉有景帝呼其字「天下方有急，王孫寧可以讓邪？」皆人主呼臣字，是唐主之所出。

　　中唐晚唐，風氣再變。《舊唐書·韓愈傳》載，愈前左降江陵掾曹，嘗受恩於荊南節度使裴均。館之頗厚。愈拜中書舍人，有妒之者，言均子鍔還省父，愈餞鍔，所為序，仍呼其字。此論喧於朝列，坐是改太子右庶事。此一事可見，中唐輿論以稱前輩字為大不敬。至晚唐，又一運會。《因話錄》（卷一）記文宗與翰林諸學士論前代文章。裴舍數道陳子昂名，昂為御名，柳璟屢使顏色，裴終不覺。文宗謂柳曰：「他字伯玉，亦應呼陳伯玉。」同是對前輩，中唐以稱字為不敬，晚唐卻連人主也認可以字相稱。皮日休《郢州孟亭記》亦有「書名曰貶，書字曰貴」之說，是士風亦以字為敬

---

❺　同註❸❷，卷十，頁147。

重。其不同又如此。

　　兩宋諱字也有變化。陸游《老學庵筆記》以不諱為是。稱先左
丞每言及荊公，只曰介甫，蘇季明書張橫渠事，亦只曰子厚。張世
南《遊宦紀聞》既載近世蘇轍於坡公多言子瞻，陳了齋師事龜山，
束稱中立先生。同時又載：昔人戒後生，不可稱前輩表德，以為此
忠厚之至也。世俗既諱其名，又諱其字。羅大經《鶴林玉露》則
云：「古人蓋以稱字為至重，今世唯平交乃稱字，稍尊者，便不敢
以字稱之，與古異矣。」宋濂《浦陽人物記·凡例》嘗總結云：
「淳祐以降，不惟諱其名，又諱其字。」❺⒎證之上述陸張羅諸家之
書，大體為得其實。

　　金源不僅諱字，小字亦諱。泰和元年（1201）詔，敕官司私文
字避世祖以下廟諱、小字，犯者論以律。事見《金史·章宗本紀
三》，是金源諱字之風變本加厲矣。

　　明清諱字不嚴。明初，胡廷瑞、丁國珍以太祖字而易名，有識
之士，如宋濂等則仿孟子稱仲尼，此風漸熄。滿清則異族入主，帝
王無字，章學誠《文史通義·繁稱》以為：諱字以卑行之於所尊，
為諂瀆。「稱號諱字」，為「不正不順之尤者」。是封建帝制氣薄
西山，時勢所趨，非為復古而言矣。

　　避字有一種情況，因其人字與名相連，欲避其名，連類而及，
而不得不兼避其字的。如晉謝安字安石、謝萬字萬石、梁江總字總
持，又如韓伯字康伯、范憲字子憲之類，此與一時避諱風俗無關，
與上述諸避字情況有所不同，姑附論於此。

---

❺⒎　宋濂：《浦陽人物記·凡例》，知不足齋叢書本。

第五章　避諱方法

　　古人于合諱之字，採用多種方法迴避。常用者，余歸納為八法：一曰代字、二曰易體、三曰改讀、四曰缺筆置換、五曰空字省文、六曰拆字分析、七曰標識夾註、八曰稱字更名。有時還可諸法合用。茲分述於下。

第一節　代字法

　　避諱所用更代之字，可大別為二：非固定代字與固定代字。代字法，大量採用的是非固定代字，固定代字為數不多。

一、不固定代字法

　　此法所取代字，或與本字義同、或取音近、或僅形似，隨宜改易，初無成例，久而久之，約定俗成。此法又可別為義同、音近、形似三類。

　　1.**義同**。即代字與本字同義互訓。其特點是不乖本義。

　　《史記·秦始皇本紀》：侯生、盧生相與謀曰：……（天

下）畏忌諱誎，不敢端言其過。❶

《史記·秦始皇本紀》：二十三年，秦王復召王翦，彊起之，使將擊荊。《正義》：秦號楚為荊者，以莊襄王名子楚，諱之，故言荊也。❷

《漢書·高帝紀》：高祖。注引荀悅曰：諱邦，字季。邦之字曰國。師古釋曰：邦之字曰國者，臣之所避以相代也。❸

《漢書·惠帝紀》：孝惠皇帝。注引荀悅曰：諱盈之字曰滿。❹

案：秦始皇名嬴政、莊襄王（始皇父）名子楚、漢高祖名邦、惠帝名盈，端、荊、國、滿四字為避諱更代字，與正字同義互訓。更代字法，顯盛于秦漢。顏之推《顏氏家訓·風操篇》曰：「凡避諱者，皆須得其同訓以代換之。桓公名白，博有五皓之稱；厲王名長，琴有修短之目。不聞謂布帛為布皓，呼腎腸為腎修也。」❺正強調同義互訓始得為更代字。《論語·八佾篇》「邦君為兩君之

---

❶　《史記》，卷六，頁 258，北京中華書局，1959。
❷　同註❶，頁 234。
❸　《漢書》，卷一，頁 1，北京中華書局，1962。
❹　同註❸，卷二，頁 86。
❺　顏之推：《顏氏家訓·風操篇》，頁 1047，四部精要本，上海古籍出版社，1993。

好」、〈微子篇〉「何必去父母之邦」❻；《尚書·盤庚中》「安定厥邦」❼，《隸釋》卷十四云熹平石經殘碑「皆書邦作國」。❽《戰國策·秦策》「張儀說秦（昭襄）王曰：連荊固齊」❾；《詩經·漸漸之石》序：「荊舒不至」❿，《史記·秦漢之際月表》「二世二、三兩年，皆有端月」，《孝經》「滿而不溢」⓫，凡此皆因諱而更代也。

以上端與正、荊與楚、國與邦、滿和盈，諸更代字與正字，同義之外，並無音與形方面的聯繫。這是取更代字的一種情況。還有一種情況是，所取更代字，義同正字外，在音、形方面還有一定聯繫。具體地說，正字的古文、俗寫和通假字，有時古人亦用作更代字，說見下「易體法」節。同義互訓的代字是不固定的。比如邦字，大多數情況下，用國字代，但亦有以封、域等字相代的：

　　《周禮·秋官·大行人》以同邦國之禮而待其賓客。⓬《大戴禮·朝事篇》作：以同域國之禮。以域字相代。周氏《彙

❻　《論語正義·八佾篇》，頁 2468、〈微子篇〉，頁 2528，十三經注疏本，北京中華書局，1980。

❼　《尚書·盤庚中》，頁 170，十三經注疏本，北京中華書局，1980。

❽　《隸釋》，卷十四，頁 601，四庫全書本，上海古籍出版社。

❾　《戰國策·秦策一》，頁 62，四部精要本，上海古籍出版社，1993。

❿　《毛詩正義·周頌·漸漸之石》，頁 499，十三經注疏本，北京中華書局，1980。

⓫　《孝經注疏》，卷二，頁 2547，十三經注疏本，北京中華書局，1980。

⓬　《周禮·秋官·大行人》，頁 890，十三經注疏本，北京中華書局，1980。

考》云因下一字為國，不可重言，故變例改域。⓭

《論語·季氏篇》：而謀動干戈於邦內。《經典釋文》云：
鄭本作封內。⓮鄭即鄭康成玄。以封字相代。

是一正字可以用多種同訓字代替。

　2.**音近**。代字多音近本字，義則不同。此法適用於嫌名不諱之
時。

《三國志·蜀書·先主傳》：吳壹。《華陽國志》作吳懿。

〈劉焉傳〉：並州殺刺史張益。《華陽國志》作張壹。《後
漢書·劉焉傳》作張懿。⓯

懿，改作壹、益，此避晉高祖司馬懿諱。壹、益，皆取音近。

《宋書·州郡》二：邵武子相，吳立曰昭武，晉武帝更名
（邵武）。

《宋書·州郡》三：邵陽男相，吳立曰昭陽，晉武改（邵

⓭　周廣業：《經史避名彙考》，卷六，頁 94，臺北明文書局，1986。
⓮　同註⓺，〈季氏篇〉，頁 2523。
⓯　同註⓭，卷十，頁 147。

陽）。❻

昭改邵，避晉太祖司馬昭諱，取音近。《三國志·魏書·曹真傳》，曹真于魏明帝初封昭陵侯，昭陵時屬吳，是封爵遠寄嘉名。咸熙二年，晉武即位，孫權改郡縣名以避司馬昭諱，遂作邵。陳壽據後名，書昭為邵。裴注因邵與曹真父名同，遂云：「若非書誤，則理不可喻」。是偶忘此節原委耳。

> 周世綬《夢餘日翦》：右軍《蘭亭序》：「後之攬者」。以覽為攬，避其家諱也，章世豐曰：覽與攬，音同義別，右軍確是避王覽諱。❼

覽，王羲之曾祖名。《蘭亭序》攬字兩見，「每攬昔人興感之由」，亦作攬。此並上引懿以壹、益代，昭以邵代，皆在晉世，見晉有不諱嫌名之習尚。《晉書·鄧嶽傳》：「本名岳，以犯康帝諱，改為嶽，後竟名岱。」❽是東晉猶不諱嫌名，可取嶽代岳。清代亦不諱嫌名，故而雍正名胤禛，令王士禛改作正，正與禛雖非同音，但音相近，以後乾隆又改作禎，亦取音近字為代。

　　3.**形似**。代字與本字義別而僅形相近是其特點。復可分四類：一種是代字某部分結構（偏旁）與本字某部分結構相同（與上形近致諱

---

❻　　《宋書》，卷三十六，頁 1092、卷三十七，頁 1133，北京中華書局，1974。
❼　　同註❸，卷三十五，頁 540。
❽　　《晉書·鄧嶽傳》，卷八十一，頁 2131，北京中華書局，1974。

之正字為合諱字的某一偏旁，正相反），一種是代字與正字整體相近，一種是本字是代字的偏旁，一種是代字是本字的偏旁。

代字某部分結構（偏旁）與本字某部分結構相同：

> 《北魏書·地形志下》：秦州天水郡上封。注：前漢屬隴西，後漢屬漢陽，……犯太祖諱改。⓳

太祖名珪，上封原名上邽縣。邦為嫌名，封與邽形近，共有圭旁。其實質是改偏旁以就合諱字。

> 《俄藏敦煌寫本 ф.242 文選》之韋孟〈諷諫詩〉：總齊群邽、實絕我邽、我既絕邽、邽事是廢。⓴

今本《文選》俱為邦。邽是邦之代字，諱劉邦。與邦共有偏旁阝，圭與丰亦近似。

> 《史記·仲尼弟子列傳》邦巽。司馬貞《索隱》云：《家語》作選，字子斂。文翁《圖》作國選，蓋亦避漢諱改之。劉氏作邽巽，音圭。所見各異。㉑

⓳ 《魏書·地形志下》，卷 186，頁 2610，北京中華書局，1974。
⓴ 饒宗頤：《敦煌吐魯番本文選·俄藏敦煌寫本 L.1452（ф.242）》，頁 38、39，北京中華書局，2000ˋ。
㉑ 同註❶，卷六十七，頁 2225。

劉氏，劉伯莊，唐貞觀人，著有《史記音義》、《史記地名》、《漢書音義》諸書，是《史記》專家。劉所見本邦作邦，足證邦乃避邦之代字（巽為選之省文）。日本水澤利忠《史記會注考證校補》提到兩宋慶元本《史記》，亦作邦選。㉒周廣業亦云，此是史諱加一畫作邦，後人誤從圭耳。決非誤寫。（子敏大名實為邦巽，詳見《實踐篇·劄記》）

　　鄧名世《古今姓氏書辯證》卷三十二：崇甯間有商人殷全自虔州石城徙居撫州。自言本姓犯宣祖諱下一字，建隆中，其祖以訟至縣，縣令因字形更為殿氏。㉓

宋宣祖名弘殷。殿與殷，右部結構相同。所以說「因字形」而「更」。此事又見《路史》注。

　　《陳書·長沙王叔堅傳》：（禎明）三年入關，遷於瓜州，更名叔賢。㉔

此避隋文帝楊堅諱，賢與堅，上半部相同。
　　代字與正字整體相近：

㉒　〔日本〕水澤利忠：《史記會注考證校補》，頁 489，四部精要本，上海古籍出版社，1993。

㉓　鄧名世：《古今姓氏書辯證》，卷三十二，頁 315，四庫全書本，上海古籍出版社。

㉔　《陳書·長沙王叔堅傳》，卷二十八，頁 40，上海古籍出版社，1986。

　　《俄藏敦煌寫本 ф.242 文選》謝靈運《述祖德詩》：萬拜咸
　　震撼。㉕

拜字，今本《文選》俱作邦。此亦避劉邦諱。拜與邦是整體形近，
而充代字。《俄藏敦煌寫本 ф.242 文選》是唐末哀帝時抄本，唐人
避漢諱。

　　《魏書·沮渠蒙遜傳》：「蒙遜子秉，字季義」。《北史》
　　卷三十九《薛安都傳》作沮渠康。㉖

　　《周書·王思政傳》：思政子名秉。《北史·王思政傳》作
　　康。㉗

《北史》蓋避唐高祖父李昺嫌名，人名有秉者，常改為康。
　　本字是代字的偏旁：
　　上引孔子弟子邦異諱作國選。異就是選的偏旁。又，王羲之
《蘭亭序》兩見以覽為攬，避其曾祖諱。覽與攬，音同義別，覽也
是攬之偏旁。
　　代字是本字的偏旁：

㉕　同註⑳，頁 37。
㉖　同註⑲，〈沮渠蒙遜傳〉，卷 99，頁 2009；《北史》，卷三十九，頁
　　1411。
㉗　《周書·王思政傳》，卷十八，頁 297，北京中華書局，1971。《北史》，
　　卷六十二，頁 2209，北京中華書局，1974。

　　《齊東野語》卷四：晉高祖諱敬瑭，析敬字為文字、苟字，
至漢乃復舊。❷⁸

邵博《邵氏聞見後錄》卷二十一云：「初敬氏避諱，各用其一偏。
或為文氏，或為苟氏。」❷⁹邵氏注意到了諱字與正字的偏旁關係，
儘管他有不同的看法。梁武帝名衍，嫌名演，《南齊書》多作寅：
〈沈憲傳〉：「憲從伯領軍寅之。」武英殿本《考證》引萬承蒼
云：「按：寅之即演之。梁時以演與武帝諱同音，故去水旁為寅。
如張演止稱張寅，亦其例也。」❸⁰

　　古人取代字避諱，一字之避，或取同義、或音近、或形似，大
體隨宜改易。然一字之諱，倘兼有取音近、形似為更代字者，則演
變略有規迹可按。《通志·氏族略》四：「帥氏，音率，亦作率。
〈狀〉云：本姓師氏，避晉景帝諱，改為帥氏。宋有率汀。」❸¹景
帝謂司馬師。《文心雕龍·哀弔篇》：「蘇慎張升，並述哀文。」
慎字下黃叔琳校曰：「疑作順。」❸²黃此校審慎。此劉勰避梁武帝
父順之諱。蘇順，後漢霸陵人，字孝山。和、安間以才學見稱。晚
乃仕，拜郎中。有〈和帝誄〉，見《藝文類聚》（卷十二），「哀
文」云云，指此。《文選》班孟堅〈東都賦〉「外則因原野以作

---

❷⁸　周密：《齊東野語》，卷四，頁 57，北京中華書局，1983。

❷⁹　邵博：《邵氏聞見後錄》，卷二十一，頁 317，四庫全書本，上海古籍出版
　　社，1987。

❸⁰　《南齊書》，卷五十三，頁 921，北京中華書局，1972。

❸¹　《通志·氏族略》，卷二十八，頁 468，北京中華書局，1987。

❸²　《文心雕龍·哀弔篇》，卷二十八，頁 39，商務印書館，1938。

苑，填流泉為沼」。李善注：「順流泉以為沼，不更穿之也。昭明
諱順改為填。」❸同是諱武帝父，劉以慎，昭明以填，昭明《文
選》成在《文心雕龍》之後，從順到填，軌迹似可見：順－慎－
填。倘無慎字過渡，則順何以取填更代，中間似少了一個環節，填
與順既非音近亦非形似，取為更代就不易明白其所以然了。上例師
之為率，其理亦同，中間非有帥字過渡。不過轉變之迹正相反，先
由形似取帥，復有音同取率。由此可悟：上文說到的非部分結構相
同，而是全體與正字形似的代字，其所以可更代正字，其間當有一
與正字音近代字的過渡。故而代字取形似，若非部分結構相同者，
亦非如取同義互訓代字那樣可以隨宜改易，而是有潛規矩的。

二、固定代字法

這是指諱字的更代字是固定不變的。常見的代字有四個：某、
諱、君和同字。

㈠某以代名例：

《尚書·金滕》：史乃冊祝曰：「惟爾元孫某，遘厲瘧疾。
若爾三王是有丕子之責於天，以旦代某之身。」孔《傳》：
元孫，武王。某，名。臣諱君故曰某。❹

《史記·孝文本紀》：子某最長，純厚慈仁，請建以為太

---

❸　《文選·東都賦》，頁32，影胡克家本，北京中華書局，1977。
❹　同註❼，〈金滕〉，卷十三，頁196。

子。㉟（案：謂景帝啟）

　　同上〈高祖本紀〉：高祖奉玉巵，起為太上皇壽，曰：「始
　　大人常以臣無賴，不能治產業，不如仲力。今某之業所就孰
　　與仲多？」㊱

今案：書某避諱，其例亦古。《尚書》已啟其端。秦漢以來，並有
斯例。（至陳壽《三國志》始于《帝紀》書諱。）帝名外，宋人於孔子亦
然。凡引書遇孔子諱皆改為某。如《古文苑》張超〈尼父贊〉，章
樵注引《史記》，改曰某；《論語·先進》：「由之瑟奚為於丘之
門」，《學齋佔畢》引作「某之門」等等，已見第三章。
　　諱本一字用某，二字或作某甲。如《三國志·魏書·崔琰傳》
裴注引《魏略》曰：「（許攸）自恃勳勞，時與太祖相戲，每在
席，不自限齊，至呼太祖小字曰：某甲，卿不得我，不得冀州
也。」㊲此某甲本當是阿瞞二字。又如《南齊書·祥瑞志》有會稽
剡縣刻石文曰：「黃天星，姓蕭字某甲，得賢帥，天下太平。」㊳
碑文讖語所言為南朝齊高帝蕭道成事，「某甲」原文當是「紹伯」
（道成字）。

㉟　同註❶，卷十，頁 420。
㊱　同註❸，卷一，頁 66。
㊲　《三國志·魏書·崔琰傳》，卷十二，頁 373，北京中華書局，1959。
㊳　同註㉚，〈祥瑞志〉，卷十八，頁 352。

㈡明標諱字例：

> 《三國志·魏書·后妃傳》注：甄后曰：諱等自隨夫人，我
> 當何憂！❸

此諱字指明帝（曹叡）名也。史家不敢斥，故用諱代。這當是史書
以諱代名之始。

> 《宋書·武帝紀》：劉諱龍行虎步。❹

此謂劉裕。

> 《宋書·文帝紀》：永初元年八月，西中郎將、荊州刺使宜
> 都王諱進號鎮西將軍。❹

這裏的「諱」，指宋文帝劉義隆。

> 宋本《周書·柳慶傳》：宇文諱忠誠奮發。❹

此「諱」指北周太祖宇文泰。

---

❸　同註❸，〈魏書·后妃傳〉，卷五，頁161。
❹　同註❻，〈武帝紀〉，卷一，頁5。
❹　同註❻，〈文帝紀〉，卷三，頁55。
❹　張元濟：《校史隨筆》，頁70，上海古籍出版社，1998。

《舊唐書·睿宗紀》：臨淄王諱。❸

「諱」，指李隆基。文臣不敢斥名。《齊》《梁》《隋》《北齊》《後周》《舊唐》諸書，並用此法，唯《陳書》獨〈吳明徹傳〉一見稱諱，基本不用此法。諱有避義，魏以後直以諱代名，大約是說此字應迴避，嗣後多沿其例。

㈢君字代名例：

魏晉六朝人，奏疏修辭格式有「某某死罪死罪」云云。如《文選》陳孔璋〈答東阿王〉首末云：「琳死罪死罪」，楊祖德〈答臨淄侯〉：「修死罪死罪」，任昉〈奏彈曹景宗〉云：「臣昉誠惶誠恐」，〈又奏彈劉整〉云：「臣昉頓首頓首，死罪死罪」。今核《唐鈔文選集注彙存》卷七十九任昉兩書，「臣昉」皆作「臣君」，又同卷繁休伯〈與魏文帝牋〉首：「領主簿繁君，死罪死罪。」結末：「宴喜之樂，蓋亦無量。君死罪死罪。」❹作者自稱名皆以君字相代。這是《文選》選文多取諸家集，家集編先人文，子避父諱，所以以君字代父祖之名。何以君代父名？是因君本身有父義。《稱謂錄·子稱父君》：漢〈孔耽碑〉，其子手自注。石稱耽為君。又《顏君家廟碑》，魯公自撰。篇中皆稱君。❺是人子自稱其父為君也。

---

❸　《舊唐書·睿宗紀》，卷七，頁152，北京中華書局，1975。

❹　《唐鈔文選集注彙存》，卷七十九，頁384、同卷，頁451、頁460，上海古籍出版社，2000。

❺　《稱謂錄·子稱父君》，卷一，頁33，天津古籍書店，1987。

四同字代名例：

古諱例凡述及犯諱事多用「同」字，《禮記·曲禮》：「大夫士之子不敢與世子同名」。❹《雜記》：「聞名心懼」鄭玄注：「名與親同」❹等等。司馬遷撰《史記》因逢名與父諱（談）同者，輒書「同」字。所謂「同」，即與家諱相同耳。後世遂以為避家諱法式。宋龐元英《文昌雜錄》卷六：「今人與父同名者，改曰同為是也。」❹晁公武《郡齋讀書志·論語類·何晏注論語》：「鄭同（沖）名觸先公（沖之）諱。司馬遷父名談，以趙談子為同子，故公武亦云。後仿此。」《讀書志》中，王凱沖、柳沖並改為同。❹

第二節　易體法

其特點是諱字與正字本係一字或借字。通常指取俗寫異體、古文、通假字來代替本（正）字。凡用借字，則須有先決條件，即不諱嫌名。

一、以古文代正字例

明末李自成在西安建立大順政權，改元永昌，頒諱天下：其一切文書……自、務、忠、成等字不許用。自成諱作夽戚，父名守

---

❹　《禮記正義·曲禮》，頁 1470，十三經注疏本，北京中華書局，1980。

❹　同註❹，〈雜記〉，頁 1561。

❹　龐元英：《文昌雜錄》，卷六，頁 702，四庫全書本，上海古籍出版社。

❹　虞萬里：《榆枋齋學術論集》，頁 368，江蘇古籍出版社，2001。

忠，諱為寏（一作宥）衷。2002 年新發現的《大順律》殘帙（卷十五）「帶造緞匹」條；「凡監臨主寏官吏將畠己物料，輒於官局帶造緞匹者，杖六十」。畠即自之古文，《說文·自部》：「自，鼻也。畠，古文自」。寏（宥）即守之古文，《字彙·寸部》：「寏，古守字。」❺⓪

清康熙名玄燁，下一字避諱一作爗、道光旻寧，下一字避諱一作窪，亦是以古文代本字。

二、以俗寫異體代正字例

如邦字，據婁發《漢隸字源》，有九體。《隸釋》所載《國三老袁良碑》：「被澤鵾畿」，《堯廟碑》：「失爵亡邞」❺❶，都是以異體為改避代字。明末避魯王朱以海諱，改以為目、改海為澥，一作渠。目為以之古文、渠為海之異體。❺❷

清道光帝，即位之初即有諭曰：「今朕欽遵（乾隆）成命，將御名上一字敬改。至臣工循例敬避，上一字缺一點，下一字將心字改寫一畫一撇。」咸豐四年有諭曰：「嗣後凡遇宣宗成皇帝廟諱，缺筆寫作寕者，悉改作寗。」❺❸今案：准道光即位諭，寧當作寗，然清人多減一橫，寫作寕。此寕字即俗寫字，臺灣學者李清志《古

---

❺⓪ 李堅：〈關於國家圖書館 2002 年入藏的大順律〉，《文獻》，頁 154，2004.4。

❺❶ 同註❽，卷六，頁 512、卷一，頁 446。

❺❷ 同註⓭，卷二十三，頁 377。

❺❸ 《大清會典事例》，卷三百四十四，頁 4，民國商務印書館本。

籍版本鑒定研究》謂自王羲之以來即有此俗寫。㊹金睿宗名宗堯，諱作尭，此亦六朝唐代以來俗字。

三、通假代正字例

《顏氏家訓·書證篇》：「簡策字，……末代隸書亦有竹下遂為夾者，……徐仙民《春秋》《禮音》，遂以筴為正字，以策為音，殊為顛倒。」㊺《彙考》卷九：「今由諱言之，則以邐家京口，所見東州舊本皆避吳諱作筴，而讀曰策故也。」又引吳棫《韻補·質韻》：「策、筴通。」㊻此避三國孫策諱，以通假字代正諱策。

上舉寧字，道光在世時，多作寧，此是本字之俗寫，咸豐四年改作甯，甯乃本字之通假字。㊼《文苑英華》唐謝觀《大演虛其一賦》：「大演之數五十」。演與衍通，此係避蕭武帝蕭衍諱，取演代衍。

第三節　改讀法

也可稱變音法。《紅樓夢》開頭，冷子興演說榮國府說到賈府女兒命名風俗，林黛玉的母親，即榮府中赦、政二公的胞妹，在家時名喚賈敏。賈雨村猛然悟道：「難怪這女學生讀到凡書中有敏

<hr>

㊹　李清志：《古籍版本鑒定研究》，頁 219，臺北文史哲出版社，1986。

㊺　《顏氏家訓·書證篇》，頁 1071，四部精要本，上海古籍出版社，1993。

㊻　同註⑬，卷九，頁 143。

㊼　《後漢書·烏桓鮮卑傳》，卷九十，頁 2983，北京中華書局，1965。

字，皆念作密字，每每如此；寫字遇著敏字，又減一二筆。」黛玉讀敏作密，便是避諱學中的改讀易音法。

改讀法的基本特點是：一，限於臨時性的言語、誦讀；二，音易，字不改換。

改讀何音，有三種途徑或方法：

一、本字音有二讀以上的，即取其中別一音。

《漢書·地理志》：魯國蕃縣。應劭注：蕃音皮。❺❽

《宋書·州郡志》：彭城郡蕃令，漢舊縣，屬魯。蕃音皮，漢末太傅陳蕃子逸為魯相，改音。❺❾

《集韻》：蕃：蒲糜切，音皮，地名。縣名，在魯，或作鄱、番。❻⓿

蕃，除方袁切本音外，又蒲糜切。魯人為魯相父諱取皮音改讀。

左思《魏都賦》：畫雍豫之居，寫八部之字。❻❶

思父名雍，不避雍字，蓋父名讀平聲（於容切），與雍州之雍讀於

---

❺❽　同註❽，卷二十八，頁 1637。

❺❾　《宋書·州郡志》，卷三十五，頁 1084，北京中華書局，1974。

❻⓿　《集韻》，卷五，頁 68，中國書店，1983。

❻❶　同註❸❸，〈魏都賦〉，頁 98。

用切去聲，不同。清人將孔丘之丘改讀期音，亦因丘本有期音——

> 俞樾《茶香室續鈔》三，引葉名澧《橋西雜記》云：雍正三
> 年上諭：此字本有期音，查《毛詩》古文作期音甚多，嗣後
> 除四書五經外，凡遇此字，並加阝為邱，地名亦不改易，但
> 加阝旁，讀作期音，庶乎允協。按加阝作邱，至今通用，至
> 讀期音，則世鮮知者。㉒

案：《詩·衛風·氓》：「送子涉淇，至於頓丘。」叶下媒、期。
《詩·小雅·巷伯》：「楊圓之道，猗於畝丘」，叶下詩、之。敏
字也有二讀：一讀憫，習用；一讀密，即小說所言。《韻補》：
「敏，叶母鄙切。《詩經·小雅·甫田》『農夫克敏』，與止、喜
叶。」㉓這就是黛玉諱敏，讀密而不讀他音的來歷。

　　以上改讀，實皆本有其音，是同字異音。

二、改讀同義互訓代字之音。如遇邦讀國、遇盈讀滿之類。

> 郭忠恕《佩觿》：顏淵之淵，讀之如泉。

唐高祖李淵，人多以泉字相代以避其諱，泉與淵同義互訓。

㉒　《茶香室續鈔》，卷三，頁 3324，筆記小說大觀本，臺北新興書局，1978。

㉓　此據中華書局（1958）本《康熙字典·卯集下》，不見今本吳棫《韻補》，
朱駿聲《說文通訓定聲》則云：「古韻：《詩·甫田》，叶止子畝喜右否有
敏；生民，叶祀止敏子。」頁 202，武漢古籍書店，1983。

第三章引孔齊《至正直記》云：「丘字，聖人諱也。子孫讀經史，……凡有『丘』字讀若區。」❻經史遇丘字讀若區，即因區與丘為同義互訓字。漢人避明帝諱，遇莊字皆改讀嚴，嚴與莊為同義互訓字，是變音。猶韋昭、陸德明遇嚴公、嚴王之類，皆讀為莊。《詩經·商頌·殷武》：「天命降監，下民有嚴；不僭不濫，不敢怠遑。」吳棫《毛詩叶韻補音》以為嚴避漢諱，當是莊字，始與遑押。周廣業以為：「才老謂避諱是也」。❻此語誠是。這是漢人讀《詩經》先改讀音，讀莊為嚴，字體未變；久則連字體也變作嚴了。此點與同義相代字法有所不同，不能混為一談。莊之訛為嚴，有音變的環節。

三、讀音隨宜改易，不固定一音。

《宋史》卷一百八《禮志》十一：紹興二年十一月，禮部太常寺言：淵聖皇帝御名桓，見於經傳義訓者，或以威武為義，或以迴旋為義，又為植立之象，又為亭郵表，又為圭名，又為姓氏，又為木名，當各以其義類求之。以威武為義者，今欲讀曰威；以迴旋為義者，今欲讀曰旋；以植立為義者，今欲讀曰植；若姓氏之類，欲去木為亘。又緣漢法：邦之字曰國，盈之字曰滿，止是讀曰國、曰滿，其本字見於經傳者，未嘗改易。司馬遷，漢人也，作《史記》曰：「先王之制，邦內甸服，邦外侯服。」又曰：「盈而不持則傾。」

---

❻　孔齊：《至正直記》，卷三，頁104，上海古籍出版社，1987。
❻　同註❸，卷八，頁122。

今來淵聖皇帝御名，欲它讀如前外，其經傳本字，即不當改
易，庶幾萬世之下，有所考證，推求義類，別無未盡。**⑥⑥**

桓字有諸義，改讀因相應有諸音，都隨語境改易。又如：真宗名
恒，恒有常義，改讀為常。元人何異孫《十一經問對·孟子問
對》：「問曰：《離婁下》：愛人者，人恒愛之；敬人者，人恒敬
之。《文公上》：恒產、恒心。皆訓常，讀亦常。今之小學，盍從
胡登反？本音如何？對曰：此恒字係宋真廟諱，今已革命，合依
《周易·恒卦》照十七登韻木音為正……《易·乾卦》進退無恒、
上下無常，今老于儒學者尚有常常之讀，何責小學！」**⑥⑦**此宋儒見
改字之失，欲以改音救之。立意雖有可取，然終未能實行，徒有其
說而已。

關於改讀有一點需要弄明白。一字多音，語有通借，改讀有不
因避諱而起的。《史記·秦始皇本紀》，《正義》曰：「正音政，
周正建子之正也。始皇以正月旦生於趙，因為政，後以始皇諱，故
音征。」宋人多信其說。然正讀征者，本有其音。《老子》：「侯
王得一，以為天下正」，與清、寧為韻。《詩經·齊風·猗嗟》：
「猗嗟名兮，美目清兮，終日射侯，不出正兮。」《經典釋文》：
「正音征」。《楚辭·離騷》「耿吾既得此中正」，正與「溘埃風
余上征」為韻；《九歌·少司命》：「蓀獨宜為民正，」正與「登

---

⑥⑥　《宋史》，卷 108，頁 2609，北京中華書局，1974。

⑥⑦　何異孫：《十一經問對·孟子問對》，卷二，頁 307，四庫全書本，上海古
籍出版社，1987。

九天兮撫彗星」為韻；《九章・惜頌》「蒼天以為正」，正與上
「發憤以抒情」為韻。此都在秦前，皆正的本音，非為避秦諱。即
使劉向《九歎》：「撫招搖以質正」、「信上皇而質正」，亦與
聽、均押為韻，並非秦諱。⓺

　　再如昭本有韶音，《詩經・魏風・沮洳》「殊異乎公族」箋
云：「公族，王君同姓昭穆也。《釋文》：昭，紹遙反，《說文》
作佋。」⓺這是說昭穆之昭，本有讀韶者。《孔子家語・正論》：
「祭公謀父作祈昭。」注：「昭，一作韶」。（王肅注：昭宜為招）⓻
《史記・李斯傳》：「鄭衛桑間，昭虞武象者，異國之樂也。」
《集解》：「徐廣曰：昭，一作韶。」⓻並韶與昭通之證。

　　倡避諱改讀說的是唐人。《詩經・周頌・噫嘻》「駿發爾
私」、〈雝〉：「克昌厥後」，昌、發為周文王，武王名，〈周
頌〉不得犯諱。陸德明《釋文》云：「克昌如字。或云文王名。此
禘文王之詩也，周人以諱事神，不應犯諱。當音處亮反。」⓻《漢
書・韋玄成傳》：「父為昭，子為穆。」顏師古注：「後以晉室諱
昭，故學者改昭為韶。」⓻是說避晉諱改字。李涪《刊誤》則云：
「至晉武帝以其父名昭，改為韶音。歷代已遠，豈宜為晉氏之諱而
行于我唐哉！今請復為昭穆。」顏以為改字，李以為改音，並非。

⓺　同註⓭，卷五，頁 80。

⓺　同註⓾，〈沮洳〉，頁 357。

⓻　王肅：《孔子家語・正論》，卷九，頁 244，上海書店，1987。

⓻　同註❶，卷八十七，頁 2545。

⓻　同註⓾，〈雝〉，頁 596。

⓻　同註❽，卷七十三，頁 3119。

然與《釋文》共證唐人已有因諱改讀之說,可以肯定。至宋始見《禮志》官方明文。改讀之事,歷唐宋而興,甚而至於家諱。唐歐陽詢父名紇（恨沒反）,弘文館學士避其諱,改音下結反,即是其例。然改讀斷斷續續,雖綿延直至滿清,多不能貫穿始終,切實推行,率一時興到耳。

第四節　缺筆置換法

此法特點在使不成字。細分為兩種:缺筆法和置換法。

一、缺筆法

《隸釋》載《陳球後碑》:秉心茲降。**❼❹**

《廣雅·釋地》:㮆,㮤,堅,甄……,土也。**❼❺**

《雪堂校刊群書敍錄下》:往在武昌,于楊星吾舍人許,見所藏古寫本《春秋集解·桓公》殘卷,舍人跋稱是北齊人書。然觀桓公十八（六）年傳,冬城向,注引《詩》『定之方中』及『此未正中也』,二中字作中。缺末筆之下半,避隋諱,乃隋寫本,非出北齊。**❼❻**

---

❼❹　同註**❽**,卷十,頁 558。

❼❺　《廣雅·釋地》,卷九,頁 515,四部精要本,上海古籍出版社,1993。

❼❻　羅振玉:《雪堂校刊群書敍錄下》,頁 11,民國七年排印本。

　　法藏敦煌《文選》伯 2525《光武紀贊》：三象霧塞。**❼❼**

　　法藏敦煌《文選》伯 2528《西京賦》：華蓋承辰、枌詣承光。**❼❽**

　　俄藏敦煌寫本 ф.242《文選注》：展季救魯尸、矜矜元王、務此鳥獸、水積成淵、猥垂齒召。**❼❾**

　　明人汲古閣刻《論語・公冶長》：子曰：「由也好勇過我，無所取材。」子曰：「由也千乘之國，可使治其賦也。」

　　以上隆、堅、中、霧（矜、務）、承、民、齒、由等十餘字，都有缺筆，它們分別是漢殤帝（劉隆）、隋高祖（楊堅）、隋太祖（楊忠）、後梁太祖曾祖父（朱茂琳）、齊宣帝（蕭承之）、唐高宗（李治）、唐太宗（李世民）、明熹宗（朱由校）諸人諱字。

　　《史記》避諱多用代字，《漢書》則多加減筆畫，如《儒林傳》田何字子裝，《史記》作子莊；《古今人表》有柳壯，《檀弓》為柳莊；皆避漢明帝諱。

　　缺筆法大都缺（末）一筆，也有缺半筆的，如中、由；也有缺不止一筆的：如承作承；《詩・小雅・六月》：「四牡既佶」，宋

---

❼❼　同註**⓴**，伯 2525〈光武紀贊〉，頁 77。

❼❽　同註**⓴**，伯 2528〈西京賦〉，頁 10，頁 3。

❼❾　同註**⓴**，〈俄藏敦煌寫本 L.1452（ф.242）〉，頁 36，39，40，40，43，46。

高宗御書《石經》作仹（非是代字法）**⑩**，也是缺三筆。本無定例，
以缺一筆較常見。

　　缺筆法與代字法多用於寫刻舊書；若奏疏文移一應公文之類，
涉及當時地名人姓者，不便改字，往往止可用缺筆和變易偏旁法
等。

二、置換偏旁法

　　　《舊唐書·高宗紀上》：顯慶二年十二月，庚午，改昬葉宮
　　　[字]。

　　　王氏《十七史商榷》七十：以意揣之必是以昬字之上民字、
　　　葉字之中世字犯諱，故改昬從氏，改葉從[云]。**⑧**

今案：改葉從云，即為葉，因避諱而生，前此本無其字，故也可歸
入「使不成字」為特點的易體法類內。

　　缺筆、置換（包括增加）部首後，若所成諱字，並非不成其字
（為字不成），而是固有其字的，也可歸入代字法內。

　　　法藏《敦煌文選》伯 2542〈王文憲集序〉：年始志學，家
　　　門禮訓，皆折哀於公。**⑧**

---

⑩　同註**⑬**，卷二十，頁 325。

⑧　王鳴盛：《十七史商榷》，卷七十，745，叢書集成初編本，民國商務印書
　　館。

⑧　同註**⑳**，伯 2542〈王文憲集序〉，頁 66。

《詩經·小雅》：無將大車，衹自塵兮；無思百憂，衹自痕
兮。唐《石經》作衹自疷兮。

哀係衷字減筆，避楊忠諱；疷係痕字減筆，避李世民諱。哀、疷本
有其字，非不成字，入形似代字法為宜。

《詩經·邶風·雄雉》：雄雉其飛，泄泄其羽。唐《石經》
作：洩洩其羽。

《詩經·大雅·板》：天之方蹶，無然泄泄。唐《石經》
作：無然洩洩。❽

《三國志·吳書·闞澤傳》裴注引張勃《吳錄》：孫權曰：
「曹丕以盛年即位。恐孤不能及之。……」闞澤曰：「不及
十年，丕其殁矣。……以字言之，不十為丕，此其數也。」
文帝果七年而崩。❽

案：《左傳·僖公九年》：「里克、丕鄭欲納文公。」《左傳》又
有丕豹。❽《廣韻·脂韻》：「丕，同邳。」《春秋·僖公十一

---

❽ 臧庸：《唐石經考異補》，頁 6；錢大昕：《唐石經考異》，頁 10－14，涵
芬樓本，1916。

❽ 《三國志·吳書·闞澤傳》，卷五十三，頁1250，北京中華書局，1959。

❽ 《春秋左傳正義·僖公九年》，頁 1800，十三經注疏本，北京中華書局，
1980。

年》：「春，晉殺其大夫丕鄭父」。**⑧**

　　《潛夫論·志氏姓》：范武子受郇櫟，後有郇氏、櫟氏。
　　案：《左傳》郇皆作荀，是因漢諱加阝旁也。**⑧**

洩、丕、郇，本字乃為泄、丕、荀，分別係避李世民、曹丕、劉詢
三帝。洩、丕、郇皆本有其字，非不成字，宜入音近代字法。

　　缺筆避諱之法，周廣業《彙考》（卷十三）以為「晉已有
之」，近代學者或以為始自唐高宗時代，皆不確。以唐為缺筆始的
主要理由在《冊府元龜》「帝王名諱門」載顯慶五年正月詔曰——

　　　　孔宣設教，正名為首，戴聖貽範，嫌名不諱。比見抄寫古
　　　　典，至於朕名，或缺其點畫，或隨便改換，恐六籍雅言，會
　　　　意多爽；九流通義，指事全諱。誠非立書之本道。自今以
　　　　後，繕寫舊典文字，並宜使成，不須隨義改易。**⑧**

詔云「比見」是兼指「缺其點畫」和「隨便改換」，不得獨以「比
見」冠「缺其筆畫」一家。「隨便改換」指代字法，代字法固不始
于唐。上引《隸釋·陳球後碑》之「隆」字已缺末筆，足見缺筆法
濫觴於漢。周氏始于晉說也非是。《廣雅·釋地》「堅」缺末筆，

---

⑧　同註**⑧**，〈僖公十一年〉，頁 1802。
⑧　王符：《潛夫論》，卷九，頁 423，北京中華書局，1979。
⑧　《冊府元龜》，卷三，頁 36，北京中華書局，1960。

古寫本《春秋集解》「中」缺下半筆，可見隋時已漸見流行，故而至高宗時遂有此詔。此詔規定「繕寫舊典文字」不得用代字與缺筆法，故今日見敦煌寫卷多有缺筆諱字，蓋敦煌寫卷多非「舊典」，事在禁令之外。高宗乾封元年（666）〈贈泰師孔宣出碑〉：「愚智齊泯」，泯作泯，人又以為此為唐碑避諱缺筆始見。此本有其字，當屬代字法，初非缺筆法。況唐碑缺筆諱字始見，不等於缺筆諱字法始自唐。

第五節　空字省文法

空字省文兩法，較多見於版刻書籍中。空字法有兩種處理方式：空格和作□（空圈）。省文，即省去其字不書。

一、空格例

百衲本《魏書·孝靜帝紀》：文襄嘗侍飲，大舉觴曰：「臣　　勸陛下酒。」帝不悅。

魏收《魏書》于北齊獻武高歡、文襄高澄父子皆諡而不名。此句「臣」字下空格不書，是諱高澄。《魏書》之〈孝靜紀〉久亡，今本皆據《北史》補入，空格已填補澄字。帝謂東魏孝靜帝善見。汲古閣本《南齊書·武帝紀》：「衛尉蕭」、「太子詹事蕭」、「丹陽尹蕭」，蕭字下並空格。汲古閣本《魏書》于「皇太子某生」，「名皇太子曰某」，亦皆空格。

清代四庫館臣奉乾隆諭，遇前代君主皆執諱禮，多用空格法，

故一書鈔寫，空格在在可見，總以百十計，也無煩例舉了。

二、作口 (空圍) 例

汲古閣本《南齊書·豫章文獻王嶷傳》嶷上武帝啟：「前侍
幸口_{順之宋本諱}宅」。

是乃幸蕭順之宅，故撰史者蕭子顯空圍其字。「順之宋本諱」是後
人加注。

同上，《魚腹侯子響傳》：丹陽尹蕭口_{順[之]宋本諱}。

今本《南齊書》已據《南史》改過。

《歐陽文忠公集》附錄卷五謝絳〈遊嵩山寄梅殿丞書〉：武后
封祀碑故存，自號大周。當時名賢皆口姓名于碑陰，不虞後代之譏
其不典也。

《壯陶閣書畫錄》卷七元趙松雪書〈故宋正議大夫守尚書戶部
侍郎贈銀青光祿大夫趙府君阡表〉卷：府君諱口，字中父。胄[系]
出宋藝祖，世居汀。自秀安僖王五世而至府君，皆家吳興。秀安僖
王生崇憲靖王，諱口，是為府君曾王父。崇憲靖王生新興恭襄王，
諱口，是為府君王父。其世次歷官，語在《宋史》。新興恭襄王生
通議府君，諱口。仕宋朝奉大夫直華文閣。⑧⑨

---

⑧⑨　分別見歐陽修《歐陽文忠公文集》附錄末，頁 576 下，四部精要，上海古籍
　　出版社，1993；裴景福：《壯陶閣書畫錄》，卷七，民國中華書局，1937。

上條謝絳原書當是署字，乃宋英宗嫌名。下條趙孟頫所書〈阡表〉，則是趙中父家諱，所諱非是一人矣。

三、省文不書例

省文不書，或始於春秋。《春秋左傳正義・隱公元年》：「公及邾儀父盟于蔑」，惠棟《春秋左傳補注》：「蔑，本姑蔑，定十二年傳：『費人北，國人追之，敗諸姑蔑』是也。隱公名息姑，而當時史官為之諱」。❾⓪《漢書・武帝紀》：「（後元）二年二月乙丑，立皇子弗陵為皇太子。」注：「張晏曰：昭帝也。後但名弗，以二名難諱故。」❾①此西漢人因避諱而不書之兆端。榮啟期，《列子》、《孔氏家語》、《說苑》並著錄，周末人。而傅毅《七激》：「榮期清歌」、左思《白髮賦》：「皤皤榮期，皓首田里」、庾信《榮啟期三樂圖贊》：「榮期三樂，唯人與年。」❾②並刪啟字。啟，漢景帝諱。《晏子春秋》有「公孫接、田開疆、古冶子事齊景公。勇而無禮。」❾③亦刪啟字。田開疆本名啟疆，漢儒改啟作開。唐宋人避諱亦多沿用此法。《魏書・天象志》：「齊將陳達伐我南鄙，陷澧陽。」❾④陳達即陳顯達，唐人諱中宗去顯字。

❾⓪　同註❽⑤，校勘記引惠棟，《春秋左傳補注》，頁 1720。

❾①　同註❸，〈武帝紀〉，頁 212。

❾②　《藝文類聚》，卷五十七，頁 1023、卷十七，頁 320、卷三十六，頁 653，上海古籍出版社，1982。

❾③　吳則虞：《晏子春秋集釋》，卷二，頁 164，北京中華書局，1962。

❾④　《魏書・天象志》，卷一百五，頁 2417，北京中華書局，1974。

《南史·何尚之傳》：「（南郡王劉）義宣司馬竺超。」**⑤**「竺超」其人在〈臧燾傳〉、〈張邵〉等傳，俱作竺超人，《宋書·何尚之傳》、《南齊書·張融傳》則作竺超民。是《南史》避唐諱，或改民作人，或去其下一字。隋著作郎魏澹，字彥淵。《隋書》、《北史》本傳俱作彥深，《舊唐書·令狐德棻傳》作魏彥、《列女傳》作彥泉。《新唐書·藝文志》：「劉兆《春秋三家集解》」**⑥**，兆下去世字。《新唐書·儒學傳》：「元行沖少孤，養于外祖司農卿韋機」**⑦**，此韋弘機去名上一字。凡此皆避唐諱。

第六節　拆字分析法

此係解析偏旁、結構而言正字和雙名依次分析表述之法。

拆字本舊時占卜之一法。術者以求占者一字分合增減，隨機附會，解釋吉凶。避諱之借用拆字法，或源于唐。韓愈撰《順宗實錄》貞元二十一年冊：「廣陵王為皇太子，改名某。初王名從水從享，至是改今名。」**⑧**是說憲宗初名淳，立為太子後更名純。這是較早的拆字避諱例。以後漸多。令狐楚[澄]《貞陵遺事》：「會昌末，武宗忽改御名為火下火，及宣宗以光王龍飛，古文光字實從兖。噫，先兆之明若是耶？」**⑨**火下火即炎字。昭宗本名傑，後改

---

⑤　《南史·何尚之傳》，卷三十，頁784，北京中華書局，1975。

⑥　《新唐書·藝文志》，卷五十七，頁1440，北京中華書局，1975。

⑦　同註**⑥**，〈儒學傳〉，卷二百，頁5690。

⑧　韓愈：《順宗實錄》，頁23，筆記小說大觀本，臺北新興書局，1977。

⑨　同註**⑬**，卷十六，頁255。

名曄。羅珦《吳越備史》卷一載：羅隱《為錢鏐賀昭宗更名表》曰：「上則姬昌之半字（日），右則虞舜之全文（華）」⑩，亦用拆字之精善者。至於不說左右而說上右，乃避吳忠獻王錢佐嫌名。

　　至宋諱法科條尤密，拆字法亦屢見運用。《禮部韻略》於合諱之字，多有用此法頒佈的。

　　《附釋文互注禮部韻略》：紹興三年吏部、禮部太常寺看詳。《史記》所載黃帝名從車從干、從車從袁，二字不得連用及不得指斥援用黃帝名：如用從車從干，繼以後字，及用從車從袁，冠以帝字之類，合行迴避外，自餘如軒冕、軒輊、輵轅、車轅，不係指斥黃帝名，不合迴避。

　　　　紹興《重修文書令》重申其字。祥符七年六月，禁文字斥用
　　　　黃帝名號令。經史舊文則不避。⑪

　　　　《增修互注禮部韻略》平聲二十六歡莞字：「欽宗廟諱，從
　　　　木從互。（毛）晃按：紹興二年禮部看詳：姓氏從木從互、
　　　　水名從水從互、木名從木從互，皆定讀曰互。」⑫

　　　　《宋史·禮志》亦載：「嘉定十三年十月，司農寺丞岳珂
　　　　言：欽宗舊諱二字，其一從卣從旦，其一從火從互，皆合迴

<hr />

⑩　羅珦：《吳越備史》，卷一，頁 1632，筆記小說大觀本，臺北新興書局，
　　1984。
⑪　《附釋文互注禮部韻略·貢舉條式》，四部叢刊續編本。
⑫　毛晃：《增修互注禮部韻略》，四部叢刊續編本。

避。」⑩

　　文人交流，遂以仿效。宋紹定二年平江府刊《吳郡志》五十卷，于甯宗諱有作「從才從廣」、廓字作「從廣從郭」。⑭

　　拆字有拆一字而變單名為雙名的：《彙考》卷十六：「《舊唐書‧宦官‧俱文珍傳》有韓日華。韓本一字名，因昭宗諱，遂離為二字。」⑮兩《唐書‧王叔文傳》俱作暈，當是後人回改者。

　　所謂分析法與拆字法有所不同，拆字法物件是字，分析法說的是詞，是分述雙名。《茶香室叢鈔》卷五曰：「今人稱先世之名，每曰『上諱某，下諱某』。此語宋人已然。宋王楙《野客叢書》有『髯奴事』一條，云：『炳之』，仆曾大父也。上字諱伯，下字諱虎。又宋張世南《遊宦紀聞》云『先伯諱，上大下正』。」⑯即用此法。此蓋循古二名不偏諱之原則。分析法率用於表述先世名諱。

　　宋人《東軒筆錄》記錄一故事：英宗即位，著作佐郎甄復以御名拆其點畫，使兩日相照，為離明繼照之義。上怒其妖妄，削官。⑰因拆字觸犯英宗而遭罷官，這是甄始料不及的。這個故事透露了一個消息，拆字法也不是可隨便用的，它須得到官方的認可。

---

⑩　同註⑬，卷二十，頁 328。

⑭　同註⑭，頁 196。

⑮　同註⑬，卷十六，頁 258。

⑯　俞樾：《茶香室叢鈔》，卷五，頁 5，光緒九年刻本。

⑰　魏泰：《東軒筆錄》，卷四，頁 44，北京中華書局，1983。

第七節　標識夾註法

包括貼黃紙、加墨圍，此是標誌，小字夾註也屬此類。

一、貼黃紙法

胡安國《奉敕纂〈春秋傳〉論名諱劄子》——

> 臣所纂修繕寫進本，援引經史，欲乞應犯聖祖廟諱，不可遷
> 避者，依太常博士王晢所進《春秋解》例，並依監本空缺點
> 畫，於淵聖御名亦不改易本字，覆以黃紙，庶幾名實不亂，
> 上尊《春秋》之法，亦以消臣子讒訐之端。⑩

由此《劄子》可見覆黃紙法始于宋代，其施用範圍在難避之諱。最
初發源似在北宋仁宗皇太后劉氏執政時，詔令避其父通諱。然通為
常用難避之字，故在難避之處，即用黃紙蓋貼。以後神宗元豐時，
英宗高皇后父高遵甫，禮部論諱，亦襲仁宗故事，於難迴避處，用
黃紙覆之。

金源沿宋，亦見用黃紙覆諱法。金太宗取汴，得宋之儀章鍾磬
樂簴。皇統時熙宗加尊號，始就用宋樂。有司以鍾磬刻有晟字，犯
太宗諱，皆以黃紙封之。大定時太常議刮去更為制名，名之曰太
和。事見《金史·樂志上》。⑩

---

⑩　同註⑬，卷二十，頁 328。
⑩　《金史·樂志》，卷三十九，頁 882，北京中華書局，1975。

家諱則用絳羅。元人袁桷《書陸淳〈春秋纂例〉後》云：「劉氏《傳》，乃先越公（袁韶）居宥府時岳肅之（珂）侍郎所遺。家諱咸以絳羅覆。」⑩劉氏《傳》指劉敞《春秋傳》。

二、墨圍法

此法是在正字外復加墨圈方框。

墨圍之法，似亦肇始于宋。淳熙間奉敕修《宋文鑒》一百五十卷。文中於惇、敦、廓、構等字，或缺筆，或週邊以墨圈。宋景定間建安刊《音點大字荀子句解》，宋諱縣、貞、樹、桓、慎、敦、廓諸字都以墨圈標識。⑪至清代用墨圍法避諱尤多。

三、小字夾註法

以注釋形式言避諱，其源當出自《漢書》。最初用正文的形式。《漢書·蒯通傳》曰：「蒯通，范陽人也，本與武帝同諱。」⑫其後《魏書》多襲其法，如〈尉羽傳〉：「羽，名犯肅宗諱，頗有器望。」〈張讜傳〉：「張讜，字處言，清河東武城人也。六世祖名犯顯祖諱，晉長秋卿。」⑬《北史·李煥傳》「始平太守景」下云：「名犯太祖元皇帝諱」。⑭是景本名昞。並以正文注釋，交代傳主本名。

---

⑩ 　袁桷：《清容居士集》，卷四十八，頁 7，道光宜稼堂叢書本。

⑪ 　潘宗周：《寶禮堂宋本書錄》，冊三，頁 2，揚州廣陵古籍刻印社，1984。

⑫ 　同註❽，〈蒯通傳〉，頁 2159。

⑬ 　同註❾④，卷五十，頁 1116、卷六十一，頁 1369。

⑭ 　《北史·李煥傳》，卷三十三，頁 1239，北京中華書局，1974。

　　以後用夾註的形式，夾註有用一二個字，或一句話的。宋敏求《春明退朝錄》卷上：「唐制：宰相四人，首相為太德宮使，次三相皆帶館職，洪[正字犯宣祖廟諱]文館大學士、監修國史，集賢殿大學士以此為次序。」⑮宋氏自注用一句話，是說洪當作弘，蓋避宋宣祖弘殷。

　　又有加「今上御名」、「某帝廟諱」之類者。《東觀奏記》卷中：「李衛公德裕貶死崖州。令狐綯奏許其子象州立山縣尉[名與今上御名同]。護喪歸葬。」⑯今上謂唐昭宗燁。宋紹興間刊《建康實錄》。原版仁宗諱禎作[今上御名]、補版構字注[今上御名]。⑰不獨史書，集部也有用此法的。李德裕《周秦行紀論》曰：「余嘗聞太牢氏[涼國李公嘗呼牛僧孺曰太牢。涼公名不便，故不書]好奇怪。」（《唐代叢書本》四集）涼公，李逢吉，名犯德裕父吉甫偏諱。又，《李衛公外集·羊祜留賈充論》：「任愷庾尹[庾為河南尹。名犯廟諱，字又非便，所以不書]。」今按：此指晉庾純。純字謀甫，所以有「字又非便」云云，也犯吉甫偏諱。《臣交論》：「昔吳章之敗也，門人更名他師，而幼儒自效，所以可貴也[幼儒名敞，姓非便不書]。」據《漢書》，幼儒姓雲，於德裕祖父棲筠為嫌名，故皆用夾註。⑱

---

⑮　宋敏求：《春明退朝錄》，卷上，頁 1273，筆記小說大觀本，臺北新興書局，1983。

⑯　《東觀奏記》，卷中，頁 620，筆記小說大觀本，臺北新興書局，1984。

⑰　北京圖書館：《中國版刻圖錄》，頁 42，北京文物出版社，1962。

⑱　李德裕：《李衛公外集》，卷一、卷二，畿輔叢書本，光緒五年王氏謙德堂。

第八節　稱字更名法

　　稱字法，即以字行。此法源於《禮記·雜記下》：「與君之諱同則稱字」。⑲早在漢代，班固《漢書·敘傳》則因避家諱稱父字叔皮，有「叔皮唯聖人之道然後盡心焉」⑳云云。可參第四章「諱字」節。

　　更名法，本不煩贅舉，有合兩字為單名的，較特殊，乃為拈出——

　　　　《北史·張淵傳》：云「張淵字文懿，……本名犯廟諱」。㉑

是本名大淵，避唐諱，合為一字。

　　以上所論種種避諱方法，在實施過程中，並不一定單獨施用，往往有合兩法一起，或諸法混合使用的。譬如覆黃紙法就常與缺筆法一起用。《宋會要稿·儀制類》「帝諱」云：「神宗元豐八年四月十九日，禮部言：高晉王（英宗高皇后父）名，正字並迴避，有難避者空點畫，仍以黃紙覆之。」㉒這是明令兩法兼用。段玉裁《說文解字注》十一篇上：「淯：淯水，出宏農盧氏山，東南入沔。

---

⑲　同註㊻，頁 1568。

⑳　同註❸，〈敘傳〉，卷一百，頁 4207。

㉑　同註⑭，〈張淵傳〉，卷七十八，頁 2632。

㉒　徐松：《宋會要輯稿·儀制類》，第五十一冊，頁 2054，北京中華書局，1957。

段注：宏農郡，盧氏二志。」㉔，此是合代詞與標識兩法為諱。上引《至正直記》避孔子丘字，讀若區，以朱筆圈之，也是合兩法避諱。避諱合用兩法，大抵本以示尊重，有時也是需要，合用兩法才不致置疑後代。又代字法有需合注釋法的，如《崇文總目》避聖祖玄朗諱，改《太玄經》曰《太真經》，今《四庫全書總目》因館臣忽略，誤《太玄》《太真》為二家。當初倘合以夾註，就可避免此失。

　　避諱方法，公諱一般較嚴肅，私諱則不免曲避。宋真宗朝相名王隨，家諱德。幕賓謂「德」為「可已」，優人贊祝亦云：「此相公之可已」。㉔得與德通，《漢書·項籍傳》：「羽乃曰：吾聞漢購我頭千金，邑萬戶，吾為公得」，《史記》作德。而得有可以、能夠、了結諸義，故幕賓取可已代德。從德到可已，中間多一層轉折，所以謂之曲避。至於田登諱燈為放火，是近乎虐矣。

㉓　段玉裁：《說文解字注》，十一篇上，經韻樓本。
㉔　江休復：《鄰幾雜誌》，頁 654，筆記小說大觀本，臺北新興書局，1984。

第六章　避諱的通則

　　遊戲講究規矩，避諱自有通則。古人避諱通則大致有這樣幾個方面：嫌名不諱、二名不偏諱、已祧不諱、詩書和臨文不諱、已廢不諱、舊名不諱、諱上不諱下、私諱服從公諱和卒哭乃諱。下文依次介紹。

第一節　嫌名不諱

　　嫌名不諱之例，最早著於上引《禮記·曲禮上》：「禮不諱嫌名」及東漢鄭玄注：「嫌名，謂音聲相近，若禹與雨，丘與區也。」❶經與鄭注原本說得很明白，後儒的闡述大同而小異——

　　《通典》卷一百四引王肅說：音相似者也。❷

　　《正義》：禹與雨，音同而義異；丘與區，音異而義同。二者一有同音嫌疑，一有同義嫌疑，如此者不諱。若音異義異

---

❶　《禮記正義·曲禮》，頁 1251，十三經注疏本，北京中華書局，1980。
❷　《通典》，卷一百四，頁 2725，北京中華書局，1988。

全是無嫌，不涉諱限；必音同義同始諱也。❸

《釋文》：禹與雨並於矩反，一讀雨音，于許反。丘與區並
去求反，一讀區音，羌蚪反，又丘於反。案：漢和帝名肇，
不改京兆郡；魏武名操，陳思王詩：「修阪造雲日」，是不
諱嫌名。❹

顏師古《匡繆正俗》卷三：或問：禹與雨，丘與區，其義何
也？答曰：此蓋舉異字同音不須諱者耳。禹、雨二字，其音
不別；丘與區今讀則異，然尋按古語，其聲亦同。陸士衡
〈從皇太子祖會東堂詩〉：「普厥丘宇，時罔不綏」。又晉
宮閣名，所載某舍若干區者，別為丘字，則知區丘音不別
矣。且今江淮田野之人猶謂區為丘，亦古之遺音也。今儒者
不曉其意，競為解釋，或云禹雨是同聲，丘區是聲相近，二
者並不須諱；或云禹雨區丘，並是別音相近，乃讀禹為於舉
反，故不須諱。並為詭妄不諳其理。❺

《正義》以鄭注引丘與區為「音異而義同」，而顏師古則詳考古音
方音，證之古今，以區丘為同聲。今按覆鄭注，亦以顏說為是，丘
區本與禹雨（顏所見本雨作字）並舉，音同音近，統屬一項，非別立

---

❸　同註❶，〈曲禮〉，頁 1251。

❹　陸德明：《經典釋文》，頁 648，上海古籍出版社，1985。

❺　顏師古：《匡繆正俗》，卷三，頁 23，叢書集成初編本，民國商務印書館。

義項，言及義嫌也。

嫌名之諱，就風俗之漸言，當始于周；就功令言，當昉於漢代，第二章《避諱類型》已經說及。大約在三國後期，不諱嫌名的古禮還是或行或廢。陸德明《釋文》講漢和帝不改京兆郡名，曹植詩不避造字，是不諱嫌名之證。而《三國志·吳書·吳主傳》二，記「（赤烏）五年春正月，立子和為太子，大赦，改禾興為嘉興。」❻禾即和之嫌名，乃是諱嫌名之例。但是正如陳垣所說，裴注引《吳錄》載孫休詔為四子作名，𩅦音灣、𠅨音觥、𩃙音莽、𡨥音褒。𩅦等四字雖易避，灣等四字之音則仍難避。吳以新制四字為易避，則又不避嫌名之證。是當時避嫌名時行時斷，依然未成氣候。勃爾成俗，是在吳末晉初。《晉書·羊祜傳》云，羊祜任荊州都督，與吳陸抗對境，備修德以懷吳人，甚得江漢之心。故祜卒，南州聞祜喪，莫不號慟，吳守邊將士亦為之泣下。遂有立碑峴首，兼避祜嫌名屋、戶之舉。祜之卒在武帝受禪以後，事在晉初矣。此舉透露的重要資訊是：避嫌名已由朝廷深入民間。其後晉簡文帝名昱，改育陽縣為雲陽。桓溫父名彝，改平夷郡曰平蠻，夫夷縣曰扶縣，夷道縣曰西道。後魏道武帝名珪，改上邽縣曰上封。❼是皆踵武其迹也。

---

❻　《三國志·吳書》，二，頁1145，北京中華書局，1962。

❼　陳垣：《史諱舉例》，頁54，上海書店，1997。

第二節　二名不偏諱

二名，又稱復名，謂兩字作名。關於此條通則，古人的論述，主要見於下列文獻——

《禮記正義·曲禮上》：二名不偏諱。鄭注：為其難辟也。偏，謂二名不一一諱也。孔子之母名徵在，言在不稱徵，言徵不稱在。❽

《禮記·檀弓下》：舍古而諱新。……二名不偏諱。夫子之母名徵在，言在不稱徵，言徵不稱在。鄭注：稱，舉也。《雜記》曰：妻之諱不舉諸其側。❾

毛居正《六經正誤》：《曲禮》二名不偏諱，偏作偏，誤。……偏與遍同。謂二字為名，同用則諱之。若兩字各隨處用之，不於彼於此，一皆諱之。案：舊杭本《柳文》載，宗元新除監察御史，以祖名察，躬入狀奏。奉敕：新除監察御史柳宗元祖名察，躬遵《禮》二名不遍諱，不合辭避。據此作遍字，是《曲禮》作偏字明矣。岳珂《九經三傳沿革

---

❽　同註❶，〈曲禮〉，頁 1251。

❾　同註❶，〈檀弓〉，頁 1313。

例》，亦引柳文證之。❿

周廣業《彙考》云：名以定體，二字名者，必連稱，方實指
其人也。然雖不連稱，或二字同時相繼並舉，亦所不可。此
義人未易曉，故〈檀弓〉於「諱新」下獨列此條。又援孔子
為准：言在不稱微，言微不稱在。所重在兩「不稱」。謂偶
語及上、下一字可也；不得更稱及上、下一字。稱即為犯。
乃教人所以諱之法也。鄭引《雜記》舉妻之諱以證，深識此
意。後儒但以孔子所言在字微字，為不諱之據，疏矣。⓫

綜合上述諸家之論，可得出有關此條通則的實際內涵及操作準則：
①復名二字連用，始須避諱。②兩字連用，諱時只須避其中一字：
如宋武公名司空，改司空為司城，顧炎武《日知錄》即以為是二名
不偏諱之證。③所謂連用，也指在一次言談中或一篇文章中，「同
時相繼並舉」，也就說先後出現上下一字。倘有此種現象，也叫犯
諱。舉例說，《齊書·禮志上》建元元年條載，二名不偏諱，所以
改承明門為北掖門、東宮承華門為宣華門，「以榜有之字，與承
並」。南齊宣帝名承之，北掖原題「承明之門」、宣華原額「承華
之門」，之、承二字雖不連用，而後先出現，是為犯諱，所以有此
改。

---

❿　毛居正：《六經正誤》，卷四，頁 500，四庫全書本，上海古籍出版社，
　　1987。
⓫　周廣業：《經史避名彙考》，卷三，頁 43，臺北明文書局，1986。

　　二名不偏諱實質即可不諱一字。所諱之字，則可上可下，《曲禮》〈檀弓〉「言徵言在」，已有明訓。《毛詩·小雅·白華》傳云：「《白華》，周人刺幽后也」，詩云：「鼓鍾于宮，聲聞於外」❷，幽王名宮湟，詩不諱上一字；《南史·蕭景先傳》載，蕭景先本名道先，改景先以避上諱，所避係南齊太祖蕭道成上一字，是其例。然考之文獻，不諱之字在某一朝代、某一書中，似也約定俗成。如孟蜀于高祖知祥，習慣避祥不諱知。

　　　　杭世駿《石經考異》卷下：晁公武《郡齋讀書志》云：
　　　　「（《蜀石經》凡十經）其《尚書》十三卷，僞蜀周德貞書。
　　　　經文有祥字，皆缺其畫，亦缺民字之類。」蓋孟氏未叛唐時
　　　　所刊也。❸

《石經》諱祥，孟昶妃花蕊夫人則不諱知——

　　　　程遇孫《成都文類》載：孟昶妃花蕊夫人費氏。蜀亡後入宋
　　　　宮，有獻太宗詩云：「君王城上豎降旗，妾在深宮哪得
　　　　知？」不避高祖偏諱。其《宮詞》如：「御制新翻曲子成，
　　　　六宮才唱未知名」；「諸院齊分娘子位，羊車到處不教
　　　　知」；「上棚知是官家認，花毛閑看總皆知」，且疊犯知
　　　　字。《花間集》牛嶠〈感恩多〉詞云：「禮月求天，屬君知

　　　────────────────

❷　《毛詩正義·小雅·白華》，頁496。
❸　杭世駿：《石經考異》，頁787，四庫全書本，上海古籍出版社，1987。

我心。」〈更漏子〉云：「還是不知消息」，皆不之諱。**⓮**

故周廣業據《石經》但諱祥，疑當時不更諱知。不諱之字，可能是排行。如《晉書·恭帝紀》：「（興熙）十二年，詔稱大司馬明德懋親。」**⓯**是不諱東晉安皇帝德宗諱上字，德字即為排行。排行為弟兄共有，若執二名不偏諱，則只能避另一字。《宋書·文帝本紀》，表迎法駕時，有「給事中遊擊將軍龍鄉侯臣隆」（姓無考）；元嘉二十四年，有「豫章太守桓隆之長沙」；〈景王傳〉：「甯孟龍驤將軍孔隆」**⓰**，皆不諱隆。案：文帝名義隆，義與諸王同，為排行。《宋書》當諱隆字，今不諱此字，是《宋書》所奉乃二名連文始諱（〈武帝紀〉：「荊州刺史宜都王諱進號鎮西將軍」，諱，指義隆，此是明證），單用則不諱也。這在周廣業看來即為犯諱矣。

先秦以來，二名本不偏諱，孔子單舉母名，宋武公改司城，《詩經·白華》之篇不諱幽王「宮」字，皆為明驗。兩漢亦不偏諱，至王莽乃禁二字為名。單名成俗，幾三百年，當然不存在偏諱不偏諱的問題。東晉末年漸復二名，十六國南燕主鮮卑慕容德，本單名，《南燕錄》：「德改元建平，詔曰：漢宣憫吏民犯諱，故改名，朕今增一備字，以為復名，庶開臣子避諱之路」**⓱**云云。堅持《禮》不偏諱之說。宋齊以下，二名益夥。宋仍不避偏諱，如第三

⓮　程遇孫：《成都文類》，卷十五，頁 458，四庫全書本，上海古籍出版社，1987。
⓯　《晉書·恭帝紀》，卷十，頁 268，北京中華書局，1974。
⓰　《宋書·文帝本紀》，頁 72，北京中華書局，1974。
⓱　同註⓫，卷十一，頁 171。

章已引江淹為建平王景素主薄日，所作《從登廬山香爐峰詩》不諱
「素」字；《登紀南城詩》：「願借若木景」，被黜為吳興令
《箋》曰：「濯以江漢之流，曝以秋陽之景」，不避「景」字。俱
見本集。鮑照為臨川王劉義慶內史，而撰《河清頌》曰：「慶之所
流者遠」❸，皆是其例。至南齊則起二名偏諱之漸。《南齊書·薛
淵傳》云：「本名道淵，避太祖偏諱改。」昭然著於史冊。蕭景先
本名道先，亦改名。但未制為定例，故南齊謝朓為隨郡王劉子隆文
學，〈和王詩〉：「龍德待雲霧」，〈和竟陵王（子良）過劉先生
墓詩〉云：「琢玉良可寶」，仍不偏諱。然至唐前已兩字兼諱成俗
了。清儒閻若璩謂太原晉祠有唐太宗御制碑，碑陰從臣李勣，已去
世字，顧亭林則云高宗永徽初，已改民部為戶部。儘管《舊唐書·
太宗紀》武德九年已有明詔，兩字兼避，有違經典，世民兩字不連
續者，並不須諱，然並未能上奉下行。後唐明宗（初名嗣源）效法唐
太宗，天成元年亦有不連稱不須迴避之詔，亦未通行。宋代於此略
有變通，帝王舊諱二字者，仍守不偏諱之典，「連用為犯，若文雖
連而意不相屬者，非。」❹故宗室命名，有與舊諱同音，宋版書亦
罕見舊諱缺筆的。廟諱、今上御名，則一概兼避，金元以降，則無
不兼避也。

---

❸　鮑照：《鮑參軍集》，卷二，頁 45，古典文學出版社，1958。
❹　《附釋文互注禮部韻略·貢舉條式》，四部叢刊續編本，1989。

第三節　已祧不諱

《禮記・檀弓下》：舍故而諱新。[20]

舍故，是言已祧不諱。祧是遠祖之廟，藏遷主的所在。古代祭法：天子事七廟，三昭三穆。合太祖廟為七。通常太祖為不祧之祖。亦有以二祖為不祧之祖的，比如，唐以太祖李淵、太宗世民，並為不祧之祖。宋以始祖（趙玄朗）、太祖（匡胤）；明以太祖（朱元璋）、成祖（棣）為不祧之祖。一般以開國君主為不祧之祖。七廟中，太祖以外，有考廟、王考廟、皇考廟、顯考廟稱四考廟；顯考廟以上的武廟、文廟稱遠廟。大抵七世以內則諱之，七世以上親盡，將木主遷於祧廟，而附新主於廟，即是舍故諱新。意謂已祧之主，不諱；而諱新主。比如：唐憲宗時，順宗神主祔入新廟，對憲宗而言：順宗、德宗、代宗、肅宗是親廟；玄宗、睿宗是遠廟；睿宗以上親盡，故中宗、高宗神主遷入祧廟，不再迴避。唐敬宗時，玄宗廟主准制祧遷，亦是親盡不諱。于敬宗，玄宗是七世祖。宋哲宗時，翼祖趙敬為哲宗七世祖，（他是太祖的祖父）按《禮》亦遷祧不諱。下面舉些已祧不諱之證——

> 顏元孫《干祿字書》，大曆九年（774），顏真卿書。書于純、頓諸字皆缺末筆。虎字不避，蓋虎是唐高祖祖父諱，是代宗親盡之祖（已歷七世以上），故已祧不諱。其餘應避者不

見收入。純是憲宗諱，顏氏不當缺筆，疑出後人改動。

宋明帝有輔國將軍沈文靖。靖字係宋武帝劉裕祖父東安府君諱，沈氏不諱，即因已祧之故。

顧炎武《日知錄》廿三云：韓退之《諱辨》本為二名、嫌名立論，而其中「治天下」之「治」，卻犯正諱，蓋元和之時，高宗已祧。故其《潮州上表》曰：「朝廷治平」、曰「為治日久」、曰「政治少怠」、曰「治未太平」、曰「巍巍之治功」。《舉張惟素》曰：「久學治行，眾所推服。」《平淮西碑》曰：「遂開明堂，坐以治之。《韓弘神道碑銘》曰：「無有外事，朝廷之治。」所謂已祧不諱也。**㉑**

王鳴盛《十七史商榷》八十四「舊書避唐諱」條，說到《舊唐書》于高宗名治字、玄宗名隆基字，一書中或諱或不諱，以為乃後人所改。如〈林士弘傳〉作持書侍御史，持本治也，而〈封倫傳〉仍有治書侍御史。〈唐臨〉、〈劉文靜傳〉右驍衛大將軍劉弘基，原本無基字，而〈長孫順德傳〉則弘基，基字不省，〈弘基傳〉及〈長孫無忌傳〉同。至〈馬燧〉、〈渾瑊傳〉贊云「再隆基構，克殄昏氛」，連用隆基二字，王氏以為「不可解」。**㉒**陳垣《舉例》引此，說：「蓋未注意元和、寶曆故事，高宗、玄宗，主已祧遷，則

㉑ 顧炎武：《日知錄》，卷廿三，頁 909，四庫全書本，上海古籍出版社，1987。

㉒ 王鳴盛：《十七史商榷》，卷八十四，頁 907，叢書集成初編本，民國商務印書館。

不諱也。」❷此語甚是。劉昫，後晉人，撰《舊唐書》，以唐為本朝，故遵元和、寶曆故事如此，其已諱者是用舊史未回改者也。

但是古代於已祧之廟，臣子多有雖祧仍諱的。《彙考》卷十五云：「《舊（唐）書·憲宗紀》：元和六年十月戊寅詔：『理道猶鬱』；又『為理之本在乎安人』。十四年九月乙巳，上謂宰臣曰：『朕讀《玄宗實錄》，見開元初，銳意求理』。〈穆宗紀〉：元和十五年六月壬辰詔曰：『設官求理』。〈文宗紀〉太和四年四月壬戌詔：『著在前經，斯為理本』。……則知治字之諱，雖祧猶未祧也」。上行下效，韓愈作進士《策問》，據洪興祖《年譜》在元和二年，而有「堯聖垂衣裳而天下理」、「無為而理者，其舜也」云云。❷柳宗元《貞符》云：「或十世濟厥理」，諱治；而「以極於邦治」，又不諱治。❷凡此皆漢法所謂不名之諱不嫌，諜用亦無罪者也。此是今日讀史者必須加以注意的。

秦漢避諱法疏，諱與不諱之間界限似不明晰，隨意性大，《意林》載《風俗通》曰：「周厲王名胡，莊王之子釐王亦名胡（齊）。」❷趙與峕《賓退錄》云：「僖王（釐王）為厲王七[六]世孫，而名胡齊，殊可怪。周人以諱事神，而猶有此，何歟？」❷學者或謂此以國為名，終卒之後，則廢名不諱。今案：胡，誠國名。然釐王不諱胡，或因厲王于釐王為六世祖，已祧不諱故也。

---

❷　同註❼，頁 57。

❷　同註⓫，卷十五，頁 235。

❷　同註⓫，卷十五，頁 235。

❷　同註⓫，卷四，頁 75 引。

❷　趙與峕：《賓退錄》，卷四，頁 44，上海古籍出版社，1983。

漢代祧諱之法，史無明文。元帝時韋玄成議惠帝與太上皇廟同毀，其繼祖以下五世迭毀。高祖廟不祧，其餘自成帝後毀復不常。見《漢書·韋玄成傳》等。

漢以後文獻難征。唯上引沈文靖不諱靖，可略見劉宋時仍守其制。入唐，高宗時有于志寧之請。《通典·已遷主諱議》：「永徽二年十月，尚書左僕射于志寧奏言：依禮，舍故而諱新。故，謂親盡之祖。今皇祖宏農府君神主當遷，請依禮不諱。從之。」❷中唐後，諱禮益重，憲宗、敬宗先後嗣響。《冊府元龜·掌禮部·奏議門》云：「唐憲宗元和元年，禮儀使奏：謹按《禮記》云：舍故而諱新。此謂已遷之廟，則不諱也。今順宗神主升祔禮畢，高宗、中宗神主上遷，依禮不諱。制可」。同卷，又載：「唐敬宗寶曆元年正月，太常寺禮院上言：玄宗廟諱，准故事，祧遷後不當更諱。制：可之。」❷故今存典籍，多有見不諱高宗、玄宗廟諱的。後唐承唐，《五代史·明宗紀》：「天成元年八月，莊宗神主祔廟，有司奏請祧懿祖室，從之。」❸莊宗追尊懿祖執、獻祖國昌、太祖克用與唐高祖、太宗、懿宗、昭宗合為七廟，唐四廟為不祧之祖，故明宗時，莊宗祔廟，祧遷懿祖。李唐諱制於後唐影響至巨。

宋代遷祧之法，情況複雜，有七廟九廟之議，遷出遷入之反復。九廟之議，起于徽宗朝。蔡京建立九廟，將哲宗時依七廟制祧出之翼祖復入，以足九世之數，重頒廟諱。宋代遷出復入，主要在

---

❷　同註❷，頁 2731。

❷　《冊府元龜·掌禮部·奏議門》，頁 7064、頁 7071，北京中華書局，1960。

❸　《五代史·明宗紀三》，頁 507，北京中華書局，1976。

僖祖、翼祖和宣祖三廟。僖祖，神宗治平時遷出，熙甯時復入；光宗紹熙時又遷出。翼祖，如上述哲宗、徽宗時先遷出後復入，高宗時復遷出。宣祖，哲宗時祧出過，徽宗時又有祧出復入；光宗、甯宗再有祧出。如此變化無常，故如翼祖諱敬字，元祐諸公之作都不諱，此非避諱不嚴，而是當時已祧之故，以後宋人著作復諱，蓋以光宗即位，紹熙時又下詔：「今後臣庶命名，並不許犯祧廟正諱」。❸雖說命名，然臣下誰敢觸諱？此與唐臣雖祧未祧又自不同，一則出於謙恭謹慎，一則出自政府明令也，易令讀者滋生困惑。蔡京九廟之議，其實唐開成《石經》，已有先例，《石經》自肅至敬七宗，加上高祖、太宗九廟避諱，而玄宗以上祧廟則不諱，當是九廟之議之所出。宋已祧之廟不諱，然士庶命名則不可，紹興間有明詔。

明代依宋。崇禎三年有詔，禮部奉行頒佈天下，避太祖、成祖及孝、武、世、穆、神、光、熹七宗廟諱，正依宋式，亦諱九廟。

第四節　詩書不諱　臨文不諱

這條通則，在《禮記》之《曲禮》、《玉藻》和《通典》有三種表述。

---

❸　《宋史·禮志十一》，卷 108，頁 2608，北京中華書局，1977。

〈曲禮上〉：詩書不諱　臨文不諱。㉜

《玉藻》：教學臨文不諱。㉝

《通典》卷一百四：周制。……《曲禮》曰：詩書不諱，教學臨文不諱。㉞

三種表述前人有兩種認識：

一、詩書、臨文都是指教學過程、教學活動。

先說「詩書」，指教學活動。《正義》：「何胤云：詩書謂教學時也，臨文謂禮執文行事時也。案：《論語》云：詩書執禮是教學。唯詩書有誦，禮則不誦；唯臨文行事，若有所諱，則並失事正，故不諱。」又《通典》注：「盧植曰：教詩書典籍，教，訓也。」㉟又《玉藻》以「教學」置代「詩書不諱」。是《論語》、《玉藻》、何胤、孔穎達並以詩書謂教學活動。

次說臨文指教學活動。上引《論語》以執禮與詩書並為教學，執禮即是臨文。又《論語註疏·述而》：「子所雅言。詩書執禮，皆雅言也。」鄭注：「讀先王典法必正言其音，然後義全，故不可有所諱。禮不誦，故言執。」《疏》曰：「此章記孔子正言其音，

㉜　同註❶，〈檀弓〉，頁 1251。
㉝　同註❶，〈玉藻〉，頁 1482。
㉞　同註❷，頁 2725。
㉟　同註❷，頁 2725。

無所諱避之事。雅，正也。子所正言者，詩書禮也。此三者先王典
法。臨文教學讀之必正其音，然後義全，故不可有所諱。禮不背
誦，但記其揖讓周旋，執而行之，故言執也。舉此三者，六藝可
知。」❸此雖臨文與教學並舉，然臨文謂執禮，「記其揖讓周旋，
執而行之」，也是指在孔子那裏進行的教學內容之一，並由詩書禮
推及六藝，則臨文亦必是教學活動。又，《玉藻》：「教學臨文不
諱。」《正義》：「教學謂師長也。」❸即謂師長臨文不諱，強調
師長，當然是指教學活動。又，宋儒亦以講學為臨文。《墨客揮
犀》卷九：「趙侍讀師民，……仁廟時講《易》後殿。說乾卦四
德，至貞字不以他字代呼，直言其字。近侍皆掩口。公徐曰：臨文
不諱。講罷，帝目送之，顧左右曰：此真古儒也。」❸《道山清
話》：「慶曆中胡瑗以白衣召對，侍邇英講《易》。讀〈乾〉『元
亨利貞』，不避上御名。上與左右皆失色。瑗曰：『臨文不
諱』。」❸亦有類似的記載。宋代數家記載都將講學不諱，說是臨
文不諱，足見臨文與講學為一事。臨文不諱之文，《玉藻·正義》
與《曲禮·正義》異，後者見上引謂禮，前者卻云：「臨文，謂簡
牒及讀法律之事。」❹文，簡牒（法律）；臨文，即讀法律（簡
牒）。說法雖殊，究其實，法與詩書禮，同為鄭注所謂「先王典
法」。「臨文」之文所以有兩解，根于文本有此兩義：「繁文縟

---

❸　《論語註疏·述而》，頁 2482，十三經注疏本，北京中華書局，1988。

❸　同註❶，〈玉藻〉，頁 1482。

❸　彭乘：《墨客揮犀》，卷九，頁 1769，筆記小說大觀本，臺北新興書局。

❸　佚名：《道山清話》，頁 2827，筆記小說大觀本，臺北新興書局。

❹　同註❶，〈玉藻〉，頁 1482。

禮」，文即是禮；「深文周納」，文即謂法令。

此種認識，簡言之，謂教學活動中涉及先王典法不必避諱。

二、詩書、臨文，泛指上書言事外一切寫作活動。

持此說者，認為《詩經》、《尚書》即有不諱，它們是臨文不諱之證。《通典·已遷主諱議》：王肅議：「《禮》曰：詩書、臨文、廟中皆不諱，此乃謂不諱見在之廟，不謂已毀者也。文王名昌、武王名發。成王時〈頌〉曰：『克昌厥後，駿發爾私』。箕子為武陳〈洪範〉曰：『使羞其行而邦其昌』。厲王名胡，其子宣王時詩曰：『胡不相畏，先祖於摧』。其孫幽王時詩曰：『哀今之人，胡為虺蜴？』此則詩書不諱明驗也。按漢氏不名諱，常曰臣妾不得以為名字。其言事不諱，蓋取諸此也。然則《周禮》其不諱時，非唯詩書、臨文、廟中，其餘皆不諱矣。」❹王肅此議謂祖宗親盡之諱，只不許臣妾取作名字，此外雖言事亦不諱。詩書、臨文初不待言。並前所諱，亦止上書言事，餘皆不諱可知矣。

兩種認識于不諱之文的規定內涵相徑庭，略可以下圖表示——

---

❹　同註❷，頁 2731。

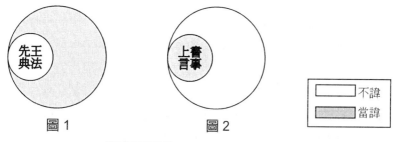

臨文不諱圖

圖 1 是除教學先王典法為免岐義產生疑惑外，其餘場合語言文字都
須諱。圖 2 則反之，上書言事外，一切場合語言文字皆勿須避。中
國封建社會是以等級與宗法制為其基石的，歷代帝王自然採用的是
第一種諱法。故而今日我們所見古典文獻，尤其唐宋以來古籍，可
以說是展卷即諱，這就毫不奇怪了。不過不諱之文，于先王舊典稍
有變化。《通典》卷一百四束晳〈不得避諱議〉條載：咸甯元年詔
下尊諱，風師、雨師皆為訓詁。又公官文書、吏人上事，稱引經書
者，復多迴避，使大義不明。諸經傳咸言天神星宿、帝王稱號，皆
不得變易本文，但省事言語，臨時訓避而已云云。❷是西晉尚重申
不得因司馬師諱變易經傳本文。六朝以後，諱法漸嚴。唐高宗顯慶
五年詔有「繕寫舊典，文字並宜使成」❸云云，足見唐人于經傳本
文多施缺筆迴避法。至宋代於經傳本字雖不易其字，但除奏事言
語改音之外，本字也用缺筆避諱法，而闡述經傳及一般書籍，當然

---

❷　同註❷，頁 2727。

❸　同註❷，〈帝王部·名諱門〉，頁 36。

無不用代字改避之法。諱法是日益嚴密了。故淳祐間刊《四書章句集注》凡宋諱于經文皆闕筆，而注文則易其字。成于唐高宗時的顏師古《漢書注》，凡舊注所有之世字民字，一皆仍之。至己注則用改避之字，當是宋人《集注》所祖。《詩經》中「克昌厥後」之昌字，唐宋人或以改讀其音以諱之。陸德明《釋文》即載「昌如字。或云當音處亮反」，周廣業以「其讀，自以或說為長」。❹

宋儒鄭樵于「臨文不諱」別有一解。《通志・序》云：──

> 《禮》言臨文不諱，謂私諱不可施之於公也。若廟諱則無所不避。自漢至唐，史官皆避諱。唯《新唐書》無所避。臣今所准舊史例。間有不得而避者，如謚法之類，改易本字，則其義不行，故亦准《[新]唐書》。❺

鄭樵所言，實是《通志》關於避諱的一條編纂原則。從其精神而言，是與上云第一種認識一致的。於廟諱一般皆避，唯如謚法之類若易字以避，則易惑讀者，故權從《新唐書》不諱。對眼下史的寫作，不諱的是極個別的地方。但是他對「臨文不諱」的解釋，顯然是曲解了周人之《禮》，與漢唐諸儒的解釋是不符合的。「文」，他局限于史，不諱的物件，由公諱變成私諱，簡直是隨心所欲，離經叛道。他的本意，批判的物件，或許亦是針對王肅的「其餘皆不諱」而發，而未免不得要領，將臨文不諱與撰國史不得避私諱混為

---

❹　同註❶，卷十五，頁 229。

❺　鄭樵：《通志・序》，頁 3，北京中華書局，1987。

一談了。其立論的依據，或是前朝進士應試避家諱而不就的故事。

> 錢易《南部新書》云：凡進士入試，遇題目有家諱，謂之文字不便，即托疾下將息狀，求出。云：「牒，某忽患心痛，請出試院將息。謹牒。」如得暴疾，亦如是。**❹**

> 胡仔《苕溪漁隱叢話》載蔡寬夫《詩論》：「唐人避家諱甚嚴。韓退之為李賀作《諱辨》，當時哄然非之。舉子就試，題目有犯家諱者，皆托題目不便，不敢就試而去。蓋當時臨文避諱，又有此名目也。」**❹**

此兩處所謂文，蓋指進士試文，當亦鄭氏所謂之「公」，然所諱者仍是私諱，與《禮》之臨文不諱的含義是不一樣的。

　　清人對「臨文」也多見歧解。顧炎武亦以「文」為一切寫作活動。其《金石文字記》列舉了大量唐人臨文不諱先人的實例，批評時人書先人事狀，而使他人填諱的非古。他以為文人敘先世，自父以上都可直書其名，只須加一諱字，如顏魯公〈顏氏家廟碑〉。陳子昂〈我府君有周居士文林郎陳公墓志〉、〈梓州射洪縣武東山陳居士墓銘〉、劉禹錫〈子劉子自傳〉等，自祖以上不加諱字，則是所謂不逮王父母則不諱者也。淩揚藻《蠡勺編‧臨文不諱》（卷二

---

❹　錢易：《南部新書》，頁 1077，筆記小說大觀本，臺北新興書局。
❹　胡仔：《漁隱叢話》，卷二十，頁 154，四庫全書本，上海古籍出版社，1987。

十七）是顧說。❹不過此乃就私諱立論，未及公諱。《皇朝五經彙解》卷二百二十四引陸元輔說，是公私兼論的：「蓋謂為文章時不避君親之諱耳。」❹此乃就時下立論，又不及古代典籍文獻。

趙翼則以「文」為古書，範圍稍狹。《陔餘叢考·避諱》云：「然臨文者，但讀古書遇應諱之字不必諱耳，非謂自撰文詞亦不必諱也。」❺趙氏是把唐宋人的「經傳文字」擴大到一切古書，這是從史學家的立場出發來討論問題。看來「臨文」這個問題，直至清儒也是沒有解決的。

---

❹ 淩揚藻：《蠡勺編》，卷二十七，臨文不諱，引顧說：顧微君《金石文字記》題〈顏氏家廟碑〉，謂魯公自父以上並直書其名，而加諱字，其他伯叔群從悉名之。又云，予讀《張燕公集》，有〈唐贈並州刺史先府君碑〉，首曰：「府君諱騭，字成驫」，又有〈周通道館學士張府君墓誌〉，首曰：「君諱弋，字嵩之」，又有〈唐處士張府君墓誌〉曰：「曾祖微君諱子犯，祖河東郡從事諱俊，父通道館學士諱弋」，並直書其名而加諱字。《唐文粹》載，陳子昂〈我府君有周居士文林郎陳公墓志〉，文曰：「公諱元敬，字某，五世祖太樂，生高祖方慶，方慶生曾祖湯，湯生祖通，通生皇考辨」，又有〈梓州射洪縣武東山陳居士墓銘〉，序曰：「君諱嗣，字弘嗣」，皆直書其名，惟父加一諱字。《劉禹錫集》有〈子劉子自傳〉曰：「曾祖凱，官至博州刺史，祖錕，殿中丞侍御史，父緒，浙西鹽鐵副使贈吏部尚書」，亦惟父加一諱字。《白居易集》有〈故鞏縣令白府君事狀〉，曰：「高祖諱建，曾祖諱士通，祖諱志善，父諱溫，公諱鍠，即居易之祖」，又曰：「長子諱季庚，襄州別駕，事具後狀」，其〈襄州別駕府君事狀〉曰：「公諱季庚，字某，鞏縣府君之長子」。《李翱集》有〈皇祖實錄〉一篇，其首曰：「公諱楚今」，蓋古人臨文不諱，而子昂、禹錫自祖以上不加諱字，又所謂不逮王父母則不諱者也。今人自述先人事狀，而使他人填諱，非古也。頁448，叢書集成初編本，民國商務印書館。

❹ 《皇朝五經彙解》，卷二百二十四，頁5，光緒十九年，寶文書局石印本。

❺ 趙翼：《陔餘叢考·避諱》，卷三十一，頁667，商務印書館，1957。

宋人朱翌《猗覺寮雜記》卷上，曾經論宋諱云：「本朝寬厚，自非舉子為文、臣僚奏牘，不敢犯廟諱，天下人語言未嘗諱也。」此論可對理解「臨文」之「文」有一定啟發：所謂臨文不諱，即若非官方公牘奏疏、科舉貢試，其餘文字及口頭言語，於廟諱可以不諱。這裏雖說單言廟諱，但涉及之「文」的概念，自當包括御名。由此進而推及「詩書不諱」，「詩書」雖本指《詩經》《尚書》，然此蓋泛指包括兩者在內的一切經典舊文，即若有援引經典舊文不必諱也。

第五節　舊名不諱

君主有舊名新名，當然不是從漢代開始的，但更舊名立新名，使吏民難知而易避，實自漢宣帝始。上文提及的元康二年詔曰——

> 聞古天子之名，難知而易諱也。今百姓多上書觸諱以犯罪者，朕甚憐之。其更諱詢，諸觸諱在令前者，赦之。(51)

詢是新名，茲後吏民當諱詢字，不得已，用謀字替代。至於舊名病已，自然是不再避了。這當是舊名不諱的開始。平帝初名箕子，在位後得寶劍名衎，元始二年，詔改名以應讖。詔曰：「皇帝二名，通於器物，今更名合于古制」云云，朱熹因謂舊名箕子亦不再諱。漢晉迄六朝，帝王更名並不多見，其有更名，多為易避。唐五代迄

(51)　《漢書·宣帝記》，頁256，北京中華書局，1962。

宋，帝王即位（或立為太子）即改名，卻成慣例。舊名，則或避或不
避，初無定例，已與前代易名初衷異趣。前面說到憲宗初為廣陵王
名淳，冊為皇太子，改名純，陸淳侍讀東宮有詔改名質。這是帝王
兼避藩邸舊諱，繼章懷太子後又見諸文獻的。❷兵部尚書王純亦請
改名，時人薄其不識大體；監察御史韋淳，堅持不改，時論嘉之。
一貶一褒，反映出廷臣多守舊名不諱之禮。與憲宗及執政的兼容新
舊，有不同。故至穆宗即位，即有反復。穆宗舊名宥，冊立為皇太
子時改名恒，即位後改恒州為鎮州等等，唯宥州不改，是舊名不
避。《冊府元龜・帝王部・名諱門》記武宗會昌詔，明令舊名不諱
──

> 武宗諱炎，初名瀍。會昌六年三月制曰：王者炤臨萬寓，名
> 豈尚於難知；敬順五行，理宜避於勝伏。昔炎漢之興，雖傍
> 去水，所都名號，猶乃避之，況我國家祚昌土德，所以憲宗
> 繼明之初，貴以捨水。朕遠追大漢之事，近稟聖祖之謀，爰
> 擇嘉名，式遵令典，宜改名為炎。其舊名，中外奏章，不得
> 更有迴避。❸

五代後梁朱全忠，稱帝而後，以己名為唐所賜，且有礙帝王之尊，
下令更名晃，其舊名禁不得迴避，與武宗之禁，原因又自不同。後
梁之外，後唐亦避舊諱。《資治通鑑・後唐紀三》：「李嗣源親黨

---

❷　《唐會要》，卷三十，頁 561，北京中華書局，1960。
❸　同註❷，〈帝王部・名諱門〉頁 37。

從帝者多亡去，……帝屢遣繼璟詣嗣源。繼璟固辭，願死於帝前以明赤誠。」注：「赤誠，猶言赤心。誠者，心之實；言赤誠者謂赤心之實。」❸以赤心為赤誠，此蓋避獻祖李國昌舊名偏諱。

入宋，太宗太平興國二年二月即有詔——

> 制名之訓，典經攸載，……貴難知而易避。朕改名炅，除已改州縣職官人名外，舊名二字不須迴避。❺

故而地名改義字者，如陝州保義軍之改保平、隨州崇義軍之為崇信……都在太平興國元年。至真宗大中祥符二年，舊名之令，又生變故，六月詔曰：「太宗皇帝藩邸舊諱（匡義、光義），溥率咸知，雖先訓之具存，俾臨文而不避；近觀列奏，或犯二名，聞之瞿然，載增永慕。自今中外文字，有與二字相連及音同者，並令迴避。」❺此處所謂音同，亦指二字相連時始諱，如乂與義字音近，倘復上連匡、光字，即當迴避。獨用並不避。仁宗寶元元年四月，翰林侍讀學士李淑奏請毋得連用真宗舊名。治平元年，翰林學士賈黯言：仁宗初名，請詔中外文字不得連用。岳珂《媿郯錄》卷二云：「自後著之文書令，為不刊之典。」❺帝舊名有單字為名者，止諱本字，不諱嫌名。哲宗元祐五年七月，禮部准太學博士孫諤等陳乞

---

❸　《資治通鑑·後唐紀三》，卷二百七十四，頁 8971，北京中華書局，1956。

❺　《大金集禮》，二十三，頁 197，四庫全書本，上海古籍出版社，1987。

❺　徐松：《宋會要輯稿》，第五十一冊，頁 2055，北京中華書局，1957。

❺　岳珂：《媿郯錄》，卷二，頁 1386，筆記小說大觀本，臺北新興書局。

「庸字即非舊名本字，自不當迴避。」❺❽此見單名舊諱在合諱之例，然《媿郯錄》云：「《紹興文書令》，廟諱舊諱正字皆避之，故哲宗、孝宗之舊諱，單字者三（哲宗初名傭。孝宗舊名瑗，又名瑋），皆著令改避。唯欽宗舊諱二字：一則從宀從回從旦，一則從火從亙，今皆用之不疑。」❺❾是岳珂著此書的嘉定甲戌（七年）之時，尚未避亶、烜二字。欽宗舊名之避，大約要至《宋史·禮志》所載，甯宗時禮部准岳珂嘉定十三年「欽宗、孝宗舊諱，若二字連用，併合迴避」❻⓪之請以後。亦見得宋於舊諱或諱或不諱，屢有變化，並無定例，一如唐人。

清儒顧炎武《日知錄·已祧不諱》嘗論唐開成《石經》，凡高祖太宗及肅、代、德、順、憲、穆、敬七宗諱，並缺點畫；高中睿玄四宗，已祧不缺。「文宗見為天子，依古卒哭乃諱，故御名亦不缺。」❻❶古人於今上御名無有不諱的，黃汝成釋《日知錄》引錢大昕說云：「唐人避上諱，如章懷太子注《後漢書》，改治為理，正在高宗御極之日，初無卒哭乃諱之例也。文宗本名涵，即位後改名昂，故石經不避涵字。亭林失記文宗改名一節，乃有卒哭而諱之說。貽誤後學，不可不正。」❻❷顧氏所偶忘正舊名不諱一節耳。

---

❺❽　同註❶❾。

❺❾　同註❺❼，頁 1385。

❻⓪　同註❸❶，頁 2610。

❻❶　同註❷❶。

❻❷　黃汝成：《日知錄集釋》，卷二十三，頁 24，道光十四年黃氏西溪草廬刊本。

第六節　已廢不諱

　　古人所謂已廢不諱，大抵指外戚、太子之諱，諱而不久即復的現象。外戚之諱，很多因皇太后、太皇太后垂廉聽政，一時恩及外家所致，如宋仁宗時劉太后、哲宗世高太皇太后，皆令天下避父諱，太后一崩，即告結束、罷避。這方面的情況，已見第三章，無須費筆墨。這裏要說一說的是太子已廢不諱的情況。

　　太子已廢不諱，可分兩種情況：

一、太子在位時，天下爲諱，遭廢黜而不諱。

> 《吳地記》：秦由拳縣，黃龍三年（231）嘉禾野生，改禾興，赤烏年避太子名，改嘉興縣。⑥⑧

據《三國志·吳書·吳主傳》二，孫和為太子，在赤烏五年（242），十三年（250）廢為南陽王。是天下諱和，不過八、九年。故趙彥衡《雲麓漫鈔》（卷七）載：末帝天璽元年（276）吳興陽羨山《封禪碑》有「嘉禾秀疑」，不諱禾字；而「對揚乾命」，本出《尚書·說命》「敢對揚天子之休命」，改休為乾，則又避景帝之諱。和是末帝孫皓的父親，景帝是皓的叔父，諱叔而不諱父，即緣已廢不諱之故。按《吳書·陸凱傳》，凱封嘉興侯，在末帝時，這是地名沿舊而不改，非久為和諱。〈朱桓傳〉載，黃武間，孫權嘉

---

⑥⑧　陸廣微：《吳地記》，頁46，江蘇古籍出版社，1986。

桓功，封嘉興侯。時未改嘉興而以為封者，蓋避諱後追改也。❻❹

二、後世追諱，短時即復。

> 《新唐書·百官志》：弘文館，神龍初避太子追諡孝敬皇帝
> 諱，改昭文，二年改修文，開元七年，復為弘文。❻❺

高宗太子李弘，顯慶元年立，上元二年為武后所酖，中宗神龍時諡
孝敬皇帝，號義宗，葬泰陵，祔神主於太廟。有司奏升太廟，聯祖
宗，其名准禮合諱。從之。❻❻弘文館之改昭，是中宗時追諱。至玄
宗開元七年，復為弘文，諱時止十四、五年。

外戚、太子之外，亦有帝王被弒，而致已廢不諱的。金衛紹
王，本名允濟，《本紀》載，章宗時避顯宗允恭諱，改名永濟。

> 元·于欽《齊乘》三：（濟南路濟陽縣）金初，劉豫割章丘之
> 標竿鎮及臨邑、封坵之半，置。大安六年，避金主允濟諱，
> 改曰清陽。允濟遇弒，復舊名。❻❼

《金史·地理志》有濟州，亦以允濟被弒，復舊名，故不諱也。

---

❻❹　《三國志·吳書·陸凱傳》，頁 889、〈朱桓傳〉，頁 833，四庫全書本，上
　　海古籍出版社，1987。

❻❺　《新唐書·百官志》，卷四十七，頁 1209，北京中華書局，1975。

❻❻　同註❻❺，卷八十一，〈李弘傳〉。

❻❼　于欽：《齊乘》，三，頁 741，四庫全書本，上海古籍出版社，1987。

第七節　諱上不諱下

此通則包括兩方面的內容：廟中不諱和凡祭不諱。

一、廟中不諱

《禮記·曲禮上》：「廟中不諱」鄭注：「為有事于高祖，則不諱曾祖以下，尊無二也。於下則諱上。」孔疏：「謂有事于高祖廟，祝嘏辭說，不為曾祖以下諱也。為尊無二上也，於下則諱上也。若有事於禰，則諱祖以上也。」[68]《玉藻》鄭注「廟中不諱」云：「謂祝嘏之辭中有先君之名者也……廟中上不諱下。若有事于祖則不諱父也，有事于父則諱祖。」[69]由此推理，是凡祭高祖，則曾祖以下之名不必諱，若祭父，則祖以上之名都須諱。廟中不諱乃是有前提的，是由輩分的尊卑決定的。

周武王有疾，周公祈禱先王，願以身代。《尚書·金縢》載其事曰：「公乃自以為功。為三壇同墠……植璧秉圭。乃告太王、王季、文王。史乃冊祝曰：唯爾元孫某，遘厲瘧疾。若爾三王，是有丕子之責於天，以旦代某之身。」[70]「某」，武王發，《孔傳》謂史臣所諱。虞萬里先生據夏氏《尚書詳解》引宋林之奇說，亦以為「周公禱于三王，必稱武王名。今史載其書，故諱而代以某字。」也就是說周公當初祝禱必稱發字。明人楊慎也謂「獨諱者，成王既

---

[68]　同註❶，〈曲禮〉，頁 1251。

[69]　同註❶，〈玉藻〉，頁 1482。

[70]　《尚書正義·金縢》，頁 196，十三經注疏本，北京中華書局，1980。

啟〈金縢〉之書，親自讀之，諱其父名，口改曰某。」❼史臣遂以王所讀錄之。清儒多是林、楊之說。虞氏又云：「當時為壇墠，告三王，制如廟中，自不應諱」。❼今按：時武王雖尚存人世不得以入廟論，然合參「廟中不諱」及下「凡祭不諱」之通則，固當稱名。

二、凡祭不諱

《禮記·玉藻》：「凡祭不諱」鄭注：「凡祭，祭群神也。謂社稷山川百神也。」❼《淮南子·氾論訓》曰：「祝則名君」。❼周人以諱事神，百神又尊于先祖，故祝禱辭中不避諸先祖諱也。《尚書·武成》：「公劉克篤前烈」《孔傳》：「后稷曾孫。公，爵；劉，名。」❼孔《疏》亦以為是名。〈武成〉是祈禱神靈之辭，故武王稱先人之名。《左傳·襄公十八年》：「禱曰：……曾臣彪將率諸侯以討焉」。注：「彪，晉平公名。稱臣者，明上有天子，以謙告神。曾臣，猶末臣。」❼

後世亦有廟祭諱先王的。《晉書·武帝紀》：「皇帝臣炎敢用

❼　楊慎：《升庵集》，卷五十，頁 421，四庫全書本，上海古籍出版社，1987。

❼　虞萬里：《榆枋齋學術論集·先秦諱禮析論》，頁 355，江蘇古籍出版社，2001。

❼　同註❶，〈玉藻〉，頁 1482。

❼　劉安：《淮南子》，卷十三，頁 11，四部叢刊本，上海書店，1989。

❼　同註❼，〈武成〉，頁 184。

❼　《春秋左傳正義·襄公十八年》，頁 1965，十三經注疏本，北京中華書局，1980。

玄牡，明告於皇皇后帝。」《彙考》卷十云：「以昭告為明告，避父諱也。蓋自昭烈以下，宋武以上，載于史者，獨此為變文。兩晉郊祀廟祭所用，想皆然也。」**⑰**

　　清廷規定至聖先師孔子之諱，公牘中凡言及閭丘大祀，則不避，也不改寫。當也屬於此通則。

第八節　諱公不諱私

　　包括三個內容：君所無私諱、大夫所有公諱和婦諱不出門。所謂公指天子國君，所對應不避之諱，則指家諱、大夫之諱和天子國君夫人之家諱。

一、君所無私諱

　　《禮記‧曲禮上》：「君所無私諱。」鄭注：「臣言於君前，不辟家諱。尊無二也。」**⑱**盧植釋云：「但為公家諱，不得為私家諱也。」**⑲**皇權是絕對權威，小私要服從大公。《左傳‧宣公十五年》：「楚師將去宋，申犀稽首于王之馬前曰：無畏知死而不敢廢王命。」**⑳**無畏，犀祖名。〈成公十六年〉：鄢陵之戰，晉欒書將中軍，其子欒鍼為公右。公陷於淖，欒書將載公，鍼曰：「書退。國有大任，焉得專之？且侵官，冒也；失官，慢也；離局，奸也。

---

⑰　同註⑪，卷十，頁153。
⑱　同註❶，〈曲禮〉，頁1251。
⑲　同註❷，頁2725。
⑳　同註⑯，〈宣公十五年〉，頁1887。

有三罪焉，不可犯也。」❽書為鍼父，于國君前論事，不避父名。
〈襄公二十一年〉欒盈出奔，辭于周行人曰：「昔陪臣書能輸力於
王室」、「大君若不棄書之力」云云，稱其祖書名，是面對天子行
人。❽在異國君前也有稱父名者。〈成公三年〉：晉知罃對楚王
曰：「若從君之惠而免之，以賜君之外臣首。」❽首，罃父名。清
人俞正燮以為「君前臣名、父前子名，當通其義。子在君前亦當名
其父，然是切要指陳，不得不名，非侃侃而談，故抑父以尊君。」
❽又〈文公十五年〉，宋華耦來盟，公宴之。辭曰：「君之先臣
督，得罪于宋殤公，名在諸侯之策。臣承其祀，豈敢辱君？……」
❽督，耦之父。俞氏以為二欒詈父以求媚于君，耦無故名督而暴其
惡，皆喪心病狂。仁明之主，所不受也。

二、大夫之所有公諱

《禮記正義·曲禮上》：「大夫之所有公諱」。鄭注：「辟君
諱也。」《正義》：「人于大夫之所，止避公家之諱，不得避大夫
諱，尊君故也」。不得諱大夫，當然也不可私諱父母。《玉藻》文
「於大夫所有公諱無私諱」，《正義》引此，復釋云：「此承上君
所無私諱，故略不云無私諱耳。」❽是闡明此與上條互文見義。諱

---

❽　同註❼，〈成公十六年〉，頁 1918。

❽　同註❼，〈襄公二十一年〉，頁 1971。

❽　同註❼，〈成公三年〉，頁 1900。

❽　俞正燮：《癸巳存稿》，頁 121，叢書集成初編本，民國商務印書館。

❽　同註❼，〈文公十五年〉，頁 1854。

❽　同註❶，〈曲禮〉，頁 1251。

與不諱，因勢變遷。于君所則大夫為私諱，于天子所則君父為私諱矣。

　　此兩條通則，常常成為朝廷抑制拒絕臣工，以私諱改官移職之請，是以公義奪私情、王制屈家禮之藉口。《晉書·禮志》：太元十三年，侍中（孔）安國表，以黃門郎王愉名犯私諱，不得連署，求解。有司議云：「名終諱之，有心所同；聞名心瞿，亦明前誥。而《禮》復云：『君所無私諱』、『大夫之所有公諱』。無私諱，豈非公義奪私情，王制屈家禮哉？尚書安眾男臣先表中兵曹郎王祐，名犯父諱，求解職。明詔爰發，聽許換曹。蓋是恩出制外耳。而頃者互相瞻式。源流既啟，莫知其極。夫皇朝禮大，百僚備職，編官列署，動相逕涉，若以私諱，人遂其心，則移官易職，遷流莫已。既違典法，有虧政體。請一斷之。」從之。❽❼

三、婦諱不出門

　　《禮記·曲禮上》：「婦諱不出門」。鄭注：「婦諱遠，於宮中言避之。」❽❽它本謂臣子母妻之所諱，指她們的父母親屬。按喪服為遠，臣子於禮皆不諱。它當然也包括君之母妻之所諱，即外戚。他們往往本天下共諱，然在君前言及，臣子亦不諱。〈曲禮上〉又云：「夫人之諱，雖質君之前臣不諱也。」❽❾鄭注：「臣於夫人之家恩遠也」。孔疏：「夫人，君之妻……夫人本家所諱，臣

---

❽❼　同註❶❺，〈禮志〉，卷二十，頁 645。

❽❽　同註❶，〈曲禮〉，頁 1251。

❽❾　同註❶，〈曲禮〉，頁 1251。

雖對君前而言語不為諱也。臣於夫人之家恩遠，故不諱也。」或以
為「夫人之諱」乃指君之母妻本身，恐怕不是。外戚之諱，臣子平
時當諱，於君前言及不諱，在尊君無二，其實質與上兩條蓋同，故
放在一起說。宋仁宗元豐八年，南省奏名，劉正夫在優選，而犯高
魯王遵甫嫌諱。凡五人皆當黜落。仁宗曰：「外家私諱頒未久，不
可以妨寒士。命置末等。」❾是其例。仁宗處置，於禮自有根據。
宋《紹熙重修文書令》規定臣民避濮安懿王諱讓，然同時又說：
「其在真宗皇帝諡號內者，不避」。❾真宗諡號有「讓德」二字，
濮安懿王諱其本質是外戚諱，此亦是君所無夫人之諱。

第九節　卒哭乃諱

　　「舊名不諱」一節，說到錢大昕對顧炎武的批評。唐文宗開成
石經不避涵字，顧氏以為「文宗見為天子，依古卒哭乃諱，故御名
亦不缺」，錢氏指出石經不諱涵的真正原因是舊名不諱。然顧氏之
誤尚不僅在失記舊名不諱之例，還在誤解「卒哭乃諱」，由此反推
出所謂「生不諱」之例。顧氏之誤，或源于《曲禮》鄭注孔疏——

　　　　《禮記正義·曲禮上》：卒哭乃諱。鄭注：敬鬼神之名也。
　　　諱，避也。生者不相避名。衛侯名惡，大夫有石惡。君臣同
　　　名，《春秋》不非。《正義》：古人生不諱，卒哭前，猶以生

---

❾　同註❶，卷二十九，頁 467。
❾　同註❾。

事之,則未諱。至卒哭後,服已,受變神靈,遷廟,乃神事
之。敬鬼神之名,故諱之。諱,避也。生不相避名。名以名
質,故言之不諱;死則質藏,言之則感動孝子,故諱之。❾❷

鄭注首以「生者不相避名」釋「卒哭乃諱」,孔《疏》因歸納為
「古人生不諱」,此當是顧論所出,然杜預注《左傳》與鄭注不同
——

　　《左傳》:周人以諱事神,名終將諱之。杜注:君父之名,
　　固非臣子所斥。然《禮》:「既卒哭,以木鐸徇曰舍故而諱
　　新」,謂舍親盡之祖而諱新死者,故言以諱事神,名終將諱
　　之。自父至高祖皆不敢斥言。《正義》:君父之名,固非臣
　　子所斥,謂君父生存之時,臣子不得指斥其名也,《禮》稱
　　父前子名、君前臣名,鄭玄云「對至尊無大小皆相名」,是
　　對父則弟可以名兄,對君則子可以名父,非此則不可也。
　　〈文十四年傳〉曰:「齊公子元不順懿公之為政也,終不曰
　　公,曰夫已氏」。注云:「猶言某甲,是斥君名也」。彼以
　　不順,故斥其名,知平常不斥君也。〈成十六傳〉曰:「欒
　　書將載晉侯,鍼曰:書退,國有大任,焉得專之?」注云:
　　「在君前故子名其父。」彼以對君故名其父,知平常不斥父
　　也。雖不斥其名,猶未是為諱。《曲禮》曰「卒哭乃諱」,
　　鄭玄云:「敬鬼神之名也,諱,避也,生者不相辟名,衛侯

名惡，大夫有石惡，君臣同名，《春秋》不非。」是其未為
之諱，故得與君同名。但言及於君，則不斥君名耳。❸

杜注斷言：「君父之名，固非臣子所斥」；孔《疏》則對鄭注「對
至尊無大小皆相名」，據《曲禮》「君所無私諱」、「父前子名，
君前臣名」作了限制，也就是臣子若名君父，必須有前提：名君，
須如齊公子元不順其父之政；名父，必須如欒緘面對國君。衛襄公
君臣同名惡，《禮記·內則》孔《疏》以為：「先衛侯生，故得與
衛侯同名。是知先生者不改矣。」❹因此，《曲禮》說的卒哭乃
諱，不能推導出君父生時可不避名；而孔疏《曲禮》所說的「生不
諱」，決非說「平常」無前提的情況下，臣子可斥君之名。孔疏
《左傳》還作進一步闡述，「雖不斥名，猶未是諱」，即是說臣子
雖不斥君父之名，猶未能稱諱，因為周人本以敬事明神，始稱諱
的。卒哭以後，以鬼神事之，先人之名方始是諱。❺古人喪禮，在
先人落葬之後，還有「三虞」（初、再、三虞）拜祭之禮，因為古人
以為死之後尚不立即為鬼神，故必虞祭而安其神。三虞後第二日，
為卒哭，此生事畢。明日祔于祖廟，此鬼事始。鬼神之名必敬避。
這就是「卒哭乃諱」的由來。古代人卒後有招魂之說。鄙意執三虞
禮期間，非人非鬼神，招魂或可呼先人名乎？俟考。孔氏疏《左
傳》與疏《曲禮》並不矛盾，只是疏《曲禮》時，未將限制前提疏

---

❸　同註❼❻，〈桓公六年〉，頁 1751。

❹　同註❶，〈內則〉，1470。

❺　同註❶，〈曲禮〉，頁 1251。

出而已。合參杜注，細審孔氏兩疏，自然明白。顧氏之失在未能合
參，遂生誤解。鄭注說及的君臣同名之例，前儒業已駁正，指出石
惡與衛侯惡，本不相干，無所謂君臣同名，此可不論。將君父生前
稱諱，大約與漢宣帝更名之詔生稱諱有關。生不名與生諱的誤解，
似並非自顧氏才開始的。若准以《左傳》杜注與孔疏對卒哭乃諱的
闡釋，來看待古文獻中出現不避君名的現象，都能有合理的解釋。
如《國語·周語》上：「夫民慮之于心而宣之于口，成而行之，胡
可壅也？」❾❻《詩·大雅·桑柔》：「匪言不能，胡斯畏忌？」❾❼
上則邵公諫弭謗，是諫周厲王，下則《詩傳》以為係貴族芮良夫刺
厲王而作，厲王名胡。邵、芮兩臣，直斥君名，是何道理？我想這
與孔疏《左傳》列舉的齊公子元「不順」其父懿公之政是同樣的道
理。厲王本是暴虐之君。故而不但生可斥其名，卒亦無須為諱。
《詩·大雅·雲漢》雖美宣王之詩，然一再犯胡字直斥其父名：
「胡不相畏」、「胡寧忍予」、「胡寧瘨我以旱」，議禮之儒不以
為忤。

---

❾❻　《國語·周語上》，頁2，四部精要本，上海古籍出版社，1993。
❾❼　同註❶❷，〈大雅·桑柔〉，頁560。

第七章　避諱的負面影響

　　避諱對中國文化的影響是複雜的，有負面的也有正面的。對中國文化的最主要的載體——古代文獻、典籍的影響尤巨。就負面影響而言，若從它的文字表現形式考察，大致可分四個方面：篡改史實、混淆經傳、滋生歧訛和遺禍校刻。

第一節　篡改史實

　　史以傳信，而因為避諱，史家著史，都以時諱、後來之諱，追改前代文字，遂使史實失去其本來面目。

　　五代南漢析循州置楨州。宋避仁宗諱，改楨州為惠州。《新五代史·職方考》：「惠，南漢。」是以宋州名作南漢州名，顯然失紀實之體。❶《三國志·吳書·宗室傳》有兩個孫壹。一孫堅季弟靜之庶孫，為夏口督，後降魏為侍中車騎將軍者；一權之孫霸之子，為吳車騎將軍者。周廣業疑奔魏者本名懿。❷此亦由諱而生重出，篡改了歷史也。江西筠州，宋末避理宗嫌名改瑞州，遂與遼金

---

❶　《新五代史·職方考》，卷六十，頁 735，北京中華書局，1974。
❷　周廣業：《經史避名彙考》，卷十，頁 147，臺北明文書局，1986。

北方本有之瑞州同名。《元史·劉秉忠傳》「其先瑞州人也」，
「秉忠自曾祖以來，皆家邢州，足迹未抵江南。」❸是秉忠乃北方
人。《雍正江西通志》卷七十一卻將劉收入〈人物門〉。

《梁書·何點傳》：「隱居吳郡獸丘山」。梁本無此地名，獸
丘即虎丘，此是史家避唐諱追改。

《舊唐書·代宗紀》：「大曆五年，貶禮部尚書裴士淹為處州
刺使。」❹此在代宗朝，應是括州。改處州要到德宗朝。此史臣追
改所誤。

古代泰字音義與大通，泰與太不通用。范曄避父泰諱，改泰為
太。《後漢書》遂無泰字。郭泰、鄭泰都作太，或以字稱，郭林
宗、鄭公業。

《舊唐書·韓王元嘉傳》載，元嘉，高祖第十一子。武德十
年，封韓王。武後臨朝攝政（684－704），元嘉與其子通州刺史黃公
譔及越王貞父子謀起兵，兵敗坐誅。元嘉有長子訓，高祖時封潁川
王，早卒。次子誼，封武陵王，官至濮州刺史。開元中，封訥子叔
璲為嗣韓王、國子員外司業。是僅及四子：訓、誼、譔、訥。《新
唐書》（卷七十九）云元嘉六子，然止及五人：訓、誼、譔、諶和第
五子訥。第六子從未見記載，勿論。第子諶，《舊書》不載，史家
有異議。《集古錄》卷五有〈唐龍興宮碧落碑〉末署：「哀子李
訓、誼、譔、諶，為妣妃造石像」。《集古錄》云：「按《唐

---

❸　錢大昕：《廿二史考異》，卷九十八，頁 1571，叢書集成初編本，民國商務
　　印書館。

❹　《舊唐書·代宗紀》，卷十一，頁 296，北京中華書局，1975。

書》，韓王元嘉有子訓、誼、譔，而無諶，……蓋史官之缺也。」
周廣業《彙考》卷十六則謂：「史避宣宗諱而遺之，非缺也。」❺
案：周說是。確因避諱，諶為宣宗忱嫌名。由〈碑〉可知諶為元嘉
四子，《新書》所以不及譔、諶行次，亦由《舊書》有意避諱，遺
漏諶行事，纂改史實之故。諶初封上黨公。通音律，歷杭州別駕，
與譔俱死。事具《新書》。改人名姓，有一改再改的。如五代後周
史威避周太祖郭威諱，《周實錄》改匡懿，修在北宋的《舊五代
史・本傳》又避宋太祖諱，空匡字，作史懿。又如大名鼎鼎的宋代
理學家周敦頤，初名惇實，犯英宗諱（宗實），改惇頤，後避光
宗，再改敦頤。又有改名連換姓的，更叫人匪夷所思，如墜霧裏雲
裏。魏晉間目錄學家荀勖，《夢溪筆談》（卷四）作荀勉，《文獻
通考》竟作孫勉。

　　《新唐書・地理志一》「鳳翔府扶風郡寶雞縣」注：「東有渠
引渭水入升原渠，通長安故城，咸通三年開。」❻咸通是懿宗的年
號，咸通三年，是 862 年；渠引渭水本在高宗咸亨三年，時 672
年，前後相距 190 年。此是唐人避肅宗諱追改，易亨為通，遂與後
世懿宗年號相混。

第二節　混淆經傳

　　《日知錄》謂《通典》釋法明《遊天竺記》，「明」下有「國

---

❺　同註❷，卷十六，頁 257。
❻　《新唐書・地理志一》，卷三十七，頁 966，北京中華書局，1975。

諱改焉」四字，當是小注。今本連作大文。周廣業受啟發，謂《史記》于〈趙世家〉等遇談字，輒作同。當日特小注其旁曰同，見此與家諱同也。後人傳寫遂連作大字云云。❼參見第四章「父祖及父係親屬之諱」節。

《魏書·張寔傳》：宋玄安以旱祈帶石山，欲登之，「弟名犯世宗諱曰：『世人云，登此山者破家身亡。』」玄安弟名恪，魏收避魏世宗元恪諱，故闕不書。「名犯世宗諱」五字，王彥坤亦疑本為小注，混入正文。❽

俞正燮《癸巳存稿》卷十二：「唐人所傳《文選》，未必即梁本。其增減字者……王簡棲〈頭陀寺碑〉石刻：『憑五衍之軾』。齊建武時文也。昭明采入《文選》。以梁武名，避改『憑四衢之軾』，注當明瞭。而今文及注，語義相反，則唐人傳寫者，以其時不諱，改文中『四衢』為『五衍』，而寫注者不知其意，又以注中『五衍』『四衢』互易耳。」❾

以上皆經傳因諱致淆亂例。

第三節　滋生歧訛

《南史·范雲傳》：「南鄉舞陰人，晉平北將軍汪六世孫也」。同書〈范泰傳〉：「泰，順陽人」。范泰是汪的孫子，雲是

---

❼　同註❷，卷二，頁 58。

❽　王彥坤：《歷代避諱字匯典》，頁 252，中州古籍出版社，1997。

❾　俞正燮：《癸巳存稿》，卷十二，頁 360，叢書集成初編本，民國商務印書館。

汪的六世孫，而一書中籍貫竟互異。南鄉即順陽，這是人避梁武帝
父順之諱而改。著者失察，因而未能循例以〈雲傳〉類敘於〈泰
傳〉之後。遂亂其體例。《五代史·李存孝傳》「求救于幽州李斥
威」，〈王鎔傳〉作李匡威，吳縝《五代史纂誤》（卷中）以為
「作斥非也。」《十七史商榷》卷九五云：「今汲古閣本正作匡，
歐公避宋太祖諱，缺筆耳，縝之駁妄矣。」❿王氏說，彼嘗購得宋
版《春秋繁露》，解《洪範》「為天下王」，采其〈深察名號篇〉
云，深察王號大意，中有皇、方、斥、黃、往五科。獨斥字積疑莫
釋，質之盧文弨。盧以為匡字缺筆。因為拊掌稱快。王氏譏吳云
「縝生長北宋，乃不知廟諱耶？」⓫吳氏質疑或非不知廟諱，是避
諱缺筆不成其字與本有其字之代字法相淆而致。

　　又有因諱後造成讀音訛誤的，如——

　　唐李濟翁《資暇錄》，是《文選》研究的重要文獻，素為選家
所重。然濟翁為其號，他的大名，自宋以來記載不一：晁氏《讀書
志》作李匡乂，陳氏《書錄解題》、《陸游集》跋此書並作李匡
文，王氏《野客叢書》、《宋史·藝文志》並作李正文。當代已故
選學家屈守元亦堅以為作匡文。⓬一人數名，實因避宋太宗匡義諱
造成。濟翁原名當從晁氏作匡乂。其稱號、作匡文，蓋因真宗大中
祥符二年六月二十四日詔：「中外文字有相連及音同者，並令回
避」。《宋史·太祖紀》有甯江節度使劉光義，歐陽修《新五代

---

❿　王鳴盛：《十七史商榷》，卷九五，頁 1091，叢書集成初編本，民國商務印
　　書館。

⓫　同註❿，頁 1091。

⓬　屈守元：《文選導讀》，頁 68，巴蜀書社，1993。

史·後蜀世家》作光乂，可見宋初並不避與「匡義」兩字相連及音同者，本來二名不偏諱，既不單諱匡也不單諱義（何況匡字是排行，本無須避）。《新唐書·藝文志》有「李匡文　兩漢至唐年紀一卷」。與濟翁當是一人，「文」字乃後人所改，決非歐陽原文。屈氏以李匡文為本名，實誤。至於《野客叢書》《宋史·藝文志》改匡為正，作李正文，更在其後。

蘇州城西南有鎮名滸墅關。本名虎嘍，避唐李虎諱改許嘍。許與虎音本同。《說文·言部》：「許，聽也。從言，午聲。」楊樹達《積微居小學述林》以為「聽」非「許」之「朝朔意」，云：「許從午聲，午即杵之象形字，字從言從午，謂舂者送杵之聲也……舉杵勸力有聲，許字之本義也。……舂者手持物而口有聲，故許字從言從午；口有言而聲應之，故許引申意為聽。」❸楊說甚是。此乃許之本義。許的本音，亦當是《玉篇》、《廣韻》：「呼古切」。《詩經·小雅·伐木》「伐木許許」，許與藇叶、〈王風·揚之水〉許與蒲叶、〈魯頌·閟宮〉許與嘏魯叶，是其證。（《呂氏春秋·淫辭》「邪許」作「輿謣」。謣是許的假字。音同。）許嘍，唐人音讀尚不誤。《後漢書·朱穆傳》李賢注引《詩經·伐木》，作「伐木滸滸」❹；陸廣微《吳地記》：「虎嘍，唐諱虎，錢氏諱嘍，改為滸墅」。❺許俱作滸，足見俱讀呼古切。然「許嘍」之「許」，怎麼形變成「滸」？蓋因許字左旁之言，古人行草作ì

---

❸　楊樹達：《積微居小學述林》，頁 90，上海古籍出版社，1981。

❹　《後漢書·朱穆傳》，頁 1475，李賢注引《詩經·伐木》，作「伐木滸滸」，《校勘記》，北京中華書局，1965。

❺　陸廣微：《吳地記》，頁 61，江蘇古籍出版社，1986。

（類今之簡寫）與三點水極似，遂與汻字相淆。《說文‧水部》：「汻，水厓也。從水，午聲。」邵瑛《說文解字群經正字》：「今經典作滸。《詩‧葛藟》『在河之滸』、〈緜〉『率西水滸』、〈江漢〉『江漢之滸』；〈爾雅‧釋丘〉『岸上，滸』，〈釋水〉『滸，水厓』、『淮為滸』。正字當作汻。」❿原來汻為滸之正字。諸經典皆作滸，故唐人先因形近，許訛作汻，再由正字汻作滸，這是滸字的真正來歷。常熟東北長江口有滸浦，本名許浦。其誤與此正同，並非滸字本身有兩讀，至於將「許嘐」之許讀作虛呂切，蓋許本有兩讀，本音呼古切外，別有徐氏解《說文》之虛呂切，其來源亦古。誤讀在錢氏世，與市之訛墅或同時，五代已不解唐人滸字之由來。自此，民間俗（改）讀虛呂切相延至今。蘇州民間嘗將滸之讀許，歸咎於乾隆帝下江南，不識滸字讀半邊。皇帝既讀錯，臣下百姓只得將錯就錯云云，此是小說家、藝人們之附會，不足信也。

　　浙江處州舊名括州，避唐德宗李適嫌名改。《聞見後錄》（卷二十六）云：「唐德宗立，當避其名。適處士星見分野，故改為處州，音楮。今俗誤為處所之處矣……上自朝省，下至士大夫皆云爾。無能正之。」⓲這是說，處本有上聲昌與切、去聲昌據切兩讀。當初改名，取處士星之處，是上聲，朝野誤成處所之處，成去聲。亦相沿成俗，莫能正之，豈非避諱之過？

❿　邵瑛：《說文解字群經正字》，卷二十二，頁 285，續修四庫全書本，上海古籍出版社，2002。

⓲　邵博：《邵氏河南聞見後錄》，卷二十六，1206，筆記小說大觀本，臺北新興書局，1971。

　　《舉例》卷二「避諱改地名例」：「《十駕齋養新錄》十一，有『避諱改郡縣名』一條可參據。唯其中避清諱，弘作宏，玄作元，胤作引，頗令人迷惑。如後魏獻文帝名弘，改弘農曰恒農，今《養新錄》弘寫作宏，則與獻文之子孝文混矣。因獻文名宏也。」[18]父子相混，此格于時諱所生之弊也。

第四節　遺禍校刻

　　三種情況為常見：後世校刻者回改，亂填本字；追改、回改未盡；又有非諱改字而妄改的。

一、後世校刻者回改，亂填本字例。

　　唐人著史，於本朝諱字多用標諱字法，這樣，前朝帝王、本朝列祖列宗，後人校刻，若不核原來文獻，不分甲乙，誤甲為乙，勢不可免。《周書·蘇綽傳》「柱國諱洎群公列將，罔不來朝」，又「柱國諱洎庶僚百辟，拜手稽首」，此二「諱」字，各本俱作「虎」，清殿本《考證》據《北史》定為「泰」字。[19]蓋周文帝諱也。此致校者誤前代為唐朝例。同書《武帝紀》「保定四年九月，封開府李諱為唐國公」，又「天和六年五月，以大將軍李諱」，各本又皆作「虎」，殿本《考證》定為「昺」字。此致校者誤認唐本

---

[18]　陳垣：《史諱舉例》，頁14，上海書店，1997。
[19]　《周書·蘇綽傳》，卷二十三，頁391、頁393、頁399注釋十九，清武英殿本。

朝祖宗例。回改本意為恢復歷史，亂填本字則完全有背初衷了。

二、後世校刻者追改、回改未盡例。

　　《晉書‧陸機傳》載《辯亡論》，三稱張昭，皆作張公，蓋機避晉諱。今《文選》其二改為張昭，其一仍作張公，是後人回改未盡者。[20]

　　《後漢書‧光武紀》建武元年以前，皆稱光武；二年以後，皆稱帝。獨更始二年云：「世祖因發旁縣，得四千人」。一稱「世祖」，因知范曄本皆世祖，其曰光武，是章懷所追改。此「世祖」乃偶然遺漏也。

三、本非諱改字，校者不知，誤為諱改字而妄改例。

　　《後漢書‧班固傳‧西都賦》「左據函谷二殽之阻，表以泰華終南之山」。中華書局本《校勘記》曰：「張森楷《校勘記》謂『太華』字本不作『泰』，後人誤以為范曄避其父諱，改『泰』為『太』，遂並非諱改者亦回改為『泰』。」[21]

---

[20]　同註[18]，頁 66。
[21]　同註[14]，〈班固傳‧西都賦〉，頁 1354。

第八章　諱字的鑑定及
避諱學的應用

　　諱字是中國封建時代特殊的文化現象，亦是特定朝代的獨特標識，舊時學者喻之為歐洲古代紋章，當代學者或戲稱之某一朝代文化傳統的基因。研究避諱學而將之運用於考古、校勘、版本、文獻之學，常能考證文物、古書的真偽和年代，解釋古文獻的疑難，辨別版本的初刻補版，在古籍與古文獻的整理等方面獲得意想不到的收穫和成果。而他們的前提是諱字的鑑定。

第一節　諱字的鑑定

　　諱字的鑑定，包括兩項內容：鑑定諱字的方法和原則。

一、鑑定諱字的方法

　　大抵可從避諱方法之角度來著手。如固定代詞法用「諱」字相代，其有姓氏相同，數人同作「諱」字者，須細加甄別。前人如錢大昕《考異》（卷三十八）、張元濟《校史隨筆》都說到過《北史·周本紀》「是年遣儀同李諱」、大統四年，「開府李諱念賢等為後

軍及李諱等至長安」，〈李弼傳〉「使隴西郡開國公李諱」，〈王
萌傳〉「趙青雀之亂，萌與開府李諱、輔太子出鎮渭北」，皆謂李
虎也。〈周本紀〉「天和六年，以大將軍李諱為柱國」，此謂李昞
也。《周書》于李諱字皆改為虎，並天和六年，李諱亦作虎，則謬
妄之甚矣。❶

　　諱代用「某甲」之類，須與行文修辭用「某甲」相區別。如
《文選》任昉〈為齊明帝讓宣城郡公表〉：「謹附某官某甲，奉表
以聞」，又〈宣德皇后令〉：「遣某官某位某甲等」。注：「古官
名不可具載，故略不言」。❷《史記·萬石君傳》：「長子建，次
子甲，次子乙，次子慶」❸，亦屬此類，都不是避諱。

　　如易體法有用俗寫、通假、古文充當的，然古人寫、刻圖籍，
多有為簡省便利而亦從俗寫、通假、古文者，此類字相沿不廢，不
能簡單判作諱字。

　　漢碑中秀作秱，莊作壯，隆作窿，志作忐，都是漢隸變體，不
能以為避光武、明帝、殤帝，桓帝之諱，黃本驥《避諱錄》（卷
二）都以為諱，非。清同治帝名載淳，避諱作湻，但明刻本已偶有
將淳作湻的。《博古圖錄》，明萬曆吳萬化本，卷首洪世俊序，即
將淳刻作湻，乾隆《歷朝名媛詩詞》紅樹樓本，亦作湻，都非關避
諱。❹

　　清道光帝名旻寧，即位諭，將御名下一字作寍，曰：「下一字

---

❶　張元濟：《校史隨筆》，頁71，上海古籍出版社，1998。
❷　《文選》，頁537、505，胡克家本，北京中華書局印，1977。
❸　《史記》，卷一百三，頁2764、，北京中華書局，1959。
❹　李清志：《古籍版本鑑定研究》，頁221、219，臺北文史哲出版社，1986。

將心字改寫一畫一撇。」道光刊《小謨觴館詩集注八卷》「唐置寗武軍」云云，正作寗。因寧一作寕，故諱字又作寕。寕與寗都是俗寫。清人多見此寗字，乾隆廿八年教忠堂本《唐詩別裁集》卷十四杜甫〈又呈吳郎〉：「不為困窮寗有此」❺，正用此字，並非避諱。咸豐四年諭則否定之：「嗣後凡遇宣宗成皇帝廟諱，缺筆寫作寗者，悉改作甯。」❻甯字短橫上移，則作甯。近出《唐鈔文選集注彙存》多存其例，如卷五十九〈郡內登望〉「甯要狐白鮮」、卷六十三《離騷》：「甯溘死以流亡兮」等等，也是俗寫。今人倘以俗寫字而判定《唐鈔文選集注彙存》為清道咸人所刻，則必為人嗤笑。甯字於寧則為通假字。是道光遵乾隆成命以俗寫代諱字，而咸豐則以通假字代父廟諱。寧字又有作寍，則又是以古文代今諱字。此三種寫法其實由來已遠，而九十年代《紅樓夢》版本大戰中，人或以甲戌脂抄本屢見寗、寍、甯三字，據以為避道光諱字，進而斷定甲戌本為道咸以後人抄寫，是亦疏矣。

　　避諱多用缺筆法，其不成字者，諱字的確定，較代字諸法看來似容易些，其實也不然。如師之作帥（北魏《元煥墓誌》：道非帥授）、裕作裕（北魏《元纂墓誌》：少而溫恭，長則寬裕）、校作挍（北魏《李蕤墓誌》：拜步兵挍尉），凡此並非避司馬師、劉裕、朱由校等諱。尤其困難的是下面兩種情況。

　　㈠古人抄寫雕刻，點畫偏旁偶有異同，如竹艸不分，木扌通假，此是唐人寫卷之習，後人沿襲，未必是缺筆為諱。張元濟校勘

---

❺　沈德潛：《唐詩別裁集》，卷十四，頁194，北京中華書局，1975縮印本。

❻　《大清會典事例》，卷三百四十四，頁4，宣統己酉本。

宋本《盤洲文集跋》已經指出此種現象。❼又如魏齊碑刻，人旁字多從彳，㒸（㐭）多寫作盾，故修（脩）、循兩字抄刻多有相混。錢大昕《廿二史考異》卷三十一《北齊書·薛循義傳》「薛循義」條指出：《北史》即作「修義」，〈孝昭紀〉亦作「修義」。❽《文選·辨亡論》「循江而守」，循字，敦煌抄本即作脩，雙人旁變作單人旁，非關避諱。同卷「收迹遠遁」，作适，也不是諱字缺筆。後漢和帝名肇，《後漢書》或作肈。此非置換偏旁避諱。古有肇無肈，俗乃從攵作肈，《玉篇·戈部》曰：「肈，俗肇字」。《五經文字·戈部》曰「肇作肈，訛。」❾

(二)缺筆有不止缺一筆的，遇本有其字的，是否諱字當仔細甄別。如唐人諱李隆基，基字或缺末三筆作其，《禮記·燕居篇》「孔子曰：夙夜其命宥密，無聲之樂也。」❿其，實為基之諱字。本出《詩·周頌·昊天》「夙夜基命宥密」。基，始也，命，信也，宥，寬也，密，靜也。是說周文、武王早暮始信順天命，行寬弘仁靜之化。復有以避清乾隆諱弘曆，下字缺二撇作厯，而明萬曆間南監本《史記》《三國志》《南齊書》諸版心上方所刻雕版年代，常將萬曆刻作厯，也不可認為諱字。遼僧行均《龍龕手鑒·上聲·虎部》收：「虓，胡刀反，大呼也。哭也，痛也。」又「虓，呼交反，虓，呻也。」虓，即號也。唐人諱虎，因而右下幾置換從

---

❼　張舜徽：《中國文獻學》，頁316引，中州書畫社，1982。

❽　錢大昕：《廿二史考異》，卷三十一，頁 599 及卷三十八，頁 712，叢書集成初編本，民國商務印書館。

❾　段玉裁：《說文解字注》，卷十二，頁 629，上海古籍出版社，1981。

❿　《禮記正義·燕居篇》，頁 1617，十三經注疏本，北京中華書局，1982。

几缺末鈎成人（當然也可視作置換從人）。《手鑒》誤作兩字，以諱字作不諱，故而周廣業譏其「絕不知有唐諱之字。眾體雜收，強分正俗古今」❶，良有以也。

　　《隋書·禮儀志三》：「謂至親期斷，加降故再期」。《校勘記》云：「『降』當作『隆』。《禮記·三年問》：『然則何以三年也？曰加隆焉爾也。』唐人諱改。」❷此與《詩經·小雅·六月》：「四牡既佶」，石經「佶」字缺右下口字作仕例同❸，都是因缺筆多，至與他字同而相混之例。

　　此外也不能誤認訛寫為諱字。漢惠帝名盈，《史記·晉世家》避諱，欒盈作欒逞。《說苑》載祁奚救叔向故事，以欒盈為樂達。清閻百詩以為此欒盈傳寫之訛，不是避諱。這是因兩字形近所致。

　　上面兩類是常見的，至於因字迹漫漶而缺損偏旁、點畫，更宜謹慎，不得動輒視為缺筆諱字。

　　古人刻書，有因字迹漫漶作墨釘（墨筆），或空圍者，也不可草率視作避諱。

　　從聲音考量諱字，也有兩點需注意：

　　㈠正字之嫌名有兩讀，只諱與正字同音者，另一音不諱，不可執後者以為獨不諱某字。如宋光宗名惇（都昆切），《淳熙重修文書式》規定鶉字，讀殊倫切（chun）時，不合迴避，若作都昆切

---

❶　周廣業：《經史避名彙考》，卷十六，頁254，臺北明文書局，1986。
❷　《隋書·禮儀志三》，卷八，頁170，北京中華書局，1973。
❸　同註❶，卷二十，頁325。

（dun）合避。所以我們不能據宋詞有〈鬥鵪鶉〉詞牌，以證宋光宗以後不諱鶉字。《詩經·小旻·四月》：「匪鶉匪鳶，翰飛戾天。」《毛詩》：「鶉，鵰也。」這個鶉（由鷻省）讀都倫切，即當避改。

　　㈡有些字古讀與正字（聲旁）音相同，亦是諱字。朱溫時戊改讀武音，就是戊古讀莫侯切，與朱溫曾祖茂字同音。蘇州許市，被改字，就是許字古音讀火吾切，與虎同音，犯了唐諱。已見上文。

　　避諱闕省法，有剪截雙名為單名的，但古人又有雙名只用一字表達的修辭習慣，理當分清。顧炎武《日知錄》「古人二名止用一字」條，指出此例後漢人已開之，如班固《幽通賦》「巨滔天而泯夏」，巨謂王莽，莽「字巨君，止用一巨字」。又「文中並稱兩人，而一氏一名，尤為變體」，如賈誼《新書》：「使曹勃不能制」，曹，曹參；勃，周勃，一姓一名。司馬遷《報任安書》「周魏見辜」。周，周勃，魏，魏其侯竇嬰，一姓一爵。揚雄《長楊賦》：「乃命驃衛」。驃，驃騎將軍霍去病，衛，大將軍衛青也，一官職一姓。❶此類變化，尤多見於詩文，如司馬遷稱馬遷、司馬長卿省作馬卿之類，變化無常，要非避諱截字。

二、確定諱字的原則

　　諱字的確定，有一個原則：不輕易言諱，也不輕易言「不諱」某字。

---

❶　顧炎武：《日知錄》，卷二十三，頁 907，四庫全書本，上海古籍出版社，1987。

不輕易言諱，要注意兩點：

㈠古人有「例不過三不立」之舊訓，就是要避免孤證。清人錢大昕《考異》留有豐富的遺產。《宋史·孫洙傳》「尋幹當三班院」條，考論「幹當本是勾當，史家避高廟嫌名追改」、「以幹代句，或以管代勾也」，「神宗四朝國史，成於淳熙之世，故多追改字。史家承其舊文，未及改正爾」。**⓯**《考異》列舉〈王師約傳〉、〈楊佐傳〉、〈外戚傳〉等傳記十四篇，〈選舉志〉、〈職官志〉、〈食貨志〉等十九篇，凡七十一例，證據之充分、論證之嚴密，堪稱典範。

㈡不可膠守避諱方法一隅，要參酌他法。

《新唐書·徐有功傳》：會昌中，追諡忠正。

《考異》案：諡法無正字。宋時避仁宗嫌名，改貞為正。《唐會要》所載諡正者，皆貞也。有功之諡亦當為忠貞。蓋修史之時，或改或不改，其例初不劃一也。**⓰**

《新唐書·韋虛心傳》：贈揚州大都督，諡曰正。

《考異》案：《唐會要》虛心與李綱、崔義元……李义葷皆諡正，正即貞也。《新史》采自他書，多有未及訂正者。如

⓯　同註**❽**，卷七十八，頁 1268－1270。

⓰　同註**❽**，卷七十八，頁 910。

　　徐有功謚忠正，亦舊史所無。**⑰**

　　《宋史・文藝傳・郭祥正傳》：知瑞州。
　　《考異》案：瑞當為端。今肇慶府七星岩有石刻云：「元祐
　　戊辰二月廿有八日，當塗郭祥正子功來治州事。明年，上書
　　乞骸骨。」此其證也。南渡後避理宗嫌名，改筠州為瑞州。
　　元祐之際，尚無瑞州也。**⑱**

　　《考異》論證雖先從石刻說起，後及諱字，其實判斷過程正相反。
乃先從懷疑瑞字開始，而後以石刻證成其說。這是以諱字合參證
法、石刻成功的例子。
　　與不輕易言諱相輔相成的，是也不輕易言「不諱」某字。
　　文獻于本王朝或本代之廟諱御名或諱或不諱的矛盾現象。前人
稱之為史家駁文。史家駁文，不可徑謂「不諱」某帝某字。史家駁
文的出現有多種原因，比較常見的有如下幾項：
　　1.後人追改文獻，追改未及。追改，本質是對史實的篡改，它
是後人以本朝諱篡改前朝人和事。有追改未及，即出現駁文。如
《舊唐書・代宗紀》「貶吏部尚書裴士淹為處州刺史」。《考異》
議論云——

　　按：德宗即位，改括州為處州，避御嫌名。此在代宗朝，當

---

⑰　同註**⑧**，卷七十八，頁 913。
⑱　同註**⑧**，卷七十八，頁 1317。

云括州，史臣追改之。而於十二年又有「括州」字，所謂史
駁文也。⑲

《三國志·吳書·薛綜傳》載華覈上孫皓疏曰：「少帝時更
差韋曜、周昭、薛瑩、梁廣及臣五人，訪求往事。」又曰：
「昭、廣先亡，曜負恩蹈罪。」⑳

曜，韋昭，史為晉諱改之。這裏韋昭改曜而周昭不改，一改一否，
亦史文蹐駁，非不知避諱而訛誤。

追改始于晉陳壽，盛于唐人。

2.後人改正原作避諱文字，恢復本字，此謂回改。回改的實質
是篡改作者原文。改而未淨，也會形成駁文。

《舊唐書·音樂志》：明慶中，皇后親蠶。

《考異》云：此唐人避中宗，易顯為明。舊史俱改從本號，
唯此志及〈職官〉、〈刑法志〉，三見明慶字，〈柳慶傳〉
亦有明慶三年之文。㉑

此是《舊唐書》改從本號顯慶，回改而未淨，形成有改有存原貌的
駁雜現象。

---

⑲　同註❽，卷七十八，頁 976。
⑳　《三國志·薛綜傳》，卷五十三，頁 1256，北京中華書局，1959。
㉑　同註❽，卷五十八，頁 985。

3.史家直襲原始文獻，不追改，不諱本朝，形成駁文。此為尊
重史實。

> 《漢書·藝文志》：「常侍郎莊蔥奇賦十一篇」，「嚴助賦
> 三十五篇」，顏師古注曰：「上言莊蔥奇，下言嚴助，史駁
> 文也。」（《嚴助傳》作嚴蔥奇）㉒

> 《漢書·鄭當時傳》，「鄭莊」不改，〈爰盎傳〉「上益
> 莊，丞相益畏」㉓，不避漢明帝諱。王氏《野客叢書》據此
> 以譏《漢書》㉔，不知此乃史家直襲原文，譏之未當。

> 《後漢書·明帝紀》即位詔即有「統理萬邦」，班固《典
> 引》云「日月邦畿」㉕，不諱高祖，詔表如此，史家直襲。

> 《齊書·張岱傳》云「父茂度」、〈張緒傳〉云「祖茂
> 度」，而同書〈張瓌傳〉又云：「祖裕」。周廣業案：《宋
> 書·張茂度傳》：「名諱高祖（劉裕）以字行」，今《齊
> 書》忽以字，忽稱名，此亦采獵群書，浩不及檢，猶《史
> 記》於《國語》「邦內甸服」、「邦外侯服」，《魯論》

㉒　《漢書·藝文志》，頁1749，北京中華書局，1962。

㉓　同註㉒，〈鄭當時傳〉，頁2268。

㉔　王楙：《野客叢書》，頁620，四庫全書本，上海古籍出版社，1987。

㉕　歐陽詢：《藝文類聚》，卷十，頁193，引班固〈典引〉，上海古籍出版
社，1965。

「在邦必聞」之類，直襲原文所致。

《新唐書·藝文志》：「郭頒《魏晉代說》十卷」條，《考
異》云：「代即世字，篇中如《帝王歷代紀》之類，皆避諱
改，而劉義慶《世說》、劉孝標《續世說》，仍不避。」❷⑥

史家直襲原文，有時比較隱蔽，不易發現。《晉書·后妃傳》「太
尉王夷甫外孫」。《考異》卷二十一：「按成帝諱衍，故史家于王
夷甫字而不名，此舊史本文，唐史臣亦因此而不改爾。」❷⑦切不可
以為唐臣諱衍。這裏不出現駁文，當然一般讀者不易察覺，但略知
避諱而知之未深者卻會引起誤會。

　　4.作者敘事之文。

　　兩漢諱法寬疏，臨文不諱。《史記》《漢書》史家敘述文字則
除了本朝廟諱御名，皆不諱，《後漢書》仿此，因此《史記》、兩
《漢書》多有或諱或不諱的現象。

《後漢書·西南夷傳》「楚頃襄王時，遣將莊豪從沅水伐夜
郎」、「滇王者莊蹻之後」；〈西羌傳〉「魯莊公伐秦」。

《考異》稱「此蔚宗敘事之詞，故不避漢諱。」❷⑧

---

❷⑥　同註❽，卷四十五，頁 819。

❷⑦　同註❽，卷二十一，頁 413。

❷⑧　同註❽，卷十二，頁 251。

5.史家之例及傳統之限制。

《三國志》于司馬氏父子皆稱王,罕見稱名。唯《魏書·明帝紀》「司馬懿臨危制變」,蓋述帝語,不得云宣王也,然亦後人追改。《蜀書·後主傳》,建興八年,書「魏使司馬懿由西城、張郃由子午、曹真由斜谷欲攻漢中,丞相亮待之於城固赤陂」,九年,書「魏司馬懿、張郃救祁山」,既斥其名,復削官職,學者以為此是正閏之際,史筆凜然,不得不爾。劉歆為王莽國師,因圖讖有「劉秀為天子」,更名秀,字穎叔,謀反,為莽所殺。《漢書》卷三十八:「歆以建平元年改名秀,字穎叔云。」此秀字不諱,史家以為蓋誅奸臣,不容其諱也。

王氏《十七史商榷》卷七十說到《舊唐書》避唐諱,凡丙皆作景。近本亦作丙者,因聞人氏原本係後人所改。唯〈則天皇后紀〉一卷作丙者,是其原文。周不避唐諱,故存之以著其實。❷⑨也是因體制造成駁文。

6.行文不容其諱。

《史記·秦始皇本紀》:「初平法式,審別職任,以立恒常。」❸⓿依漢避諱例,恒當以常代,然此恒不可作常,避之則為「常常」,不合行文體例,是亦不得不犯。

由校書者不學所造成的駁文,可合參上文「負面影響」章及下節「解釋疑滯」。

---

❷⑨　王鳴盛:《十七史商榷》,卷七十,頁 737,叢書集成初編本,民國商務印書館。

❸⓿　同註❸,〈秦始皇本紀〉,卷六,頁 261。

第二節　避諱學的運用

　　近人王伯祥在《庋樻偶識·歷代諱字譜》中說：「避諱之故跡，乃大有裨于治史。凡地名之變遷還故，人名之前後異稱，書板圖籍刻印之遠近，法書名畫流傳之年代，舉賴諱改之字，以辨析先後，審定真贗。而校勘舊籍，誤正史實，尤必依以折衷，庶得導滯疑而取信。」茲參王說，將避諱學的運用，大別為五個方面：解釋疑滯、考證求真、校勘文字、鑑定版本和古義古音的研究。

一、解釋疑滯

　　古書難讀，其有以文字、語音、詞義流變等自然歷史因素而致的，必先明小學；其有以諱禁等人為因素而造成的，則非明避諱不辦了。錢大昕是用避諱詮蒙解疑的行家裏手。

　　校書者不學，追改、回改，有改所不當改，又有改而未淨，致使一書踳駁，以致紛糾，倘再有傳寫之訛，則愈棼絲難治。《北史·尉長命傳》：「子興，字敬興。便弓馬，有武藝，位冠軍將軍。」《考異》卷四十按──

　　《齊書》長命子興敬，高祖引為帳內都督。高祖攻周文帝於邙山，興敬因戰為流矢所中，卒。贈涇岐豳三州軍事，諡曰閔莊。《北史·慕連猛傳》附載尉興慶事云，芒山之役，興慶救神武之窘，為軍所殺。超贈儀同涇州刺史，諡曰閔壯。是興慶即興敬矣。乃不附其父，而別見他傳。豈誤認興慶、興敬為二人乎？（自注：《齊書》作興敬，蓋避齊廟諱，此傳作敬

興，則轉寫顛倒耳。）**❸❶**

《北史》一人作二人，一誤於不知《齊書》有避諱，再誤於「轉寫顛倒」。人讀其書，不戛戛其難乎？錢氏賴以梳櫛蒙滯，審核踳駁的象觿，正是避諱特徵耳。

> 《隋書·高祖紀》「漢太尉震八代孫鉉」。《北史》代作世。何者為是？隋史成于唐太宗時，其時不避世字，如王世積，陰世師，馮世基，薛世雄，諸人《傳》皆未迴避。此《紀》「風骨不似代間人」，「代稱純孝」、「彰不代之業」、「精彩不代」、「德為代範」、「與代推移」、「行歌避代」，皆唐人追改。而「風流映世」、「世子」、「世孫」、「世祿」、「世人」、「韋世康」、「王世積」之類，仍用本文者，蓋唐以後人又據它書回改，而改之復不能盡也。民部尚書之民不諱，而啟民可汗則改為啟人（〈賀若弼〉、〈柳謇〉、〈薛世雄〉、〈突厥〉諸傳仍稱啟民），皆因校書者展轉改易，非史家之例不一也。**❸❷**

> 《新唐書·宰相世系表》：「溫大雅字彥弘，彥博字大臨，彥將字大有」。《新唐書》卷九十一本傳：大有字彥將。歐陽修《集古錄七》疑其事，謂兄弟義當一體。而名大者字

彥，名彥者字大，不應如此。洪邁《容齋四筆》卷十一始考
正之。云顏魯公作〈顏勤禮碑〉，敘顏、溫二家之盛，云思
魯、大雅俱仕東宮，愍楚、彥博同直內史，游秦、彥將皆典
秘閣，是彥博、彥將皆以彥配名，惟大雅異。復考大雅撰
〈唐創業起居注〉，書隋煬帝遣使夜至太原，溫彥將宿于城
西門樓上，首先見之，報兄彥弘。馳以啟帝，帝方臥，聞而
驚起，執彥弘手。據此，則溫氏昆弟皆以彥為名明矣。而此
書首題大雅奉敕撰，不應於其間自稱字，又顏碑有云大雅，
其故何耶？蓋唐之孝敬皇帝諱弘，如徐有功本名弘敏，緣避
諱，遂以字行，大雅生在孝敬之前，後追改之，故稱其字為
名。㉝

《新唐書·藝文志》「起居類」有「崇寧起居注十卷」，《舊志》
同。然晉代無此年號，讀者疑之。錢氏《考異》乃云：「崇甯
當為崇安，即隆安也，唐人避明皇諱，往往改隆為崇」。並舉二條佐
證：一、按晉史隆安紀元，正在太元、元興間，此卷又有〈晉崇安
元興大享副詔〉八卷。二、「雜史類」有周祗〈崇安記〉二卷、
王韶之〈崇安記〉十卷，亦紀晉安帝事，「足明崇甯當為崇安
矣」。㉞年號從崇甯到隆安的曲折，不明避諱是難知就裏的。

㉝　洪邁：《容齋隨筆·四筆》，頁741，上海古籍出版社，1978。

㉞　同註❽，卷四十五，頁819。

二、考證求真

這裏主要指用諱字來鑒別文物、古書的真偽、訂正史實、判斷作者和考定年代。

(一)鑒別真偽

> 宋敏求《長安志》：瓦作楚字者，秦瓦也。秦作六國宮室，用其國號以別之。周廣業《彙考》案：此必是漢瓦。宋未知諱，誤言秦耳。**㉟**

今案：秦始皇追尊莊襄王為太上皇，莊襄王名楚，又名子楚。秦人諱楚，荊為楚之舊號，故以荊代楚。漢人不諱。

> 方以智《通雅》：「虎丘劍池」，顏魯公書，偽也。唐諱虎，《晉書》已稱武丘矣。**㊱**

今案：此謂蘇州閶門城外名勝，虎丘劍池二仙亭石壁上擘窠石刻「虎丘劍池」四字。字作顏體，藏秀麗於雄健之中，相傳為顏真卿書。其中「虎丘」兩字歲久剝落，明萬曆間蘇州名家章仲玉鈎摹補刻，故有「假虎丘真劍池」之說。蘇州《方志》有此一說。《通雅》說「唐諱虎」，指唐人避李虎廟諱。唐太宗貞觀時，已改作武

㉟ 同註 **⑪**，卷五，頁 86。

㊱ 方以智：《通雅》，卷十三，頁 310，四庫全書本，上海古籍出版社，1987。

丘，顏真卿生活在唐中宗至德宗年間，不能不諱虎字，所以方氏斷
定石刻不出顏手是可信的。蘇州《方志》載別有一說，云「虎丘」
兩字出北宋葉清臣，葉是蘇州人；「劍池」兩字出北宋名家蔡襄。
葉清臣所寫「虎丘」為何訛成顏魯公？一是字體仿顏，一是顏真卿
字清臣，與葉氏名同，難怪蘇州人數典忘祖了。

　　岳珂《桯史》十三「冰清古琴」云：嘉定庚午（1210）在中都
李奉甯坐上。客有葉知幾者，以博古知音自名。前旬日，有士人攜
古琴鬻之，名曰冰清。斷紋鱗皴，製作奇崛，腹有銘稱「晉陵子
題」，又書「大曆三年三月三日」，上底「蜀郡雷氏斲」，鳳沼內
書「正元十一年七月八日再修，士雄記。」李以質葉，葉咤為至
寶。客又取《澠水燕談》閱之，銘文歲月皆吻合。葉益自信，謂李
曰：「雖厚直不可失也。」李一償百萬錢，絕欲得之。鬻者撐拒不
肯。余覺其贋，漫起視沼中字，問葉曰：「正元，何代也」？葉
笑，未應。坐上人曰：「是固唐德宗，何問為？」余曰：「元字上
一字在本朝為昭陵諱，沼中字從卜從貝，是矣，而貝字缺旁點，為
字不成，蓋今《文書令》也。唐何自知之？正元前天聖二百年，雷
氏乃預知避諱，必無是理。是蓋為贋者。徒取《燕談》以實其說，
而不知缺文之熟於用而忘益之，且沼深不可措筆，修琴時必剖而
兩，因題其上，字固可識，又何疑焉？」眾爭取視，見它字皆煥
明，實無旁點。葉慚曰：「是固佳琴，特非唐物而已。」鬻者頓損
十九，雖怒而無以辭也。❸

---

❸　岳珂：《桯史》，卷十三，頁 1421，筆記小說大觀本，臺北新興書局，
　　1979。

今案：《桯史》所謂正者，即從卜從貝之貞也。貞元是唐德宗年號，而貞字又宋仁宗嫌名，作偽者因習慣於缺末點而不覺露馬腳，為岳氏揭穿。

> 顧炎武《金石文字記》：晉周孝侯碑，今在宜興縣首。署晉陸機撰，王羲之書。末稱唐元和六年重豎。其文多訛謬，是不讀史者偽作。此碑本唐人之書，故業字晉諱而直書不避，其于唐諱，則世字二見，皆作卅，虎字二見，一作虎，一改作獸，基作基，豫作預。❸

今案：晉愍帝名業。世、虎、基、豫，分別是唐太宗、太祖、玄宗、代宗諱。

以上辨文物碑刻真贗。

> 《彙考》卷二十：「朱子（《朱子語類》）嘗言：向薌林藏邵康節親寫《陶詩》一冊。實贗本也。詩中避畜諱，當是熙寧以後人書。」❸

案：畜字音與神宗諱頊近。康節，邵雍諡號。邵卒在神宗熙寧十年。畜字是無明文私輒迴避，神宗在世時不避，故朱子斷不出邵

---

❸　顧炎武：《金石文字記》，卷四，頁 786，四庫全書本，上海古籍出版社，1987。

❸　同註⓫，卷二十，頁 322。

氏。

　　周氏《彙考》卷八：世傳馬融〈忠經〉一卷。自序：「今皇
上含庖軒之姿」云云，末署「後漢南郡太守馬融謹序」。考
本傳，不言有是書。其守郡在恒帝時，而書有以「保孝行」
名篇者；又「師保道德」、「保其壽」、「保其邦」，疊犯
順帝諱；〈自序〉亦不當稱後漢。以「兆人」、「政理」、
「廣至理」等篇名及諱世為代推之，必唐人偽託也。❹

　　胡玉縉《四庫全書總目提要補正》卷二十八：丁晏《尚書餘
論》云：「《崇文總目》『五行類』有《絳囊經》一卷，馬
融撰。桐鄉金錫鬯云：『融，唐居士，非漢馬融也。』余觀
《忠經序》云：『臣融岩野之臣』，當亦唐居士所撰，後人
誤為南郡太守耳。若果漢之馬氏，乃貴戚豪家，不得云岩野
之臣矣。又《忠經·兆人章》云：『此兆人之忠也』，〈冢
臣章〉云：『正國安人』，〈武備章〉云：『王者立武以威
四方，安萬人也』，改民作人，唐人避太宗諱也。〈天地神
明章〉『昔在至理』，又『國一則萬人理』，〈政理章〉
『夫化之以德，理之上也，施之以政，理之中也，懲之以
刑，理之下也』，『德者為理之本也』，改治作理，唐人避
高宗諱也。益信為唐人所撰。」朱一新《無邪堂答問》云：
「《忠經·廣至理章》有『邦國平康』之語，漢人諱邦，邦

---

❹　同註❶，卷八，頁 126。

國未有連文者」，足見丁氏之言信而有徵，〈提要〉疑為
（海）鵬所作，然書中諱民、治字，當以丁說為正。❹

今案：周、丁、朱、胡四家說甚是。《提要》以為出宋人海鵬，亦
非。米芾《書史》鑒別六朝、唐人法書，每以諱辨，兼覽內容及風
物，倘能遵此以讀古書，再合辨偽固有之其他之科學方法（如考之
前代著錄等），庶鼎贗立判，不為郢書燕說所惑。

周氏《彙考》卷七：《武帝內傳》，題班固著。中載王母、
上元夫人俱直呼帝曰劉徹，且指為庸主，號為五濁之人，不
恭已甚。又言帝跪謝夫人曰：「臣受性凶頑，生長亂濁，面
牆不啟，無由開達。」又曰：「既蒙啟發，宏益無量。」漢
武即非仙才，何至數斥父諱？明是偽託。觀嚴車欲去、道士
執之等語，必東漢末道家所造。❹

今案：漢武父景帝名啟。東漢避明帝諱，改莊作嚴。嚴車即莊車，
故《彙考》據以為東漢末道家偽撰。

《舊唐書·經籍志》：劉子十卷。注：劉勰撰。《新唐書·
藝文志》同。袁孝政《序》云：劉晝傷己不遇，……故作此

---

❹　胡玉縉：《四庫全書總目提要補正》，卷二十八，頁 765，上海書店，
1998。

❹　同註⓫，卷七，頁 109。

書。時人莫知，謂為劉勰，或曰劉歆、劉孝標作。㊸

今案：袁序所說劉晝，前人早已指出，見《北齊書·儒林傳》，為北齊皇建河清間人，字孔昭。宋黃震《黃氏日鈔》云「《劉子》之文避唐時國諱，以世為代」，尚可認為是唐人抄者所改，書有《思順篇》，則犯南齊太祖蕭順之偏諱，必非南齊人劉勰所撰，可以肯定，自當刊正。《四庫全書總目提要》卷一百十七云：「劉孝標之說，《南史》、《梁書》俱無明文，未足為據。劉歆之說，則《激通篇》稱『班固憤而習武，率建西域之迹』，其說可不攻而破矣。」㊹因疑袁序所指為別一劉晝。劉晝之名介在疑似之間，在無確鑿證據之前，也只好如此了。

> 李匡乂《資暇錄》云：李善《文選注》，依舊本不避國朝廟諱。五臣易而改之，宜矣。其有李氏本作泉及年代字，五臣貴有異同，改其字，使犯國諱，豈唯矛盾而已。㊺

今案：李善不避廟諱，其避淵、世民諸字，皆出五臣，已非李善本之真。至於將原本《選》文作泉、年代字改作淵、世，是五臣栽贓，最為乖謬，此五臣所以固陋也。

以上辨古書作者、注者真偽。

㊸　《舊唐書·經籍志》，卷四十七，頁 2033，北京中華書局，1975。

㊹　《四庫全書總目》，卷一百十七，頁 1010，北京中華書局，1965。

㊺　李匡乂：《資暇錄》，頁 5，古今說部叢書三集，中國圖書公司和記印刷所，1915。

㈡訂正史實和史書體例

《宋史‧職官志七》：「太原府、延安府、慶州……則兼經
略安撫使、馬步軍都總管。」錢氏《考異》卷七十一：
「案：《嘉泰會稽志》云：國初節度使，領馬步軍都部署。
英宗即位，避御名改稱都總管，其後守臣兼一路安撫使者，
皆帶馬步軍都總管。以此推之：河東陝西諸路徑略安撫使，
皆置於仁宗朝，當為都部署。〈志〉稱都總管者，據後來改
名也。」**④**

《五代史‧折從阮傳》：「周太祖入立，從阮歷徙宣義、保
義、靜難三鎮。」《考異》卷六十四：「案：宣義當作義
成，滑州軍額也，梁時避諱，改為宣義，後唐仍復舊名，晉
漢周皆因之。從阮，周之藩鎮，不當用宣義之號。」**④**

《新唐書‧宰相表上》「永淳元年十月，黃門侍郎劉景先同
中書門下平章事。」《考異》卷四十六：「案：〈高宗〉
〈武後紀〉俱作劉齊賢。〈宰相世系表〉云，齊賢更名景
先，蓋高宗時避章懷太子諱改名，而齊賢〈本傳〉不書，此
史之漏也。〈紀〉書初名，〈表〉書改名，於例殊未盡

---

④ 同註**⑧**，卷七十一，頁 1178。
④ 同註**⑧**，卷六十四，頁 1076。

一」。❹

(三)判定作者

《容齋三筆》卷十二「閔子不名」——

> 《論語》所記孔子與人語及門弟子並對其人問答，皆斥其
> 名，未有稱字者，雖顏、冉高第，亦曰回，曰雍，唯至閔
> 子，獨云字騫，終此書無損名。昔賢謂《論語》出於曾子、
> 有子之門人，予意亦出於閔氏。觀所言閔子侍側之辭，與冉
> 有、子貢、子路不同，則可見矣。❹

(四)考定年代

鑑定文物、碑刻、古書的年代，包括考定作者生活、作品創作
或刊刻的年代諸項。

司馬貞《史記索隱》有前後序，不署年月，而新舊《唐書》亦
無傳。唯《新書·藝文志》「司馬貞《史記索隱》三十卷」注云：
「開元潤州別駕。」錢大昕據《索隱序》題銜「國子博士弘文館學
士」，謂司馬貞除學士，當在開元七年修文館復稱弘文館以後，即
依上引《新書·藝文志》為據，此論確鑿不可易也。

> 米芾《畫史》：洛陽張狀元師德家多名畫。其侄孫南都倅烑
> 字茂宗處，見唐畫《嵇康廣陵散》。松石遠岸奇古，所書故

---

❹　同註❽，卷四十六，頁 826、卷二十六，頁 516。
❹　同註❸❸，《容齋隨筆·三筆》，卷十二，頁 553。

事，空民字。世未見同品畫，真佳作也。**⑩**

此唐人鈎模晉本，高宗永徽後人所為。蓋太宗在世時，二名不偏諱。

《潛研堂金石文跋尾》卷十三——

> 石林亭詩，永興軍路安撫使兼知軍府事劉敞作。次其韻者，守大理評事簽書鳳翔府節度判官廳公事蘇軾也。嘉祐七年十二月十五日，守鳳翔府麟遊縣令郭九齡建。按簽署改為簽書，本是避英宗嫌名，嘉祐七年之冬，英宗尚未即位，無緣先為改易，殆刻於次年三月以後也。**⑤**

英宗即位在嘉祐八年四月，錢氏因有此說，陸游《老學庵筆記》（卷十），也說知樞密院及同知簽署之類，治平後避改曰簽書云。

周氏《彙考》卷十一——

> 《通典·上書犯帝諱議》：晉博士孔晁犯帝諱，後自上，又觸諱，而引「詩書不諱，臨文不諱」。有司奏以慢論。詔曰：「晁自理，頃所稱引，雖不與今相值，然情有所由，其特原之。然則自今以後，三帝諱情亦瞿然。長吏以上，足閑

---

⑩ 《說郛三種》，頁 4207，上海古籍出版社，1988。

⑤ 錢大昕：《潛研堂金石文跋尾》，卷十三，頁 580，續修四庫全書本，上海古籍出版社，2002。

禮法，可如舊科；其餘散官以下，但有謬語者，不可具責。
又古者『內諱不出宮』，但勿聽以為名，至於吾名，但在見
避，過禮其或過謬，皆勿卻問，以煩簡書也」。
案：孔晁嘗注《逸周書》，不能知其為何帝時人。觀詔中有
「避吾名」之文，當是康獻褚太后臨朝時也。其所犯帝諱，
當是康、穆、哀、簡文諸帝。❷

今案：《郡齋讀書志》只謂「晉孔晁注」，得《彙考》而稍詳其生
活年代。

《四庫全書總目》卷二十五──

《寶刻類編》八卷。不著撰人名氏，《宋史・藝文志》不載
其名，諸家亦未著錄，唯《文淵閣書目》有之。然世無傳
本，僅見於《永樂大典》中。核其編疊次第，斷自周秦，迄
于五季，並記及宣和、靖康年號，知為南宋人所撰。又宋理
宗寶慶初，始改筠州為瑞州，而是編多以瑞州標目，則理宗
後人也。❸

今案：翁方綱《復初齋集》跋是書云：「曩僅以其稱瑞州，知是宋
理宗後所撰。今案其書，實小變陳思之例，以便檢閱。既以名臣編

---

❷　同註⓫，卷十一，頁 159。
❸　同註⓭，卷二十五，頁 738。

卷，又每及於書家筆法評語，是蓋南宋末書賈之所為也。」❺陳
思，理宗時人，編有《寶刻叢編》，是《類編》所自出。

以上論作者生活、作品創作年代。

《隸釋》：郭輔碑，無時代。歐陽以為漢碑。趙氏以為魏晉
碑。今碑有「昭示來嗣」、「昭示萬祀」兩昭字，晉人所
諱。疑此魏刻。❺

《金石屑》：郭麐撰《王夫人墓誌銘跋》云碑字畫古茂恬
厚，有西晉風。碑云長子珣，即《桓溫傳》所稱短主簿。錢
大昕《潛研堂金石文跋尾》卷十云：其文有云「西北七里武
丘山」，晉人不當預避唐諱。然驗其字迹，似非宋以後所
為，當是唐人志石。❺

今案：郭氏之失，即在未辨諱字。光從字體以辨法書碑刻是極危險
的。避諱改地名成為一朝掌故，故依此可為年代依據。

《潛研堂金石文跋尾》卷十四云：程閎中等題名凡七行，文
云：「程閎中點青田常役，廖君憲漕台校試還，攝永嘉管
勾，邂逅遊，己卯閏月二十三日。」何夢華自青田石門山拓

---

❺　同註❹，卷二十五，頁 688。

❺　洪适：《隸釋》，卷十二，頁 590，四庫全書本，上海古籍出版社，1987。

❺　同註❺，卷十，頁 531。

以見贈，並貼書詢己卯係何年號。予考漕司校試始于宋時，若今之鄉試，此題當是宋刻。南渡後避高宗嫌名，易管勾為幹辦，而此刻稱管勾，則必北宋刻矣。

又卷十一云：祈澤寺殘碑。寺在江寧通濟門外三十里，碑已碎裂，僅存中間一段。有云：「保大三年起首，迄於四載興功。」又云：「升元歲末，保大唯新」，知其為南唐碑也。予初見碑中有「宋代」字，疑為宋初刻，及讀元僧伯元所撰〈記〉云：「寺建于宋營陽王義符景平元年」，始悟碑云宋代，乃追敘之詞，謂劉宋，非趙宋也。觀碑文匡字並未迴避，其為南唐石刻無疑。**㊗**

傅增湘《藏園群書題記》卷十《跋宋本呂惠卿莊子義殘卷》云——

呂氏《莊子義》，宋刊本。……標題為《呂觀文進莊子內篇義》。玄、匡字缺末筆，桓、慎字不缺。原本藏俄國亞西亞博物院……考是書陳氏《直齋書錄解題》著錄云：「《莊子義》十卷。參政清源呂惠清吉父撰。」觀此本作《內篇義》、《外篇義》則陳氏所題正合，而宋、明二《志》皆失之矣。又書名上冠「呂觀文進」四字，考陳氏言，惠卿于「元豐七年先表進《內篇》，其餘蓋續成之」。按元豐七年，惠卿為河東經略使，知太原府，至紹聖中知大名府，乃

加觀文殿大學士。知此書雖進于元豐，其成書付雕必在紹聖時，故追題此銜耳。其刊工古拙，于宋諱不避桓字，則北宋開板，殆無疑義。

同卷《列子鬳齋口義二卷》云──

宋刊本，……版心上記字數，下記刊工人名，……宋諱貞、恒、桓、慎等字均缺末筆。……後有景定壬戌知福清縣王庚序。按：據王庚〈後序〉，鬳齋撰《三子口義》，而《列子》成書最後，脫稿以授庚。此本字體方整而峭厲，是建本正宗，為庚所刻無疑。❸

傅氏定「為庚所刻無疑」，乃從諱字與書體而定。雖未言及避至理宗止，而由庚〈序〉可知刊刻年代。

敦煌《文選》殘卷李康〈運命論〉、陸機〈辯亡論〉，兩論實一手所抄。王重民《敦煌古籍敍錄》、〈敦煌寫本跋文四篇〉，李永寧〈本所藏《文選・運命論》殘卷介紹〉都言及〈運命論〉的抄寫年代。王氏說：「不避唐諱，蓋亦並為六朝寫本，在李善注以前。」李永寧〈介紹〉則云：「應為隋卷。」今案：〈運命論〉：「夫忠直之迕於主」，〈辯亡論〉：「忠勇伯世」、「忠歸武節」、「中世而殞」……不避忠字、中字，是不避隋諱，可見「隋卷」說非是。〈辯亡論〉不避世字、民字，與〈運命論〉同，又：

「虎步原隰」、「虎臣毅卒」，不避李淵祖虎字，亦略同〈運命論〉。然不避唐初帝諱，應有兩種可能：一誠如王、李所推論在唐以前；一亦可在唐後期或五代十國，今一概斷為唐以前寫，從邏輯上說有不嚴密之嫌。事實上，細審此兩論寫卷，可發現多有缺筆避諱之字。而從避諱學言，以缺筆為避諱之法，事盛行于唐高宗朝。據此，二論寫卷不可能在高宗以前，所謂「六朝寫本」亦不能成立矣。寫本本身，亦與諱字有涉。我發現寫本或許還避十國閩王王審知之諱。《十國春秋·地里表》、費袞《梁谿漫志》都記載劍州舊有沈溪。溪上沈姓者居之。後避太祖諱，改名尤，而沈姓亦更尤。故余疑沈之作沈，或為避諱，沈蓋審之嫌名。〈運命論〉云：「屈原以之沈湘」「沈之於地」兩沈字，胡刻本、六臣本《文選》皆作沈。〈辯亡論〉還有一例：「奉使則趙咨唐衡以敏達延譽。」各本「唐珩」均作「沈珩」。足供深長思之。此說倘成立，則抄寫已在十國矣。❺⓽

以上以諱字考訂碑石古書刊刻年代。

以諱字考證，須注意以下幾個問題。

一是真偽也好，年代也好，要排除後人竄改。如《彙考》卷十九：「《法帖刊誤卷五》〈隋詔書〉中敬字缺其波，蓋淳化中摹，當時特省去避諱耳。或指為偽帖，非也。」❻⓪

《莊子·外篇》人多以為後人竄入者多，但焦竑《焦氏筆乘》

---

❺⓽　詳見〈實踐篇：敦煌寫本運命論與辨亡論〉的抄寫及其他。
❻⓪　同註⓫，卷十九，頁304。

說：「且避漢文帝諱，改田恒為田常，其為假託尤明」**⑥**，則未必然。恒改常，安知非漢人所改呢？王羲之〈聖教序〉：「當常現常之世，民仰德而知道」，世民兩字連用，釋懷仁集右軍書，只缺末兩筆，至高宗時褚遂良書此序，始以代易世字。後之人不得以褚書而疑懷書王序也。《史記·孔子弟子傳》：「漆雕開，字子開」。按《漢書·古今人表》作漆雕啟，〈藝文志〉：「《漆雕子》十三篇」。自注：「孔子弟子漆雕啟後。」是知《史記》因諱作開，司馬遷，武帝時人也。《論語》漆雕啟亦作開者，當王吉、龔奮諸家所為，不得謂《論語》產生于文帝之後。

《梁書·蕭子恪傳》「所謂殷鑒不遠，在夏後之代」。按：姚思廉修史，在貞觀之世，于太宗偏名初不迴避，此文改世為代，乃高宗以後人轉寫移易，非梁史原本。**⑥**

又《梁書·劉杳傳》「（劉杳）祖乘人，宋冀州刺史。」**⑥**《南齊書》作乘民。《梁書》乘民之為乘人，蓋避唐諱改易，然姚史成於貞觀之世，于太宗二名初未偏諱。此人字蓋後人據《南史·劉懷慰傳》改之（今北京中華書局本已改從民），也非思廉本文。

《北齊書》紀傳，于齊諸帝，或稱世祖世宗，或稱文襄文宣。晁公武因謂「百藥避唐諱，不書世祖世宗之類。」《梁陳周書》皆不避世祖世宗字，百藥與思廉德棻同時，不當獨諱。百藥等修史在貞觀初，其時固不避世字。蓋《北齊書》久已殘缺，其書世祖世宗

---

⑥ 焦竑：《焦氏筆乘》，卷二，頁41，上海古籍出版社，1986。

⑥ 同註**⑧**，卷二十一，頁413。

⑥ 《梁書》，卷五十，頁714，北京中華書局，1975。

者，百藥舊文；其稱文襄、文宣者，蓋後人取《北史》之文補之也。

　　二是不能因一見避諱而遽定是非。如《容齋隨筆·三筆》十五疑揚雄《方言》為偽書。曰：「觀其《答劉子駿書》稱蜀人嚴君平。按君平本姓莊，漢顯宗諱莊，改曰嚴。《法言》所稱蜀莊沈冥，蜀莊之才，吾珍莊也，皆本字。何獨至此書而曰嚴？」❻戴震《方言疏證》（十三）駁之曰：「洪邁不知本書不諱，而後人改之多矣。此書下文蜀人有楊莊者，不改莊字，獨習熟于嚴君平之稱而妄改之。」❻

　　月宮嫦娥，今人大多以為本名姮娥，避漢文帝諱恒改名。明人楊升庵《丹鉛總錄》（卷十三）卻認為非為避諱：古時候，羲和占日，常儀占月，本是官名。謂見於《呂氏春秋》。《左傳》有常儀靡，即常儀氏之後。月中嫦娥，其說見於《淮南子》與張衡《靈憲》，其實因常儀占月而誤。楊說頗在理。

　　地名的更改，也未必都出於避諱。比如：宋代有兩通州，一在四川，一在江蘇，乾德三年，四川通州避重名改達州。施宿《嘉泰會稽志》以為仁宗天聖初避外戚通諱更名。其實，四川通州早在西魏時就存在了，唐元稹為通州司馬，嘗有「今夜通州還不睡，滿山風雨杜鵑聲」的詩句。江蘇通州確是避外戚諱改名崇州。宋王象之《輿地紀勝》卷四十一「通州」下引《達州圖經》曰：「周世宗平淮南，以唐靜海為通州，至是有兩通州。故皇朝乾德三年，改夔路

---

❻　同註❸，卷十五，頁593。
❻　戴震：《方言疏證》，十三，北京中華書局，1978。

之通州為達州。」錢大昕《養新錄》（卷十一）、陳垣《舉例》都說四川通州改名達州出於避諱，實非。❻

三是當注意諱限時段。諱限時段，要考慮已祧不諱和已廢不諱。宋代帝諱多有祧而復諱，諱而再祧者，尤須小心。

已祧不諱和已廢不諱。如：羅振玉《雪堂校刊群書敘錄下》有〈跋敦煌本殘道書〉云：「文中『民歸於主』，民字改作人，避唐太宗諱。而治字屢見不諱，蓋書於貞觀之世也。」今案：太宗為不祧之祖，終唐之世未有不諱，而高宗諱，誠如《舉例》指出：憲宗元和元年以後已祧不諱，故不能排除此卷出於晚唐的可能。

同書，又〈跋唐寫本卜筮書殘卷〉云：「卷中別構字甚多，與六朝碑版合。凡丙丁之丙皆作景，白虎皆作白獸，而隆字不缺筆，乃初唐寫本之證。」❼上引《冊府元龜》卷三，知唐玄宗諱，寶曆元年已祧遷不諱，隆字不缺筆，不能必其為初唐寫本，理同上例。

唐穆宗名恒，《避諱錄》云唐穆宗改恒農為常農，《舉例》（卷六）駁云：「唐神龍初改弘農為恒農，開元十六年已復古名，穆宗時，安得恒農而改之？」❽

宋馬永卿撰《懶真子》，說唐人撰《晉書》，乃唐文士所為，但托之太宗御撰耳。他的證據有二：《天文志》云「天聰明自我民聰明」，以民為人，太宗不應自諱其名；《尚書》「乾曜度」，以乾為甄，太宗不應為太子承乾避名也。以臣下之文，駕其名於人

---

❻　李德清：《中國歷史地名避諱考》，頁45，華東師範大學出版社，2002。

❼　羅振玉：《雪堂校刊群書敘錄下》，頁76，民國七年排印本。

❽　陳垣：《史諱舉例》，卷六，頁76，上海書店，1997。

主，人主亦傲然受之而不辭。兩失之矣。馬氏論《晉書》出唐文士，固是，但所用的避諱證據是錯誤的。周廣業即駁云，甄曜度，光武《封禪》石刻有之，《蜀志》劉豹等上先主言符端，亦引作甄，非因唐諱而改。且《天文志》引《乾象曆》及《春秋保乾圖》俱未嘗改甄。又《晉書》成於貞觀二十年，而太子十七年已廢，十九年死於徙所，不應有諱，故周氏云：「永卿此說，不知何處據也？」❻❾駁斥即從已廢不諱立論，應該說是有根有據的。至於周氏未及「以民為人」，這可能是後人追改之文，周氏不屑辨也。這是利用已廢不諱原則，駁正舊說。

運用已祧不諱原則以定年代，當排除避諱不嚴而產生的不諱現象。比如宋翼祖敬，哲宗時遷祧，故元祐諸公為文多不諱敬，但若見宋代文獻不諱敬，我們不可執此一點，而謂其必在哲宗年代。歐陽修（1007－1072）《新五代史》有後唐伶人《敬新磨傳》。歐陽此書動筆在景祐四年（1037），成於皇祐五年（1053），敬字不諱，蓋在宋初。

祧而復諱，諱而再祧者，因時而異，故用諱字鑑別真偽、考定年代，於詳考各朝避諱制度，分清時段，尤為重要。朱竹垞跋草書《千字文》以更眺為曉、殷為商、匡為輔，而真宗以後廟諱直書，疑是南嶽宣義大師夢英筆，初不及敬字。後閱元祐間米芾奉敕寫《千字文》，無「空谷傳聲」以下十六句，始悟蓋宋初因翼祖諱，逸去之，卷中本無敬字也。……政和本有敬字，乃祧後增入

---

❻❾　同註⓫，卷二十六，頁 419。

之。❼⓿

　　與諱限時段相關的還有翌代仍諱和數朝同諱。翌代仍諱，指某一朝代之諱，在易代異姓有仍諱而不廢者。《日知錄·前代諱》（廿三）云：「楊阜，魏明帝時人也，其疏引《書》『協和萬國』，猶避漢高祖諱。韋昭，吳後主時人也，其解《國語》，凡莊字皆作嚴，猶避漢明帝諱。唐長孫無忌等撰《隋書》，易《忠節傳》為誠節，稱苻堅為苻永固，亦避隋文帝及其考諱。自古相傳，忠厚之道如此。」翌代仍諱，未必都是出於忠厚之道，《通典》一百四《禮篇》，王肅言：「漢元后父名禁，改禁中為省中，至今遂以省中為稱，非能為元后諱，徒以名遂行故也。」❼❶此言得之。至於後世如清帝有意立威，則又另當別論。《四庫全書總目》卷首載乾隆四十二年十月初七日詔，因館臣進呈李薦《濟南集》有「漢徹方秦政」、《北史·文苑傳敘》有「頡頏漢徹」句，著改為漢武，「所有陳設之書，悉行改補」❼❷，即是此類。不管翌代之諱，起于何因，都不能即此敲定其年代。

　　數朝同諱，指某一正字，為數朝君主共名。如弘字，後魏文帝名弘，唐高宗太子亦名弘，五代吳越錢元瓘之世子名弘樽，吳越忠獻王名弘佐，南唐李璟太子名弘冀，宋太祖之父名弘殷，清乾隆名弘曆。又如宏字，漢靈帝名宏，後魏孝文帝亦名宏。弘字避諱，又常見改作宏，是諱字又往往為數帝共有。故而古書傳寫，弘宏每易

❼⓿　同註❶❶，卷十八，頁 304。
❼❶　《通典》，卷一百四，頁 2730，北京中華書局，1988。
❼❷　同註❹❹，卷首。

混淆，不知誰當為弘，誰當為宏，是宋諱，還是清諱。若據此類諱字判定年代，自當特別小心，否則必失之毫釐，謬以千里。又如恒字，為漢文帝、唐穆宗、宋真宗共名。世傳《千字文》，釋智永書。宋時趙明誠《金石錄》載，所見恒字皆缺之，智永乃陳人，足見必非智永原石拓印。但恒既為漢以外唐宋二朝帝共名，倘無別的證據，也難判斷，幸民字、基字亦闕，因此可定乃避唐諱，係穆宗元和以後人所作，其筆法或本出智永，蓋唐人迹摹入石者。

三、校勘文字

校勘學有所謂理校法，即是以充足理由為依據，來進行演繹、歸納、類比等推理。而古代文獻、文物中出現的避諱現象，分析運用得當，往往可成為訂正謬誤的重要依據。校勘的主要內容有訛、衍、奪、倒之字句校和篇章校，無論何種內容，都有利用避諱來訂正謬誤的。

㈠字句校勘

校訛字。

> 《宋書·符瑞志》：「元嘉二十四年，白鳩又見，中領軍沈演之表曰：臣聞貞裕之美，介於盛王；休瑞之臻，周違哲后。」⑱

文帝之臣上表，不可能犯武帝之諱，裕字必誤。

---

⑱　《宋書》，卷二十九，頁 850，北京中華書局，1974。

《魏書·石虎傳》:「遣司虞中郎將貫霸率工匠四千,于東
平崗山造獵車千乘……格虎車四十乘,立行樓二層於其
上。」❼

據《後趙錄》:建平三年,勒為虎名,改稱白虎幡為天鹿幡,又改
虎頭鞶囊為龍頭鞶囊,安有石虎稱帝後,反置格虎車以犯諱之理。
虎字必訛。上兩例中華書局本皆失校。

周氏《彙考》卷三十八:《老學庵筆記》云:王荊公父名
蓋,故其所著《字說》無蓋字。廣業案:曾鞏銘臨川公墓,
明言諱益。介甫銘其亡兄常甫墓云:「先君姓王氏,諱
益。」王公《四六話》及《宋史·王安石傳》並作益,故荊
公集中無益字,率以補字代之。《筆記》作蓋,必俗刻之
誤。❼

《宋史·仁宗紀》:「景祐二年正月,置邇英、延義二
閣。」❼義為太宗舊諱,不應相犯。卷八十五〈地理志〉作
延義閣,是。此形近而訛。

游國恩《離騷纂義》:「民生各有所樂兮,余獨好修以為

---

❼　《魏書》,卷九十五,頁 2052,北京中華書局,1974。
❼　同註❶,卷三十八,頁 571。
❼　《宋史》,卷十,頁 199,北京中華書局,1985。

常。雖體解吾猶未變兮，豈余心之可懲。」引姚鼐曰：「常當作恒，避漢諱改」，孔廣森曰：「常本恒字，漢人避諱改為常耳，慎勿又據為陽可通蒸也。」❼

曹操曾祖，《魏志》注引《續漢書》作節，《藝文類聚》卷九十四「獸部・豕」曰：「曹騰父萌，以仁厚稱。臨人有豕者，與萌豕相類，詣門認之，萌不與之爭。後所亡豕自還其家，主人大慚，送所認豕，並辭謝萌。萌笑而受之。」《太平御覽》、《事文類聚》「豕類」所引《續漢書》亦作萌。《魏志・陳留王紀》，景元元年書：「故漢獻帝夫人節薨」，玄孫女與高祖同名，事屬舛理。文帝受禪，萌尚在親廟之列。明帝詔下議號諡。東亭侯劉燁議不當追諡，乃已。不當有犯其諱者。周廣業《彙考》（卷九）因云「節萌因形近而訛耳」❽，說可從。

次，正衍字。

《彙考》卷十三：《廣雅・釋地》：「㙒、堧、堅、甄，土也。」堅字缺末筆。此必曹憲避高祖諱也。今本於堅字下注

---

❼　游國恩：《離騷纂義》，頁180，中華書局，1980。

❽　同註❶，卷九，頁133。

一堅字，豈憲為人臣而公言國諱？此注為後人妄添無疑。**㊲**

《考異》卷二十一：《晉書‧后妃傳》：「成恭杜皇后諱陵陽」，按《宋書‧州郡志》：「杜皇后諱陵」，此衍一陽字也。咸康四年，以后諱，改宣城之陵陽為廣陽，可證后名無陽字。**㊳**

《舉例》第三十四條：《通典‧食貨篇》：「荊河豫州，厥土惟壤。」豫，唐代宗諱。代宗時改豫州為蔡州。杜佑于古豫州不得改為蔡州，又不得直稱為豫州，於是用〈禹貢〉「河惟豫州」一語，稱古豫州為荊河州，後人于荊河旁注豫字，鈔書者遂並荊河豫三字連寫，成此衍文。**㊴**

此類以諱字旁注本字而鈔者誤入正文而致衍文者，古籍所見頗夥。晉避春字，《六臣注文選‧為吳令謝詢求為諸孫置守塚人表》標題及作者小傳下，李善注兩引晉孫盛《晉陽秋》，皆作「晉陽春秋」，亦因陽旁注春字而衍為正文。**㊵**

《北史‧蘇威傳》：「治書侍御史梁毗，劾威兼領五職。」《考異》卷四十云：「《北史》避唐諱，治書侍御史，皆去治字。

㊲　同註⓫，卷十三，頁 202。
㊳　同註❽，卷二十一，頁 413。
㊴　同註㊸，卷四，頁 43。
㊵　李善等：《六臣注文選》，頁 704，北京中華書局，1987。胡克家本李善注不誤。

唯此傳及〈皇甫誕〉〈劉昉傳〉有治字，亦校書者所增。」❽此避唐高宗諱。《南史·沈懷文傳》：「（懷文）為治書侍御史」❽，治字衍，《南史》亦避唐諱。

　　次，訂奪字。

　　陳景雲《通鑑胡注舉正》：「哀帝興平元年，涼張天錫遣司馬綸騫」注：「《姓譜》曰：《魏志》：孫文端臣綸直。」按：「孫文端當作公孫文懿。唐人撰《姓譜》諱淵字，故舉其字，《晉書·宣帝紀》可證。文懿臣綸直，亦見〈宣紀〉，而《魏志》無之，所引書名亦誤。」❽

　　今案：公孫淵，《魏志》附其祖《度傳》，避晉諱，不書文懿之字。《姓譜》作文端，疑亦本晉人所改。而奪公字，必《姓譜》所為，皆由諱起。

　　周氏《彙考》卷十三：《北齊書·神武紀》：高歡考名樹，《北史·齊紀》及《魏書·高湖傳》作名樹生。二史不同，何所適從？據《北齊書·杜弼傳》：「相府法曹辛子炎諮事，云須取署，讀署為樹。高祖大怒，杖之。弼進言：禮：二名不偏諱，孔子言徵不言在，言在不言徵。子炎之罪，理或可恕。」若單名樹，則弼言為無稽矣，唯名樹生，故弼言此。此可因犯諱而知其有脫文也。❽

　　《舊唐書·高宗本紀》載永徽三年七月，立陳王忠為皇太子。

❽　同註❽，卷四十，頁 749。

❽　《南史》，卷三十四，頁 888，北京中華書局，1975。

❽　陳景雲：《通鑑胡注舉正》，頁 383，四庫全書本，上海古籍出版社，1987。

❽　同註⓫，卷十三，頁 196。

九月，改諸率府中郎將為旅賁郎。王氏《商榷》（卷七十）指出：「旅賁郎」下脫「將」字，此因避太子名起。❽

次，糾倒文。

第二章「避嫌名」節引《老學庵筆記》：「契丹僭號。有高坐官，……坐本字犯御嫌名」云云，今中華書局本倒作「坐字本」。坐字怎麼會「本犯御嫌名」呢？陸游原意是說，坐之本字墩，是光宗憞之嫌名啊。此以諱校倒字例。

(二)篇章校勘

對整篇完章的校勘，校勘家或謂之篇章校勘。刪除重複的篇章，考定篇目之次第，確定原作與後補，習慣上亦歸入篇章校勘。復如古人行文有正文夾註，後人不察正注的區分，往往將注文誤為正文，有時可藉避諱原理，以之校勘，求得原貌。《後漢書‧郭太傳》，稱郭太為郭林宗，蓋作者范曄避父諱。唯傳末一段，忽書大名，曰：「初，太始至南州，過袁奉高不宿而去，從叔度累日不去。或以問太，太曰：『奉高之器，譬之泛濫，雖清而易挹；叔度之器，汪汪如千頃之陂，澄之不清，撓之不濁，不可量也。』已而果然。太以是名聞天下。」錢氏《考異》云——

> 蔚宗避其父名，篇中前後，皆稱林宗，即他傳亦然，此獨書其名；且其事已載〈黃憲傳〉，不當重出；叔度書字而不書姓；前云「於是名震京師」，此又云「以是名聞天下」，詞意重迤。後得閩中舊本，乃知此七十七字，本章懷注引謝承

《後漢書》之文。叔度不書姓者，蒙上「入汝南則交黃叔
度」而言也。今本皆羼入正文，唯閩本不失其舊。**❽❽**

此由正文避諱，注文不諱，而知注文誤入正文，這是篇章校勘衍
文、刪重複例。

　　又有從避諱以斷後人補撰之卷的。《北史·高熲傳》：「俄而
上柱國王積以罪誅。」王懋竑曰：「《北史》例不避世字，此卷世
室作代室，王世積去世字，與他卷例異。〈李德林傳〉稱晉王諱而
不名，亦與他傳異。每卷末各有總論，而此卷無之。」陳垣因疑
《北史》闕此卷，後人據他書補之。**❽❾**

　　以諱校書應注意：

　　1.首先須明一書避諱之體例。比如《三國志》不避晉諱，《舊
唐書》避唐諱，而《新唐書》不避，等等。若有避諱，必是校書者
所為。反之，按作者生活時代應諱而不避者，也係校書者妄改。如
《南北史》、《梁陳書》，皆唐人撰，應避唐諱。《梁陳》書改丙
作景，《南史》不改，又虎字《南史》屢見，此必後人校《南史》
者所改。校書必分清是原文，還是出後人之手，方能不為表面現象
所迷惑。陳垣《薛史輯本避諱例》曾說到四庫館臣誤校《舊五代
史·史懿傳》的一個例子——

　　〈周·史懿傳〉本名犯太祖廟諱故改焉。

❽❽　同註❽，卷十二，頁258。
❽❾　同註❻❽，卷七，頁82。

《冊府》八二五「名字門」與此同。劉本與殿本《考證》
云：「本名兩句疑為後人竄入。考懿名匡懿，避宋太祖御
名，故去匡字。《薛史》成於開寶六年，不應豫稱為太祖。
或係宋人讀是書者附注於後，遂混入正文也」。熊本簽注
同，並云「無別本可考，姑存其舊」云云。館臣誤認周太祖
為宋太祖也。懿本名威，此蓋《薛史》仍《周實錄》之文。
卷八三〈晉紀〉：開運元年十一月，以澶州節度史史威為貝
州節度史，八四〈晉紀〉：開運三年正月，以前貝州節度史
史威為涇州節度史，一○○〈漢紀〉：天福十二年七月，涇
州節度史史威加檢校太尉，一一四〈周紀〉：顯德元年三
月，前涇州節度史史匡懿卒。避周諱改匡懿。《薛史》又避
宋諱空匡字。館臣知其一不知其二，遂疑為宋人讀是書者附
注。又謂無別本可考，而不知《冊府》引有此文也。❾⓿

今案：館臣誤認周太祖為宋太祖，表面看似偶忘周太祖（郭威）而
致，其實是未考慮到《薛史》取材《周實錄》，並其諱文諱例沿襲
原文而不改也。

所謂「明一書避諱之體例」，包括要把握該書因朝廷避諱律令
與習俗的變化所產生的特殊避諱現象。如《北史》固避唐諱，然於
世字不避，已見上引《高潁傳》。此因武德九年，太宗有世民兩字
不連文者不須諱飭令。校書者不可一見世字即以為出後人回改。

2.凡校書須檢原文。這是錢大昕所強調的。《南齊書·柳世隆

---

❾⓿　陳垣：《勵耘書屋叢刻》，頁 1611－1613，北京師範大學出版社，1982。

傳》：「輔國將軍驍騎將軍蕭諱」，汲古閣本注鸞字。以《宋書·沈攸之傳》考之，乃蕭順之，非齊明帝也。蕭順之乃梁武帝蕭衍之父，故《南齊書》諱其名。《宋書·蕭思話傳》「南漢太守蕭諱」，此〈傳〉稱蕭諱者，齊高帝之父承之，追謚宣帝者也。❾❶同是「蕭諱」，就有兩朝三人：承之、鸞、順之之分，若校家不檢原文，勢必篡改史實，畫虎不成反類狗也。

3.凡校書須仍原文。王鳴盛主張史家之所諱，後人當悉仍其舊，而於逐條下注明「某字避某朝某帝諱改，本當作某」。如此方能不失原作面貌，又可避免回改未淨形成的踳駁現象。

4.不當諱而諱者，有出史臣追改，有出抄校訛易。史臣追改，雖非原文，不必回改，後人訛易，自然宜更正。

《漢書·武帝紀》：元封五年詔曰「茂才異等」，應劭注：「舊言秀才，光武諱，稱茂。」又〈宣帝〉元康四年詔：「茂才異倫」，〈元帝〉初元二年、永光二年、建昭四年等詔，俱有「茂才」，皆追改之文。《春秋繁露·五行順逆篇》「舉良賢，進茂才」❾❷，亦後儒所改。不必回改。

杜佑《通典》，稱德宗為今上，是撰在貞元中，卷一百七十八〈州郡篇〉書恒州作鎮州，且云「元和十五年改為鎮州」，此後人擅改，本文于恒字初不避也。又卷一百六十五《刑志篇·十惡》：「六曰大不恭」，注云：「犯廟諱，改為恭」。❾❸唐人無諱敬，前

---

❾❶　同註❽，卷二十四，頁480。

❾❷　董仲舒：《春秋繁露》，頁216，叢書集成初編本，民國商務印書館。

❾❸　同註❼❶，卷一百七十八，頁4703、又一百六十五，頁4245。

卷即有大不敬云云，是此條必宋人妄添，非本文。

　　《潛夫論·贊學篇》：「周公師庶秀」、「倪寬賣力於都巷，匡衡自鬻於保徒者，身貧也。貧厄若彼而能進學如此者，秀士也」，又「莊叔」、「楚莊」，不避明帝諱，然〈考績篇〉「以頑魯應茂才」，〈明暗篇〉「嚴延妒其謀」，並遠避孝文諱，曰「田常囚簡公」❾，則知諸犯諱者，皆校寫訛易矣。皆當更正。

四、版本鑑定

　　利用諱字鑑定版本，包括考訂版刻年代、版本真偽、辨析版本源流和區分版本面貌諸內容。

㈠考訂版刻年代

> 《潛研堂文集》卷三十四〈答盧學士書〉：讀閣下所校《太玄經》云：向借得一舊本，似北宋刻。末署右迪功郎，充將浙東路提學茶鹽司幹辦公事張寔校勘。大昕案：宋時祿官分左右，維東都元祐，南渡紹興至乾道為然。蓋以進士出身者為左，任子為右也。而建炎初避思陵嫌名，始改勾當公事為幹辦公事。此結銜有幹辦字，則是南宋刻，非北宋刻矣。《宋史》遇勾當字，多易為幹當，此南渡史臣所改，非當時本文也。❾

---

❾　王符：《潛夫論》，頁 1、頁 6，頁 75、頁 68，上海古籍出版社，1978。

❾　錢大昕：《潛研堂文集》，卷二十八，頁 423，萬有文庫本，民國商務印書館。

又卷二十八：《宋太宗實錄》八十卷。吳門黃孝廉蒐圌所藏，有脫葉。每卷末有書寫人及初對、覆對姓名。書法精妙，紙墨亦古。遇宋諱皆闕筆，即慎、敦、廓、筠諸字亦然。予決為南宋館閣抄本。以避諱驗之，當在理宗朝也。❾❻

《古文苑》王粲〈無射鍾銘〉云：人說時康、人德同熙。章樵注云：《粲集》人字並作民。❾❼

今案：可證此編為唐人手抄。

(二)鑑別版本真偽

與上述考證章說的辨偽不同。考證章之辨偽，主要指書的真偽，是書之著作權的歸屬，書與作者的關係；這裏說的辨偽乃在於本，是版本的真偽，版本與主持刊刻者的關係。版本的真偽，它的贗，主要有兩個內容：一是指原刻本與年代的關係，多表現為以後充前；一是指以覆刻、重刻充原刻。後者放在版刻面貌類內敘述。

宋鄭虎城《吳都文粹》十卷，歷來藏家皆以為刻在清康熙間。然觀其書中曆字皆作厤，顯係避乾隆之諱，故而可斷定，此為乾隆間婁東施氏木活字本。

(三)辨析版本源流和區分版本面貌

《緒論》中說到周廣業以諱字，考訂唐人所用《水經注》為江左傳鈔改定本之過程，是極有示範意義的典型。茲再舉數例。《彙

---

❾❻　同註❾❺，卷三十四，頁 542。
❾❼　章樵注：《古文苑》，卷十三，頁 316，四部叢刊本。

考》卷二十——

> 汲古閣《十七史》，自謂從宋槧校刊。其《漢書》有闕桓字
> 不書，止夾註「淵聖御名」四字者，如《藝文志》「桓寬
> 《鹽鐵論》」是也。然止此一見，餘皆改威，如〈魯世家〉
> 「曹威公」、「蔡威侯」，〈刑法志〉「齊威既沒，晉文接
> 之」之類，餘史文皆不然。初不能解，後閱〈容齋續筆〉
> 載：「紹興中，命兩淮江東轉運司刻三史板。其兩《漢
> 書》，凡欽宗諱並小書四字曰『淵聖御名』，或徑易為威
> 字，而他廟諱皆只缺畫。愚而自用，亦可笑也。」方知毛氏
> 所得宋槧係紹興年本也。❾❽

今案：《漢書》有北宋刊、南宋刊多種，此據諱字，而知汲古閣所
據為南宋紹興本。

> 賈誼《新書·君道篇》引《詩》「弗識弗知，順帝之則」。❾❾

今案：韓、毛二家皆作不。作不者，諱漢昭帝也，是賈誼所見為古
本《詩經》也。

> 袁崧《後漢書》曰：「延篤字叔堅。」宋敏求《長安志》敘

---

❾❽　同註⓫，卷二十，頁329。
❾❾　賈誼：《新書》，卷七，四部叢刊本。

京尹，引作叔固。注引袁崧《後漢書》又作叔堅。⓿

案：此蓋李賢注《漢書》猶仍隋諱堅，宋氏所見古本《漢書》尚然。今本作堅，則元明人改也。

以上從諱字可見古本面貌。又可從諱字區分舊刻新雕、原刊覆刻、原版補葉及原刻後印諸版本要素。

以避諱區分原本傳錄、舊刻新雕。如——

> 《東都事略》于楚王元偁、王禹偁等皆缺末筆，蓋避宋安僖秀王偁（孝宗之父）諱。《彙考》卷二十一云：「是書所紀，自太祖至欽宗凡九朝。孝宗時，洪邁表上時，和州布衣龔敦頤亦在薦刻（列）。今本於敦、惇等字皆缺末筆，蓋光宗朝傳錄之本也。」⓿

此是據諱字，知非洪邁當初表上之本。

> 傅增湘《藏園群書經眼錄》卷十三「集部二」：《范文正公集》二十卷《別集》四卷《尺牘》三卷。元天曆戊辰歲寒堂重刊宋鄱陽郡齋本，十二行二十字，白口，左右雙闌，版心上記字數，魚尾下記文正集卷幾，下記頁數，最下記刊工姓名。間避宋諱。蘇軾序後原有木記，經後人割去，以充宋

⓿　宋敏求：《長安志》，卷二，頁81，乾隆四十九年，畢氏校刊本。

⓿　同註⓫，卷二十一，頁338。

刊。⑩

後人割木記以充宋本，「間避宋諱」則無法抹去，賴此以知宋元之分。

《橫雲山人明史列傳稿》，清初本有兩種刻本。一刻在康熙五十三年（1714），一刻在雍正元年（1723）。兩本面貌大略相同，版心下均刻「敬慎堂」三字。然康熙本慎字不避，雍正本慎字缺末筆，蓋避嫌名兼偏旁諱。以此可辨版本先後。

> 《經眼錄》卷三「史部一」：《通鑒紀事本末》四十二卷。……小字本《紀事本末》之存於世者凡四本：其一字體方嚴，摹印清朗，決無挖補之痕，逐葉記刊工人名，而字數記於下魚尾下刊工之上。宋諱構字注：「太上御名」，慎字闕末筆，決為孝宗刊板無疑，即此本也。其二與此本版式相同，而有剜刻數行、改刻全葉者，為端平甲午修補本，余舊藏殘卷，松江薛氏舊藏殘卷是也。其三版心字數，自下魚尾下移至上魚尾上，刻工亦與前本無一合者，為淳祐重修，寶應劉翰臣氏藏內閣大庫舊藏甲本是也。其四版式行格雖同，然刊工姓名只記一字，字數在上，宋諱不避，字體疏瘦拙滯，卷第分合與前本亦有改易，蓋宋末元初重修本，劉氏藏內閣大庫乙本是也。此書近歸同年宗君舜年，辛未冬張菊生

---

⑩　傅增湘：《藏園群書經眼錄》，卷十三，頁 1130，北京中華書局，1983。

前輩作緣，歸於余齋。**⑩**

此本所以定為「宋末元初重修本」，標誌之一即是「宋諱不避」，
與原刊判然。

> 又卷七「子部一」：《說苑》二十卷。宋元間刊本。……以
> 程榮《漢魏叢書本》校之。程本余前取宋咸淳本校之，所校
> 正之字二本往往相合，然此本有而咸淳本無者，亦所在多
> 有。……余詳繹此本，雖字體方整，行款與海源閣藏本合，
> 然氣息屢薄，宋諱不避，疑為宋末元初復刻之本。至木齋先
> 生定為北宋刻，則非末學所敢知矣。**⑩**

傅氏所謂復刻，是指「重校復刻」，即重修重刻本。傅氏《藏園群
書題記》卷六復有是書跋文，多載為咸淳本所無異字。而定為宋末
元初重刻，主要在不避宋諱。

　　以避諱可斷定原刊與覆刻。覆刻又稱翻刻，與重修重刻不同。
它的行款、字數、字體皆同原本，版心、刻工亦因襲原刊，其於前
代諱字亦不改正，以求似真。粗看幾不能辨，但其避原刊之諱字，
並非真為前代諱，故間有疏漏不諱者，且於本朝諱又不得不避，故
細審之，仍可將覆刻與原刊分而別之。如康熙四十三年朱彝尊序、
吳郡張士俊覆宋刊澤存堂五種本《玉篇》三卷，宋諱字及刻工姓

⑩　同註⑩，卷三，頁 266。
⑩　同註⑩，卷七，頁 543、卷十二，頁 1029、卷一，頁 30。

·227·

名，皆仍宋本之舊。而玄、燁字缺末筆，胤字缺右鈎半筆，曆、
顒、甯諸字不避。若無避清康雍二帝諱缺筆字和無朱序，則幾不能
辨清覆刻與宋原本矣。

元刻《李善注文選》張伯顏本，在明有汪諒覆刻本，清光緒又
有于氏覆汪本。于本行格、字體筆意、版心「吳清床刀筆」，全同
汪本。兩本幾不可別。若從諱字入手，則判然可分，如正文首葉注
中，「范曄」之「曄」缺末筆、題銜「張伯顏助率重刊」之「率」
字，上半「玄」字缺末點，此蓋避康熙諱。

又如：傅增湘《經眼錄》（卷十二，集部一）嘗說到，劉文興嘗
持送閱一宋本《黃氏補千家集注杜工部詩史三十六卷》，目後有木
記「本堂因得公廩善本，詳加校正。歲在辛巳之春」云云。傅氏
云：「刊印雖精，而氣味殊薄，且宋諱不避，恐為元初所復也。」[105]
鑒別宋元，諱字實是重要依據。

同是復刻，復元與復宋，亦可因諱字而決。明人屠隆《考槃餘
事》嘗論云——

> 書貴宋元者何哉？以其為價之輕重。以墳典、《六經》、
> 《騷》、《國》、《史記》、《漢書》、《文選》為最，詩
> 集及百家醫方次之，文集、道釋二書又次之。宋書紙堅刻
> 軟，字畫如寫，格用單邊，間多諱字，用墨稀薄，著水無
> 迹，開卷先香。元刻仿宋，單邊闊多一線，字畫不分粗細，

---

[105]　同註[102]，卷十二，頁 994。

紙鬆刻硬，用墨穢濁，中無諱字，開卷了無嗅味。⓾

諱字是鑑定之一法：元本不諱，宋本諱字多有缺筆字，其絕無者，必是後人覆元本而非覆宋本。

以避諱可分別原刊與補版。

錢大昕《十駕齋養新錄》卷十三「《東家雜記》」云──

卷中管勾之勾皆作勺，避宋高宗嫌名。間有不缺筆者，元初修改之葉。辨宋板者當以此決之。

又卷十三「《論語註疏》正德本」云──

首葉板心有正德某年刊字，但遇宋諱，旁加圈識之。疑元人翻宋板，中有避諱不全之字，識出令其補完耳。若明刻前代書籍，則未見此式，必是修補元板也。

又卷十四「《韋蘇州集》」云──

後有拾遺三葉，其目云：「熙寧丙辰校本添四首，紹興壬子校本添三首，乾道辛卯校本添一首。」驗其款式，當即是乾

⓾　屠隆：《考槃餘事》，頁 1，叢書集成初編本，民國商務印書館。

道藐本。而于宋諱初不諱避，蓋經元人修改，失其真矣。⑩

張元濟《校史隨筆》云——

> 《宋書·武帝紀上》元興二年下，「昨見劉諱風骨不恒」、
> 「非劉諱莫可付以大事」，南監本、汲古本、武英殿本兩
> 「諱」字均作「裕」。而「劉諱龍行虎步」、「劉諱以寡制
> 眾」，又皆作「諱」，不作「裕」。〈武帝紀下〉永初元年
> 下，「皇帝臣諱敢用玄牡」、「諱雖地非齊晉」，南監本、
> 汲古本、殿本兩「諱」字均作「裕」，而「欽若景運以命於
> 諱」，又作「諱」不作「裕」。是均見於同頁數行之內。王
> 鳴盛《十七史商榷》斥為「忽諱忽裕，率率已甚」。然宋本
> 實一律作「諱」。王氏所見，蓋補版也。⑩

《潛研堂文集》卷二十八——

> 《大金集禮》四十卷。不知纂集年月，要必成於大定之世，
> 故于雍宗稱御名，而不及明昌以後事。獨補缺文一葉，有明
> 昌、承安、泰和及世宗廟號，蓋後人取它書攙入。非《集

---

⑩　錢大昕：《十駕齋養新錄》，卷十三，頁305、卷十三，頁292、卷十四，頁
　　338，上海書店，1983。

⑩　同註❶，頁40。

禮》原文也。❿

以避諱可辨原刊與後印。

　　這裏所謂「後印」指兩種情況：一是原刻在前朝，初印已是新朝；一是原刻初印在前朝，再印已在新朝。皆因朝代更替而起。這裏的新朝，包括異性與同姓新興之朝代。

　　第一種後印，如：張元濟《校史隨筆·後漢書·紹興監本》「避宋諱特嚴」：「桓字或作淵聖御名，構字或作今上御名，此二字亦有缺末筆者，大都就四小字原格剜改，且有多處剜而未補，遂留空格。是知刊版在南宋初年，而竣工之時，已在孝宗受禪之後，故瑗瑋慎三字亦避也。」❿

　　此由避諱知刊版印刷過程，它經歷了兩個朝代。版刻過程，固是版本研究的一個內容。

　　第二種後印，如：明崇禎十六年刊《四素山房集》，遇玄胤諸字有缺筆，此非初印，蓋印于雍正時，故避清諱至胤。缺筆處類皆有挖改之痕。毛晉汲古閣明末所刻諸書，其印在清代者，往往將玄字挖去末筆，以避清諱。

　　　傅增湘《藏園群書經眼錄》卷一：《書集傳》殘本。宋蔡沈
　　　撰。存卷第四一卷。宋元間刊本，八行十五字。傳低一格，
　　　細黑口，左右雙闌，版心上記字數，下記刊工姓名一字。字

❿　　同註❾，卷二十八，頁 436。
❿　　同註❶，頁 18。

· 231 ·

大如錢，頗為悅目。字仿平原體，刀工亦勁健峭厲。然宋諱
徵、敬皆不避，疑是元初印。

又卷十二集部一：《箋注陶淵明集》十卷。元刊本。九行十
六字，黑口，左右雙闌。……宋諱貞、慎缺末筆。……附夾
簽一張，如左方：南巡帶來《陶淵明集》……末載刻書年月
人名。是宋版元印。

今案：夾簽謂「是宋版元印」，言其宋版，蓋從諱字；謂是元印，
或是行格與今存諸影宋鈔本異歟？《經眼錄》載二影宋鈔本：一、
十行十六字，一、七行十五字；而登錄諸元刊本（四種）皆同此
本，則是本之刻，當在宋末歟？傅氏作元刊，其照錄夾簽，是亦疑
似之間也。

又卷十四集部三：《新刊指南錄》四卷。宋刊本。半葉八
行，每行十六字，黑口，左右雙闌。按：此本卷中凡虜帥、
逆賊及文天祥字，又詩中避忌處皆成空格。蓋板刻于宋末，
元初乃挖板印行耳。⑪

今案：清初刊寫書籍，凡遇胡虜夷狄諸字，每作空白，或改形易
聲，以夷為彝、以虜為鹵之類。其源蓋出於元。此以其諱字特殊，
以鑑定版本年代真偽及版本面貌，是當時避諱所始料未及者。

---

⑪　同註⑩，卷十四，頁 1276。

　　運用諱字鑑別版本，需要注意以下五個方面：

　　首先，切忌孤證，光以諱字下結論，必須結合考察其他版本特徵及有關文獻資料，始能避免誤判。比如傅增湘《藏園群書經眼錄》卷二曾著錄《鉅宋廣韻》一書，其書宋諱避貞字，卷中桓、構、敦、慎皆不避，若僅依諱字，初看當是北宋刻本，然傅氏「以其字體刀工核之，要是南渡初閩中刊本也。」⓫又如：北京圖書館舊登錄北宋刊大字本《漢書》殘冊。中〈食貨志〉「管仲相桓公」，相字下，注「淵聖御名」四字，與陸心源《皕宋樓藏書志》卷十八所載宋蜀大字本《漢書》六十四下「烏桓之壘」，烏字下注「淵聖御名」合；且行款亦一一相同。繆荃孫《清學部圖書館善本書目》獨辨其為兩淮江東轉運司本，而非蜀大字本。繆云：「館中尚有宋大字本《後漢書》，與此同時所刻；其〈章帝紀〉『章和元年六月戊辰，司徒桓虞免』，正文桓字有補刻痕，注『桓虞字仲春』，虞字之上亦作『淵聖御名』四字。據《容齋續筆》云『紹興中公命兩淮江東轉運司刻《三史》版，其兩《漢書》內凡欽宗諱並書四字曰『淵聖御名』，則此為兩淮江東轉運司本，而非蜀大字本，明矣！」⓬今案：「淵聖」為高宗追諡欽宗之號，僅據此諡亦可知「北宋」之訛，然倘無《容齋隨筆·續筆》所載，亦不能知版出兩淮江東轉運司哉。陸氏誤在刻地，北圖舊錄則並時代亦誤。又如顧炎武《音學五書·音論》謂「《禮部韻略》始于宋景祐四年，

⓫　同註⓾，卷二，頁 145。

⓬　繆荃孫：《清學部圖書館善本書目》，頁 1149，叢書集成續編本，上海書店。

而今所傳者則……毛晃增注，於紹興三十二年十二月表進。宋刻卷
端有云：『男進士居正校勘重增』，而光宗諱及甯宗御名並已迴
避，則此乃甯宗以後刻也。」《彙考》卷二十一補正云：「《魏鶴
山集》謂是書奏御之六十二年，居正應大司成校正經籍之聘，始克
錄於胄庠。此可證顧氏之說。」⓮以上傅、繆、周三氏，都不僅憑
諱字鑑定版本，而分別輔以刀工字體、有關史料、前人著錄佐證其
說，其結論始為不可動搖。《藏園群書經眼錄》卷十三，嘗著錄一
宋蜀大字本二十四卷《蘇文定公後集》。宋諱桓字不避。此書初出
時，群咸以為北宋蜀本。後傅遊虞山，見崔氏藏《秦淮海集》，板
式行格與此悉同，廓字缺筆，板心題「眉山文中刊」五字，始知為
南宋甯宗蜀之眉山刊本。⓯

　　其次，以避諱推定版刻年代和鑑別版本真偽，要區別原刊與補
葉。要查清原刊與補葉的不同諱字，才能作出正確的判斷。元人補
宋多不避諱，明人補宋多承其舊，保留宋諱，而版式有單邊雙邊之
異，且字刻迴然有別，明鈔多俗書。屠隆《考槃餘事》嘗有論述。

　　第三，要注意古人重刻、覆刻之本，多有承底本之諱而不改
的，元明清重刻宋本尤多見。葉德輝《藏書十約》云：「鑑別版
本，證以書中諱字。金元刻本、北宋膠泥活字本，均不避諱。重刻
宋本多存舊諱，則以紙墨定之。」⓰清內府藏《朱文公校昌黎先生
外集十卷遺文一卷集傳一卷》，乾隆題乃矜為北宋本，傅增湘審其

⓮　顧炎武：《音學五書·音論》，頁 24，北京中華書局，1982。

⓯　同註⓲，卷十三，頁 1173。

⓰　葉德輝：《藏書十約》，頁 232，叢書集成續編本，上海書店。

卷中諱字：朗、貞、徵、匡、烜、敦皆缺末筆，已屬可疑，又據行格與《柳先生集》版刻面目相同，而定為元刊本。這是元刊承襲宋諱之例子。⑪此類重刊本，諱字都不避本朝而襲前代，多易致疑惑。復如清同治十年秀水葉彥侯重刊《紀元通考》十二卷，其版實據道光八年鍾秀山房刻本翻刻，卷中諱字，如玄、胤、弘皆缺末筆，曆作歷，寧作寧，若執諱字而論，亦不免滋訛。至於清人影刻宋元舊本，幾毫髮不失其真，書商每抽去序跋，或以叢書零本充單刻，此類事時見著錄。如康熙間繆曰芑影刻宋本《李太白文集》，即依宋本版式、諱字，一一照刻，倘此時依諱字斷繆本，自然不免上當。再如《古逸叢書》及其《續編》，影刻古書，版式、諱字並從不易，版印工整，書商每以零種，熏染其紙，以充宋刻，彼時諱字已不足為據，膠柱鼓瑟，必為書賈所欺。

第四，民間刻書，私人和書坊刻書，宋人於廟諱有或避或不避，甚至全不諱的。《寶禮堂宋本書錄》著錄之《四明續志》，就是如此。此時若以避諱判別，就不免拘泥，而需從其他方面來考量了。

第五，以諱字定版本年代，往往要看從何帝避至何帝。一般說來，某帝諱字，只要出現一次缺筆或代字，即可斷為諱某帝，但要確定至何帝不避，則當追查全部諱字，方能斷定不諱何帝。唐宋兩代寫、刻之本，還須追究以下若干帝諱，以確定是否已祧不諱。若祧某帝不諱，則以下數帝仍當避諱。如代宗大曆十一年（776）張參奉敕考定《五經文字》。僖宗乾符三年（876），參之孫自牧重校上石。且字不缺筆，蓋是時睿宗已祧。然睿宗以下，所見如憲宗名

---

⑪ 同註⑩，卷十二，頁 1060。

純、穆宗嫌名坭、敬宗名湛諸字皆缺筆。近出《唐鈔文選集注彙
存》，卷中避淵、世、民字，不避顯、隆、基，中宗、玄宗諱，人
或以為此本編纂在唐玄宗以後，為唐人鈔本。不知此本若為唐玄宗
後人所編，自當亦避中宗、玄宗諱；若以中宗、玄宗為已祧不諱，
則當避玄宗以後肅、代、德、順、憲、穆諸帝諱，而此本並如玄宗
一皆不諱，足見此本非是唐人所編、所鈔。

五、古義古音的研究

避諱與文字的形、音、義、都有密切的關係，避諱文獻保留了
豐富的文字音韻訓詁的有價值的資料，為今天傳統小學的研究，提
供了用武之地。文字形變如缺筆法之類上面論及較多，此僅就避諱
文獻中保存的古義、古音說一說。清代學者錢大昕、王鳴盛、周廣
業都關注過避諱文獻這兩方面的價值。錢氏《考異》有三條資料，
言及古義與古音，第四章「母系親屬之諱」說及《南史・王彧傳》
彧子絢應答外祖何尚之呼父之戲，彧為馘之省，是取「有文章也」
之古義，與今本《論語》作「鬱鬱乎文哉」之鬱，音同義別。《南
史・謝瀹傳》「流湎千日」，是保存了「流」字放縱之古義。《考
異》論云——

> 〈謝瀹傳〉苟得其人，自可流湎千日。劉悛父名勔，流湎音
> 與劉勔同，因悛斥其父名，故亦以是報之。汲古閣本作沈
> 湎。非也（自注：張景陽《七命》：傾醪一朝可以流湎千日）。⑬

---

⑬　同註❽，卷三十五，頁 669。同註❺⓪，卷十一，頁 533。

今案：汲古閣本兩處誤改，就在不明流之古義。《金樓子》亦作沈涵，誤非自唐人《晉書》始也。

　　也是第四章，其「監臨上司之諱」節引《南史·王亮傳》沈瓚之頻觸王亮父諱的故事，《考異》指出：「攸悠猷猶，四字同紐同音。……世俗讀攸悠二字如憂音，而史文遂難通矣。」⑲今案：攸悠古音，亦當如《廣韻》載「猶」音：「以周切。平尤幽部。」

　　《考異》卷六十論《舊唐書·蕭復傳》朝廷避蕭衡，特詔改行軍長史為統軍長史，云：「衡與行同音。」是唐時，行讀衡。《集韻》「行、衡，戶庚切」。此讀至今還保存在吳方言中，如讀道行之行。周廣業說「行衡音異，避法不可強解」⑳，非是。

　　王鳴盛《商榷》亦以避諱說古音。《新唐書·韋皋傳》皋兄聿遷秘書郎。以父嫌名，換太子司議郎。周氏《彙考》云：「聿父名無考」㉑王氏乃據權德輿〈南康郡王家廟碑〉考知皋父名賁，故斷云：「賁與秘同音」㉒今案《廣韻》，賁在去聲寘部，彼義切；秘在去聲至部，兵媚切㉓是兩字聲、韻、調，在中古本同。

　　李商隱撰〈白居易墓碑〉：「前進士，避祖諱，選書判拔萃。」周氏《彙考》卷三十七引陳振孫《直齋書錄解題》云：「蓋以公祖名鍠，與宏同音，所以不應宏詞也。廣業案：《新唐書·選舉志》：選未滿而試文三篇，謂之宏詞；試判三條，謂之拔萃。中

⑲　　同註❽，卷三十六，頁 674。
⑳　　同註⓫，卷三十七，頁 553。
㉑　　同註⓫，卷三十七，頁 554。
㉒　　同註㉙，卷九十，頁 995。
㉓　　《廣韻》，頁 616，四部精要本，上海古籍出版社，1993。

者即授官。白公以祖諱試拔萃，義山〈墓碑〉必無誤。」❷今案：
《廣韻》：鍠，戶盲切，平庚匣；宏，戶萌切，平耕匣。《集
韻》：鍠與宏，同在卷四「平聲四」，鍠在庚韻，宏在耕韻，乎萌
切。《集韻·檢字》「庚第十二」下注云：「與庚清通」。是唐、
宋鍠與宏並同音，與今讀不同。❷

　　當代學者運用避諱文獻資料以研究古音，亦有成功的例子。宋
人莊綽《雞肋編》、張邦基《墨莊漫錄》等，都記載宣和間甄徹登
進士第唱名故事。唱名時，侍郎林攄呼甄為堅音，宋徽宗以為當讀
真，攄辯不遜，帝呼徹質之，徹從帝所讀。林攄以不識字坐黜。
《雞肋編》以為甄本音堅，因避孫堅諱，而改讀真音，引《甄氏舊
譜》為說。《舊譜》據《吳書》，說孫堅入洛，從甄官井得傳國
璽，因與己名協，以為受命之符。孫權即位，江左諸儒為吳諱音
真。真是諱改之音，還是甄本有堅、真二音？宋以來，學界久有歧
互。虞萬里、楊蓉蓉兩先生，乃從梳理甄姓的字源、音讀、地望、
古史傳說等文獻資料著手，檢得讀見線音之鄄字，因其介於堅、甄
兩音之間，以之為仲介，又因《文選·魏都賦》舊注：「甄，吉然
反」，推論三國以前，甄氏地望中山、河南、鄄城一帶，讀甄為見
線音，變調為見仙，與堅音近，證成甄字避諱所改音說無誤。又從
比勘王二校《廣韻》，仙韻下多「居延反。姓」一讀，推知因《廣
韻》失載，造成後世失此音讀，導致紛爭的深層原因。兩氏是從甄
聲的特殊流變，說明了避諱改音問題，又從本源上解決了疑竇所

❷　同註❶，卷三十七，頁 555。

❷　《集韻》，頁 125，中國書店，1983。

自。放眼於廣闊的地域背景的考論，則于古音研究，有開拓新領域和發覆方法論的新啟示。❿

---

❿　虞萬里：《榆枋齋學術論集》，頁 855，江蘇古籍出版社，2001。

中篇：實踐

敦煌寫本〈運命論〉與〈辯亡論〉的抄寫及其他

　　敦煌《文選》殘卷，李康〈運命論〉一在敦煌研究院，凡存二十二行。一藏巴黎，存三十四行，適在研究院本之前，故王重民〈敦煌寫本跋文四篇〉、李永寧〈本所藏《文選·運命論》殘卷介紹〉都以為同一寫本。王〈跋〉云：「以臆推之，有可能為同一寫本而斷為兩截者。」❶李〈介紹〉云：「伯希和 2645 號遺書……其下，恰與敦煌文物研究所藏殘卷相接，視其書體，計其行字，亦相合，應為同卷之前半段。」❷兩家所論極是。《文選》殘卷陸機〈辯亡論〉，所存實為上卷，凡七十二行，藏北京國家圖書館，《敦煌劫餘錄續編》146 頁著錄為新 1543 號。〈運命論〉兩截，李永寧作過校勘，〈辯亡論〉則白化文〈敦煌遺書中《文選》殘卷綜述〉一文作過校勘，兩家都未言及，兩論實一手所抄。這樣說的根據主要有兩條。一，兩論皆白文無注本，在蕭選原本都在卷二十

---

❶　王重民：〈敦煌寫本跋文四篇〉，頁 1－2，《敦煌吐魯番文獻研究論集》，北京中華書局，1981。下引此跋，不再注。

❷　李永寧：〈本所藏《文選·運命論》殘卷介紹〉，頁 164，《敦煌研究》，1983.3。

七中，而且〈辯亡論〉正緊接〈運命論〉。二，兩論抄寫都係每行
16 至 18 字，行字相合之外，書體和有些字寫法特殊，兩論一致。
書體相同，指多俗寫別體，如老、尼寫作耂、㞁：以仲尼之辨也、
以仲尼之謙也、以仲尼之仁也、以仲尼之智也、以仲尼之行也、退
老於家（以上〈運命論〉）、招攬遺老（〈辯亡論〉）都是。甹每寫作
丐：應聘七十（〈運命論〉）、騁於南荒、乘危騁變（〈辯亡論〉）都
是。歷每寫作厯：其所遊歷、而歷謗儀（〈運命論〉）、歷命應化
（〈辯亡論〉）都是。此，每寫作此：其不遇也如此（〈運命論〉）、
未有若此其著者也、反帝座於紫（上半部）闥（〈辯亡論〉）都是。胥
字，兩論則多用古文：胃。如：五子胥（〈運命論〉）、謀無遺謂
（〈辯亡論〉）。倘以俗寫、別體、古文為人習用，不足為憑，則又
有某些字的局部結構，寫法獨特，而為兩論共有的現象：比如寫本
為字，起首一點，都寫作ㄥ，短豎向右挑起以與下連筆，用筆特別
誇張，隨處可見，無煩例舉。再如尹字，每作尹，二橫都出格，下
一橫尤長，如：〈運命論〉：伊尹呂尚，〈辯亡論〉：庶尹盡規、
群蠻之表、拱揖群后、群公既喪，無不如此，一一可按核。兩論出
一手，斷無疑問。

　　王重民、李永寧都說到過〈運命論〉的抄寫年代。王氏先在
《敦煌古籍敘錄》說：「……不避唐諱，蓋亦並為六朝寫本，在李
善注以前。」❸又在〈跋〉中說道：「世字不避唐諱，則亦六朝寫
本，益疑與 2645 卷為同一寫本也。」李永寧〈介紹〉則云：「殘
卷不避唐諱淵、世、民、治等字，雖太宗於武德九年曾敕令世民二

---

❸　王重民：《敦煌古籍敘錄》，頁 316，商務印書館，1958。

字不連續者，並不須諱，但淵諱並不在此例，今殘卷淵字不諱，可證其時代早於唐，應為隋卷。」❹關於〈辯亡論〉，白化文校引《續編》則僅云「唐寫本」，並不說理由。

今案：〈運命論〉：夫忠直之迕於主，〈辯亡論〉：忠勇伯世、忠歸武節、中世而殞、忠臣孤憤，皆不避忠字、中字，是不避隋諱，可見〈介紹〉「隋卷」說非是。〈辯亡論〉不避世字、民字，與〈運命論〉同，又：虎步原隰、虎臣毅卒不避李淵祖虎字，亦略同〈運命論〉，此點亦正是兩論出一手所抄之旁證。然不避唐初帝諱，應有兩種可能：一誠如王、李所推論在唐以前；一亦可在唐後期或五代十國，今一概斷為唐以前寫，從邏輯上說有不嚴密之嫌。事實上，倘細審此兩論寫卷，可發現多有缺筆避諱之字。而從避諱學言，以缺筆為避諱之法，此事風行在唐高宗朝。陳垣《史諱舉例》「避諱缺筆例」條早已據唐碑論定：「避諱缺筆，當起於唐高宗之世。」❺說「起於」，似過絕對，但作「盛於」，當無大問題。據此，二論寫卷不可能在高宗以前，所謂「六朝寫本」亦不能成立矣。

據筆者看來，兩論寫本當是朱梁時人所寫。李、白兩家校勘，都注意過兩論中的諱字，可惜或目以為通假字，或於避諱之代字及缺筆法注意不夠，故而未能深入。茲就〈辯亡論〉一本白氏已校出之異文，筆者認定為諱字者分析如下。

---

❹　同註❷，頁 165。
❺　陳垣：《史諱舉例》，頁 5，上海書店，1997。

龍躍川流　白校云：各本作順流。❻

今案：白氏「各本」，指清胡克家刻李善注《文選》、中華書局本《三國志》、《晉書》、《藝文類聚》、《太平御覽》。今核《四部叢刊》景宋建陽刻《六臣注》本，亦作順流。是本作順，寫本改川。

丞禋皇祖　白校：丞字，各本作蒸為是。

風雅則諸葛瑾張丞步騭　白校：張丞當以各本作張承為是。

今案：丞之為承，此蓋避五代後梁朱溫父朱誠嫌名。

《舊五代史·梁太祖紀四》：（開平二年）四月，以翰林奉旨學士張策為刑部侍郎、平章事。注：梁代避諱，改承旨為奉旨。《通鑑》誤作承旨。❼

《資治通鑑》：（後梁太祖開平元年）靜海節度使曲裕卒。注：曲裕即承裕。❽

又，（後梁乾化元年）受旨史彥群。注：受旨，蓋崇政院官

---

❻　白化文：《昭明文選研究論文集·敦煌遺書中文選殘卷綜述》，頁 221－222，吉林文史出版社，1988。
❼　《舊五代史》，頁 60，北京中華書局 1976。
❽　《資治通鑑》，卷二百六十六，頁 8683、卷二百六十八，頁 8742，北京中華書局，1956。

屬，猶樞密院承旨也。梁避廟諱，改承為受。

承旨改奉旨、受旨及承裕省作裕，都是朱梁避承字之證。丞亦誠嫌名。

> 《五代會要》卷十四「左右丞」云：梁開平二年四月，改為左右司侍郎。注：避廟諱也。❾

故而上例中張承缺筆作張永，不作丞，蓋緣此。那麼「蒸禋皇祖」為何寫本作丞？此當是永之誤筆。丞為蒸之偏旁，避蒸即因避丞而起，故是永之偶誤。「龍躍川流」，順作川，乃避蕭統祖父順之之諱。《東都賦》「填流泉而為沼」，尤延之云：「填流泉，昭明諱順，故改為填。」❿理與此同。這是寫本襲蕭梁舊諱。

寫本諱承、丞，讀者或有異議：沈約撰《南齊書》亦時見避此二字，何以見得非是蕭統或齊梁間人諱南齊宣帝蕭承之（統亦諱承之）乎？此說不無道理。《南齊書·戴僧靜傳》載餘姚人陳承叔，避宣帝諱改名胤叔；〈文惠太子傳〉云蕭長懋在宋末轉秘書丞，因丞為宣帝嫌名，不就，皆是其證。筆者還可充實此說：法藏敦煌《文選》伯 2528 寫本（永隆年弘濟寺僧寫）李善注〈西京賦〉亦多見此諱，如：「華蓋承辰」、「枌詣承光」之類，承皆缺筆作承❶，

---

❾　王溥：《五代會要》，頁 233，上海古籍出版社，1976。

❿　尤袤：《尤氏文選考異》，頁 2，錫山尤氏叢刊本，1935。

❶　范志新：《文選版本論稿·敦煌永隆西京賦的是李善文選殘卷》，頁 243，江西人民出版社，2003。

這些也可能都是蕭氏原諱。但是〈辯亡論〉寫本中以下三例，卻可證必出後梁，而決非蕭梁時人。

> 奇偉則虞翻陸績張溫張敦　白校：當以各本作張惇為是。
>
> 股肱猶良　白校：良字，《三國志》、《晉書》並同，其他各本作存。
>
> 奉使則趙咨唐衡[珩]以敏達延譽　白校：各本唐珩均作沈珩。

今案：惇、存音與誠近，至今吳語並無分別，沈與沉本一字，音亦誠近，而惇、存、沈（沉）三字，《南齊書》不見為避，然則其為避誠嫌名說，當可成立。兩論寫本自當係朱梁時人抄寫。

現在可進而討論兩論寫本與五臣注本的關係了。觀察李、白兩氏對二論的校勘，不難發現一個基本事實：寫卷與李善注本不合之處，每與五臣本合，茲略作羅列，並以六臣本校語抄錄其下——

> 其末天下卒至於溺而不可援也　李善無也字　六臣本也下校曰：五臣本有也字。
>
> 諸侯莫不結駟而造門　李善門下有雖造門　六臣本校曰：五臣本無雖造門三字。
>
> 後世君子區區於一主　李善本世作之　六臣本校曰：五臣本作世。
>
> 體清以洗物不辭於濁　李善本辭作亂　六臣本校曰：五臣本作辭。

以上〈運命論〉。

　　股肱猶良　　李善本良作存　　六臣本校曰：五臣本作良字。
　　以機祥協德　　李善本機作機　　六臣本校曰：五臣本作機字。
　　婁玄賀劭之屬掌機事　　李善本婁作樓　　六臣本校曰：五臣本
　　作婁字。

以上〈辯亡論〉。

　　凡此皆見五臣本與寫本有某種聯繫。兩者文字相合而異於李善
本，有兩種可能：一，兩者有從出關係；一，兩者有共同的底本。
五臣本是三十卷本，它不是直接從李善注本來，很多異文被認為出
蕭選，這一點與寫本頗相似，或許可說兩家有共同的底本，但上述
異文，如「以機祥協德」之機、「婁玄」之婁，寫本與五臣本之訛
誤竟完全一致。又李濟翁《資暇錄》謂五臣有故意改李善本使犯國
諱悖理伎倆，今核之〈運命論〉「後之君子」，五臣改「之」為
「世」，寫本與之合，凡此，不由得不使人相信兩者有從出關係，
而排除「共有底本說」。今上文既已考證寫本抄寫在五代朱梁，況
且唐玄宗以後，風行天下的是五臣注本，如此說來，說寫本直接出
五臣本當更可靠些。

避諱學劄記八篇

鄭餘慶孫茂諶改名究竟避誰的諱

《歷代避諱字匯典》是一部大有功於避諱學的工具書。偶然也有小疵，比如對唐相鄭餘慶孫茂諶改名茂休一事就是。《匯典》頁51「忱」字「改稱‧人名」條引——

> 《舊唐書‧鄭餘慶傳》云：「（餘慶孫）茂諶，避國諱改茂休。」❶

是說避的是唐宣宗。而在頁 609「諶」字「改稱‧人名」條復引上《舊書》云云。《匯典》的依據是——

> 兼避同聲旁字諶、甚、椹。❷

---

❶　王彥坤：《歷代避諱字匯典》，頁 51，鄭州中州古籍出版社，1997。

❷　同註❶，頁 609。

這裏又說避的是敬宗。這就叫讀者不知所從了：是避宣宗還是敬宗，是避一人還是兩人？癥結在茂諶避諱的具體時間。據《舊唐書·鄭餘慶傳》，餘慶子翰生茂諶。茂諶開成二年登進士第，避諱當在此時。敬宗廟諱湛，丈減切。諶，氏任切（《廣韻》），既非形合又且不同音，為何說避諱在此時？蓋湛字古音直林切，是沈之古字❸，與諶為同聲旁字。唐亦有避同聲旁字者。據顧炎武《金石文字記》卷五：唐國子學石經「凡經中⋯⋯湛字皆缺筆作湛，甚作甚，椹作椹。避敬宗諱。」❹石經諱及的甚、椹都是食任切（《廣韻》），與湛字古音聲旁合，所以諶字當避。唐文宗石壁九經，立在開成二年十月。既然湛之同聲旁字甚、椹，避諱都是缺筆，則諶字也只須缺筆就可。況茂諶登進士，即在開成二年，倘須避諱，缺筆為首選是必然之舉。

「茂諶，避國諱改茂休」，應在宣宗間。根據主要就在《唐會要》卷二十三——

> 會昌六年（846）四月二十日敕：中外官僚，有名與御名同者，及文字點畫相似，今後即任奏改。音韻文字點畫不同，不在奏改之限。❺

---

❸ 段玉裁：《說文解字注》：「湛：湛、沈，古今字。沉，又沈之俗也。大徐宅減切，未知古音古義也。凡湛字引申之義甚多，其音不一，要其古音則同直林切而已。」頁 556，上海古籍出版社，1981。

❹ 周廣業：《經史避名彙考》，卷十六，頁 253 引，臺北明文書局，1986。

❺ 《唐會要》，卷二十三，頁 341，上海古籍出版社，1981。

比照不諱與諱可悟：詔敕所謂「名與御名同者」，指臣工名與御名正字同及其嫌名（音同形異）；「文字點畫相似」，謂正字多音他讀者（形同音異），凡此皆在諱例。諶雖前已缺筆，然與忱，皆氏任切，為嫌名，自然合諱。❻這回必須改字，而不可用缺筆法，因為再缺筆也未能改變其讀音。茂諶，避國諱改茂休，可能在開成五年（841）武宗即位伊始，也可能在會昌六年詔飭後。總之當在會昌間。周密《齊東野語》（卷四）提及的韋諶改名損、穆諶改名仁裕，杜光庭《墉城集仙錄》謂諶母祠改名鍾陵祠，亦當在此時。❼

　　現在可以回答開頭的問題了。茂諶避名發生過兩次：一次避敬宗，用缺筆法；一次避宣宗，用代字休。前者在開成二年左右，後者在開成五年至會昌六年間。《匯典》引用同一條資料，將茂諶兩次不同的避諱，誤成同一種方法是不對的。

《漢書》爰種稱叔字議

　　《漢書》卷四十九《爰盎傳》述及盎與其侄種共謀事迹有兩處：一，折辱宦者趙談，一，苟為吳相。關於後者，《漢書》曰——

　　　　徙為吳相。辭行，種謂盎曰：「吳王驕日久，國多奸，今絲

---

❻　諶與忱，義訓也同。《說文》：「諶，誠諦也。從言，甚聲。詩曰：『天難諶斯』」。今按《詩·大雅·大明》作忱。

❼　同註❹，頁 257。

　　欲刻治，彼不上書告君，則利劍刺君矣。南方卑濕，絲能日

　　飲，亡何，說王毋反而已，如此幸得脫。」❽

盎種分屬叔侄，而種兩呼盎之字絲。非禮之稱，《漢書》僅見。核
之《史記》卷一百一《盎傳》第一絲作苟、第二絲字作君。❾《漢
書》用絲，事屬可疑。然《漢書》注引「如淳曰：種稱叔字曰
絲。」是魏晉人所見已如此，其說亦古，因生探索之興。

　　今案：《漢書》蓋誤。班固文取自《史記》者大略相同。上引
《漢書》有此可怪異文外，別有可疑者三。

　　疑一。本《傳》叔侄共謀兩節文字，多有訛奪。「刻治」，
《史記》作「劾治」。刻治，《漢書》僅一見也，鄙所見及其餘二
十四史，並不見用此詞，而劾治則《梁書》、兩《唐書》、《宋
史》、《明史》等凡數十見。刻疑劾之訛。劾右旁力，先漫漶作
刀，成刂字，遂寫作刻。此與劍字抄寫、刻版多有作劍者，略同。
又折辱趙談故事有爰種「諫盎曰」云云，「諫」字，《史記》作
說，《集解》引「徐廣曰：說，一作謀。」❿王先謙《漢書補
注》：「案：諫盎當為謀盎之誤也。謀盎，謂與盎謀。《說文》：
『慮難曰謀』，與此文合。若作諫，則非其義也。諫謀形近易亂。
本書《敘傳·贊》『耳謀甘公』，一作『耳諫甘公』。《淮南·
主術訓》『耳能聽而執正進諫』注：『諫，或作謀。』皆其證

---

❽　《漢書》，頁 2271，北京中華書局，1962。

❾　《史記》，頁 2741，北京中華書局，1959。

❿　同註❾，頁 2740。

也。」⓫「諫盎曰」一節比勘《史記》此《傳》又多「持節夾乘」四字。「亡何」，《補注》引「吳仁傑曰：《史記》作日飲毋苛。古苛何通。種本意蓋曰：吳王驕日久，又南方卑濕，宜日飲酒而已，其他一切勿有所問，如此而後可免禍也。亡與毋義訓不同。亡者有亡之亡，而毋則禁止之辭也。彼方戒盎勿有所問，則其字當從《史記》為正。」王先謙曰「吳說是也。」⓬兩節誤文如此之多，足見《漢書》文本多有竄改。不足信也。

疑二。《漢書》述叔姪共謀折辱趙談，事在前，種呼叔本用君字。曰：「君眾辱之，後雖惡君，上不復信。」苟為吳相事又兩用君字，「彼不上書告君，則利劍刺君矣」，不當突然有呼絲之變。

疑三。兩人對語，此非敘述第三者事，即平輩朋友，除呼語提醒對方外，亦不合稱字，當用第二人稱；況分屬叔姪，豈有面斥之理？晚唐僖宗時，裴勳與父會飲，飛盞勸酒。勳本率易，不守禮節呼其父行第十一，其父怒笞之。事見《玉泉子》。呼行第固較斥名字為輕，尚且笞之。盎之為人，素重禮節，本《傳》諫說孝文帝卻慎夫人坐，即援「尊卑有序上下和」云云，安能容種之瀆犯？

或因有魏人如淳注的關係，種稱盎字，罕見駁難。清人周廣業《經史避名彙考》（卷三十五）乃曲為之說云——

　　《史記》孝王時，盎以隴西都尉為吳相。辭行，兄子種為常
　　侍（斷句），騎謂盎曰：吳王驕日久，國多奸，今絲欲劾

⓫　王先謙：《漢書補注》，頁 594，四部精要本，上海古籍出版社，1992。
⓬　同註⓫，頁 594。

治，彼不上書告君，則利劍刺君矣。南方卑濕，絲能日飲，亡何，說王毋反而已。如淳注：種稱叔父字曰絲。廣業案：古人雖不諱字，然叔父之尊，理無面斥。觀其兩稱絲，又兩稱君，蓋瀕行迫切至情，以危言馳告之，冀動其聽，乃禮之變非正也。後人遂援此為姪可字叔之例，失其旨矣。**⓭**

今案：周氏此處未免魯莽。兩稱絲字，出在《漢書》，而非《史記》。（按之上下文，可知周氏此處「史記」，是專指遷書。而非泛言史書）張冠李戴，史遷蒙冤。即論《漢書》，復有誤植。「兄子種為常侍騎謂盎曰」句，本冠折辱趙談事，而非兩稱絲字，苟且吳相事之冠。此句一見，恰恰稱君不作絲。此誤植至為關鍵。周氏「瀕行迫切」論，其根據即在「兄子種為常侍騎」一語，周氏以「侍」下「斷句」，「騎」遂下屬——意謂匆匆趕來，馬上作別，迫切之際致有急不擇語，非禮之稱。其斷句初無根據。《史記索隱》云：「《漢舊儀》云：持節夾乘輿車騎從者，云常侍騎」。**⓮**「常侍騎」本官稱，不可斷也。況且揆諸常理，情急迫切之際，只會把平時常用昵稱之類脫口而出，而不可能相反，使用平時不該稱呼的叔父之名、字的。「瀕行迫切」說不能成立。

頃讀趙翼《廿二史劄記》（卷三）「長官喪服」條謂漢制：三公得自置吏、刺史得自置從事、二千石得辟功曹掾吏，不需由尚書選授。為所辟置者，即同家臣，因有君臣之誼。晉仍其例，長官屬

⓭ 周廣業：《經史避名彙考》，頁534，臺北明文書局，1986。
⓮ 同註**❾**，頁2740。

吏有君臣之禮，雖君王不禁。既有君臣之禮，遂生持服之制。《晉書·丁潭傳》云：「潭為琅琊王裒郎中令。裒薨，潭上書求終喪禮。長官之喪乃有定制云。」❺今按《漢書》本傳，開首即云「孝文即位，盎兄噲任盎為郎中令」（《史記》同）。「任」字大可玩味。如淳注云：「盎為兄所保存，故得為郎中也。」或初竟為噲屬吏歟？觀下文太尉絳侯嘗怨望盎亦云：「吾與汝兄善，今兒乃毀我」云，知噲位必不卑，或有辟置之權也。如此，則亦可能如後世司馬裒之于丁潭，噲與盎昆弟之外，別有君臣之誼乎？雖然，噲之子豈宜呼叔之字乎？此禮所不容，正王先謙所謂「非其義也」。

《補注》引「官本考證」，亦以《史記》不作兩絲字「似為得之」。❻官本，即武英殿本《漢書》。「考證」與《補注》均未述其理由，今姑申其說。君，秦、漢時尊稱，亦可稱父並諸父，故種稱盎曰君。《漢書》原文亦如《史記》作君。降至魏晉六朝，君字成為避諱常用代字，如《文選》任昉〈上蕭太傅固辭奪禮啟〉首曰「昉啟」，其家集即作「君啟」。何焯云六朝諸書啟多作「君啟」、「君白」之類，不獨任家集避諱用君字代。周廣業舉《文苑英華》徐陵〈與王僧辨書〉首尾皆云「徐君頓首」，餘書曰「徐君白」；《宏明集》鄭道子〈與沙門論踞食書〉末云「鄭君頓首」，亦其例。❼竊意六朝不學人讀《漢書》，以古例今，以為種稱君亦為避諱，遂旁注小字絲，後溷入正文，人又因與絲重複汰去君字，

---

❺ 趙翼：《廿二史箚記》，卷三，頁 63，叢書集成初編本，民國商務印書館。

❻ 同註❶，頁 594。

❼ 同註❻，頁 546。

遂訛作絲。君訛為絲,乃魏晉六朝人所為耳。

《宋書》「平準令」之作「准」是避諱

　　陳垣治學服膺錢大昕,《史諱舉例》多宗彼《廿二史考異》、
《十駕齋養新錄》諸說,偶有駁正。卷六「非避諱而以為避諱例」
論「準之作准」,即是一例。陳《舉例》卷六曰——

> 「準」字之作「准」,相傳以為避劉宋諱,亦非也。《野客
> 叢書》一四云:「今吏文用承准字,合書準。說者謂因寇公
> 當國,人避其諱,遂去十字,只書准。僕考魏晉石本吏文多
> 書此承准字。又觀秦漢間書,與夫隸刻,平準多作准,知此
> 體古矣。」劉宋順帝名準,平準令曰染署令,未嘗以「準」
> 之作「准」為避諱也。❽

當代學者王彥坤引孫觱《宋書考論》,佐證其說——

> 按:《宋書》「准」字多作「淮」,如:〈王淮之傳〉,北
> 監本、毛本、殿本、局本並作「王淮之」,〈羊玄保傳〉亦
> 作「王淮之」。〈庾悅傳〉:「父准,西中郎將、豫州刺
> 史」,各本並作「父准」。〈范泰傳〉:「潁川陳載……即
> 太尉准之弟」,各本「准」亦作「淮」。錢氏《考異》以

---

❽　陳垣:《史諱舉例》,頁75,上海書店,1997。

為：「史家避順帝諱，改準為准，因訛為淮耳。」孫彪《宋書考論》則云：「今世通行准字，說者以為自寇萊公作相始。錢氏謂自宋順帝，皆非也。《魏書·長孫肥傳》：中山太守仇儒推郡盜趙准為主，造妖言云：燕東傾，趙當續。欲知其名，淮水不足。時晉安帝隆安間也。則知此字俗用已久。」王、陳、孫諸氏說是，今本《宋》及《南齊》兩書《校勘記》因襲錢氏之說，不知是何道理。

準字作准，漢《桐柏廟碑》已見，無關避諱。❶⑨

陳王兩氏的駁難，大致可歸納為二點：一，准字來源甚古，不始于劉宋。二，宋順帝世改平準令為染署令，「不以準之作准為避諱」。

先論准字。准字來源甚古說，其說本不誤。周廣業《經史避名彙考》引晉山濤《啟事》有「陳准」，事尚在孫氏《考論》所舉仇儒事前，周氏推論「此體昉於漢末」，亦與王氏舉「〈桐柏廟碑〉（準則大聖）已見」事合。但是謂宋順帝改平準令官稱准非關避諱，則非是。姑先引今中華本《宋書》原文——

《（順帝）本紀》：昇明元年八月戊午，改平準署。

《百官志（上）》云：平准令，一人。丞一人。順帝即位，

---

❶⑨　王彥坤：《歷代避諱字彙典》，頁686，鄭州：中州古籍出版社，1997。

避諱改曰染署。❷⓿

並迻錄「錢氏《考異》」原文——

> 《廿二史考異》卷二十四：潁川陳載，已辟太保掾，而國子
> 取為助教。即太尉淮之弟。淮當作準，史家避順帝諱，改準
> 為准，因偽為淮耳。〈荀伯子傳〉：故太尉廣陵公陳淮，亦
> 準之偽。❷①

對照錢說，可以發現：錢氏此處，並不曾探討准字的來源問題，只是說因避諱，改準作准。再讀《野客叢書》，王楙亦只是說，准字「此體古」，並不曾否定宋世準作准為避諱。今日我們雖不能必錢氏一定讀過《叢書》（按錢氏讀書之博，可以相信他是讀過的），不會有此短視，但有一點可以肯定，說「今世通行准字，錢氏謂源宋順帝⋯⋯」，猶如「說者謂自寇萊公作相始」，絕非事實。

與陳孫王諸氏不同，清代學者自顧炎武、周廣業、俞正燮以來，皆確認上《宋書·順帝紀》、《百官志》文獻准為準之諱字。顧炎武《金石文字記》是首先揭出准字其來已久並仇儒故事的，顧以《管子》、《莊子》以準作准，是取古文為諱字——

> 《金石文字記》：嵩山〈會善寺戒檀敕牒碑〉文，准字本當

---

❷⓿　《宋書》，頁 194、1232，北京中華書局，1974。
❷①　錢大昕：《廿二史考異》，頁 477，叢書集成初編本，民國商務印書館。

作准（同準）。宋周必大《二老堂雜誌》云：「《敕牒》準字去十為准，或謂本朝因寇准為相而改，又云：曾公亮、蔡京父皆名準而避。其實不然。予見唐告已作准，五代堂判亦然。頃在密院令吏用準字，既而作相，又令三省如此寫，至今遂定。」今據大曆時牒已用准字，則知此字自取省筆，果若益公之言而改為準字，則未見後人之遵用也。《廣韻》二字並收，准字下注曰俗，然《管子》書準字皆作准、《莊子》平中准、《文子》放准循繩、《淮南子》眇者使之准、王褒《洞簫賦》夔襄准法，皆用此字。緯書有靈准聽，京房造，准形如瑟十三弦。郭忠恕《佩觿集》曰：「《字林》用准為平準之準」，而後魏時中山太守仇儒為趙準造妖言曰：「燕當頹，趙當續。欲知其名，淮水不足」，則准字之來久矣。又按：宋順帝名準，故《宋書》平準令、王準之皆作准。《管》《莊》諸書亦豈因此而改乎？㉒

周廣業則以准與準音義皆殊，准為準之假字。《彙考》卷十二云——

《淳化閣帖》有晉山濤〈奏狀〉云：臣近啟崔諒、史曜、陳准可補吏部郎。此准字自在仇儒之前，然《管子》國准（準），〈輕重篇〉作國準；靈准聽，〈乾鑿度〉引作準；《史記正義》引《洛書》靈準聽，但作《雜書》靈聽，刪去

㉒　周廣業：《經史避名彙考》，頁 176 引，臺北明文書局，1981。

準字，則不得謂古體盡然。考史遊《急就章》第十七云：頭
額頰頤眉目耳，王應麟注：碑本頤作准，眉作麤。碑本者，
吳皇象所書。頤音拙，鼻頭也。《玉篇》引漢高祖隆頤龍顏
為證，今《史記》作隆準，注亦音拙。因知此體昉於漢末，
音義本於準異。晉人偶借用之，至宋世取以避諱，其字遂盛
行於世。輯《廣韻》者不復深考。頤、準、准並收。而於准
字下注云俗。《集韻》因之。《干祿字書》准、準注云：上
通下正。陳士元《古今韻分注》云：《後漢·樊宏傳》：族
曾孫準，《東觀記》作准。古字通用。《正字通》遂謂准是
準之重文，失之矣。乃自齊梁詔敕迄今文牒，無不作准者，
究所自昉，舍順帝其誰與歸乎？㉓

俞正燮《癸巳存稿》卷三，則以准為準之草書，異體俗寫——

《農田餘語》云：寇萊公當國，凡有文字準此字，去十作
准，至今不改。先宋諸人言之，然韻中亦有此准字，《莊
子》有平中准云云。今案：准是準草書，見《急就章》。宋
順帝諱準，昇明中，取此字。又魏人以准為淮水不足，不得
謂寇準時去十作準。又今字俗者，輒爭曰經子有之，不可以
為俗。不知俗字當去者，正由人以俗字寫經子，若俗字寫俗

書，何足道乎。❷

俞說或出《玉篇·冫部》：「准，準之俗」。《廣韻》、《集韻》
因並以為俗寫。三家於准字的認識有準之古文、假借和俗寫之不
同，然殊途同歸，其為諱字並無歧義。關鍵的問題是：一字之古
文、假借、俗寫異體，能否用作正字之諱字？答案是正面的。有古
文獻為證——

　　《晉書·鄧岳傳》：鄧嶽本名岳，以犯康帝諱，改為嶽，後
　　竟改名為岱焉。❷

　　《玉篇·山部》：「岳同嶽」。段玉裁《說文解字注》：
　　「嶽，從山獄聲。段注：今字作岳，古文之變。」❷

　　《彙考》卷十三云：《北齊書》本傳及《高祖紀》俱不避泰
　　字，唯《顯祖紀》：「天保元年，詔故御史中尉竇太……改
　　筆作太，蓋文宣受禪後，吏部在六廟之列故也。」❷

《廣韻·泰韻》：「泰，通也。古作太。」❷此皆以古文為諱字。

❷　俞正燮：《癸巳存稿》，頁 82，叢書集成初編本，民國商務印書館。
❷　《晉書》，頁 2131，北京中華書局，1974。
❷　段玉裁：《說文解字注》，頁 437，上海古籍出版社，1981。
❷　同註❷，頁 195。
❷　陳彭年：《廣韻》，頁 619，四部精要本，上海古籍出版社，1993。

《毛詩傳箋通釋》卷八云——

> 魏晉間避武帝諱，凡從「喿」之字多改從「參」……《北
> 山》詩「或慘慘畏咎」，《釋文》：「慘本作懆。」《抑》
> 詩「我心慘慘」，張參《五經文字》作「懆」。餘如「勞心
> 慘兮」、「憂心慘慘」，並當為「懆」，是其類也。《廣
> 雅·釋言》：「摻，操也。」蓋其時操多假作摻，故遂以操
> 為摻耳。……《說文》、《玉篇》皆無「摻」字，蓋因魏晉
> 間摻、操不分，淺者誤刪其一。❷❾

《顏氏家訓·書證篇》——

> 簡策字，末代隸書有竹下作夾者……徐仙民《春秋》《禮
> 音》，遂以筴為正字，以策為音。殊為顛倒。❸⓿

> 《彙考》卷九：「今由諱言之，則以邂家京口，所見東州舊
> 本皆避吳諱作筴，而讀曰策故也。」又引吳棫《韻補·質
> 韻》：「策、筴通。」❸❶

此兩例避三國孫策諱，皆以假字為諱字。並出魏晉時人，足見彼時

---

❷❾　馬瑞辰：《毛詩傳箋通釋》，頁 266，北京中華書局，1989。
❸⓿　顏之推：《顏氏家訓》，頁 1071，四部精要本，上海古籍出版社，1992。
❸❶　同註❷❷，頁 143。

避諱喜假字之風。

明末避魯王朱以海諱，改以為吕、改海為澥，一作㳭。吕為以之古文、㳭為海之異體。㉜清道光帝旻寧，即位之初有諭曰：「今朕欽遵（乾隆）成命，將御名上一字敬改。至臣工循例敬避，上一字缺一點，下一字將心字改寫一畫一撇。」㉝今案：按道光即位諭，寧當作寧，然清人多減一橫，寫作寍。此寍字即俗寫字，東晉以來即有此俗寫。此皆以俗字為諱字。足見從古至清都有以古文、假借和俗寫代正字的。

次論宋世已改平准令為染署令，是否以准字為諱字。陳氏以為平準署已改染署，自然無須再以准字為諱。然此說如何解釋周氏、王氏所引《宋書》中〈王準之〉本傳、〈羊玄保傳〉、〈庾悅傳〉、〈荀伯子傳〉、〈范泰傳〉別本多有作准的現象？此其一。今按：百衲本《順帝紀》「平準署」作準、《百官志》「平准令」作准，《紀》在前，述大政紀承舊名，《志》居後，述官職固當奉諱。先準後准，蓋紀其實也。況百衲本出眉山本，此當是沈約《宋書》原文。又《順帝紀》「平準署」之準，余所見百衲本外，武英殿本、汲古閣本、金陵局本無一不作準，而《百官志》「平准令」之准，汲古閣本、金陵局本（金陵局本出汲本）都作準，此當是趙宋刻書，校者不知沈約本意之回改。即此已是准為諱字之證。此其二。史書中有或諱或不諱，清史家指出此是史家駁文，《宋書》正有此例。如：《武帝紀》帝謂司徒王謐曰：「昨見劉諱，風骨不

㉜　同註㉒，頁 377。

㉝　《大清會典事例》，卷三百四十四，宣統己酉版。

恆」、或說玄曰：「劉諱龍行虎步，恐不為人下」。玄曰：「我方
欲平蕩中原，非劉裕莫可付以大事。」《彙考》云：「上言劉諱，
下言劉裕。史駁文也。」❸今《紀》作準、《志》作准，正用此
例。准必諱字。此其三。準去十取准（准），與《宋書》前人避諱
法多取正字去其下半部部首之例同。如——

　　《宋書・蕭惠開傳》：初名慧開，後改慧為惠。

　　《彙考》卷十二云：「蓋避太子（宋後廢帝名昱，小字慧震）小
　　字也。《宋書》惠字又有缺下心者。」❸

　　錢氏《養新錄》卷十五：後蜀石刻《詩經》殘本……碑於察
　　字皆作窊，蓋避（孟）知祥祖諱。❸

此其四。

　　錢大昕、俞正燮兩家與周廣業對準為諱字的過程，看法不盡相
同。錢俞兩氏以為：因避準，直接去下半十字。下半去十當為准，
俞氏未再作解釋，豈以準同准，故不言；錢氏則以為：淮是准的訛
字。周氏以為去十並去點「皆改字不改音，勢非去點無以別於
淮」，是先諱作准後再去點。周說為長。因為周說可以使別本《宋

❸　同註❷，頁 177。
❸　同註❷，頁 176。
❸　錢大昕：《十駕齋養新錄》，頁 366，上海書店，1983。

書》多處王準之作准、《漢晉春秋》袁準作准等現象得到合理的解
釋。倘以錢氏以訛誤解釋，偶然一見，不能決其必無，一再屢見是
不由不令人懷疑的。再者，周氏並非不知准字來歷甚古，其於借准
字諱準之來歷流變，說得清清楚楚。其廣證博引，所援《漢晉春
秋》作者習鑿齒，亦東晉孝武時人，合此可證沈約此舉正魏晉間習
俗之遺，時代相合；齊世、梁世遂作準不復，亦合假字代正字後反
客為主之文字流變的規律。《彙考》卷十二云——

> 《宋書·王準之傳》改為王淮之。惟〈范泰傳〉中仍作準，
> 蓋元會（《南史》作魯）卒於元嘉間，本可不避，史臣特減筆
> 以為恭耳。然其始止去十字而已。至《齊書·陸澄傳》中丞
> 王准，《梁書·王僧孺傳》祖准，宋司徒右長史，則並淮字
> 之點去之。《南史》因作王准之。又《宋書·荀伯子傳》：
> 義熙九年〈表〉：故太尉廣陵公陳淮、又陳茂先〈表〉：臣
> 七世祖太尉陳准；《魏志·明帝紀》注引《漢晉春秋》：袁
> 淮言于曹爽曰，皆但去十。〈王弘之傳〉：外祖何准。亦並
> 去點。然皆改字不改音，勢非去點無以別於淮也。至齊世遂
> 有以准為名者，如虎賁中郎將許准是也。❸

原原本本所以足以憑信。

因為小結如下：准字來源甚古，其與準本音義皆別，西漢史游
《急就章》已省（草）準作准，漢末〈桐柏〉等碑從之。魏晉間人

偶借之為準。或亦因魏晉間准、準如摻、操不分，淺者誤刪其一，遂不見於今本《說文》。宋世諱順帝，沈約等初去十為淮，音讀不變，《宋書》遂見準字作淮；然嫌於淮，故改氵為冫，終取准代準。其初非由准訛而來，實止去十耳。齊梁之世遂大行于時。今中華本《宋》、《南齊》兩史《校勘記》取避諱說，並無不是。

《唐語林》說到的偏旁諱

宋人王讜《唐語林》說到一個唐人避偏旁諱的故事。士人周瞻舉進士謁見李衛公德裕，月餘不得見。門者告個中緣故：「公諱吉，君姓中有之，公每見名即顰蹙」。原來衛公父名吉甫，吉被認為偏旁諱。一日，李氏歸，周瞻突然攔在轎前，責備道——

> 君諱偏旁，則趙壹之後，數不至三；貫山之家，語不言出；謝石之子，何以立碑？李牧之男，豈合書姓？衛公遂入。論者謂兩失之。❸

《歷代避諱字匯典》著錄此事，歸類入「避偏旁字周」，又注云：「李牧句不可解，疑牧字當作孜或枚。」這裏涉及到有關避諱的有兩點：一，李德裕因諱吉，而諱及周字，是否屬偏旁諱，即吉是否周的偏旁字？二，「李牧之男，豈合書姓」究當作何理解？

先討論一。清人俞正燮《癸巳存稿》（卷四）議論及此故事，

---

❸　王讜：《唐語林》，頁166，四庫全書本，上海古籍出版社，1978。

周瞻作周衡。說道——

> 《唐語林》書唐人諱偏旁。李衛公不受周衡謁，衡詰以「賈山家，不言出，謝石家，不立碑」。又連載一條：衛公語王起云：「姚頡不可在去流內」，則不受周謁，非為偏旁。周說誣矣。㊴

俞氏用的是反證駁難法。按《說文·頁部》：「頡，從頁，吉聲」。㊵正字吉確是頡的聲旁，李德裕確不諱偏旁字，故而俞以周說為誣。俞說仍未及吉是否是周的偏旁字。今案：吉，其實並非周的偏旁字。《說文·口部》：「周，密也。從用口，古文周字從古文及」。㊶朱駿聲《說文通訓定聲·孚部》：「從用口，會意。古文從用從古文及」。㊷所以周之與吉，僅是楷書部分筆畫相似而已。並不存在偏旁從出的關係，周亦不從吉得聲。俗言周字為「冂吉周」看來也是對俗寫的認識。

　　這則故事附會到李德裕身上，也自有道理。蓋李德裕多有避父祖家諱的文字。《彙典》引《李文饒外集》卷四《周秦行紀論》云：「余嘗聞太牢氏好奇怪」。太牢氏，是涼國李公對牛僧孺的稱呼，他在「氏」下自注：所言涼公即李逢吉，「涼公名不便，不

㊴　俞正燮：《癸巳存稿》，頁127，叢書集成初編本，民國商務印書館。
㊵　許慎：《說文解字》，頁183、頁33，北京中華書局，1963。
㊶　同註㊵，頁127。
㊷　朱駿聲：《說文通訓定聲》，頁253，武漢古籍書店，1983。

書」。❸「不便」即是逢吉也犯德裕父偏諱。又《臣交論》自注，文中不書漢人幼儒之姓，是因其姓云，與祖父棲筠音同。❹卷一《羊祜留賈充論》「任愷庾尹」自注：「庾為河南尹。名犯廟諱，字又非便，所以不書。」❺此指晉庾純。純字謀甫，所以說「字又非便」云云。

其次說「李牧之男，豈合書姓」。《匯典》感到「此句不可理解，疑牧字當作孜或枚」，是因為將《語林》周氏所云其餘四例一律以犯偏旁諱來對待。這個看法是不合實際的。但看俞氏論此事，只取賈山、謝石兩例，即可明白，俞氏亦不以另二例為偏旁諱處理的。深入分析這四例的避諱類形，我們才能明白「李牧」一條的真實含義。四條中，唯碑與石，確為偏旁諱，其餘三條都有歧義。試看出與山，《說文·出部》：「出，進也。象艸木益滋上出達也」。孫詒讓《名原》云：「古出字，取足形出入之義，不象草木上出形。」（卷上）❻出為象形，所象之物，兩家所見雖有不同，然要非為兩山構成，乃是一致的。《正字通·山部》：「出，俗從兩山作出。非。」❼原來出與山，亦如周與吉，只是俗寫偏旁相似而已。再看「趙壹之後，數不至三」。因行文修辭的關係，此句可有兩種理解：一是說，趙壹後代，因諱的關係，以口數數不能從「一」開始；一是說，一，二，三，這三個數字都不能書寫，因為

---

❸　王彥坤：《歷代避諱字匯典》，頁 210，中州古籍出版社，1997。

❹　周廣業：《經史避名彙考》，頁 559，臺北明文書局，1986。

❺　李德裕：《李衛公外集》，卷一，畿輔叢書本。

❻　孫詒讓：《名原》，光緒乙巳本。

❼　張自烈：《正字通》，頁 114，續修四庫全書本，上海古籍出版社，2002。

都含有一。合而言之，是一犯壹之諱。今按：《說文·一部》：
「弌，古文一」。又壹部：「壹，專一也。從壼，吉聲」。❹足見
壹與一，不存在偏（聲）旁關係。《定聲·履部》：「壹，假借為
一。《廣雅·釋詁》：一，壹、弌也。……按壹貳為數者，後世官
書恐防奸易」。❹所謂「官書恐防奸易」即是說公文本用一，二，
三，怕為人竊改故以壹貳叄為數者。此法沿用至今。一之與壹，只
有假借，並非偏旁關係，故而趙氏後代數一，不管是口數及一，還
是書寫一，二，三，都只是諱嫌名，而非屬避偏旁。既然周瞻
（術）所及之吉與周、山與出、一與壹，都不屬避偏旁，那麼「李
牧之男，豈合書姓」，顯然也不當拘泥於從避偏旁考量。鄙意：牧
之姓，俗稱木子李，此蓋言書姓則木與牧為嫌名耳。情況略似上文
一之於壹，不過一之於壹為整體聲相似，此則李之局部（偏旁）與
牧聲涉嫌名焉。凡此五例避諱，都是周氏怨憤，以子之矛，攻子之
盾，曲避以苛責李德裕，然亦事出有因，並非如俞氏能以一「誣」
字了事的。

說「邦巽」

　　早年讀《史記·仲尼弟子列傳》（中華書局版），于孔門弟子字
子斂之大名，頗致疑竇。據司馬貞《索隱》，邦巽之外，復有邦
選、國選、邦巽之稱，後來得讀日本水澤利忠《史記會注考證校

❹　同註❹，頁1及頁214。
❹　同註❹，頁635。

補》，知南宋慶元本又作邦選，是子斂大名有五種異稱矣。

余所見對邦巽異稱最早作解釋的當是司馬貞《索隱》——

> 《家語》巽作選，字子斂。文翁《圖》作國選，蓋亦避漢諱
> 改之。劉氏作邦巽，音圭。所見各異。❺⓪

「文翁《圖》」，當是《文翁學堂像題記》（見《隋書經籍志》二），
所謂「劉氏」，指劉伯莊，唐貞觀時人。兩《唐志》載，著有《史
記音義》、《史記地名》、《漢書音義》等多種著作，《索隱》云
云，當出《史記音義》。司馬貞「蓋亦避漢諱改之」，不知是僅指
「國」字言，還是包括「選」、「邦」。說得含糊，因此避諱之
說，未能引起後來學者的重視。宋元明無論，迄至清代始有朱彝
尊、梁玉繩、張文虎、費崇朱等先後討論邦巽異名，而仍不及避
諱。朱氏初無發明，後三家論述稍詳。梁玉繩《史記志疑》云——

> 邦及國，為邽之偽，蓋後人傳寫以邽與邦字相近，而易邽為
> 邦。有或取邦與國義相當，而轉邦為國未可知。❺①

是梁氏以為子斂當姓邽，邦之作邽，「蓋後人傳寫」之訛。國自邦來，
蓋由「義相當」。張文虎《校刊史記集解索隱正義劄記》則云——

---

❺⓪　《史記》，卷七，頁 2225，北京中華書局，1962。

❺①　水澤利忠：《史記會注考證校補》，卷六十七，頁 1343，上海古籍出版社，
　　　1986。

《索隱》本邦，各本作邶。《雜誌》云：《廣韻》：邦，又姓。而邶下不云是姓。《索隱》謂《家語》巽作選，而不云邦作邶，則《家語》亦作邦。今本作邶，皆後人所改。❺²

張文虎顯然是針對梁氏而言：子斂姓邦，不當是邶，張引《家語》和《廣韻》為證，其說有理。然張亦只云「今本作邶，皆後人所改」，至於邦何以會作邶？巽何以《家語》作選？均付闕如。至費氏《孔子門人考》則云——

按：《世紀》引《文廟祀典》：巽原姓邦，故改為國，後人誤作邶。此說非也。邦巽，見《史記》，《家語》則作邦選。選與巽通，巽亦選之省文。兩書所載，雖不無小異，要不害其為同。漢人偽邦為邶，書姓已失其舊。文翁不察邦字之偽，改邶為國，以避高祖諱，又是誤中之誤。幸《史記》、《家語》尚存邦姓之真。後人執此為據猶可以訂他說之謬。若非此二書，則天下萬世將不知孔門有邦氏矣。❺³

選固與巽通，《說文·辵部》：「選，遣也。從辵、巽。巽，遣之，巽亦聲。」朱駿聲《說文通訓定聲》從此說。然既為人名，試問何者為正，何者為借？是子斂之名仍不得其解。費氏云以邦為姓，是費氏顯然未見張氏《劄記》，又言「漢人偽邦為邶」云云，

---

❺²　同註❺¹，頁 1352。

❺³　費崇朱：《孔子門人考》，頁 39，光緒丙申（1896）刊本。

全是臆測，不足為憑。歸根結底，三氏之失，皆在於《索隱》避諱之說，或只見皮毛（只知邦之為國），或掉以輕心之故。近人陳垣《史諱舉例》終於從避諱論子斂之姓，其「避諱改前人姓例」，以此為例證，在援引《索隱》云云之後道——

> 然古本必作邦字，不然，何以避諱作國；且《索隱》謂《家語》作選，則《家語》亦作邦可知。今《家語》作邦者，後人以誤本《史記》改之也。❺❹

持論本宗張說，而以嘗避諱作國，反證原本作邦，立論固自不易。所惜說避諱只論國而不及邦，反以邦為誤字（出誤本）。其實，邦亦邦之諱字，初非傳寫訛誤。頃得讀敦煌諸《文選》寫卷，始知邦字作邦屢見於唐五代人寫卷。《俄藏敦煌寫本 φ.242 文選》係唐哀帝時寫本，此卷邦字凡五見，四作邦：韋孟《諷諫詩》「總齊群邦」、「實絕我邦」、「我邦既絕」、「邦事是廢」❺❺，刻本《文選》，如尤延之刊單李善注本、宋建陽刊六臣注本，皆作邦，寫卷蓋避漢高祖諱。邦何以可作邦字？此蓋避諱有代字法，其法有取義同，如漢諱徹之作通、盈之作滿；有取音近，如晉文帝名昭，改昭陽縣作邵陽、北齊諱樹，《魏書·地形志》樹頹縣作殊頹；亦有取形近者，如北魏道武帝珪，因改上邦縣為上封（邦，珪之嫌名），即是。上文說 φ.242 寫卷，其邦字凡五見，四作邦，另一處作拜，見

---

❺❹　陳垣：《史諱舉例》，頁 28，上海書店，1997。

❺❺　《俄藏敦煌文獻》，頁 338−342，上海古籍出版社，1993。

謝靈運《述祖德詩》「萬拜咸震撼」，拜字，刻本均作邦，是拜亦邦之諱字，亦取形似而已，絕非抄者誤寫。若從避諱代字之法，以觀子斂諸異名，可知作國、作選，亦由避諱。前者與邦義近，後者蓋為漢宣帝劉詢嫌名，其取選，蓋「與巽通」。劉伯莊所見《史記》已作邦，可見貞觀以前已有此種寫法也。其演變之迹，亦依諱字先後，可得崖略：子斂大名原本邦巽，宣帝以前，避邦作邦巽，宣帝時避嫌名作國選，而邦選、邦選皆當後人所改。多年疑竇一旦冰釋，其快何如？

「止鼓兩字敂」解

《舊唐書·哀帝紀》一節論御名嫌諱文字，中華書局本是如此處理的——

> （天祐元年九月）庚寅，中書奏：太常寺止鼓兩字「敂」上字犯御名，請改曰「肇」。從之。❺❻

「止鼓兩字」頗難索解，究竟指何物事？「太常寺」以下十三字如何斷句？倘「敂」字屬上，則「兩字敂」何解？倘「敂」字屬下，直接「上字犯御名」，似可推測：上一字當為柷字。柷敂乃太常寺之樂器，然則與上文「止鼓兩字」又有何關涉？

宋儒編《冊府元龜》（卷三「帝王部·名諱」），似也覺察到《舊

---

❺❻　《舊唐書》，頁 787，北京中華書局，1975。

唐書》這節文字的費解，因云──

> 哀帝諱祝。初封輝王名祚，天祐元年八月，立為太子，監
> 國，乃更之。即位，先是太嘗〔常〕寺有止鼓兩字樂器，上字
> 犯御名。中書門下奏：「臣等謹按故事：漢室以北山改郡，
> 蓋為文皇；國朝以復姓稱子〔于〕，實緣憲祖。或易建康之
> 縣，或更昭穆之音，皆因踐祚之初，合舉避行之典。按《爾
> 雅·釋樂篇》：『鼓謂之止，敔謂之籈』。今者陛下，肇承
> 丕祚，始值遷都。凡厥惟新，式叶正始。竊詳《爾雅》，肇
> 亦訓始。臣等商量，望改為肇」。從之。❺

「先是」云云，顯係宋儒對《舊唐書》的解釋性文字，「中書門下
奏」云云，始是宋儒引用唐臣原始文獻。由宋儒的解釋，我們大體
知道《哀帝紀》中「止鼓兩字」的意思，《哀帝紀》這節文字似乎
徑改作「中書奏：太常寺止鼓兩字樂器『敔』上字犯御名……」就
可以了。然而問題並非只在補上「樂器」兩字而已。「敔」字在宋
儒解釋中並未出現，它又從何而來？況且「先是」云，也只是宋儒
的解釋，並非原始文獻。這份原始文獻議題是「商量」避御諱嫌名
祝，擬取肇字相代。且不管「中書奏」中對唐以前避諱文獻的解讀
是否正確，我們有一點該注意的是，唐臣援引《爾雅》亦有避諱。
今案《爾雅註疏·釋樂》是這樣的：「所以鼓柷，謂之止；所以鼓

---

❺　王欽若：《冊府元龜》，頁37，北京中華書局，1960。

敔，謂之籈」。㊺可見《冊府》作「鼓謂之止」，上文因諱省
「柷」；「敔謂之籈」，下文承上省「鼓」，互文見義。「鼓謂之
止」正與《哀帝紀》中「止鼓」相應，止鼓代柷一字，而非代柷
敔。只是《冊府》並未交代柷何以用肇代，柷為何可訓「始」？按
之《禮記正義·王制》：「天子賜諸侯樂，則以柷將之」。㊽又
《書·益稷》「下管鼗鼓，合止柷敔」孔疏：「樂之初，擊柷以作
之；樂之末，戛敔以止之。故云所以作止樂」。㊾原來擊柷是樂
作，擊敔是樂曲的終結。

現在看《哀帝紀》這節文字的正偽。中書省奏本意之最直截的
表達是——

太常寺柷敔上字犯御名請改為肇

這裏無須「兩字樂器」云云，蓋此四字原出自宋儒的解釋。因為避
諱，故唐臣章奏，當日權借「止鼓」代柷，其章奏應是——

太常寺止鼓敔上字犯御名請改曰肇

㊺　郭璞注，邢昺疏：《爾雅註疏》，頁 2602，四部精要本，上海古籍出版社，
　　1993。

㊽　鄭玄注，孔穎達疏：《禮記正義·王制》，頁 1332，十三經注疏本，北京中
　　華書局，1983。

㊾　孔安國傳，孔穎達疏：《尚書正義》，頁 144，十三經注疏本，北京中華書
　　局，1983。

人或虞讀者不明「止鼓」所指，乃在「敔」下，加「兩字」之注
——

　　太常寺止鼓敔_{兩字}上字犯御名請改日肇

此注正是宋儒《册府》「兩字樂器」之所自來，唐臣固並「樂器」
兩字全無。再後來，注文被誤入正文，且位移至「鼓」下，遂有今
日所見《哀帝紀》這節似通非通的文字。今姑擬標點如下——

　　太常寺止鼓敔，上字犯御名，請改日肇。

並且按中華本通例，為正文刪去的注文「兩字」，當於卷末出校。
　　這節文獻的解讀，無疑說明了一個道理，搞避諱學也需要一定
的校勘學基礎，否則於避諱學既不能深入，閱讀古代文獻自然還會
有許多窒礙困難。

滸墅關與許市關

　　蘇州城西南有鎮名滸墅關。本名虎瞜，避唐李虎諱改許瞜。許
與虎音本同。《說文·言部》：「許，聽也。從言，午聲。」[61]楊
樹達《積微居小學述林》以為「聽」非「許」之「朝朔意」，云：
「許從午聲，午即杵之象形字，字從言從午，謂舂者送杵之聲

---

[61]　許慎：《說文解字》，頁51，北京中華書局，1953。

也……舉杵勸力有聲，許字之本義也。……舂者手持物而口有聲，故許字從言從午；口有言而聲應之，故許引申義為聽。」❷楊說甚是。然「從言，午聲」、「口有言而聲應之」，似不必拘泥於一人之口與手，段注《說文》作：「聽從之言也……引申之凡順從曰聽。」❸不妨理解作一人口有言，眾人聲應之。此即段氏所謂「順從曰聽」。《淮南子·道應》：「今夫舉大木者，前呼邪許，後亦應之。此舉重勸力之歌也。」❹此乃許之本義。許的本音，亦當是《玉篇》、《廣韻》：「呼古切」。《詩經·小雅·伐木》「伐木許許」，許與藇叶、〈王風·揚之水〉許與蒲叶、〈魯頌·閟宮〉許與嘏魯叶，是其證。許嘐，唐人音讀尚不誤。《後漢書·朱穆傳》李賢注及《顏氏家訓》引《詩經·伐木》，並作「伐木滸滸」❺；陸廣微《吳地記》：「虎嘐，唐諱虎，錢氏諱嘐，改為滸墅」。❻許俱作滸，足見俱讀呼古切。然「許嘐」之「許」，怎麼形變成「滸」？元高德基《平江記事》云：「許市，去吳縣西二十五里……因名其地曰虎嘐。至南唐諱琥，錢氏諱鏐，遂名許市。後人訛舊音，于許字加點水為滸，市訛為墅。迄今兩稱之，不能辨云。」❼高說，今人多有不信其說❽，然也有可取之處。一，虎字

---

❷　《漢語大字典》，頁 1642，湖北四川辭書出版社，1995。

❸　段玉裁：《說文解字注》，頁 90，上海古籍出版社，1981。

❹　《淮南子》，頁 729，四部精要本，上海古籍出版社，1981。《呂氏春秋·淫辭》：「邪許」作「輿謣」。謣是許的假字。音同。

❺　朱駿聲：《說文通訓定聲·豫部第九》，頁 390，武漢古籍書店，1983。

❻　同註❻，頁 725。

❼　同註❻，頁 725。

避諱，最初始自唐不自南唐，高說固非，然謬字避錢吳為市，其說可取。二，高云：「（許、滸）至今兩稱之」，或是元代蘇人音讀實情，它提供了有價值的語音資料。三，高云：「許加點水為滸」，則是對兩者轉變的一種解釋，或據「兩稱之」循環論證而得，此則非是。許何以訛為滸？豈是像高說可隨心所欲的。蓋因許字左旁之言，古人行草作讠（類今之簡寫）與三點水極似，遂與汻字相淆。《說文·水部》：「汻，水厓也。從水，午聲。」邵瑛《說文解字群經正字》：「今經典作滸。《詩·葛藟》『在河之滸』、〈緜〉『率西水滸』、〈江漢〉『江漢之滸』；《爾雅·釋丘》『岸上，滸』，〈釋水〉『滸，水厓』、『淮為滸』。正字當作汻。」[69]原來汻為滸之正字。諸經典皆作滸，故唐人先因形近，許訛作汻，再由正字汻作滸，這是滸字的真正來歷。滸字不必諱，則韓愈《諱辨》可證：「今上章及詔不聞諱『滸』、『勢』、『秉』、『饑』也。」[70]前此未經人道及，今為揭破。常熟東北長江口有滸浦，本名許浦。其誤與此正同，滸字並非如《漢語大字典》所說本身有兩讀。至於將「許滸」之許讀作虛呂切，蓋許本有兩讀，本音呼古切外，別有徐氏解《說文》之虛呂切，其來源亦古。許市之誤讀在五代：或錢吳世，與市之訛墅同時，或在南唐（如高氏所說），再諱琥改音讀。總而言之，五代已不解唐人滸字之

---

[68]　如李文輝：〈滸墅關的來龍去脈〉，以為不存在訛舊音及訛字的問題，《地理知識》，1987。

[69]　同註[65]。

[70]　韓愈：《昌黎先生集·雜著》，頁98，四部精要本，上海古籍出版社，1981。

由來矣。自此，民間俗（改）讀相延至今。蘇州民間嘗將濟之讀許，歸咎於乾隆帝下江南，不識濟字讀半邊。皇帝既讀錯，臣僚百姓只得將錯就錯云云。此是小說家、藝人們之附會，真正是戲說乾隆，厚誣了這位「聖學高深，才思敏贍」（趙翼語）的天子了。

《金史·孫即康傳》中一節涉及金源避諱制度的文字

北京中華書局 1975 年版《金史·孫即康傳》有如下一節涉及金源避諱制度的文字——

> 上問即康、參知政事賈鉉曰：「太宗廟諱同音字，有讀作『成』字者，既非同音，便不當缺點畫。睿宗廟諱改作『崇』字，其下卻有本字全體，不若將『示』字依《蘭亭帖》寫作『未』字。顯宗廟諱『允』，『允』字合缺點畫，如『統』傍之『充』，似不合缺。」即康奏曰：「唐太宗諱世民，偏旁犯如『葉』字作『菜』字，『泯』字作『泚』字。」乃擬『熙宗廟諱從「面」從「且」。睿宗廟諱上字從「未」，下字從「丟」。世宗廟諱從「系」。顯宗廟諱如正犯字形，止書斜畫，「沈」字「銑」字各從「口」，「兌」「悅」之類各從本傳。」從之，自此不勝曲避矣。**⑦**

---

⑦　《金史》，頁 2196，北京中華書局，1975。此引正文及校語並依中華本。

這節文字如此標點及其所作的校勘，關係到兩大問題：一，「太宗廟諱同音字」至「似不合缺」這節文字究竟出於何人之口，是誰的避諱主張？二，這節文字的校勘及其校語，其正誤如何？這兩大問題，都有關乎對此節文獻的理解，不可不辨。

　　先說第一個問題。第一句「即康」字下加頓號，給人的印象，這是章宗和孫即康、賈鉉兩個臣子談話，說「太宗廟諱」云云的是章宗本人。與標點本同樣理解的大有人在，陳垣《史諱舉例·遼金諱例》就是——

　　　　《孫即康傳》：「泰和六年，上問即康，睿宗諱改作崇字，其下卻有本字全體。……」❼❷

作此標點和理解的根子還不在陳氏，而在清嘉慶間之施國祁《金史詳校》。施氏校曰：「『上問即康參知政事賈鉉』，康下當加及」，即是中華本頓號的來源。如此校勘、標點（加頓號），下文「曰」的主語，順理成章便是章宗了。然而，讀者只要稍作思考，就會有疑問，作為一代帝王，章宗真能對避諱有此研究？況且「不若」云云、「似不合缺」之「似」也絕然不是帝王的口氣啊！可以斷言，有此主張的是臣子，具體講，應是賈鉉。周廣業《彙考》（卷22）直接演繹這段文獻云——

　　　　《金史·孫即康傳》：章宗承安六年，參知政事賈鉉曰：太

<hr />

❼❷　陳垣：《史諱舉例》，頁 116，上海書店，1997。

宗廟諱同音字，有讀成字者……上問以即康，即康奏
曰……。**❼❸**

道光間俞正燮《癸巳存稿》（卷 8）「金記缺改字」條也是如此說
的——

> 《金史·孫即康傳》云：宣（章）宗問即康曰：賈鉉言：太
> 宗諱單作成字，不當缺點畫，睿宗諱改作崇，然下有本字全
> 體。當依《蘭亭帖》下示作未。充字合缺點畫，如統旁之充
> 不合缺。即康擬以熙宗諱從面從且，睿宗諱上字從未下字從
> 世。世宗諱從系，顯宗諱正犯字止作斜畫。至沈、銑各從
> 口，兌說各從本傳。讀之驟不解。**❼❹**

周、俞兩人並以作此主張的是賈鉉，章帝只是轉述賈的話，以徵求
孫氏的意見，因而下文有即康的回奏。施氏、陳氏的理解、中華本
的標點，顯然都是錯誤的。

第二個問題是校勘。中華本有正有誤。今逐條分析疏證如下：

(1)「若」字上補「不」字，此補甚是。與施、周、俞三家合。

(2)「充」字上加「顯宗廟諱允」，校語[十一]云：「原脫『顯
宗廟諱允』五字，據文義補」。**❼❺**此有正有誤。「顯宗廟諱」四

❼❸ 周廣業：《經史避名彙考》，頁 351，臺北明文書局，1986。

❼❹ 俞正燮：《癸巳存稿》，頁 237，叢書集成初編本，民國商務印書館。

❼❺ 同註**❼❹**。

字，舊本（如殿本、同治江蘇書局本等）均無，周氏《彙考》、施氏校
語、俞氏《存稿》都有。合是。允字，則舊本、周氏、施氏並無。
俞氏承上引文繼續說道——

> 蓋賈說充當作允。允上當有顯宗廟諱四字。孫說下字從世，
> 當云從卉。字各有形式，以一切書之，不能解矣。太宗誠
> （晟）字缺筆，單成則不煩缺。熙宗亶，本從㐭從旦，而改
> 作面與且，今人俗別猶沿之。顯宗允上厶字，楷作厶，初缺
> 筆，後改從口。其單字從口似兄，則斜畫作允也。睿宗之宗
> 增作崇，以有全字在，故下示改作未。世則以三十作卉。其
> 世宗雍則改鄉為系，作雍狀。蓋以文記字最難……**㉖**

俞氏的主張是改充作允，與中華本諸家皆不合。俞說為是，充字當
是允字之訛。首先原本「充字合缺點畫」與下文「統旁之充，似不
合缺」，自相矛盾，深諳諱禮的賈鉉不可能有此說。其次，改充作
允，「允（不是充）字合缺筆畫」，始與下文孫即康所擬「顯宗廟
諱如正犯字形，止書斜畫」云云合拍。允字是顯宗正諱，初擬缺筆
畫，後上半厶改用口，但儿上作口，便似兄字了，故而最終用缺筆
加斜畫作允。統旁之充，為什麼賈云「似不合缺」？這是因為充字
本身就無須缺筆畫（此點亦正是認定中華本之「充」字所以為衍之原因）。
章宗與孫即康討論的是避偏旁諱的諱制，允倘是充字的偏旁，只要
細審這節文字，就明白，充亦當避諱缺筆而改作口了。事實是允並

㉖ 同註**㉔**，頁 238。

非充的偏旁，楷書看上去似是，篆書卻不是。《說文》卷八《儿部》：「允（𠗧）信也。從儿㠯聲」。允上厶，原來是㠯（以），而充字雖同在《說文》儿部，卻作：「𠫓：長也，高也。從儿育省聲」。❼充上𠫓，原來是𠫓，《說文·𠫓部》云：「𠫓，不順忽出也。他骨切。」❼與厶（㠯）音義皆不相干。充與允字既非偏旁字，那麼以充為偏旁的「從系充聲」的統字自然不合缺筆了。

⑶「沇」字「鈗」字各從「囗」，「兌」「悅」之類各從本傳。

中華本校[十三]云：「按：此有誤字，疑沇當作充，鈗當作銃，傳當作體。」今按：沇誠同充字，然此處不必改，都是以允為聲旁之字。「鈗當作銃」，此說誤。《說文·金部》：鈗，侍臣所執兵也。從金允聲。《周書》曰：一人冕，執鈗。讀若允。餘准切。❼允為鈗聲旁。而銃，《說文》不收。《玉篇》：「銃，鋆也」。《說文·金部》：「鋆：斤釜穿也。從金𦔮聲。曲恭切。」❽與正字允字無偏旁關係。鈗不當改銃。

中華本又云「傳當作體」，亦非。周、施、俞三家都未出校，而施《詳校》、俞「金記缺改字」條，本專為校勘設，而皆不及，故而「傳當作體」，首先就值得懷疑。其次，需討論孫即康「兌、悅之類各從本傳」說的具體內涵。議論與允字有關的偏旁字，與「兌、悅之類」何干？原來，兌字亦在《說文·儿部》，云：

---

❼ 許慎：《說文解字》，頁 176，北京中華書局，1963。

❼ 同註❼，頁 310。

❼ 同註❼，頁 297。

❽ 同註❼，頁 295。

「兑，說也。從儿台聲」。❽段注「從儿台聲」云：「台與沇，古
同字同音。兑為台聲者，古合音也」。❾原來台即沇，與兖為古今
字。按許慎說，允當為兖之聲旁，准孫氏擬訂之沇、鈗字中，允當
從口原則，兖正合作兑，故孫氏有「各從本傳」之說。所謂「傳」
字，即許慎之「說」也、「解」也，注釋也。孫氏所以有此說，或
許還跟《說文》「兑」字所附徐鉉說有關。注云：「臣鉉等曰：
台，古文兖字，非聲。當從口從八，象氣之分散。《易》曰：兑為
巫為口。大外切」。徐鉉指出，台是兖之古文，但不是兑之聲旁。
他不承認兑是「從儿台聲」的形聲字，認為兑上半部是象形、會意
字。所以孫即康此句，或許是針對徐鉉否定許文而言。改傳為體，
望文生義耳。兑字在這裏讀欲雪切，而非大外切。兑與悅、說本
通，是喜也，樂也，服也，歡樂的意思，所以「兑悅之類」，俞氏
作兑說之類，不是訛誤。

　　關鍵部分既已疏通，章宗君臣所論金代避諱禮制也豁然開朗。
太宗諱晟，字有兩讀，其讀盛音當諱，讀成音不諱。熙宗諱亶，從
面從且。睿宗諱宗堯，上字作宋、下字作堯。世宗諱雍，改作雝。
顯宗諱允恭，允單用，缺筆斜畫作允，正字允全體作諱字偏旁，如
沇、鈗之類，改作況、鈛，兑、悅、說之類仍舊。由此我們歸納出
金源諱制較密的特色，即諱正字，諱嫌名，二名偏諱，如同宋諱
外，又有避偏旁之諱。是朱熹所謂「外國法偏旁字皆諱」❿是也。

❽　同註❼，頁176。
❾　段玉裁：《說文解字注》，頁405，上海古籍出版社，1981。
❿　同註❼，頁356。

《孫即康傳》云：「自此不勝曲避也」。這也證明周廣業所云「討論諱制當以明昌、泰和為准」❽的說法，是有道理的。

❽　同註❼，頁 355。

篳路藍縷　以啓山林
──錢大昕對避諱學的貢獻

　　避諱起源於原始人類對鬼神的敬畏，中土其俗昉于周秦，有學者以為，卜辭中貞人稱時王而不名，已透露殷商可能有諱名的迹象。研究避諱的專著，至遲在東漢末年，已出現應劭的《舊君諱議》，迄今已有近二千年的歷史。屈指算來，對避諱學有定鼎之功的有三家：清代的錢大昕、周廣業和近代的陳垣，其中以錢氏厥功最偉。雖然不像後面兩人有避諱專著，他在中國學術史上的地位，也並非賴避諱研究而確立；他是清代考據學的集大成者，避諱研究，只是出其考據、小學、文獻諸學之餘緒，但他於避諱學舉足輕重，是該學科的最重要的先驅者。

　　錢氏研究的成果，主要散見於他的《廿二史考異》、《潛研堂金石文跋尾》、《潛研堂文集》、《十駕齋養新錄》諸書。他貢獻於避諱學的，一是他自覺運用避諱學，考證校勘、整理古籍的大量成功的實踐，一是對避諱學理論的精到闡發。尤其前者，於後世學者如陳垣的影響甚巨。陳氏是使避諱學最終獨立於史學，成為專門之學的建構者。

　　錢氏對避諱學的貢獻，具體表現在以下四個方面。

一、豐富的實踐成果

錢氏運用避諱學在校勘、考據、版本研究、古文獻研究諸方面取得了豐碩的成果。他對避諱學應用的開發，主要表現有三端：

㈠使避諱學成為理校之利器。

校勘學有所謂理校一法，即以充足理由為依據，進行演繹、歸納、推理，以此考證古文獻中出現的訛誤。錢氏賴以校勘的充足理由，常常是以諱字的鑑定和剖析為基礎。《考異》考論《遼史·道宗紀》「壽隆年號之誤」，是一個很好的例子——

> 按洪遵《泉志》，載壽昌元寶錢，引李季興《東北諸蕃樞要》云：契丹主天祐年號壽昌。又引《北遼通書》云：天祚即位，壽昌七年，改元乾統。予家藏《易州興國寺碑》《安德州靈岩寺碑》《興中府玉石觀音像唱和詩碑》，皆壽昌中刻。《東都事略》、《文獻通考》皆宋人書也，亦稱壽昌，無有云壽隆者，可證壽隆乃壽昌之偽也。遼人謹於避諱，如光祿改為崇祿，避太宗諱也；女真改為女直，避興宗諱也；天祚名延禧，乃追改重熙年號為重和，於嫌名猶必迴避如此，道宗乃聖宗之孫，而以壽隆紀年，此理所必無者。❶

家藏三碑、宋人兩書的他校，並不能排除年號更改，失落的可能，「遼人謹於避諱」，「道宗乃聖宗之孫」，「壽隆紀年，此理所必

---

❶　錢大昕：《廿二史考異》，卷八十三，頁 1336，叢書集成初編本，民國商務印書館。

無者」的理性分析，才是對壽隆說的致命一擊。類似的例子，還有
辨析《宋史·光宗紀》紹熙二年，「金遣完顏襄等來告哀」的記
載。《考異》認為：「金熙宗名亶，不應使者與同名」，同樣是出
於「理所必無」的理念。繼而錢氏果然查到「《金史·交聘表》作
亶字」❷，缺筆避諱的史實。在豐富的考異實踐中，錢氏頗留意于
開拓以辨諱為理校武器的校勘領域，所作考異，多具可操作、有示
範性的特點。余所見具體有三點：

　　1.「注羼入正文」例。

　　錢氏《養新錄》「《後漢書》注攙入正文」條云：「《郭太
傳》：『初，太始至南州』以下七十四字，章懷注引謝承《後漢
書》之文，今誤作大字，溷入正文。予嘗見南宋本，及明嘉靖己酉
福建本，皆不誤。蔚宗書避其家諱，於此傳前後皆稱林宗字，不應
忽爾稱名，且其事已載《黃憲傳》，毋庸重出也」。❸今案：李賢
引謝承原文，七十四字是這樣的：「初，太始至南州，過袁奉高，
不宿而去 ；從叔度，累日不去。或以問太。太曰：奉高之器，譬
之泛濫，雖清而易挹；叔度之器，汪汪若千頃之波，澄之不清，撓
之不濁，不可量也。已而果然。太以是名聞天下。」《後漢書》作
者范曄，父名泰，故范於《後漢書》不書泰。其《郭泰傳》標題格
於體例，改泰為太，作《郭太傳》，而行文多以字行。謝承著作述
郭氏當然不必以字行，故而錢氏此從避諱讀出破綻。《養新錄》此
節錢氏似先有對校（版本），次有諱字理校，次有本校（與《黃傳》重

---

❷　同註❶，卷六十七，頁 1123。

❸　錢大昕：《十駕齋養新錄》，卷六，頁 125，上海書店，1983。

出），其實當初考校過程，率先有諱字理校致疑而起，《考異》
（卷十二）詳細記錄了考校經過──

> 予初讀此《傳》，至此數行，疑其詞句不倫，蔚宗避其父
> 名，篇中前後皆稱林宗，即它傳亦然。此獨書其名，一疑
> 也；且其事已載《黃憲傳》，不當重出，二疑也；叔度書字
> 而不書姓，三疑也；前云「於是名震京師」，此又云「以是
> 名聞天下」，詞意重遝，四疑也。後得閩中舊本，乃知此本
> 十四字，本章懷注引謝承之書，叔度不書姓者，蒙上「入汝
> 南則交接黃叔度」而言也。今本皆攙入正文。惟閩本猶不失
> 其舊……。❹

諱字是錢氏置疑之鈐鍵。此是錢氏闡發以諱字能發現注攙入正文義
例。

2.書有補卷、補佚例。

《北史·高熲傳》：「俄而上柱國王積以罪誅」。《考異》云
──

> 即王世積也。王懋竑曰：《北史》例不避世字，此卷世室作
> 代室、王世積去世字，與他卷例異。《李德林傳》稱晉王諱
> 而不名，亦與他傳異。每卷末有總論，而此卷無之。疑《北

---

❹　同註❶，卷十二，頁 258。

史》缺此卷，後人別據它書補之。❺

又《魏書·景穆十二王傳》：「（東阿公順）廣陽王淵。奸徵妻于氏」。《考異》綜合諸傳云——

> 此傳及〈肅宗紀〉、〈李崇〉、〈崔光〉、〈辛纂〉、〈賀拔勝〉、〈儒林〉、〈文苑傳〉，俱云廣陽王淵，而〈太武五王傳〉作深，蓋《魏史·太武五王傳》已亡，後人取《北史》補之。《北史》避唐諱，改淵為深，而校書者不知追改也。❻

上例說《北史》有據他書補入者，下例說《魏書》有據《北史》補入者，書有異同，其判斷依據，皆從一書體例，而發現體例有異之武器，都是諱字。

　　3.文獻有後人因避諱而改易例。

　　《沈約傳》「貴則景魏蕭曹」。《考異》云：「景魏謂丙吉、魏相也。《許懋傳》『湯又不應傳外景』，外景即外丙。思廉避唐諱改。」❼又，《魏書·景穆十二王傳下》：「衍中軍大將軍臨川王蕭宏」。《考異》云：「按：《魏史》于諸帝之諱，皆回易本字，如崔宏稱元伯，慕容恪稱元恭是也。而《紀傳》于蕭宏之名多

---

❺　同註❶，卷四十，頁 752。
❻　同註❶，卷二十八，頁 548。
❼　同註❶，卷二十六，頁 509。

不迴避，必非魏收原文，當從《島夷傳》作蕭密為是。餘皆後人據
《南史》追改」。❽此是錢氏揭示後人據他書追改舊籍例。《考
異》發覆有後人回改不當，致妄改舊籍者——

> 如建武七年，詔郡國出繫囚見徒，免為庶民。十一年，詔敢
> 灸灼奴婢論如律，免所灸灼者為庶民。十二年，詔隴蜀民被
> 略為奴婢，自訟者及縣官未報，一切免為庶民。……此庶民
> 悉當作庶人。校書者不知庶民與庶人有別，而一例改
> 之，……凡律言庶人者，對奴婢及有罪者而言，與他處泛稱
> 庶民迥乎不同。又《崔寔傳》引景帝詔曰：「加笞與重罪無
> 異，幸而不死，不可為民」，此亦不當改而妄改者也。❾

錢氏之所以能發現此處回改之非，一面固由於熟悉彼時刑法庶人與
庶民有別，另一個更原始直接的原因，就在於從避諱出發，敏銳地
發現一卷或一書之中，或改或否：「然建武五年，詔郡國出繫囚見
徒，免為庶人。六年，詔王莽時吏人，沒入為奴婢，不應舊法者，
皆免為庶人，此兩處仍未改也」。❿

　㈡避諱學乃考證之武庫。

　　錢氏擅長考證，《考異》、《養新錄》、《跋尾》中，考證內
容咸居泰半。考證所及，史實人物、天文地理、名物典制、年代真

---

❽　同註❶，卷二十八，頁 548。
❾　同註❶，卷十，頁 210。
❿　同註❶，卷四十九，頁 866。

偽，無不如阮元《養新錄序》所云「精確中正」、「貫通原本」。❶避諱則是其所取資的重要武庫。茲以年代地望、人物、版本三途，以見其如何借重避諱，而收考證之功。

　　先看年代地望之例。《文集》卷二十八：「《宋太宗實錄》八十卷，吳門黃孝廉蕘圃所藏。僅十二卷，有脫葉。每卷末有書寫人及初對覆對姓名。書法精妙，紙墨亦古。於宋諱皆闕筆，即慎、敦、廓、筠諸字亦然。予決為南宋館閣鈔本，以避諱驗之，當在理宗朝也。❷此考時間。《新五代史·折從阮傳》：「周太祖入立，從阮歷徙宣義、保義、靜難三鎮。」《考異》糾之：「宣義當作義成，滑州軍額也。梁時避諱，改為宣義。後唐仍復舊名，晉、漢、周皆因之。從阮，周之藩鎮，不當用宣義之號。」❸唐大順元年（890），避朱全忠父誠嫌名，改義成軍為宣義軍，入後周久已復舊名，折從阮系後周藩鎮，不會避誠嫌名，此考地點不合。

　　次考人物。史書多有因避諱而一人二史異名者。《新五代史·周本紀》：「詔鎮甯軍節度使李弘義。」錢氏《考異》云：「《宋史》作洪義，蓋宋初避諱改名也。予因悟李業即弘義之弟，當名弘業。史家避諱，省上一字耳。」❹據《宋史》，洪義「本名洪威，避周祖名改」，是李氏由弘威而弘義而洪義，一名凡二改也。尤妙在錢氏能觸類旁通，遂悟李業當為其弟，蓋史家伎倆，不用改字而用省一字法。甚矣，非具只眼，何從辨識？又《羅紹威傳》：「逐

---

❶　阮元：〈十駕齋養新錄序〉，《十駕齋養新錄》卷首，上海書店，1983。
❷　錢大昕：《潛研堂文集》，卷二十八，嘉慶丙寅刊《潛研堂全集》本。
❸　同註❶，卷六十一，頁1040。
❹　同註❶，卷六十三，頁1059。

殺其師樂彥貞」，《考異》云「新舊《唐史》皆作彥禎。此作貞
者，宋人避仁宗諱改之。」⓯此類史例，《考異》以諱知其為二名
一人者，比比皆是，不勝枚舉矣。

再次考版本。如《養新錄》卷十三云——

> 《論語註疏》。……首葉版心有正德某年刊字，但遇宋諱，
> 旁加圈識之。疑本元人翻宋板，中有避諱不全之字，識出令
> 其補完耳。若明刻前代書籍，則未見此式。必是修補元板
> 也。⓰

> 《顏氏家訓》七卷。……蓋台州公庫本也。淳熙中，高宗尚
> 在德壽宮，故卷中構字，皆注太上御名，而闕其文。前序後
> 有墨長記云，廉台田家印。宋時未有廉訪司，元制乃有之。
> 意者元人取淳熙本印行，間有修改之葉，則于宋諱不避矣。⓱

> 《東家雜記》二卷。孔子四十七代孫右朝議大夫知撫州軍州
> 事傳所撰。有紹興甲寅三月自序。……卷中管勾之勾皆作
> 勹，避思陵嫌名。間有不缺筆者，元初修改之葉。辨宋板
> 者，當以此決之。⓲

⓯　同註❶，卷四十五，頁 819。
⓰　同註❸，卷十三，頁 293。
⓱　同註❸，卷十四，頁 323。
⓲　同註❸，卷十三，頁 305。

三則都論版有修補，此中消息，都自諱字泄露。而元刻在避諱上的特色亦由此被發覆昭示。吳中論版本者，皆首推黃蕘圃（1763－1825）、顧千里（1770－1839），不知前輩錢氏，久已導夫先路哉。

（三）避諱為梳櫛疑滯之象觿。

古書難讀，其有以文字、語音、詞義流變等自然歷史因素而致的，必先明小學；其有以諱禁等人為因素而造成的，則非明避諱不辦了。《新唐書·藝文志》「起居類」有「崇寧起居注十卷」，舊志同。然晉代無此年號，「故讀者疑之」。《考異》乃云：「崇甯當為崇安，即隆安也，唐人避明皇諱，往往改隆為崇」。錢氏並舉二條佐證：一、按晉史隆安紀元，正在太元、元興間，此卷又有《晉崇安元興大享副詔》八卷。二、「雜史類」有周祗《崇安記》二卷、王韶之《崇安記》十卷，亦紀晉安帝事，「足明崇甯當為崇安矣」。❶安之為甯，陳垣以為「唐肅宗時惡安祿山，又或改安為甯」。❷其說亦自可從。年號從崇甯到隆安的曲折，不明避諱是難知就裏的。

追改、回改，有改所不當改，又有改而未淨，致使一書蹐駁，一人異名，以致紛糾，倘再有轉寫之訛，則愈紛亂難治。《北史·尉長命傳》：「子興，字敬興。便弓馬，有武藝，位冠軍將軍。」《考異》按——

《齊書》長命子興敬，高祖引為帳內都督。高祖攻周文帝於

---

❶　同註❶，卷四十，頁743。

❷　陳垣：《史諱舉例》，卷三，頁36，上海書店，1997。

邙山，興敬因戰為流矢所中，卒。贈涇岐豳三州軍事，諡曰
閔莊。《北史·綦連猛傳》附載尉興慶事云，芒山之役，興
慶救神武之窘，為軍所殺。超贈儀同涇州刺史，諡曰閔壯。
是興慶即興敬矣。乃不附其父，而別見他傳。豈誤認興慶、
興敬為二人乎？（自注：《齊書》作興敬，蓋避齊廟諱，此傳作敬
興，則轉寫顛倒耳。）㉑

《北史》一人作二人，一誤於不知《齊書》有避諱，再誤於「轉寫
顛倒」。人讀其書，不戞戞其難乎？錢氏賴以銓解蒙滯，審核踳駁
的象觶，正是避諱特徵耳。

二、方法論的啓示

　　錢氏施避諱於歷史文獻、考據、校勘、版本諸學術領域的實
踐，成為領域的寶貴財富，但錢氏的貢獻尚不止於成果本身，更在
於他在避諱學方法論上的金針度人。其方法論的總結，至少有四
點，值得後人汲取。

　　㈠**不輕易說諱**。

　　錢氏是運用避諱最嫻熟成功的人，但他從不輕易言諱。他對諱
字的認定極其謹慎。《三國志·吳書·韋曜傳》注，以為曜本名
昭，史為晉諱追改。《考異》以大量事實證明《三國志》一書，作
者于晉諸帝諱，多不迴避，然而具體論及「韋曜之名，注家以為避
晉諱，予考書中段昭、董昭、胡昭、公孫昭、張昭、周昭輩皆未追

㉑　　同註❶，卷十七，頁 360。

改，何獨於曜避之。疑宏嗣本有二名也。」❷甯信韋有二名，也不輕說避諱，正錢氏慎重處。《漢書·宦者傳》：「皆剝割萌黎」。《考異》云：「萌與氓通。」❸考語雖短，卻極具針對性，萌與氓是通假字，此非是唐人諱太宗追改。還有兩種情況，錢氏多次強調，不當以犯諱論：一，後人敘事之詞，可以不諱。《考異》論《後漢書·蓋勳傳》「昔莊賈後期，穰苴奮劍」句指出，東漢諱莊為嚴，此稱莊賈及《董卓傳》、《明帝傳》用莊字，皆後來校書者妄改。但是《西南夷傳》楚頃襄王時，「遣將莊豪」、「滇王者，莊蹻之後」；《西羌傳》「魯莊公伐秦」，「此蔚宗敘事之詞，故不避漢諱。」❹又如論《三國志·魏書·明帝紀》：「帝曰：司馬懿臨危制變」云：「承祚書稱司馬懿，必云宣王，惟此稱名。蓋述帝語，不得云宣王也。」❺是即避諱學所謂「臨文不諱」也。二，古文獻有所謂「史駁文」，不是犯諱。如《考異》議論《舊唐書·代宗紀》「貶吏部尚書裴士淹為處州刺史」云——

> 按：德宗即位，改括州為處州，避御嫌名。此在代宗朝，當云括州，史臣追改之。而於十二年又有「括州」字，所謂史駁文也。❻

❷　同註❶，卷十，頁 263。
❸　同註❶，卷十二，頁 251。
❹　同註❶，卷十五，頁 323。
❺　同註❶，卷五十七，頁 976。
❻　同註❶，卷五十七，頁 976。

又論《新唐書·藝文志》:「郭頒《魏晉代說》十卷」條,《考異》云:「代即世字,篇中如〈帝王歷代紀〉之類,皆避諱改,而劉義慶《世說》、劉孝標《續世說》,仍不避。」㉗又《音樂志》:「明慶中,皇后親蠶」,此唐人避中宗諱,易顯為明。《考異》云:「舊史俱改從本號,唯此志及〈職官〉、〈刑法志〉,三見明慶字,〈柳慶傳〉亦有明慶三年之文。」㉘所謂史駁文,實是原作避諱改字,後人追改,又改而未盡,形成有改有存原貌的複雜現象。這類現象,依錢氏所見,後之校書者不必一味追求劃一,存其駁文可也。

　　與不輕易說諱相輔相成的是,凡確定為諱字,則需有一定量的例證,此乃「例不過三不立」之舊訓。最具代表性的是《宋史·孫洙傳》「尋幹當三班院」條,考論「幹當本是勾當,史家避高廟嫌名追改」、「以幹代勾,或以管代勾也」,「神宗四朝國史,成於淳熙之世,故多追改字。史家承其舊文,未及改正爾」。㉙《考異》列舉〈王師約傳〉、〈楊佐傳〉、〈外戚傳〉等傳記十四篇,〈選舉志〉、〈職官志〉、〈食貨志〉等十九篇,凡七十一例,材料之扎實、證據之充分、論證之嚴密,堪稱典範。《南史·宋本紀上·武帝紀》「劉裕龍行虎步」條,考論「唐人修晉梁陳周隋諸史,避廟諱,改虎為武,或為獸,或為猛獸,或為彪;《南史》於此字多不避」,「皆後來校書者所改,非延壽本文」;又有「緣校

㉗　同註❶,卷四十五,頁819。

㉘　同註❶,卷五十八,頁985。

㉙　同註❶,卷七十八,頁1268—1270。

書者不知仍存而未改」❸云云，例證之富，亦讓人驚歎于錢氏治學之扎實精謹。

　㈡**校書須仍原文。**

　　錢氏強調用避諱法校書，需仍舊書原文，不可從妄改之書。《考異》論《北史・周本紀》「遣儀同李諱」條云──

　　　（令狐）德棻專司《周書》，雖不便為二祖（李虎、李昞）立傳，乃其功績敘述，亦復寥寥。《北史》所載，大率《周書》舊文。如「是年遣儀同李諱，與李弼、趙貴等討曹泥於靈州」、「諱引河水灌之」、「大統四年開府李諱念賢等為後軍」、「及李諱等至長安。」〈李弼傳〉：使「隴西郡開國公李諱」、〈王盟傳〉：「趙青雀之亂，盟與開府李諱，輔太子出鎮渭北」，皆謂李虎也。〈周本紀〉「天和六年，以大將軍李諱為上柱國」，此謂李昞也。凡校書需仍原文。《周書》于李諱字皆改為虎，並天和六年李諱亦作虎，則謬妄之甚矣。《唐書》稱，周閔帝受禪，虎已卒，乃追封唐國公，安得至武帝朝？且虎在西魏時，為八柱國之一，豈待天和中始授柱國乎？❸

此汲古閣本注《周書》之誤。汲古閣本《南齊書・柳世隆傳》亦犯類似的錯誤，「輔國將軍驍騎將軍蕭諱」，汲古閣本注鸞字。以

---

❸　同註❶，卷三十五，頁 655。

❸　同註❶，卷三十八，頁 712。

《宋書·沈攸之傳》考之，乃蕭順之，非齊明帝也。❸蕭順之乃梁武帝蕭衍之父，故《南齊書》諱其名。《宋書·蕭思話傳》「南漢太守蕭諱」，《考異》提醒讀者云：「此《傳》稱蕭諱者，齊高帝之父承之，追諡宣帝者也。〈略陽清水氐傳〉『思話使司馬蕭諱，先驅進討』，亦謂承之。」❸同是「蕭諱」，就有兩朝三人：承之、順之、鸞之分，校注家失之毫釐，謬以千里，可不慎錢氏之戒乎？

　　㈢以「史家之例」考異。

　　古人著書，一書自有其一定之體例，錢氏每強調「讀古人書須識其義例」。史書處理避諱，亦有其例，故錢氏論諱，往往揭示一朝之諱例。上引〈孟勳傳〉、〈韋曜傳〉、〈景穆十二王傳〉，即分別指出《後漢書》、《三國志》、《魏書》的避諱特徵。再看《南齊書·武帝紀》「永明六年，以宕昌王梁彌承為河涼二州刺史」條，則是發覆「齊世遵古二名不偏諱之禮」——

> 齊高帝父名承之，而南琅邪郡有承縣，未聞改易。至建武三年，方省並。此宕昌王名彌承，亦直書不諱。高帝名道成，而第六子晃封安成王，《州郡志》有安成郡及夷道、僰道、利成、綏成、始成諸縣。蓋齊世遵古二名不偏諱之禮也。〈文惠太子傳〉：轉秘書丞，以與宣帝諱同，不就。此在未受宋禪以後，則官名如中丞、左丞、右丞之類，皆無所避

---

❸　同註❶，卷二十五，頁 493。
❸　同註❶，卷二十四，頁 480。

· 300 ·

矣。薛道淵避太祖偏諱，但稱淵、陳成叔避宣帝諱，改名嗣叔，俱在宋世。❸

此論不但總結南齊諱禮，實際也點明了宋、齊二世諱制的差異。治避諱者固宜引為繩墨者也。又《南齊書·李安民傳》「祖嶷，衛軍將軍」條，《考異》指出：「子顯父名嶷，此書於嶷字亦不避。」❸是揭示了蕭子顯在《南齊書》中不避家諱的義例。《考異》于《北齊書·神武帝紀》「齊高祖神武皇帝」條，論《北齊書》之避諱「史例」❸、于《隋書·高祖紀上》「漢太尉震八代孫鉉」條，論《隋書》避諱「史家之例」❸、于《南史·劉秀之傳》「時定制令，隸人殺長吏科」條，論「南北史避民字」。❸諸如此類，「皆錯綜貫串，發古人所未發」❸，無怪乎錢氏執此「史例」、「史家之例」剖析疑難，亦如庖丁解牛，得于心而應於手也。茲舉《宋書》二例：〈武帝紀〉「封公第三子義隆為北彭城縣公」，《考異》云：「史例，諸帝皆不名，而以諱字代之。此〈紀〉義隆字屢見，蓋校書者妄改也」。❹〈后妃傳〉「吳興長公主諱榮男」，《考異》云——

---

❸　同註❶，卷二十五，頁 487－488。

❸　同註❶，卷二十五，頁 494。

❸　同註❶，卷三十一，頁 593。

❸　同註❶，卷三十三，頁 623。

❸　同註❶，卷三十五，頁 666。

❸　《清史列傳·錢大昕傳》，卷六十八，頁 5500，北京中華書局，1987。

❹　同註❶，卷二十三，頁 448。

史家之例，唯帝後書諱，諸王皆直書其名。休文此〈傳〉
云：「吳興長公主諱榮男、臨川長公主諱英媛、豫章康長公
主諱欣男、新蔡公主諱英媚」，皆以公主而稱諱，非禮也。
公主可以不名，即欲名之，當如本傳：「會稽宣長公主興
弟」、「義興恭長公主惠媛」、「東陽獻公主英娥」之例，
不應自亂其法。《南史》因休文原文，不加刊削，均失之
矣。❹

㈣應用避諱當參酌金石碑版、訓詁音韻、典制名物諸專門學問，方能奏效，不可偏執避諱一端。

錢氏以避諱為考異武庫和象觿，考辨傳異，校理群書，靡不精
密，多所創獲，一固在精於避諱此道，一則在博涉多通。段玉裁稱
其「凡文字、音韻、訓詁之精微，地理之沿革，歷代官制之體例，
氏族之流派，古人姓字、里居官爵、事實年齒之紛繁，古今石刻畫
篆隸可訂史書，故實可裨史傳者，以及九章算術，自漢迄今，中西
曆法，無不了如指掌。」❷此於後學實亦方法論一大啟迪。這方面
的實例，如上所論其成果時，細繹之，無不有涉及，茲更舉一、二
案例，從方法論剖析之。

《說文》卷七：「昏，日冥也。從日，氐省。氐者，下也。一
曰民聲。」錢氏以為氐與民音義俱別，昏當從唐本《說文》作
「昬」——

---

❹　同註❶，卷二十四，頁 469。
❷　段玉裁：〈潛研堂文集序〉，《潛研堂文集》卷首，光緒十年本。

依許祭酒例，當重出昬，云或作昏，民聲。今附於昏下，疑
非許氏本文。項讀戴侗《六書故》云，唐本《說文》從昬
省，徐本從氏省。又引晁說之云，因唐諱民，改為氏也。然
則《說文》原是昬字，從日，民聲。唐本以避諱減一筆，故
云從民省。徐氏誤認為氏省。氏下之訓，亦徐所附益。又不
敢輒增昬字，仍附民聲於下，其非許元文信矣。案《漢隸字
原》，昬皆從民，婚亦從昬，民者，冥也，與日冥之訓相
協，唐石經遇民字皆作𡊮，而偏旁從民者，盡易為氏，如岷
作㟭，泯作㳽，緡作緍……之類，不一而足，則昬之為避諱
省筆無疑。謂從氏省者，淺人穿鑿傳會之說耳。**㊷**

今本《說文》所以非許氏原文的根本原因，是唐本以避諱減省一
筆，故云從民省。徐本不知，而誤認為氏省，又妄為附益。而證成
昬當從唐本作昬說，則一從許《說文》著錄之例，一據《漢隸字
原》、《唐石經》記錄的昬皆從民、偏旁從民者，盡易為氏（證明
昬為避諱省筆）的大量實例。這是錢氏有效利用文字學為輔助手段的
典型例證。《南史·王亮傳》載，亮為晉陵太守，有晉陵令沈巑
之，好犯亮家諱。亮不堪，遂啟代之。巑之乃造坐云：「下官以犯
諱被代，未知明府諱。若為攸字，當作無骹尊傍犬，為犬傍無骹
尊？若是有心攸，無心攸？乞告示。」讀此節，不要說不知避諱
者，一籌莫展；即使略識避諱，而不通音韻者，亦不能悟其妙趣。
錢氏乃為釋曰——

㊷ 同註**❸**，〈餘錄〉，卷上，頁491。

予謂無骹尊者，酋也，酋傍犬為猷，犬傍酋為猶。有心為悠，無心為攸。攸悠猷猶，四字同紐同音。亮父名攸，讚之伴為不知，問是何字，頻觸其諱，且以犬傍戲之也。世讀攸悠二字如憂音，而史文遂難通矣。❹

原來王亮素重家諱，而沈氏偏以攸字作文章，非但頻犯之，且以傍犬戲之，讀來讓人忍俊不禁。而從錢氏之釋，讀者始悟南朝攸、悠與猷、猶同音同紐，與今讀不同。此錢氏以避諱結合文字音韻，以辨明史料。《考異》卷二十四謂《論語》「鬱鬱乎文哉」，六朝時「本為或字，今以鬱夷字代之，音同義別」❺，卷三十五論「流湎音與劉勔同」❻，卷六十論「行衡二字音同」❼，皆能發疑正讀，抉避諱之奧，奄若合符。

　　《宋史·石守信傳》「保興本名保正」，《考異》云：「案：〈保興碑〉云：『公初名貞，太祖改錫今諱。』此云保正者，史家避仁宗嫌名改之。」❽

此結合碑石釋史書。

---

❹　同註❶，卷三十六，頁 674。
❺　同註❶，卷二十四，頁 481。
❻　同註❶，卷三十五，頁 669。
❼　同註❶，卷六十，頁 1013。
❽　同註❶，卷七十五，頁 1237。

《新五代史·鄭仁晦傳》：「諡曰忠正。」《考異》曰：
「案：《諡法》無正字，本當諡忠貞，避宋諱追改耳。張承
業諡正憲，亦當為貞字。」❹

《北史·韋師傳》：「于時廣為雍州刺史，存望第以司空揚
雄、尚書左僕射高頴並為州都督，引師為主簿。」《考異》
云：「州都下疑衍督字。魏晉以後，諸州皆置大中正，以甄
別流品。隋時避諱改為州都，而去中正之名。後人校書不達
州都為何語，妄加督字。《隋書》既然，《北史》亦爾。真
所謂以不狂為狂也。高頴自言渤海蓨人，而得為雍州州都
者，頴賜姓獨孤。獨孤為代北貴族，周隋之世，代人例稱京
兆人也。韋氏京兆望門，師又為主簿，而世約位在師下，故
世康以州都不平為恨。此何與都督事乎？據《本紀》，煬帝
時為雍州牧，非刺史，當從《隋書》作牧為是。」❺

上條以避諱結合諡法、下條結合職官沿革，以論史家之非，原原本
本，皆堅確無疑者也。
　　《養新錄》論《江西通志》之失──

　　《人物門》於瑞州，收元之劉秉忠，此舊志所無。采《元
　　史》補入。自謂淹博，而不知其大不通也。江西之瑞州，本

---

❹　同註❶，卷六十二，頁 1053。
❺　同註❶，卷四十，頁 750。

名筠州，至理宗朝始避諱更名。若劉秉忠久居邢臺，其先世
居瑞州，而仕于遼金，則是遼金之瑞州，非宋之瑞州矣。志
家不諳地理，不校時代，乃引藏春居士之先世冒籍江右，豈
不令人噴飯滿案乎？⑤

此錢氏將避諱結合地名變遷，以譏新編《江西通志》濫收之不通。
凡此種種，都說明一個道理：錢氏收避諱論學之功，實依賴博學多
通為基地也。

三、對避諱理論的貢獻

縱觀錢氏一生著作，並無避諱理論的專門之作，亦無類似《養
新錄》中「古無輕唇音」、「舌音類隔之說不可信」（古無舌上
音），振聾發聵音韻學界的論述，但是豐富的避諱運用的實踐，卻
每每閃耀出對避諱理論探索和思辨的理性之光。顧炎武《日知錄》
（卷二十三）嘗論唐文宗開成石經，凡高祖太宗及肅代德順憲穆敬七
宗皆諱，高中睿玄四宗已祧不諱，而石經不避文宗名涵字，是「文
宗見為天子」、「依古卒哭乃諱」之理。錢氏指出——

唐人避上諱，如章懷太子注《後漢書》，改治為理，正在高
宗御極之日，初無卒哭乃諱之例也。文宗本名涵，即位後改
名昂，故石經不避涵字。⑤

---

⑤　同註❸，卷十四，頁 321。

⑤　黃汝成：《日知錄集釋》，卷二十三，頁 1736，上海古籍出版社，1985。

這裏就涉及對周人「卒哭乃諱」理論的探索和思辨。古人喪禮，在先人落葬之後，還有「三虞」（初、再、三虞）拜祭之禮，因為古人以為死之後尚不立即為鬼魂，故必虞祭而安其神。三虞後第二日，為卒哭，此生事畢。明日祔于祖廟，此鬼事始。鬼神之名必敬避。這就是「卒哭乃諱」的由來。鄭康成注因推論周人生者不相避名，並以衛侯君臣同名為證。其說非是。卒哭乃諱，並不意味著生不避名，此與古人生而避名之俗相悖。衛侯君臣同名，唐儒已論其非，讀者可參賈疏。就唐論唐，錢氏以章懷注《後漢書》諱高宗，駁顧氏膠固鄭注以律唐禮之非，最為得體。今人虞萬里先生以為「卒哭乃諱」為「周人諱禮之原型」，❺❸其說甚是。既是原型，在實踐中就不可避免有修正、完善的過程。因此退一步言，縱然周人設禮之初有生不相避之現象，在與周以來多少朝代的君長無不避之理現實的磨合中，也必然被生而避名所替代。此條材料看起來顧氏之失，只在「失記」史實，錢氏之正，也唯在關心後學。其實，錢氏糾顧，意義豈只是對「卒哭乃諱」運用的個案當否之爭，它的意義，遠非止此。「唐人避上諱」、「初無卒哭乃諱之例也」，它是錢氏對諱禮原理的本質認識和歷史界定：此原理實際已廢不用，完成了他的歷史使命。此是錢氏對諱禮理論的探索和貢獻之一。

復如《考異》論《續漢書·祭祀志下》「陳嚴具」云——

　　王懋竑曰：嚴當作裝。東漢諱莊為嚴，遂並改焉。予謂裝、

---

❺❸　虞萬里：《榆枋齋學術論集·先秦諱禮析論》，頁 339，江蘇古籍出版社，2001。

> 妝皆俗字，古文本作莊。故東漢人稱妝具曰嚴具。《魏志·田疇傳》：「戒其門下趣治嚴」，即治裝也。(54)

錢氏與王氏的分歧在哪裏？在王氏將裝、妝都看作莊的嫌名，音近義異之字，錢氏則認為他們與莊是古今字，不是嫌名。這實際上是對「諱嫌名」理論的一種嚴格界定。《禮記·曲禮上》有「禮不諱嫌名」說，鄭注：「嫌名，謂音聲相近，若禹與雨，丘與區也。」音同音似始為嫌名，今裝妝與莊為古今字，是避正字。這就劃清了避正字與避嫌名的界限。辨嫌名不但要辨聲，也要辨形，這是充實了「諱嫌名」的理論內涵。

《考異》論《南齊書·劉善明傳》「族兄乘民」云——

> 按：善明父名懷民，而族兄亦名乘民，乘民子有名懷慰，蓋疏屬不相迴避。(55)

《禮記·曲禮上》有「大功小功不諱」但據古代宗族制下的父子關係，父之期親，子須與父同諱，故在某些特定場合下大功小功亦有須諱的。本案例中，乘民及其子懷慰，俱犯善明父諱，但因乘民為善明族兄，兩人是三從昆弟，故從乘民言，懷民於其為族父（屬緦服，小功都不是），其子懷慰於懷民則親屬關係更遠，命名無須迴避。這裏錢氏點明「疏屬不相迴避」，實際也是從大功小功諱例理

(54) 同註❶，卷十三，頁288。
(55) 同註❶，卷二十五，頁495。

論示範的意義上，作此類考論的。足見錢氏對諱例的重視和把握的精確。

《養新錄》（卷二十三）引陳景雲說，總結避諱諸法，有「以字易名」法，《考異》則對此法有進一步剖析，論《後漢書·黨錮傳》「郭林宗、賈偉節為其冠」條，指出同書《何顒傳》亦有此語，《岑晊傳》稱「郭林宗、朱公叔等皆為友」，都是范曄避家諱，郭泰不書名，並賈偉節、朱公叔「亦字之」❺❻，這是連類而及例，讀史者當悟此理，不可拘泥。

四、錢氏之影響及其在避諱學史上之地位

討論錢大昕在避諱學史上的影響和地位，可以通過另外兩人，也是在避諱學中舉足輕重的清代的周廣業和近代的陳垣為座標來定位。周廣業比錢氏只小兩歲，是同時代避諱學的有功之臣。他收集、剔抉、爬梳避諱史料三十餘年，「旁徵曲引，寧詳無略」❺❼，成《經史避名彙考》四十六卷，是周秦至明二千餘年避諱史料的集大成之作，他的貢獻主要在避諱史料學。《彙考》的不足主要在兩個方面，一是，它是史料的彙編，只是聚集了歷代避諱的現象，誠如臺灣學者喬衍琯先生所說的「對於如何利用這些資料去研究文史，則未能加以分析」。❺❽另一大缺陷是，《彙考》雖然因為偶有對一代諱例的總結（如宋諱重音之類）、諱例的分析和考證。但他的

---

❺❻　同註❶，卷十二，頁 257。

❺❼　周廣業：《經史避名彙考·吳騫跋》，頁 653，臺北明文書局，1986。

❺❽　同註❺❼，喬衍琯〈前言〉。

學殖及治學範圍不及錢氏深厚廣闊，同一案例對比兩家，自有高下之分。比如《舊唐書·蕭復傳》兼職「行軍長史」改官名一節，兩家所見即有分歧，《考異》云——

> （舊唐書）《蕭復傳》：「普王為襄漢元帥，以復為戶部尚書，統軍長史。以復父名衡，特詔避之。」元帥府有行軍長史，衡與行同音，故特避之。㊾

錢氏以為行之改統，是行為衡之嫌名。周氏則不然，《彙考》云
——

> 《新書》云：德宗時，進復戶部尚書、統軍長史。舊制謂行軍長史，帝以復父諱，更之……（舊書）〈舒王誼傳〉云：「誼為揚州大都督，統軍進攻希烈。以復為元帥府統軍長史。舊例有行軍長史，以復父名衡，特更之。」廣業案：行、衡音異，避法不可強解。㊿

史實並無出入，而對行衡是否音同，意見相左。何者為是？今案：《說文》卷二下：「行，戶庚切㉑，又卷四下：「衡：牛觸，橫大木其角。從角從大，行聲，戶庚切。」㉒《集韻》行與衡，都是

㊾ 同註❶，卷六十，頁 1013。
㊿ 同註㊼，卷三十七，頁 553。
㉑ 許慎：說文解字，頁 94，北京中華書局，1963。
㉒ 同註㉑，頁 94。

「戶庚切，平聲，庚韻，匣。」《說文》謂衡從行得聲，《說文》反切乃唐人所加，《集韻》出宋人，是唐宋人都以行衡音同。新舊《唐書》以避法解，事出有因。此其一。其二，唐代官制：以官階高者兼攝低職，稱為行。蕭復以戶部尚書（正三品）兼元帥府行軍長史（從三品），正合此制。唐恒揚兩州節度使，往往以兩州大都督府長史之身份充任，長史名義為幕僚長，實掌弼戎政之職，故蕭是事實上討伐李希烈的指揮。因而此處「行軍」，非謂軍隊之出行，而是指統帥。此就改行為統這一點，亦可得到證實。而衡字亦有掌政之義。《國語·齊語》：「山立三衡」韋注：「周禮有山虞林衡之官。衡，平也，掌平其政也。」㉓《周禮·地官·司徒下》亦云：「林衡，掌巡林麓之禁令。」㉔是行、衡音義並同。錢是周非，顯然易見。錢是音韻大家，周並不擅長此道。周之失在不辨音有古今，衡與行在清「音異」，在唐宋則有相同者。行讀音至今亦有與衡相同的，如道行之行，讀 herng 與今衡音同。在吳方言中，音讀亦是相同的，抑即是古音的遺留。

　　陳垣是近代避諱學專家，其《史諱舉例》，研析條理，體裁略仿俞樾《古書疑義舉例》結構全書。于建立現代避諱學的體系有功。但審察《舉例》，我們不難發現兩個基本事實：一是對具體避諱史料的考辨，大體是以錢氏《考異》、《養新錄》等著作中的考證成果為是非標準（卷七濟陽改名，據《金史詳校》云《考異》過信《齊

㉓　韋昭注：《國語》，四部精要，卷六，頁 18，上海古籍出版社，1993。

㉔　賈公彥疏：《周禮註疏》，卷十六，頁 747，十三經注疏本，北京中華書局，1980。

乘》為例外，說見下），並據此分門別類，設立義例的。一是《舉例》有關門類中之內容，基本上都取資于錢氏。如卷七「因諱否不劃一知書有補板例」四條、「避諱存古誼古音例」四條，卷四「因避諱空字注家誤作他人例」二條，都是一門之內，全部出自錢氏；卷七「因避諱斷定時代例，」九條中亦有七條出諸錢著。這些內容有的標明出自錢氏，有的則是改寫而成，後者更為普遍。因此可以說，沒有錢氏，便沒有《舉例》。三家的關係，好有一比：周氏《彙考》是構建避諱學的水泥、沙石、鋼筋，是有用的建築材料，但未經加工、組合。錢氏的著作是奠基之作，是奠定避諱學的宏偉建築的毛坯房，而《舉例》則是對毛坯房的再加工、裝修、粉飾，分別臥室、客廳、煤衛而美化之，使之最終成為一座現代化的輝煌建築。

五、對批評的質疑

錢氏論諱當然亦有失察之處，如《考異》論《金史·宗道傳》：「承安二年，為賀宋正旦使」云：「《交聘表》作完顏[崇]（宗）道，蓋避顯宗諱，改宗為崇。」(65)顯宗當為睿宗之訛。（睿宗名宗堯，而顯宗名允恭）。再如《養新錄》卷十九「宋刻本」條，引岳珂《媿郯錄》有云「倦翁著此書，在嘉定甲寅，其時尚未避亶烜二字」(66)云云。嘉定無甲寅，疑為甲戌之誤。《媿郯錄》鄭定刊本有珂《後序》，末署：「嘉定焉逢淹茂梓於禾中」云云。陳氏《舉

(65) 同註❶，卷八十五，頁1397。

(66) 同註❸，卷十九，頁439。

例》並承其誤，皆智者之失，亦不必為賢者諱。今人李德清先生著
《中國歷史地名避諱考》「達州」條，論達州本通州，宋乾德時，
避重名改達州，斥舊施宿《嘉泰會稽志》以為仁宗天聖初避外戚劉
通諱更名之非，其說甚辨。李著又論及錢氏於此立論的變化：對
《會稽志》之說，在《考異》中駁正云「殆因淮南有通州避重名而
改。《會稽志》得于傳聞，不足據」（卷六十九），可在《養新錄》
（卷十一「避諱改郡縣名」）卻又說為避外戚「劉通諱改」，「後來自
我否定」，「出現了前後自相矛盾的情況」⑰云云，則竊有說焉。
《養新錄》與《考異》有矛盾是事實，《考異》成於乾隆四十五
年，《養新錄》刻于嘉慶四年，《養新錄》問世在後，似乎確是錢
氏晚年修改壯年原本正確的學術見解。但是事實恐怕未必如此簡
單。錢氏曾孫慶曾輯《竹汀居士年譜續編》「嘉慶四年」條下說：
「公弱冠即有述作意，讀書有得，輒為劄記，仿顧氏《日知錄》條
例。後著各書，即於其中挹注。又去涉于詞華者尚裒然成集，是年
重加編定，題曰《十駕齋養新錄》。」⑱「後著各書，即於其中挹
注」句最堪令人注目，壯年所著《考異》當然亦在「後著各書」
中，故而可推知《考異》是對《養新錄》最初劄記的修正，《養新
錄》最初確是主避外戚諱說；可惜晚年重加編定，彼時錢氏年屆古
稀七十二歲，對壯年時所作避重名而改之修正，或許不甚經意，或
許是借手子侄後學，故而留下此破綻，其實並非晚年對壯年的自我
否定，「回到自己駁正過的觀點上來了」。

---

⑰　李德清：《中國歷史地名避諱考》，頁45，華東師範大學出版社，2002。

⑱　錢慶曾：《潛研堂全書·竹汀居士年譜續編》，光緒十年本。

上文提到陳垣對《考異》的駁正，見《舉例》卷七——

元于欽《齊乘》三云：「金初，劉豫……置濟陽縣，大定六
年，避金主允濟諱，改曰清陽。允濟遇弒，復舊名。」《廿
二史考異》八四云：「衛紹王事迹，史失其傳。以濟陽、永
濟之例推之，則濟南府名亦當改易。」然《金史》廿五《地
理志》濟陽注中無明文。若果因諱改，則下文濟州，與曹州
之濟陰、清州之興濟、孟州之濟源，亦應在改例，然皆無
之。允濟為世宗第七子，大定十一年始封薛王，則大定六
年，允濟是否已生尚為疑問。因大定六年丙戌，去允濟即位
之年己巳，凡四十四年，豈有預為允濟避諱改縣名之理？唯
允濟于章宗時避顯宗諱，改為永濟，即位後有「自今朕名不
連續及昶詠等字不須別改」之詔。永濟務、永濟縣，二字與
御名全同，故為豐閏，濟陽不在此例。《金史詳校》三謂：
「《考異》引此，並疑及濟南，未免過信《齊乘》臆說。」⑥

今案：大定六年，不可預為允濟不諱改縣名，其說甚是，然錢氏並
不以清陽之改在大定六年，《舉例》不當失落《考異》於「大定六
年」下之注。注云：「當是泰和八年，或大安初」。⑦此注緊要，
蓋謂衛紹王即位之年，此時無有不避御名（允濟、永濟）之理。上引
即位之詔，即在大安元年三月甲辰。詔即云「自今朕名不連續」云

---

⑥　同註⑳，卷七，頁94。
⑦　同註❶，卷八十四，頁378。

云，則可證元年三月即必已有避單字之例，詔舉昶、詠即是明證；上字既連偏旁亦避，所以下文濟字之避，怕也在所難免。必「二字與御名全同」之說，實未必然。章宗承安末（即泰和初）擬其父顯宗允恭諱，衛紹王允濟改允為永，宗室思恭改恭為敬，事見《孫即康傳》。與永濟即位，不過五、六年，故而循理而推，永濟即位前後，兩字多避，實屬情理之中事。周氏《彙考》所見與錢氏合。至於濟州之類何以無諱改？《彙考》如斯云：「《金史·地理志》有濟州，亦以被弒復舊名，故不諱也。」❼周氏認為是諱改過的，只是改作何名，可惜如衛紹王事迹一樣，文獻難徵了。

---

❼　同註❺，卷二十二，頁356。

下篇：避諱文獻導讀與
避諱述略

避諱文獻導讀

禮記正義·曲禮上❶   孔穎達❷

卒哭乃諱（敬鬼神之名也。諱，辟也。生者不相辟名。衛侯名惡，大夫有
名惡。君臣同名，《春秋》不非。辟音避，下皆同）。禮不諱嫌名。二名不
偏諱（為其難辟也。嫌名謂音聲相近，若禹與雨、丘與區也。偏謂二名不一一諱
也，孔子之母名徵在，言在不稱徵，言徵不稱在○禹與雨並於矩反。一讀雨音于
許反。丘與區並去求反，一讀區音羌蚪反，又丘於反。案漢和帝名肇，不改京兆
郡。魏武帝名操，陳思王詩云「修阪造雲日」，是不諱嫌名）。

---

❶ 《禮記》係《三禮》之一，是孔門七十子後學所記。《曲禮》是其一篇名。
雜記春秋前後，貴族飲食起居喪葬等各種禮制的細節。當然也涉及諱禮。曲
是委屈周到之意。

❷ 孔穎達（574—648）字沖遠。唐冀州衡水人。官國子祭酒。奉太宗命撰定五
經義訓（包括《周易》、《尚書》、《毛詩》、《禮記》、《春秋左
傳》）。既成，凡百七十卷。詔改名《正義》。朝廷召群臣裁定攻證之。高
宗永徽間，始頒下。《禮記正義》以疏不破注為原則，疏解經文及鄭玄注。
務伸鄭注，不滿熊安生「多引外義」和皇侃「既遵鄭義，乃時乖鄭義」，故
於兩家說多有駁難。《禮記正義》在《五經正義》中成就最高，為後世治
《禮》者所本。

逮事父母，則諱王父母；不逮事父母，則不諱王父母（逮，及也。謂幼孤不及識父母，恩不至於祖名。孝子聞名心瞿，諱之由心。此謂庶人。適士以上，廟事祖，雖不逮事父母，猶諱祖○逮音代，一音大計反。瞿本又作懼，同俱附反。適，丁歷反）。

君所無私諱（謂臣言於君前，不辟家諱，尊無二）。

大夫之所有公諱（辟君諱也）。

詩書不諱，臨文不諱（為其失事正）。

廟中不諱（為有事於高祖，則不諱曾祖以下，尊無二也。於下則諱上）。

夫人之諱，雖質君之前，臣不諱也（臣于夫人之家恩遠也。質猶對也）。

婦諱不出門（婦親遠，于宮中言辟之）。

大功小功不諱。入竟而問禁，入國而問俗，入門而問諱（皆為敬主人也，禁，謂政教。俗，謂常所行與所惡也。國，城中也○竟音境，惡，鳥路反）。

[疏] 卒哭至問諱○《正義》曰：此一節論諱與不諱之事，各依文解之○古人生不諱，故卒哭前猶以生事之，則未諱。至卒哭後服已，又變神靈，遷廟，乃神事之。敬鬼神之名，故諱之。諱，避也，生不相避名，名以名質，故言之不諱；死則質藏，言之則感動孝子，故諱之也○《注》「衛侯」至「不非」○《正義》曰：證生不相諱也。時君臣同名，《春秋》不譏。案：魯襄公二十八年，衛石惡出奔晉。二十九年，衛侯衍卒，衛侯惡乃即位。與石惡不相干。熊氏云：石字誤，當云大夫有名惡知者。昭七年，衛侯惡卒。《穀梁傳》云，昭元年，有衛齊惡，今衛侯惡，何謂君臣同名也？君子不奪人親所名也，是衛齊惡不得為石惡也○「禮不諱嫌名」注

「若禹與雨、丘與區」○正義曰：今謂禹與雨，音同而義異；丘與區，音異而義同，此二者各有嫌疑：禹與雨有同音嫌疑，丘與區有同義嫌疑，如此者不諱。若其音異義異，全是無嫌，不涉諱限。必其音同義同，乃始諱也○「二名不徧諱」注「孔子之母名徵在，言在不言徵，言徵不稱在」○《正義》曰：不徧諱者，謂兩字作名，不一一諱之也。孔子言徵不稱在，言在不言徵者。案：《論語》云：「是則吾能徵之矣」，是言徵也。又云：「某在斯」，是言在也。案：《異義》：《公羊》說，譏二名，謂二字作名，若魏曼多也。《左氏》說，二名者，楚公子棄疾，弒其君，即位之後改為熊居，是為二名。許慎謹案云：文、武賢臣有散宜生、蘇忿生，則《公羊》之說非也，從《左氏》義也。逮事王父母者，逮，及也，王父母，謂祖父母也。若及事父母，則諱祖也。何以然？孝子聞名心瞿，祖是父之所諱。則子不敢言，既已終不言。若父母已亡，而己言，便心瞿，憶父母，故諱之也○不逮事父母，則不諱王父母者，孝子若幼少孤不及識父母，便得言之，故不諱祖父母。庾❸云：諱王父母之恩，正應由父所以連言母者。婦事舅姑，同事父母，且配夫為體，諱敬不殊，故幼無父而識母者，則可以諱王父母也○注「此謂」至「諱祖」。《正義》曰：適士已上廟事祖者，《祭法》云，適士二廟，祖之與禰各一廟，其中士下士亦廟事祖，

---

❸　庾蔚之，官劉宋員郎外郎散騎常侍。著有《喪服》三十一卷、《禮論鈔》二十卷、《禮答問》六卷、《禮記略解》十卷，別有《庾蔚之集》十六卷。

但祖禰共廟,則《既夕禮》一廟是也。熊氏❹云,此適士者,包中下士,對庶人府史,亦稱適也〇大夫之所有公諱者,今謂人于大夫之所正得避公家之諱,不得避大夫諱。所以然者,尊君諱也。若兼為大夫諱,則君諱不尊也。不言士之所諱者,士卑,人不為之諱故也。或可大夫所有公諱者,君及大夫諱耳,亦無己之私諱。《玉藻》云:「于大夫所有公諱,無私諱」,但此文上承君所有私諱,之下唯云大夫之所有公諱,故略之,不云無私諱耳〇詩書不諱。何胤❺云:「詩書謂教學時也,臨文,謂禮執文行事時也。」案:《論語》云「《詩》《書》執禮」是教學,惟《詩》《書》有誦,禮則不誦,惟臨文行事。若有所諱,則並失事正,故不諱也〇廟中不諱者,謂有事于高祖廟,祝嘏辭說,不為曾祖已下諱也。為尊無二上也,下則諱上也。若有事於禰,則諱祖已上也〇夫人之諱,雖質君之前,臣子不諱也者,夫人,君之妻。質,對也。夫人本家所諱,臣雖對君前,而言語不為諱也。臣于夫人之家恩遠,故不諱也〇婦諱不出門者,門謂婦宮門。婦家之諱,但于婦宮中不言耳,若于宮外則不諱也,故臣對君不諱也。〇注「婦親遠,于宮中,言辟之」。陳鏗問云:「《雜記》:母之諱,宮中諱。妻之諱,不舉諸

---

❹ 熊安生,字植之。長樂阜城人。北齊國子博士,入北周,官露門學博士。撰有《周禮》、《禮記》、《孝經》諸義疏,已佚。清《玉函山房輯佚書》輯有《禮記熊氏義疏》四卷。

❺ 何胤(446-531)字季子。廬江灊人。官至齊太子中庶子,明帝時入山隱居以終。有《禮記隱義》二十卷、《禮答問》五十五卷等行於世。

其側也。此則與母諱同，何也？」田瓊❻答曰：「《雜記》方分尊卑，故詳言之。《曲禮》據不出門，大略言之耳。母諱遠，妻諱近，則亦宜言也，但所辟者狹耳」。○大功小功不諱者，古者期親則為諱。陳鏗問曰：「亦為父乎，自己親乎？」田瓊答曰：「《雜記》云卒哭而諱，王父母兄弟世父叔父姑姊妹，子與父同諱。父諱齊衰親也，然則大功小功不諱矣。熊氏云大功亦諱，小功不諱。若小功與父同諱，則亦諱之。知者《雜記》云王父母兄弟世父叔父姑姊妹，子與父同諱，是父之世叔父及姑姊妹以下，皆為之小功。父為諱，故己從父，為之諱。」○入境而問禁者，此以下並為敬主人也。竟，界首也。禁，謂國中政教所忌。凡至境界，當先訪問主國，何所禁也○入國而問俗者，國，城中，城中如今國門內也。俗，謂常所行也。入主人之城內，亦先問風俗常行也○入門而問諱者，門，主人之門也。諱，主人之祖先君名。宜先知之，欲為避之也。問諱而以門為限者，主人出，至大門外迎客，客入門方應交接，故於門為限也。故注云，皆為敬主人也。

——《十三經注疏·禮記正義》卷三

春秋經傳集解·申繻對命名❼　　杜預❽

---

❻　陳鏗、田瓊皆東漢鄭玄門人。鄭門弟子追論師注、師與門人、門人之間應答之辭，而成《鄭志》一書。《正義》、《通典》多載其辭。

❼　《春秋》是魯國官修的史書，《左傳》是對《春秋》的注釋，《春秋經傳集解》，是西晉杜預為《春秋左傳》作的注解。《集解》以傳之年比附經之年，合而解之。至唐孔穎達之疏，用杜《集解》。杜注多強經以就傳，而孔

傳：（魯桓公六年）九月丁卯，子同生。以大子生之禮舉之，接以大牢。（杜注：大牢，牛羊豕也。以禮接夫人，重適也。○陸德明《經典釋文》❾：接，如字。鄭注《禮記》作捷，讀此者亦或捷音）。卜士負之，士妻食之（禮：世子生三日，卜士負之，射人以桑弧蓬矢射四方，卜士之妻為乳母。○食音嗣）。公與文姜、宗婦名之（世子生三月，君夫人沐浴于外寢，立於阼階，西鄉。世婦抱之升自西階，君命之，乃降。蓋同宗之婦）。公問名于申繻。對曰：名有五：有信、有義、有象、有假、有類（申繻，魯大夫。○繻音須）。以生名為信（若唐叔虞，魯公子反），以德命為義（若文王名昌，武王名發），以類命為象（若孔子首象泥丘），取於物為假（若伯魚生，人有饋之魚，因名之曰鯉），取于父為類（若子同生，有與父同者）。不以國（國君之子不自以本國為名也）、不以官、不以山川、不以

疏則凡《集解》不用賈逵、服虔諸舊注者，每駁舊注而曲傳杜氏，是杜孔二家之蔽。然言《左傳》者，今世所傳以杜注孔疏為最古，且有註疏而後左氏之義明，故四庫館臣言「傳與註疏均謂大有功於《春秋》可也」。題目為編者所加。

❽ 杜預（222-284）字元凱，西晉京兆杜陵人。司馬宣王女婿。平吳有功，封當陽侯。智謀深博，明於治亂。大觀群典，謂《公羊》《穀梁》詭辯之言，又非先儒說《左氏》，未究丘明之意，橫以二傳亂之。乃錯綜微言，著《春秋經傳集解》三十卷。又考眾家，為之《釋例》，作《盟會圖》、《春秋長曆》，備成一家之學。至老乃成。

❾ 《經典釋文》，陸德明撰。陸（約 550-630）名元朗，以字行。蘇州人。身歷陳隋唐三朝，以儒學為宗，兼通佛老。尤長於音義目錄校勘之學。所著《經典釋文》集漢魏古注六朝音義之大成，以釋音為主兼及訓詁、校勘。注釋豐富，體例嚴密，所采諸經底本，為唐疏所承襲。《釋文》除單本流行外，自宋監本註疏析附諸經之末，今《十三經注疏》大抵散附注疏之中，每易與注混淆。《釋文》所釋音義，今以○標識，以別於注文。選文於《釋文》，略有刪節。

隱疾（隱，痛；疾，患，辟不祥也）、不以畜生（畜生，六畜）、不以器幣（幣，玉帛）。周人以諱事神，名，終將諱之（君父之名，固非臣子所斥；然禮既卒哭，以木鐸徇曰：舍故而諱新。謂舍親盡之祖而諱新死者，故言以為事神。名，終將諱之，自父至高祖，皆不敢斥言。○周人以諱事神，名，絕句，眾家多以名字屬下句。徇，以俊切，本又作殉，同。舍，音捨，下同）。**❿**

---

❿ 孔穎達疏：正義曰：自殷以往，未有諱法，諱始于周。周人尊神之故，為之諱名以此。諱法敬事明神，故言周人以諱事神。子生三月，為之立名，終久必將諱之，故須豫有所辟，為下諸廢張本也。終將諱之，謂死後乃諱之。注君父至斥言。正義曰：君父之名，固非臣子所斥，謂君父生存之時，臣子不得指斥其名也。禮稱父前子名，君前臣名。鄭玄云：對至尊無大小皆相名。是對父則弟可以名兄、對君則子可以名父，非此則不可也。文十四年，傳曰：齊公子元不順懿公之為政也，終不曰公曰夫己氏。注云猶言某甲，是斥君名也。彼以不順，故斥其名，知平常不斥君也。成十六年，傳曰：樂書將載晉侯，鍼曰書退，國有大任，焉得專之？注云：在君前故子名其父。彼以對君故名其父，知平常不斥父也。雖不斥其名，猶未是為諱。《曲禮》曰：卒哭乃諱。鄭玄云：敬鬼神之名也，諱，避也。生者不相辟名，衛侯名惡，大夫有石惡，君臣同名，《春秋》不非。是其未為之諱，故得與君同名，但言及於君則不斥君名耳。既言生已不斥，死復為之加諱，欲表為諱之節故言。然以形之《禮》既卒哭，以木鐸徇曰：舍故而諱新。自寢門至於庫門。皆《禮記·檀弓》文也。既引其文，更解其意，謂舍親盡之祖而諱新死者也。親盡，謂高祖之父，服絕廟毀，而親情盡也。卒哭之後，則以鬼神事之，故言以諱事神。又解終將諱之，所諱世數，自父上至高祖皆不敢斥言，此謂天子、諸侯禮也。《曲禮》曰：逮事父母，則諱王父母；不逮事父母，則不諱王父母。鄭玄云：此謂庶人適士以上廟事祖，雖不逮事父母，猶諱祖。以其立廟事之無容不為之諱也。天子諸侯立親廟四，故高祖以下皆為諱，親盡乃舍之。既言以諱事神，則是神名必諱。文王名昌，武王名發，《詩·雍》禘大祖，祭文王之廟也。其經曰：克昌厥後。周公制禮，臨人有昌本之菹。〈七月〉之詩，周公所作經曰：一之日觱發，〈烝民〉詩曰：四方爰發。皆不以為諱，而得言之者。古人諱者，臨時言語，有所辟耳；至於

故以國則廢名（國不可易，故廢名），以官則廢職，以山川則廢主（改其山川之名），以畜生則廢祀（名豬則廢豬，名羊則廢羊），以器幣則廢禮。晉以僖侯廢司徒，（僖侯名司徒，廢為中軍），宋以武公廢司空（武公名司空，廢為司城），先君獻、武廢二山（二山，具、敖也。魯獻公名具，武公名敖，更以其鄉名山）。是以大物不可以命。公曰：是其生也，與吾同物⓫，命之曰同（物，類也，謂同日）。

——春秋經傳集解第二

白虎通義　班固⓬

人必有名何？所以吐情自紀，尊事人者也。《論語》曰：「名不正則言不順。」三月名之何？天道一時，物有其變。人生三月，目眴，（眴，疑當作昫。《玉篇》：「眴，左右視也。」又《大戴禮·本命篇》云：「三月而徹眴」。注：「眴，精也。轉視貌。」《玉篇》音徒賢、胡涓二

製作經典，則直言不諱。《曲禮》曰：詩書不諱，臨文不諱。是為《詩》為《書》，不避諱也。由作《詩》不諱，故祭得歌之。《尚書·牧誓》云：今予發；〈武成〉云：周王發。武王稱名告，眾史官錄而不諱，知於法不當諱也。〈金縢〉云：元孫某。獨諱者，成王啟〈金縢〉之書，親自讀之，諱其父名，曰改為某。自讀之後，史官始錄。依王所讀，遂即云某。〈武成〉〈牧誓〉，則宣讀眾人。宣詫則錄，故因而不改也。古者諱名不諱字，禮以王父字為氏，明其不得諱也。屈原云：朕皇考曰伯庸，是不諱之驗也。（《十三經注疏·春秋左傳正義》卷六，頁1751，北京中華書局，1980。）

⓫　物，謂六物，歲時日月星辰。

⓬　班固（32—92）字孟堅。東漢安陵人。明帝時為郎，典校秘書，繼父彪業，成《漢書》百篇。遷玄武司馬，撰集《白虎通議》四卷。竇憲征匈奴，固為中護軍，行中郎將事。憲敗，固因被捕繫獄，死獄中。

切。）亦能咳笑（咳字據《御覽》補），與人相更答，故因其始有知而名之。故《禮服傳》曰：「子生三月，則父名之于祖廟」。于祖廟者，謂子之親廟也（《御覽》重「名之」二字，下「于祖廟」不重）。明當為宗祖主也。一說名之于燕寢。名者，幼小卑賤之稱也，質略，故于燕寢（小舊作少，又質作寡，俱據《御覽》改正）。《禮·內則》曰：子生，君沐浴朝服。夫人亦如之，立於阼階西南。世婦抱子升自西階，君命之。適子，執其右手；庶子，撫其首。君曰：「欽有帥」。夫人曰：「記有成。」告於四境，四境者，所以遏絕萌芽，禁備未然。故曾子問曰：「世子生三月，以名告于祖禰。《內則》記曰：以名告於山川社稷四境。天子乙為名曰湯。王后乃更變名（此下一句首，當有一「為」字。脫），子孫法耳。本名履，故《論語》曰：予小子履。履，湯名也。不以子丑為名何？」（「為名」二字據《御覽》補）曰：甲乙者，干也；子丑者，支也。干者，本（者舊作為，據《御覽》改）；本，質，故以甲乙為名也。名或兼或單何？示非一也（《御覽》作名子非一）。或聽其聲以律定其名，或依其事旁其形，故名或兼或單也。依其事者，若后稷是也。棄之，因名之為棄也。旁其形者，孔子首類魯國尼丘山，故名為丘。或旁其名為之字者，聞名即知其字；聞字即知其名，若名賜字子貢，名鯉字伯魚。《春秋》譏二名何？所以譏者，乃謂其無常者也。若乍為名祿，甫元言武庚。名不以日月山川為名者，少賤卑己之稱也，臣子當諱。為物示通，故避之也。《曲禮》曰：二名不偏諱。逮事父母，則諱王父母；不逮父母，則不諱王父母也。君前不諱。《詩》《書》不諱，臨文不諱。郊廟中不諱。又曰君前臣名，父前子名，謂大夫名卿，弟名兄也，明不敢諱於尊者前也。太古之時所不諱者何？尚質

也，故臣子不言其君父之名。故《禮記》曰：朝日上質不諱，正天名也（「不言」疑是「得言」，「禮記」疑是「禮說」）。

——《白虎通義》❸卷四上

宜為舊君諱論　張昭❹

客有見大國之議士君子之論云：起元建武以來，舊君名諱五十六人，以為後生不得協也。取乎經論，譬諸行事，義高辭麗，甚可嘉羨。愚意褊淺，竊有疑焉。蓋乾坤剖分，萬物定形，肇有父子君臣之經，故聖人順天之性，制禮尚敬。在三之義，君實食之；在喪之哀，君親臨之。厚莫重焉，恩莫大焉。誠臣子所尊仰，萬夫所天恃，焉得而同之哉？然親親有衰，尊尊有殺，故《禮服》上不盡高祖，下不盡玄孫。又《傳》記四世而緦麻，服之窮也；五世祖免降，殺同姓也；六世而親屬竭矣。又《曲禮》有不逮事之義則不諱，不諱者，蓋名之謂，屬絕之義，不拘於協，況乃古君五十六哉！邾子會盟，季友來歸，不稱其名，咸書字者，是時魯人嘉之也。何解臣子為君父諱乎？周穆王諱滿，至定王時有王孫滿者，其

---

❸　《白虎通義》，簡稱《白虎通》，又稱《白虎通德論》。自古文經傳出現後，在文字思想師傳諸方面，都與今文經學家發生衝突。今文經學派以為章句之徒破壞大體，希望通過最高統治者皇帝之手，定於一尊。東漢章帝建初四年（79），在白虎觀，大會諸儒，論考五經同異，連月乃罷。乃命史臣班固著為《通義》。書中微引六經傳記，古意舊聞多賴此存，乃治經者所重。

❹　張昭，字子布。三國吳彭城人。孫權立，拜輔吳將軍，封婁侯。卒，年八十一。有《春秋左氏傳解》、《論語注》。

為大夫,是臣協君也。又屬王諱胡,及莊王之子名胡,其比眾多。
夫類事建議,經有明據,傳有徵案,然後進攻退守,萬無奔北,垂
示百世,永無咎失。今應劭雖上尊舊君之名,而下無所斷齊,猶歸
之疑云。《曲禮》之篇,疑事無質,觀省上下,闕義自證,文辭可
為。倡而不法,將來何觀?言聲一放,猶拾沈也。過辭在前,悔其
何追!

——裴松之《三國志·張昭傳注》

已遷主諱議　王肅⑮

　　魏王肅議:高皇諱,明皇帝既祔,儒者遷高皇主,尚書來訪,
宜復諱不?及引殷家或乃同名。答曰:殷家以甲乙為字,既二名不
偏諱,且殷質故也。《禮》所謂舍故而諱新,諸侯則五代不諱也。
天子之制度,恐不得與諸侯同五代則不諱也。《春秋》魯諱具敖二
山,五代之後,可不復為諱,然已易其名,則故名不復諱也。猶漢
元后父名禁,改禁中為省中,至今遂以省中為稱,非能為元后諱,
徒以名遂行故也。春秋時,晉范獻子適魯,名其二山,自以為不
學。當獻子時,魯不復為二名諱,而獻子自以為犯其諱,直所謂不

---

⑮　王肅(195—256)字子雍,東海人。三國魏經學家。官中領軍,加散騎常
　事。嘗不分今古文,綜合各家經義,遍注群經。善賈(逵)馬(融)之學,
　唯不喜鄭玄,昌「王學」與之對立。曾偽造《孔子家語》諸書。所注《詩》
　《三禮》《左傳》等皆佚,清馬國翰《玉函山房輯佚書》有輯本。
　按:《通典》後附大唐永徽二年十月,尚書左僕射于志寧奏言:「依禮舍故
　而諱新,故謂親盡之祖。今皇祖弘農府君神主上遷,請依禮不諱。」從之。

學者也。《禮》曰詩書、臨文、廟中皆不諱，此乃謂不諱見在之廟，不謂已毀者也。文王名昌，武王名發，成王時《頌》曰「克昌厥後」、「駿發爾私」。箕子為武王陳《洪範》曰：「使羞其行而國其昌」。厲王名胡，其子宣王時《詩》曰：「胡不相畏，先祖于摧。」其孫幽王時《詩》曰：「哀今之人，胡為虺蜴。」此則《詩》《書》不諱，明驗也。按漢氏不名諱，常曰「臣妾不得以為名字」，其言事不諱，蓋取諸此也。然則周禮其不諱時，則非唯《詩》《書》、臨文、廟中，其餘皆不諱矣。今可太祖以上去墠乃不諱，諱三祖以下，盡親如禮。唯《詩》《書》、臨文、廟中不諱。自此以後，雖百代如漢氏故事，臣妾唯不得以為名字，其言事不諱。所謂魏國於漢，禮有損益，質文隨時，亦合尊之大義也。**⓰**

——杜佑《通典》卷第一百四

身與官職同名疏　　江統**⓱**

故事，父祖與官職同名，皆得改選，而未有身與官職同名，不在改選之例。臣以為父祖改選者，蓋為臣子開地，不為父祖之身

⓰　王氏諱議，主張魏諱尊崇周禮，而有所簡化。于漢諱稍文，而于同時吳蜀為質。又謂諱禮隨時代當有變化，質文當各隨宜而變。在避諱史上是可矚目之議。

⓱　江統（？－310）晉陳留人。字應元，官至散騎常侍。永嘉中避難成皋，卒。《晉書·統傳》云，統為中郎，選司以統叔父春為宜春令，統因上疏云云。疏上，朝廷從之。《通典》載，晉太康七年有尚書敕：自今以後，諸身名與官職同者，與觸父祖諱同例。

也。而身名所加，亦施與臣子。佐吏系屬，朝夕從事，官位之號，發言所稱，若指實而語，則違經禮諱尊之義；若詭辭避回，則為廢官，擅犯憲制。今以四海之廣，職位之眾，名號繁侈，士人殷富，至使有受寵皇朝，出身宰牧，而令佐吏不得表其官稱，子孫不得言其位號，所以上嚴君父，下為臣子，體例不通。若易私名以避官職，則違《春秋》不奪人親之義。臣以為身名與官職同者，宜與觸父祖名為比，體例既全，於義為弘。

——《晉書·江統傳》

諱榜議　王慈[18]

慈以朝堂諱榜，非古舊制，上表曰：「夫帝後之德，綢繆天地，君人之亮，蟬聯日月。至於名族不著，昭自方策，號諡聿宣，載伊篇籍。所以魏臣據中以建議，晉主依經以下詔。朝堂榜志，諱字懸露，義非綿古，事殷中世，空失資敬之情，徒乖嚴配之道。若乃式功鼎臣，贊庸元吏，或以勳崇，或由姓表。故孔悝見銘，謂標叔舅，子孟應圖，稱題霍氏。況以處一之重，列尊名以止仁；無二之貴，黈沖文而止敬。昔東平即世，孝章巡宮而灑泣；新野云終，和熹見似而流涕。感循舊類，尚或深心；矧觀徽迹，能無惻隱？今局禁嶔邃，動延車蓋，若使鑾駕紆覽，四時臨閱，豈不重增聖慮，

---

[18]　王慈字伯寶，南齊琅邪臨沂人。官秘書郎。出為輔國將軍、豫章內史，父憂去官。起為建武將軍、吳郡太守。重除侍中，領步兵校尉。卒追贈太常，諡懿。

用感宸衷？愚謂空彪簡第，無益於匡躬；直述朝堂，甯虧於夕惕。伏惟陛下保合萬國，齊聖群生，當刪前基之弊軌，啟皇齊之孝則。」詔付外詳議。博士李撝議：「據《周禮》，凡有新令，必奮鐸以警眾，乃退以憲之于王宮。注：『憲，表懸之也。』」太常丞王倫之議：「尊極之名，宜率土同諱。目可得睹，口不可言。口不可言，則知之者絕。知之者絕，則犯觸必眾。」儀曹郎任昉議：「撝取證明之文，倫之即情惟允。直班諱之典，爰自漢世，降及有晉，歷代無爽。今之諱榜，兼明義訓，邦之字國，實為前事之徵。名諱之重，情敬斯極，故懸諸朝堂，縉紳所聚，將使起伏晨昏，不違耳目，禁避之道，昭然易從。此乃敬恭之深旨，何情[典]之或廢？尊稱霍氏，理例乖方。居下以名，故以不名為重；在上必諱，故以班諱為尊。因心則理無不安，即事則習行已久。謂宜式遵，無所創革。」慈議不行。

——《南齊書·王慈傳》

避太子諱議　　邢劭[19]

案：《曲禮》：大夫士之子，不與嗣君同名。鄭注：若先生之，亦不改。漢法，天子登位，布名于天下，四海之內，無不咸避。案《春秋經》，衛石惡出奔在晉，衛侯衍卒，其子惡始立，明

---

[19]　邢劭（496—？）字子才，河間人。仕北朝魏、齊兩朝，齊時官中書監，攝國子祭酒，授特進。博學能文，與溫子昇、魏收齊名，時稱「溫邢」、「邢魏」。明人輯有《邢特進集》。

石惡與長子同名。諸侯長子，在下國之內，與皇太子于天下，禮亦不異。鄭言先生不改，蓋以此議。衛石惡，宋向戌，皆與君同名，《春秋》不譏。皇太子雖有儲貳之重，未為海內所避，何容便改人姓？然事有消息，不得皆同于古。官吏至微，而有所犯，朝夕從事，亦是難安。宜聽出宮，更補他職。（嚴注：《通典》七十一。時議又擬官吏之姓與太子名同，子才又議云云。詔可。）

——嚴可均《全上古三國魏晉南北朝文·全北齊文》卷三

諱辯　　韓愈[20]

愈與李賀書，勸賀舉進士。賀舉進士有名。與賀爭名者毀之，曰：賀父名晉肅，賀不舉進士為是，勸之舉進士為非。聽者不察也，和而唱之，同然一辭。皇甫湜曰：「若不明白，子與賀且得罪」，愈曰：「然」。

《律》曰：「二名不偏諱。」釋之者曰：「謂若言『徵』不稱『在』，言『在』不稱『徵』是也。《律》曰：「不諱嫌名。」釋之者曰：「謂若『禹』與『雨』，『丘』與『蓲』之類是也。」今賀父名晉肅，子不得舉進士；若父名「仁」，子不得為人乎？

夫諱始於何時？作法制以教天下者，非周公、孔子歟？周公作詩不諱，孔子不偏諱二名。《春秋》不譏不諱嫌名，康王釗之孫實

---

[20]　韓愈（768－824）字退之。河陽人，郡望昌黎，世稱韓昌黎。貞元進士，官至吏部侍郎。卒諡文。愈性弘通，成就後進士，往往知名。有《昌黎先生集》。汪琬《堯峰文鈔·題歐陽公集》云：「古人為文未有一無所本者，如韓退之《諱辯》本《顏氏家訓》」。

為昭王；曾參之父名晳，曾子不諱「昔」。周之時有騏期，漢之時有杜度，此其子宜如何諱？將諱其嫌，遂諱其姓乎？將不諱其嫌者乎？漢諱武帝名徹為「通」，不聞又諱「車轍」之「轍」為某字也；諱呂后名雉為「野雞」，不聞又諱「治天下」之「治」為某字也。今上章及詔不聞諱「滸」、「勢」、「秉」、「饑」也，惟宦官宮妾乃不敢言「諭」及「機」，以為觸犯。士君子言語行事，宜何所法守乎？今考之於經，質之於律，稽之於國家之典，賀舉進士為可邪？

凡事父母得如曾參，可以無譏矣；作人得如周公、孔子，亦可以止矣。今世之士，不務行曾參、周公、孔子之行，而諱親之名則勝於曾參、周公、孔子，亦見其惑也！夫周公、孔子、曾參，卒不可勝；勝周公、孔子、曾參，乃比于宦者宮妾，則是宦者宮妾之孝於其親，賢于周公、孔子、曾參者耶？㉑

——《昌黎先生集·雜著》

諱嫌名辨狀　李谿㉒

㉑　李商隱撰〈白居易墓碑〉：「前進士避祖諱，選書判拔萃。」周廣業《經史避名彙考》卷三十七云：「蓋以公祖名湟，與宏同音，所以不應宏詞也。案：《新唐書·選舉志》，選未滿而試文三篇，謂之宏詞；試判三條，謂之拔萃。」是當時為諱制所抑不獨李賀一人也。

㉒　李谿字景望。大中末，擢進士，累遷戶部郎中，分司東都。昭宗乾寧元年，進禮部尚書、同中書門下平章事。為李茂貞等所害。後復官爵，謚曰文。谿好學，家有書萬卷，世號「李書樓」。所著文章及注解諸書甚多。

　　臣准西台牒及金部稱，奉六月二十七日敕，〈內園院郝景全事奏狀〉內「訟」字音與廟諱同，奉敕罰臣一季俸者。右臣官位至卑，得蒙罰俸，屈與不屈不合有言。以事至分明，別關理體，若便隱默，恐負聖時。願陛下寬其罪戾，使得盡言。臣前奏狀稱：「准敕，因事告事，旁訟他人」，是咸通十二年十月十三日敕語。臣狀中具有准敕字，非臣自撰辭句。臣謹按：「《禮》不諱嫌名」；又按《職制律》：「諸犯廟諱嫌名不坐。」注云：「謂若禹與雨。」疏云：「謂聲同而字異。」註疏重複，至易分曉。伏惟睿聖英武明德至仁大聖廣孝皇帝陛下，明過帝堯，孝逾大舜，豈自發制敕而不避諱哉！故是審量《禮》《律》，以為無妨耳。即引陛下敕文而言，不敢擅有移改，不謂內園使有此論奏也。臣之罰俸，實為小屈，然今者非敢訴此罰俸也。實以從來制敕及百官表奏曾有避嫌名例，而因臣致罰，即舊章自此有援引敕格者，亦須委屈迴避，便成訛弊。臣今已罰俸，不合上聞。臣聞趙充國為將，不嫌伐一時事，以為漢家後法。魏徵為相，不存形迹，以致貞觀太平。臣雖未及將相，忝為陛下持憲之臣，豈可以論俸為嫌，而使國家敕命有誤也？且順宗廟諱，萬國儀刑，誠不可同於小事。願陛下留意察納，別下明敕，使自後章奏遵《禮》《律》處分，則天下幸。❷❸

　　　　　　　　　　　——《冊府元龜·帝王部·名諱》

---

❷❸　李嘗劾奏內園使郝景全不法事，景全反摘谿奏犯順宗嫌名，坐奪俸。谿因上言：「『因事告事，旁訟他人』者，咸通詔語也。禮，不諱嫌名；律，廟諱嫌名不坐。豈臣所引詔書而有司輒論奏？臣恐自今用格令者，委曲迴避，旁緣為奸也。」詔不奪俸。

宋臣論避諱㉔

戚畹諱㉕

仁宗明道二年八月十三日，上封者言：章獻明肅皇太后上仙，中外不當更避彭城郡王名。從之。治平三年正月二十六日，中書門下言：請避濮安懿王名下一字。從之。神宗元豐八年四月十九日，禮部言：高魯王名正字並迴避，有難迴避者，空點畫，仍以黃紙覆之。嫌名於禮不諱，亦無迴避故事。詔可。仍自今進呈並入奏文字，雖嫌名亦覆之。政和五年八月，詔姓氏犯濮安懿王諱者改為遜字。（《金玉新書》：諸犯濮安懿王讓、安僖王秀諱者改避，若書籍及傳錄舊事者，皆為字不成。其濮安懿王在貞宗皇帝諡號內者，不避。應奏者以黃紙覆之。）

乾興元年十一月十一日，禮儀院言：准遺制：軍國事權取皇太后處分。今參詳中外表章，中有犯皇太后先代名諱，併合迴避。今或遍諱三代，即緣正月三日天書降節及聖祖殿名外，州名多須回改。如只諱彭城郡王名，則表章合避。如難避者，即用黃紙蓋貼，

㉔ 兩宋修撰《會要》凡十次，成書兩千兩百餘卷，從未正式刊行。元滅宋，抄本被運往北京。明初修《永樂大典》，將《會要》分別散入各韻。原本則毀於宣德間內廷大火。清嘉慶時，徐松入內廷撰修《全唐文》，借機輯出《宋會要》五六百卷。未及整理而卒。幾經波折，一九三三年，始由陳垣主持將原稿縮小影印出版。現存三百六十六卷。其中資料十之七八為《宋史》所不載，是今日研究宋史的重要文獻。有關避諱的史料見於十三卷《儀制》。

㉕ 《輯稿》原籠統題作「帝諱」，今據內容改題。

或空點畫。其通進銀臺司，近在禁中。日夕封進文字，望請改為承進銀臺司。詔只避彭城郡王名，餘從所請。應改通判為同判，通利軍為安利軍，通州為崇州，大通監為交城監，通奉大夫為中奉大夫，通直郎為同直郎，通事舍人為宣事舍人，開寶通禮為正禮，通天冠為承天冠。諸縣鎮宮觀寺院在京諸城門倉庾之名，並以義改易。紹聖元年二月二十三日，三省樞密院言：宣仁聖烈皇后同聽政之日，天下章奏皆避高陳王名諱。按國朝《會要》，章獻明肅皇后上仙，中外不復避彭城郡王名。詔依章獻明肅皇后故事。四月二十六日，尚書左丞鄧溫伯言，舊名潤甫，昨避高陳王諱，今請復舊名。從之。

群臣名諱

雍熙二年六月二十八日，詔曰：名終將諱，《禮》有舊章。子孫則難言，公家則不避，況二名之不偏，是六籍之正文，復不諱於嫌名，悉存之於古典。如聞近日因其家諱，致忤物情。後內外臣僚三代名字，只得私諱。州府長吏，不得令人於客次牓列。新授職官，除三省御史臺五品，文班四品，武班三品以上，許准式奏改，其餘不在准改之限。

嘉祐六年五月二十八日，翰林學士知審官院賈黯言：伏見大理寺丞雷宋臣除太子中舍，以父名顯忠乞迴避，從其請。臣按：《曲禮》曰：「不諱嫌名」，「不偏諱」。釋者曰：「嫌名謂聲音相近，若禹與雨、丘與蓲也；偏謂二名不一一諱也」。據《律》文：「諸府號官稱，犯祖父名而冒榮居之者，徒一年」。釋曰：「府有正號，官有名稱，府號者，若父名衛，不得于諸衛任官，或祖名

安,不得任長安縣職之類;官稱者,或父名軍,不得作將軍,或父名卿,不得為卿之類。又諸上書,如奏事犯祖廟諱者,杖八十,如嫌名及二名偏犯者,不坐」。今按:宋臣父名顯忠,而避中字,於禮所謂嫌名,臣謂既許避免,若後有如此而不避者,豈得不謂犯冒榮之律?如前代故事:東晉以王舒為會稽內史,舒父名會,求易他郡。時議以字同音異,於禮無嫌,得改會為鄶,舒遂行。後又以舒子允之為會稽內史,允之亦乞更授,詔曰:「祖諱曷如王命之重?下八座詳之。」給事中譙王無忌以《春秋》之義,不以家事辭王事,(《通典》:是上之行下也)夫王命之重不得崇其私。又故事,無以祖名辭命之制。唐賈曾除中書舍人,父名忠,固辭。議者以中書是曹司之名,又與賈父名,音相同字別,於禮無嫌。至於國朝,雖雍熙中嘗下詔:凡除官內有家諱者,除三省御史臺五品,文班四品以上,許用式奏改,餘不在此制。然推尋國初迄於近年,或小官許改,或大官不從。雖二名嫌名而有許避者,或正犯單諱而有不許者,如建隆初,慕容延釗除同平章事,以父名章,改為同中書門下二品,吳廷祚以父名璋,改為同中書門下二品,趙延進除起復雲麾將軍,以父名暉,改授起復光祿大夫。天聖中,著作郎王溥父名著,奉禮郎張子奭父名宗禮,以溥為大理寺丞,子奭為太祝,皆請避而許者。如淳化中,畢士安父名又林,除翰林學士,天聖中,韓億父名保樞,除樞密直學士。景德中,王繼英父名忠,賜推忠功臣,天禧初,寇準父名湘,除襄州節度史。天聖中,劉筠父名繼隆,除龍圖閣學士。近年,楊偉父名自牧,為群牧使,皆曾固辭,此又雖請避而不許者。前後許與不許,繫之一時,蓋由未嘗稽詳禮律,立為永制。請約雍熙詔書,自幾品官以上,每有除授,若犯父

祖名諱，有奏陳者，先下有司詳定。若以禮律當避者，聽改授之，餘不在避免之限。詔太常禮院大理寺同定奪。而言父祖之名，為子孫者所不忍道，不繫官品之高下，並聽迴避。遂詔：凡府號官稱犯父祖名，而非嫌名及二名者，不以官品高下，並聽迴避。

乾道五年二月二十五日，詔：吏部應文武臣轉官礙父祖名，合行寄理人具因依給公據理作付身，更不取旨給降。

淳熙三年七月四日，禮部侍郎兼同修國史兼實錄院同修撰李燾言，該轉中奉大夫，其中字犯父名。今官名有所避者，往往於所授官上帶寄理字，其條貫並不該載。今臣止合帶舊官朝議大夫，更不帶寄理字。吏部檢準，令諸官應稱避者，擬以次官，即願仍舊舊官者，聽。詔依。為係侍從，仍特免帶寄理。〈群臣名諱序〉：生而制名，歿而是諱，蓋孝子因心之道，先王立禮之方。然而君所無隱，奉至尊也；臨文亦稱，存大義也。若乃畏冒榮之禁，慮上之咎，史家自變其例，連職難與之，俱理所未安，事必改作。其或惡其聲近，特以字行，發乎智端，無所廢事。又若初不內出，人肆淩犯，形於諧玩，深辱士風；亦有封執沽名，矯枉傷正，是為過當，殊非中禮。至人德愛在民，久而彌劭，眾為之避，不亦韙乎。

——徐松《宋會要輯稿·儀制十三》

紹熙重修文書令㉖

㉖ 《文書令》見《禮部韻略》。晁氏《讀書志》云，《韻略》丁度撰，清四庫館臣考書並舊韻十三部與度作《集韻》合，亦持此說。近人胡玉縉《四庫全

　　諸犯聖祖名、廟諱、舊諱（舊諱內二字者連用為犯，若文雖連而意不相屬者非）、御名，改避。餘字（謂「式」所有者）有他音（謂如角徵之類）及經傳子史有兩音者，許通用（謂如「金作贖刑」，其「贖」字一作「石欲切」之類）。正字皆避之，若書籍及傳錄舊事者，為字不成，御名易以他字。

　　諸犯者改避，若書籍及傳錄舊事者，皆為字不成。其在真宗皇帝謚號內者不避，應奏者以黃紙覆之。

　　諸文書不得指斥援引黃帝名，經史舊文則不避（如用從車從干，冠以「帝」字或繼以「后」字，合行迴避，自餘如軒冕、軒輊、輼軒、車轅之類，即不合迴避）。

　　　　　　　——丁度重修《附釋文互注禮部韻略·貢舉條式》

皇太子名不諱　　顧炎武[27]

　　書總目提要補正》引《直齋書錄解題》則謂由丘雍、戚倫所定，丁度重修，元祐太學博士增修云。附《貢舉條式》一卷。所載元祐至紹熙間，如《淳熙重修文書式》、《紹熙重修文書令》，凡一切增刪韻字、廟諱、祧諱、書寫試卷格式以及考校章程，多史志所未備，猶可考見一代典制。
　　丁度字公雅。大中祥符中登科，仁宗時累官端明殿大學士，在經筵日久，卒謚文簡。

[27]　顧炎武（1613－1682）本名絳，字寧人，號亭林，明末清初昆山人。十四為諸生。明末多故，棄舉業，講求經世之學。明亡，受魯王兵部職方郎中。康熙時舉鴻博，薦修《明史》，不就。晚卜居華陰以終。其學淵博，精研考證，開清代樸學之風。所著《日知錄》，乃讀書箚記，一生精力所注。其編論經義論政治，論世風論藝文，其第二十二卷至二十四卷，雜論名義。
　　顧氏乃開清代樸學風氣第一人，也是清研究避諱開山祖。其論避諱，集中在

　　《冊府元龜》：唐王紹為兵部尚書。紹名初與憲宗同，憲宗時為廣陵王。順宗即位，將冊為皇太子。紹上言請改名，議者或非之曰：皇太子亦人臣也，（漢魏故事，皇太子稱臣。晉咸寧中議除此制，摯虞以為《孝經》「資于事父以事君」。義兼臣子，則不嫌於稱臣。詔令依舊。）東宮之臣當請改爾，奈何非其屬而遽請改名，豈為以禮事上邪？左司員外郎李藩曰：歷代故事，皆自不識大體之臣而失之，因不可復正，無足怪也。

　　《三國志注》言魏文帝為五官中郎將，賓客如雲，邴原獨不往。太祖微使人問之，原答曰：「吾聞國危不事冢宰，君老不奉世子。」萬曆中年，往往有借國本之名而以為題目者，得無有愧其言。

　　唐中宗自房州還，復立為皇太子。左庶子王方慶上言，太子皇儲，其名尊重，不敢指斥。晉尚書僕射山濤啟事，稱皇太子而不言名，朝官猶尚如此，宮臣諱則不疑。今東宮殿及門名皆有觸犯，臨事論啟，迴避甚難，孝敬皇帝為太子時，改弘教門為崇教門，沛王為皇太子，改崇賢館為崇文館，皆避名諱，以遵典禮。伏望依禮改換。制從之。史臣謂方慶欲尊太子以示中興之漸，然則方慶之言蓋有為言之也。

　　有明之制，太子親王名，俱令迴避，蓋失之不考古也。崇禎二年，兵部主客司主事賀烺以避皇太子名改名世壽，而光宗為太子，河南府及商州屬縣並未嘗改。《實錄》言，洪武十四年十月辛酉，給事中鄭相同請依古制：凡啟事皇太子，惟東宮官屬稱臣，朝臣則

　　第二十三卷。考據精詳，衣被後學。偶有疏忽，如論「卒哭乃諱」一節，自清以來，學者多有駁正。

否，以見尊無二上之義。詔下群臣議，翰林院編修吳沈言，太子所以繼聖體而承天位者也，尊敬之體宜同。從之。歷代不稱臣之制自斯而變。親王之名，尤不必諱而亦諱之。正統十二年，山西鄉試。《詩經》題內「維周之楨」，楨字犯楚昭王諱，考試及同考官俱罰俸一月。

——《日知錄》卷二十三

禮部·貢舉·繕卷條規㉘

乾隆十三年九月諭：據大學士鄂爾泰等奏請迴避朕之御名。上一字擬書宏字，下一字擬書玉字。朕思尊君親上，乃臣子分誼當然，但須務其大者，以將恭敬。至於避名之典，乃文字末節，無關大義也。所請改寫宏字、曆字不必行。嗣後凡遇朕名之處，不必諱。若臣工名字有同，而心自不安者，上一字少寫一點，下一字中間禾字，書為木字，即可以存迴避之義也。

三十年諭：前據福建學政紀昀條奏敬避廟諱御名一折，經大學士會同禮部議復，請將偏旁各字，缺筆書寫，原屬臣子敬避之意，

㉘ 《清會典》係清王朝仿照《明會典》的體例，由政府官修之政書。此書歷康熙、雍正、乾隆、嘉慶、光緒五代，先後纂修五次，故又稱《五朝會典》。《會典》是研究清朝典章制度的重要資料。其體例「以官統事，以事例官」，依等級排列清政府的行政機構，每個衙門之下逐年排比，記載各級官吏的職掌和事例。從乾隆朝重修，開始將「會典」和「事例」分別纂輯。所謂「事例」，是指各個部門逐年的因革損益，變遷改動的具體情況。科舉是清一大政，避諱則是科舉考試有關繕卷法令的重要內容之一。

嗣經武英殿校改書板，推廣字數，如率銜等字，亦俱一律缺筆。朕思廟諱御名偏旁字畫，前代如石經刊本，俱係缺筆，自應仿照通行，但止可令現在臨文繕寫，及此後續刊書板，知所以敬避。若將從前久經刊刻之書，一概追改，未免事涉紛擾。至上中嵌寫之字，與本字全無關涉，更可毋庸迴避。嗣後如遇廟諱御名，應行敬避缺筆之處，仍照舊例遵行外，所有武英殿頒行字樣，及紀昀所請改刊經書之處，俱不必行。

三十四年諭：本日內閣進呈河南巡撫題本一件，票籤內於宏字缺寫一點，甚屬無謂。避名之說，朕向不以為然，是以即位之初即降旨：於御名上一字，止須少寫一點，不必迴避。後因臣僚中有命名相同者，心切不安，屢行呈請，始許其易寫宏字，其實臨文之體，原可不必，故於前代年號地名，凡有引用之處，概行從舊，不准改易。至於臣子尊君親上，惟在殫心宣力，為國為民，克盡厥職，豈在字畫末節，拘拘于小廉曲謹哉？且宏字已屬避寫，即於本字無涉，若因字異音同，亦行缺筆，輾轉相似，必至八紘等字，概從此例，勢將無所底止，復成何字體耶？此籤即著補點，嗣後俱照此寫。

——《欽定大清會典事例》卷三百四十四

乾隆四十二年諭追改前史㉙

㉙ 此清政府纂修《四庫全書》時，乾隆四十二年十月所下敕諭，蓋因全書館進呈李鶚《濟南集》、《北史·文苑傳敘》，未避漢武帝諱而命追改舊史原

四庫全書館進呈李廌《濟南集》，其〈詠鳳凰臺〉一首有「漢徹方秦政，何乃誤至斯」之語，於禮不順。因檢查《北史·文苑傳敘》亦有「頡頏漢徹，跨躡曹丕」之句，《韻府》因而錄入，均屬未協。秦始皇焚書坑儒，其酷虐不可枚舉，號為無道。秦後之人，深惡痛絕，因而顯斥其名，尚無不可。若曹丕躬為篡逆，稱名亦宜。至漢武帝在漢室尚為振作有為之主，且興賢用能，獨持綱紀，雖黷武惑溺神仙，乃其小疵，豈得直書其名，與秦政、曹丕並論乎？且自古無道之君，至桀、紂而止，故有指為「獨夫受」者。若漢之桓、靈，昏庸狂暴，遂至滅亡，亦未聞稱名指斥，何于武帝轉從貶抑乎？又如南北朝彼此互相詆毀，南朝臣子稱北朝主之名，北朝臣子稱南朝主之名。宋之于金、元，金、元之于宋亦然。此皆局於其地之私心。雖非天下之公，尚無傷于正理。若李延壽乃唐臣，李廌乃宋臣，其與中國正統之漢武帝，伊祖未嘗不曾為其臣，豈應率逞筆端，罔顧名義，輕妄若此？且朕御制詩文內，如周、程、張、朱皆稱為子而不斥其名，又如韓昌黎、蘇東坡諸人，或有用入詩文者，亦只稱其號而不名。朕于異代之臣尚不欲直呼其名，乃千古以下之臣轉將千古以上之君稱名不諱，有是理乎？……此等背理

作。乾隆即位，初不在意避諱，視為文字末節。御名諱，最初亦只是缺筆。對臣下酷諱、曲諱反而多有糾偏。直至上年十一月還重申即位及三十四年兩詔，同月，又諭嘉慶：子孫命名取不經用之字，缺筆亦易。可以認為乾隆朝避諱令式不為苛密。此諭竟傳錄舊籍也令避諱，且一朝之諱，翌代本可不避，況是千餘年前的帝王。乾隆一反對避諱之常態，乃是乾隆朝，也是整個清諱的轉捩點。個中緣故，是值得思索和探究的。同月二十一日「王錫侯字貫案」發，大動干戈，乾隆借讀書人作法，大開殺戒。從此風聲鶴唳，讀書人動輒得咎，而乾隆也難逃文字獄首惡之諡矣。

稱名之謬，豈可不為改正，以昭示方來？著交武英殿將《北史·文苑傳敘》改為「漢武」，《韻府》內刪去此條，酌為改刊。所有陳設之書，悉行改補，其李廌《集》亦一體更正。並諭四庫全書館臣等，於校勘書籍內遇有似此者，俱加簽擬改，聲明進呈，毋稍忽略。

—— 《四庫全書總目》卷首

歷朝避諱字宜改正㉚　杭世駿㉛

正，秦始皇諱政，以正月為征。〈月令〉呼正月作平聲，猶沿秦諱，宜作去聲，《史記·年表》，又曰端月。盧生曰：「不敢端言其過」。〈秦頌〉曰：「端平法度」，又曰：「端直忠厚」，皆避諱故，今不必然。

邦，《漢》《史》凡言邦皆曰國，避高祖諱也。雉，《史記·封禪書》：「野雞夜雊」，避呂后諱雉也。盈，《史記》「萬盈數」，作「萬滿數」，避惠帝諱盈也。恒，恒山，漢曰常山，避文帝諱恒；唐曰平山，避穆宗諱恒也。啟，《史記》「微子啟」，作「微子開」；《漢書》「啟母石」，作「開母石」；避景帝諱啟

㉚　題下杭氏自注：俱見《野客叢書》。

㉛　杭世駿（1696－1773）清浙江仁和人。字大宗，號堇浦。乾隆元年舉博學宏詞科，授編修。校勘武英殿《十三經》、《二十四史》，纂修《三禮義疏》。晚年主講揚州、粵東書院。著述頗富，有《續禮記集說》一百卷、《石經考異》二卷、《史記考證》、《續方言》、《經史置疑》、《文選課虛》及《道古堂集》等，並傳於世。

也。徹，徹侯為通侯，蒯徹為蒯通，避武帝諱也。詢，荀卿為孫卿，避宣帝諱詢也。奭，奭氏為盛氏，避元帝諱也。莊，老莊為老嚴，辦裝為辦嚴，莊子陵為嚴子陵，避明帝諱莊也。秀，《漢書》「秀才」為「茂才」，避光武帝諱也。隆，隆慮侯為林慮侯，避殤帝諱也。慶，慶氏為賀氏，避安帝諱也。

操，杜操為杜度，避魏武帝諱也。宗，孟宗為孟仁，避蜀後主諱也。

師，師保為保傅，京師為京都，避晉景帝諱也。昭，昭穆為韶穆，昭君為明君，《三國志》韋昭為韋曜，避文帝諱昭也。業，建業為建康，避愍帝諱也。嶽，鄧嶽為鄧岱，山嶽為山岱，避康帝諱也。春，春秋為陽秋，富春為富陽，避簡文鄭后諱阿春也。

準，平準令曰染署，避宋順帝諱也。道，薛道淵但言薛淵，避齊太祖諱道成也。練，呼練為絹，避梁武帝小名阿練也。

中，郎中只稱郎，侍中為侍內，中書為內史，殿中侍御為殿內侍御，置侍郎不置郎中，置御史大夫不置中丞，以治書侍御史代之，中盧為次盧，避隋祖諱忠也。至唐又避太子諱忠，亦以中郎將為旅賁郎將，中舍人為內舍人。廣，廣樂為長樂，廣陵但稱江都，避煬帝諱也。

虎，虎賁為武賁，虎丘為武丘，虎林為武林，避唐祖諱虎也。淵，趙淵為趙文深，又改淵為泉，陶淵明為陶泉明，楊淵為楊泉，避高祖諱淵也。世民，唐史中凡言世皆曰代，凡言民皆曰人，民部曰戶部，避太宗世民也。又凡字從民者，皆省為氏，如昬字作昏之類。治，唐史中凡言治皆曰理，避高宗諱也。照，詔書為制書，鮑照為鮑昭，懿德太子重照，改曰重潤，劉思照改曰思昭，避武后諱

曌，即照字也。且，張仁亶為仁願，避睿宗諱旦也。隆基，隆州為
閬中，隆康為善康，隆龕為崇龕，隆山郡為仁壽郡，避明皇諱隆基
也。豫，豫章為鍾陵，蘇預改名源明，薯蕷為薯藥，避代宗諱豫
也。適，括州為處州，避德宗諱也。弘，徐弘改名有功，避敬宗諱
也。淳，淳州為蠻州，韋純改名貫之，韋淳改名處厚，王純改名紹
隆（案：隆字或衍，《新唐書》本傳無此字。），陸淳改名質，柳淳改名
灌，嚴純改名休復，李行純改名約，避憲宗諱淳也。昆、涵，宋
緄，《會要》作宋混，避文宗諱昆也；文宗舊諱涵，故鄭涵改名
翰。炎，賈炎改名嵩，避武帝諱也。忱，常諶改名損，穆諶改名仁
裕，避宣宗諱忱也。

敬瑭，石晉高祖諱敬瑭，析敬氏為苟氏文氏，至漢而復姓。宋
朝避翼祖諱敬，復改姓文，或姓苟。禁，元后父諱禁，以禁中為省
中。華，武后父諱華，以華州為太州。鏐，錢王諱鏐，以石榴為金
櫻，改劉氏為金氏，嘉興有劉伶墓，改呼金伶墓。

曙，趙宋避英宗諱曙，薯蕷曰山藥，簽署曰簽書。慎，宋孝宗
諱昚，《四書》朱子注中，凡慎字皆用謹字。昚，古慎字也。桓，
蘇洵《管仲論》：「管仲相威公」。桓改為威，南渡後避欽宗諱
也。

　　　　　　　　　　　　　　　——《訂訛類編》卷三

避諱釋疑　錢大昕[32]

---

[32] 錢大昕（1728－1804）字曉徵，一字辛楣，號竹汀，清嘉定人。乾隆十九年
　　進士，授編修，官至詹事府少詹事。丁憂歸，不復出，主講鍾山、婁東、紫

《北齊書·神武帝紀》：齊高祖神武皇帝

案：李百藥《北齊書》，《本紀》八篇，《列傳》四十二篇，共五十卷。今據世所傳本審正之，惟《本紀》第四（文宣帝）、《列傳》第五（趙郡王琛等）、第八（段榮）、第九（斛律金）、第十（孫騰）、第十一（賀拔允等）、第十二（張瓊等）、第十三（高乾、封隆之）、第十四（李元忠等）、第十五（魏蘭根、崔悛）、第十六（孫搴等）、第十七（張纂）等、第卅三（暴顯等）、第卅四（陽斐等）、第卅五（李稚廉）、第卅六（儒林傳）、第卅七（文苑傳）、第四十二（恩倖傳），凡十八篇，係百藥元本。其餘大抵取《北史》補足之。其《列傳》第十八（薛琡等）、第十九（萬俟等）、第廿一（李渾等）、第廿二（崔暹）、第卅二（尉瑾等），文與《北史》異，而無論贊。第卅八（循吏傳）、第卅九（酷吏傳）、第四十（外戚傳）、第四十一（方伎傳），亦與《北史》異，而有序無贊，似經後人刪改，或百藥書亡，而以高氏《小史》補之乎？凡記傳中有史臣論、有贊，及稱高祖、世宗、顯宗、肅宗、世祖廟號者，皆李史之舊文，其稱神武、文襄、文宣、孝昭、武成者，則《北史》之文。公武謂百藥避唐名諱，不書世祖、世宗之類，不知承規修史在貞觀初，其時世字

陽書院。精研經史，著有《潛研堂文集》五十卷、《詩集》二十卷、《十駕齋養新錄》二十三卷，後人彙刻成《潛研堂全書》。

錢氏於避諱雖無專著，卻是科學避諱學的最重要的先驅者。他以避諱為利器，考辨傳異、校理群書，在古文獻尤其是史籍整理上多有創獲。不輕易言諱，以避諱校書，重視史家之例，是方法論的金針度人。他對卒哭乃諱、疏屬不相迴避等的探索，又是他對避諱學理論基礎建設的貢獻。他直接孕育了近代陳垣對避諱學的構建。

並不迴避，李績之名至高宗朝始去世字。《梁陳周書》皆不避世祖、世宗字。承規與思廉、德棻同時，何獨異其例乎？蓋嘉祐校刊諸史之時，此書久已殘闕，而雜采它書以補之。卷首《神武紀》，即是《北史》之文。晁氏不加詳審，遽以為例有不一，其實非也。以史例言之，高祖上不當係以齊字，此亦沿《北史》之文，而未及芟削者（監本卷首無齊字）。

——《廿二史考異》卷三十一

《東家雜記》二卷

孔子四十七代孫右朝議大夫知撫州軍州事傳所撰。有紹興甲寅三月自序。傳于宣和六年，嘗撰《祖庭雜記》，其書雖不傳，猶略見於孔元措《祖庭廣記》中。此則從思陵南渡以後，別為編輯。改祖庭為東家者，殆痛祖庭之淪陷，而不忍質言之乎？考四十九代孫玠，襲封衍聖公，其時傳已稱本家尊長，而卷中所述孔氏世系，訖于五十三代孫洙。計其時代，當在南宋之季，蓋後來別有增入矣。卷首《杏壇圖說》，與錢遵王所記正同。又有《北山移文》、《擊蛇笏銘》、《元祐黨籍》三篇，恐皆後人妄增，非傳意也。卷中管勾之勾皆作勹，避思陵嫌名。間有不缺筆者，元初修改之葉。辨宋板者，當以此決之。傳字世文，初名若古，元祐四年，除仙源縣主簿，改今名。政和五年，以朝奉郎任京東轉運司管勾文字。宣和六年，以朝散大夫知邠甘草市、直塘市。穿山、七浦、沙頭村，皆今太倉境。

——《十駕齋養新錄》卷十三

昏當從唐本《說文》作昬

《說文》：昏，日冥也，從日，氐省。氐者，下也，一曰民

聲。案：氏與民音義俱別。依許祭酒例，當重出昬，云或作昏，民聲。今附於昏下，疑非許氏本文。頃讀戴侗《六書故》，云唐本《說文》從民省，徐本從氏省，又引晁說之云，因唐諱民，改為氏也。然則《說文》元是昬字，從日，民聲。唐本以避諱減一筆，故云從民省，徐氏誤認為氏省。氏下之訓，亦徐所附益。又不敢輒增昏字，仍附民聲於下。其非許元文信矣。案《漢隸字原》，昬皆從民，婚亦從昬。民者，冥也，與日冥之訓相協。唐石經遇民字皆作𡧶，而偏旁從民者盡易為氏，如岷作岻，泯作泜，緡作緡，碈作碈，潣作潣……之類，不一而足，則昏之為避諱省筆無疑。謂從氏省者，淺人穿鑿傅會之說耳。

——《十駕齋養新餘錄》卷上

勗帥以敬之勗非關避諱

問：〈士昏禮〉：父醮子，辭云「勗帥以敬」，《荀子》書勗作隆。惠松厓謂當由避殤帝諱改為勗，如《毛詩》隆沖為臨沖之類。信有乎之？曰：禮家傳聞，文字不無異同，要當從其長者。勗帥以敬，於義為長。且信諸子，不如信經。若云避諱更易，則無是理。〈士冠禮〉稱「棄爾幼志」，志為恒帝諱；「受天之祜」，祜為安帝諱，皆未改易。即以《毛詩》徵之：「四月秀葽」，秀為光武諱；「思皇多祜」，祜為安帝諱，亦未改易也。臨沖，《韓詩》作隆沖。《韓詩》在漢時立于學宮，何嘗避隆字！

——《潛研堂文集》卷八

歷代諱名考自序　劉錫信㉝

　　避諱之說，殷商未之前聞也，左氏曰：「周人以諱事神，名終
將諱之」，故避諱斷自周人始。然「克昌厥後」、「駿發爾私」，
形諸〈雅〉〈頌〉，歌於朝廟，殆所謂臨文不諱者歟？晉以僖侯廢
司徒，宋以武公廢司空，始以諱改官制矣。魯以獻武廢二山，始以
諱改地名矣。秦漢而降，避諱益詳。其初避帝名而已，既而漸及中
宮矣，漢雉晉春是也；既而並及儲貳，北齊廢帝、隋之煬帝，俱在
青宮，即已更改郡縣名號，唐因章懷亦易崇賢之館。自時厥後，追
尊之帝，與握符御宇者不殊；割據之君，與統一函夏者無別。或子
孫推崇其先世，或偏隅各奉其聲靈，莫不敬避名字，更易舊文。夫
周秦二漢，避正名而已，隋唐以來，並及嫌名。昌黎《諱辯》之
篇，極指其流弊。至宋而嫌名之避益繁，每一帝嗣服應避者，多至
十許字。凡文字中援引書史，追改前代人名。如荀勗稱孫勉之類，
幾於不可辨識，或亦濫觴之過歟。

　　我朝廟諱御名止避正字，舉凡同音之字，概不令避，一馳唐宋
嫌名之禁。比來宏開冊府，甄錄遺編，凡諸書中如公孫平津、鄭康
成等名字，皆直書本字，敬缺末筆。仰見聖度淵涵，大公至正，迥
非近古所及，猗歟休哉。第前代著述家，如年號諡法之類，皆有專
輯之書，惟避諱更改名物至夥，向無專書記錄，斯亦藝林之闕也。
㉞僕偶從往籍，留意搜討，裒而集之，類分十二，間附鄙見，援引

㉝　劉錫信，字桐村，順天通州人。乾隆乙酉（1765）進士，揀選知縣。
㉞　周廣業未見劉書，錫信亦未及見周《經史避名諱考》。

證據，輯成《歷代諱名考》。雖掛漏孔多，亦足為識小之一助云。
乾隆歲在閼逢執除壯月鮑丘劉錫信桐村氏序。㉟

——續修四庫全書

經史避名彙考・自敘　周廣業㊱

　　廣業結髮從師授《魯論》，遇夫子自稱，必圈發其字，令讀若
某，因為常。既授《戴記》，先子為講諱字，始知禮有避名，時已
九歲矣。明年秋，先子見背，蓰諸負笈，心目交瞿。嘗過烏墩舅
氏，一同姓老儒為言：「乙卯榜發，眾訛嘩余得，繼知實尊甫。厭
世幾何年矣」。廣業方悟其與先諱同。逡巡引退，不樂竟日。長試
有司，恪遵禁例。於列聖廟諱，皇上御名，至聖先師諱，敬謹避
寫，偏旁點畫，無不致慎。此則臣子之道應爾，非直鯤鯷為不考慮
也。顧性酷嗜書，遇疑義必加研究，每見昔人名字及群經文字，諸

㉟　書成於乾隆四十九（1784）年。是書考究、類別歷代諱名為十二：曰星神、
　　曰歲時、曰謚號、曰禮儀、曰宮室、曰官制、曰地理、曰姓氏、曰人名、曰
　　書籍、曰鳥獸、曰花木。附綴名號家諱。大抵取材于經史，參以文集，筆
　　記，方志，金石諸書。間附考訂，探究原委。其有沿襲至清而不改者，均一
　　一指明。雖不及周宏富，亦足為讀史之小助。《續修四庫總目提要》稱其
　　「持說頗精切，多所發明」，不為過溢。譏其取名歷代，不別列帝王一門，
　　著其諱避，以作綱領；孔子為歷朝所尊，亦闕而不記，為大漏略，是未究上
　　所選乾隆敕館臣諸諭也。其與周氏論諱不及本朝，出同一機杼也。
㊱　周廣業（1730－1798）字勤補，一字耕厓。海寧人。乾隆癸卯舉人。嘗主講
　　席皖桐汭復初書院，造就人才甚眾。精小學、通經史。《經史避名彙考》
　　外，別著有：《孟子四考》、《重修廣德州志》、《四部寓眼錄》等二十餘
　　種。

書稱引者，往往歧出不同，如微子開、嚴周、協和萬國、萬滿數也
之類，初謂今昔本異，及詳核之，皆由當日避諱之故。魏晉以降，
遷改尤多，此皆年代懸隔，聲迹銷沈，獨字畫炳然方策，注釋者不
敢從略，讎校者無敢擅更。按其年世，稽其名諱，自周訖明，初無
或爽。因念幼所聞于父師，及平昔兢兢於涉筆矢口者，固尊親大義
所在，而實讀書論世之要端也。況乎修長皓白，觸類紛紜，習學相
沿，易滋惑誤，是烏可以無考乎。而賤貧客授，方博修脯以養老
母，兼之閿市借人，旋得旋失，管蠡所得，無足窺測天海，遂爾因
循積歲。壬午館涬溪王氏，主人喜蓄書。胝昧之餘，獲縱披覽。意
有當者，即疏記之，久之叢稿裒然。甲辰春，橐以入都，與校《四
庫全書》，多所增益。丁未冬南旋，為條貫件繫而手錄之。複者
汰，誤者辨，厥者聽，或值疑似漏略，采撮群言，參互剖晰，有易
稿七八者。輒作不常，去冬始繕齊。為卷四十有六，原名二卷，序
例一卷，帝王由周訖明二十卷，宮掖以下，至雜避忌二十三卷，別
為帝王廟系圖一卷。發凡起例，庶號完書。竊謂聽聲依事，人盡有
名，避就形聲，誼關禮典。意昔賢必有專精斯事，鬱為不刊者，然
如王休元日對千客不犯一人之諱，僅通譜學；梁徐修仁該綜百代皆
為避諱，亦只工文翰之用。惟東漢應仲遠《諱議》，晉陳承祚《釋
諱》，勒為一家言，而書久佚亡，只存目錄。類家則《書鈔》始集
諱事而甚略，《通典》及《冊府元龜》、《事文類聚》所載，宋洪
容齋、王勉夫諸公所記，非無論列，終嫌掛漏。是考以經史為綱
領，以諸子百氏為條目，旁徵曲引，寧詳勿略。某朝某帝，所諱若
而字，彰彰可數。覽之可想見當日臣子忠愛之心，流露於載籍間如
此，而凡事涉疑昧者，或遂因之冰釋，似亦論世之一助也。在昔文

公定制，卒哭乃諱。漢以來生亦避名，茲故以名眺之。鄭氏注《禮》，訓諱為辟，《釋文》：音避，張子讓《釋詁》：諱，避也。因題曰：《經史避名彙考》。先是私有撰著，俱賴同志裁益。此書創始，其難夤夤，將伯無應者，乃不復敢示人。惟崔表弟星洲，實同癖嗜，先後惠貺甚多。表姪朱尚行維亨，髫齡穎悟，手錄《稗海》所有見貽，惜早殞，未盡其力。茲並采列，功不可忘。親識中前輩盧抱經先生，最重家諱。官中書日，啟求父母雙壽詩文。末云家諱翰，幸避此一字。翰下倩人寫填，蓋其祖書蒼府君諱也，其慎如此。聞廣業是書，謬許成日作序，豈意卯冬遽返道山，就正無從。蓋溯創業之初，已閱三十餘年，追思庭訓，花甲將周，無令名之貽可知已。茲以卷帙頗繁，不無魚豕。勘對之下，改注塗乙滋多，倩能書者重錄，以便省覽。因覆校一過，備述所緣起焉。時嘉慶二年歲次丁巳閏六月立秋後二日。海甯周廣業耕厓書於古綏安之復初書院。

——《經史避名彙考》❸卷首

---

❸ 本書搜羅之富，為歷來論避諱之冠。書以歷代帝王為綱，旁及宮掖儲副，藩封咸畹，官僚宦寺，親屬師友，神祠道釋，甚至邊徼遠服。公私兼顧，中外賅備，誠避諱資料之淵藪，學術之武庫。唯「雜諱」一門，兼論忌諱，失敬諱遵尊本意，是自亂其例。喬衍琯氏論其失凡四，一，不及本朝；二，重石經不重版刻抄本；三，四裔藩屬相對薄弱；四，只是資料集成，未能建立完整的避諱學體系。前三項批評固針對《彙考》題中之本義，不為無見。末一項未免苛求，況且周氏開卷三卷「原名」和「序例」，追溯避諱之本源，每類之前，例有《四庫全書總目》式之提要，亦具避諱史的作用，至於具體考證，亦多具有專題論述的性質，如論各種避諱法的起源、歷代避諱法律令等等，皆是構建科學避諱學不可或缺的基本素材和元件。近年問世的王建、王彥坤諸家《避諱辭典》，無一不受其沾溉，這乃是上述判斷的有力證明。

漢人避諱考　　劉恭冕[38]

漢熹平石經,於《尚書》安定厥邦,《論語》邦君為兩君之好、何必去父母之邦,邦字皆書作國,說者謂為避諱。然〈劉熊〉、〈樊毅〉、〈袁固〉、〈圉令趙君〉、〈鄭固〉、〈楊震〉、〈北海相景君封龍碑〉,皆有邦字;而順帝諱保,桓帝諱志,石經皆不諱。可見漢人傳《尚書》、《論語》本作國字,非為避諱矣。予更取洪氏[39]《隸釋》、《隸續》所在各碑證之,如惠帝諱盈,而〈樊安碑〉、〈百石神君碑〉、〈靈台碑〉、〈唐扶頌張公神碑〉、〈樊敏碑〉、〈州輔碑〉皆有盈字。文帝諱恒,而〈郙閣頌〉、〈樊敏碑〉皆有恒字。景帝諱啟,而〈華山亭碑〉、〈帝堯碑〉、〈靈台碑〉、〈王純碑〉、〈周公禮殿記〉、〈逢盛碑〉,皆有啟字。武帝諱徹,而魏〈元丕碑〉有徹字,〈義井〉碑陰有楊徹。昭帝諱弗陵,而〈魯峻碑〉、〈北海相景君銘〉皆有弗字。宣帝諱詢,而〈劉熊碑〉有詢字。哀帝諱欣,〈北海相景君〉碑陰有鞠欣,又〈郙閣頌〉、〈孔耽神祠〉、〈劉熊碑〉、〈范鎮碑〉並有欣字。平帝諱衎,而唐〈扶頌〉、〈孫根碑〉、〈袁良碑〉皆有衎字。光武帝諱秀,而〈逢盛碑〉、〈衡方碑〉、〈張納功德敘〉、〈孔彪碑〉皆有秀字。明帝諱莊,而〈武梁祠堂畫〉有

---

[38]　劉恭冕(1821-1880)字叔俛。清江蘇寶應人。光緒五年舉人。承父寶楠之學,亦長於治經。有《廣經室文鈔》一卷。

[39]　洪适(1117-1184)字景伯,號盤洲老人。江西鄱陽人。宋孝宗時,官至同中書門下平章事,兼樞密使。好收藏金石拓本,據以證史傳訛誤,考證頗精。著有《隸釋》二十七卷、《隸續》二十一卷,《盤洲集》八十卷等。

莊字。和帝諱肇，而〈樊敏碑〉、〈衡方碑〉、〈平輿令薛君碑〉、〈周憬功勳銘〉皆有肇字。殤帝諱隆，而〈韓勑碑〉、〈王君石路碑〉、〈丁魴碑〉、〈衡方碑〉、〈華山亭碑〉、〈綏民校尉熊君碑〉、〈周憬功勳銘〉皆有隆字。順帝諱保，而〈衡方碑〉、〈劉熊碑〉皆有保字。沖帝諱炳，而〈史晨奏銘〉、〈朱龜碑〉有炳字。質帝諱纘，而〈帝堯碑〉、〈尹宙碑〉〈張遷碑〉皆有纘字。桓帝諱志，而〈劉脩碑〉、〈曹全碑〉皆有志字。由此言之，民間文字例得通行，故都不諱。惟封事奏記皆當避諱。而以訓詁之字代之。《漢書·宣帝紀》元康二年，詔曰：「聞古天子之名，難知而易諱也。今百姓多上書觸諱以犯罪者，朕甚憐之。其更諱詢，諸觸諱在令前者赦之。」觀此知當時例禁，惟上書觸諱為犯罪，而民間文字皆不諱可知矣。許君《說文》作於和帝之世，至安帝十五年奏上，故於東漢自光武至安帝諸名皆避不書，但注云上諱。而於西漢，則直寫其字，並為之解說，此可見當時體制，進呈書與民間通行文字不同。若石經雖東漢諸帝名，亦不避諱，所謂臨文則不諱，是也。

然則《史》、《漢》凡遇西漢諸帝諱，皆代以訓詁之字，此何說？曰：西漢時自當避諱，然亦詔文及臣下上書乃避之，若尋常臨文及民間文字亦不諱，故《史》、《漢》所載，凡避諱處，皆當時原文，司馬公及班固亦紀實書之。一書之中，有避諱，有不避諱，體例原是如此。

　　　　　　　　　　　　　　　　——《廣經室文鈔》

敬避字　張之洞❹

聖祖元皇帝廟諱，上一字，《書》「□德升聞」，用元字恭代，然元德，元黃、元鳥等字，皆不可用。弦、絃、炫、眩、衒等字，敬缺末點。牽字亦缺點，惟慉、蓄、鄐、畜等字不缺點。今茲之茲，從艸，上半不得寫作艹。其上從艹、下從絲者，別是一字，即兩諱字相並，義同黑也，今音滋，古音與諱字同，不可用。牽字，上寫作兩厶。下一字，韓愈文「其膏沃者其光□」，用煜字恭代。又從火從畢之字，《詩》「□□震電」，《字典》作爗。從日從華之字，《後漢書·張衡傳》「列缺□其照夜」，《字典》作曄。❹三體本是一字，一律敬避。

世宗憲皇帝廟諱，上一字，《詩》「永錫祚□」，用允字恭代，然祚允、允征等字皆不可用。酳字亦不可用。湝字敬缺乙旁，亦不可用。下一字，左從示，右從眞，用禎字恭代。禎祥之禎，別是一字，音義皆別，不避。真字不可書眞。

高宗純皇帝廟諱，上一字《論語》「人能□道」，用宏字恭代，然宏道、宏毅等字，皆不可用。泓、紭、翃字❹，敬缺末點。場屋不用。強弱字上寫作口，不可作厶。上半本是諱字。厷、肱、

<hr/>

❹　張之洞（1837－1909）字孝達，號香濤。直隸南皮人。同治進士，任翰林侍講學士，內閣學士。光緒時任軍機大臣，掌學部。倡「舊學為體，新學為用」，反對戊戌變法。有《張文襄公集》。

❹　《康熙字典》無曄字，有曄。原文當作曄，從日，不從目旁。《字典》引《說文》正作曄。

❹　按上下文，此三字也當缺末點。

紘、閎等字，不得缺末點。下一字，《書》「天之□數在爾躬」，用歷字恭代。歷字本從厂，從秝從止。今從厂從林從心。然曆象、曆數、治曆等字，皆不可用。（試策公牘，如有言及曆象者，以術字或憲字代之。列朝史律曆志，可但稱曆志）閎歷、瀿誠等字不避。

　　　　　　　　　　　　　　——《張文襄公全集·輶軒語》

避諱例　孫德謙[43]

　　避諱之典，肇始於周。《傳》有之：「周人以諱事神，名終將諱之。」非至周而有避諱之舉乎？若其為法，則有二焉：《孟子》云：「諱名不諱姓，姓所同也，名所獨也。」則避諱者只諱其名，姓則人之所同，故不為諱。此一法也。《記》云：「二名不偏諱。」孔子母名徵在，言在不稱徵，言徵不稱在。是避諱者，不兼諱二名。又一法也。雖然，《禮》不云乎？詩書不諱，臨文不諱。若是當周之時，於詩書臨文，不盡用避諱之典。後世則不然，因避諱之故，或則改字，或則缺筆，古書中往往見之。使讀者而不明其義，必將啟疑矣，吾故願述避諱之例焉。

　　杭世駿《訂訛類編》（三卷）「歷朝避諱字宜改正」條……凡歷朝諱字無不備載之矣。古書中如邦之為國，世之為代，民之為

<hr>

[43]　孫德謙（1873－1935）字受之，一字益庵，晚號隣堪居士。元和（蘇州）人。諸生。少習聲韻訓詁之學，長致力於經史。嘗任江蘇通志局纂修、存古學堂教員、東吳大學等校教授。著述甚富，《古書讀法略例》外，別著有《南北史藝文志》、《漢書藝文志舉例》、《太史公書義法》、《呂氏春秋通誼》、《文選學通誼》等。

人，諸如此類，至今未改正者，可知皆為避諱而然，此學者所宜知也。

右為避諱字，古書因從而改者。惟避諱之例，又有不書此字，而為之說曰「上諱」，如許氏《說文》是也。《說文·示部》：「祜，上諱」。段注云：「言上諱者五：禾部秀，漢世祖名也。艸部莊，顯宗名也。火部炟，肅宗名也。戈部肈，孝和帝名也。祜，恭宗名也。」又云：「許君卒於恭宗以後，自恭宗至世祖，適五世。世祖已上，雖高帝不諱，蓋漢制也。此書之例，當是不書其字，但書『上諱』二字，書其字，則非諱也。今本有篆文者，後人補之。」其說誠是。蓋許書凡世祖光武以下，應避諱者，若秀莊等五字，皆闕而不書，只言「上諱」而已。今則祜與秀莊諸字，必係後人所補。使許氏明書此字，則不避諱矣，故其曰「上諱」者，知必不書此字。示人以避諱，且不為作解，所以昭其謹也。然則古書中，有為避諱而改，易以他字。如《說文》者，並不改字，而書曰「上諱」，則又避諱之一例也。余嘗見沈約《宋書》，有稱帝名者，則書諱字，即其例矣。

《說文》之避諱，不書此字，而但稱上諱，與他書之改字，其為例不同，既如此矣。然此為宋以前之例，自宋以降，於避諱字則缺末筆。何以知之？每見宋刻古書，大抵皆然。或曰：宋諱可得聞乎？曰：考之史，宋太祖諱匡胤，太宗諱光義，真宗諱恒，仁宗諱禎，英宗諱曙，神宗諱頊，哲宗諱煦，徽宗諱佶，欽宗諱桓，高宗諱構，孝宗諱睿，光宗諱惇，甯宗諱擴，理宗諱昀，度宗諱禥，端宗諱昰。書之有刻本，至宋而盛行。其一代之中，刻古書而遇避諱字，如匡之為匡，恒之為恒，禎之為禎。苟為廟諱，莫不缺此字之

末筆，以敬避之。近世講求版本者，於避諱之字，最所經意。如此書而所避之諱，不及南宋，詡為北宋刊本，益用珍秘。但此乃藏書家之所貴，而讀書則無藉乎此。然不知其為避諱，以為字之殘缺，亦失之陋。顧亭林云，宋版書貞字完字多是缺筆。貞音同禎，仁宗諱；完音同桓，欽宗諱。又云，《雍錄》以貞女樹為正女木，樹音同曙，英宗諱。觀此則嫌名亦避諱也，且《日知錄·雜論》云，孟蜀所刻石經，於唐高祖太宗諱，皆缺書；石晉〈相里金神道碑〉，民瑢二字，皆缺末筆，則避諱之字，惟缺末筆者，創於五代，又不自宋始矣。

夫讀古書而知其為避諱，並可知此書出自何代者。余往讀《呂氏春秋》，如〈情欲篇〉：「世人之事君者，皆以孫叔敖之遇荊莊王為幸，自有道論之則不然，此荊國之幸」云云。不言楚而言荊，不解其故，而《戰國策》前列國名，明稱為楚，其中多易為荊，亦莫辨其所謂。後知一秦莊襄王名子楚，說者曰秦人諱楚，故改稱荊。高誘〈音初篇〉注：「秦莊王諱楚，避之曰荊。《史記·秦始皇本紀》正義：秦號楚為荊者，莊襄王名子楚，諱之，故言荊也。是其證。」則《春秋》為不韋作，不韋秦相，宜其作荊，而《戰國策》者，劉子元《史通·六家篇》：「縱橫互起，力戰爭雄，秦兼天下，而著《戰國策》。」則此書亦以避諱，而稱之為荊，竟出秦人作矣。由此言之，非知此書之避諱，且可知其出自何代乎？

古人又有避家諱者，《史記》以父名談，諱談為同，即為家諱而避也。高誘〈淮南子敘〉云：「以父諱長，故其所著，諸長字皆曰修。」若然，則《淮南子》書中易長短為修短者，亦為避家諱矣。《後漢》，考〈郭太傳〉注，范曄父名泰，故改為此太，鄭公

業之名亦同。則郭泰之作太，范氏亦避家諱而改此。又何晏《論語集解》邢疏，於「包氏周氏《章句》出焉」下云：「不言名而言氏者，或曰何氏諱咸，故沒其名，但言包氏。」晏為何咸子，包氏名咸，則何氏亦因家諱，遂不稱其名，而曰包氏耳。張淏《雲谷雜記》：「王羲之祖尚書郎諱正，故羲之每書正月，或作一月，或作初月。他正字，皆以政字代之，如『與足下意政同』之類是。後人不曉，反引此為據，遂以正政為通用。」如張氏說，羲之以政代正，乃為避家諱所由然也。吾又讀《唐書》矣。《懿宗紀》咸通二年八月，中書舍人衛洙奏狀稱：蒙恩除授滑州刺史，官號內一字，與臣家諱音同，請改授閑官。敕曰：嫌名不諱，著在禮文。成命已行，固難依允。當時雖未允許，然可徵唐人之避家諱，並嫌名而避之也。夫家諱之避，非如《史記》《淮南》，讀古書者，猶無甚出入。使亦如兩書之易字，而未曉其為避諱，則必且疑是誤文矣。《日知錄》引陸文裕《金臺紀聞》曰：「元時州縣皆有學田，所入謂之學租，以供師生廩餼，餘則刻書。工大者合數處為之，故校讎刻書，頗有精者。」又云：「聞之宋元刻書，皆在書院。山長主之，通儒訂之，學者則互相易而傳佈之」。吾讀至此，因思宋元之世，其刻書也，出於州縣書院，或亦避其家諱，而原書之字，必有為之更改者，今則不得而考矣。然不能謂無其事也。即如近人刻書，為余所知者，多以家諱字，用缺筆之例以避之。甚矣，讀書之難。古書刻本，雖為其人家諱，亦且詳審之。竊願世之喜刻古書者，若避家諱，應於凡例明言之，以告讀者也。

　　近時刊刻古書，其精者，影宋本外，復有仿宋之本。往歲余與亡友曹侍讀君直，論及避諱。侍讀曰：「影宋，仿宋，其於宋諱，

固當避之，如當今廟諱，亦應敬避乎？」余曰：「是宜避。」侍讀曰：「何也？」余曰：「當今廟諱，苟不為避，豈人民所可出此？且此刻古書，特影宋仿宋耳，非真宋本也。避宋諱者，以見此是影宋仿宋，故于宋諱一仍其舊；並避當今廟諱者，是之謂影宋仿宋，後人可考某某影宋，某某仿宋，宜其於宋諱而外，兼避彼時廟諱矣。」侍讀曰：「誠然，誠然。」遂以余言為定論。今之學者，倘得其書讀之。當知是書所避者，不盡宋諱為然，需分別觀之。蓋此乃刻書之新例也。

——《古書讀法略例》卷六

歷代諱字譜自序　張惟驤[44]

三代時無諱法，周初猶然，周公作詩不諱，昌黎《諱辯》言之。《尚書·金縢篇》曰：「惟爾元孫某」。雖不書名，未曾諱「發」，以他字代也。《左氏傳》曰：「周人以諱事神，名終將諱之」。諱名見於經籍，始此。然孔子父名紇，孟子父名激；孔子不諱紇，孟子不諱激，是經籍中不諱也。漢有天下，避諱之制以興。閑嘗考訂簡策，漢人避諱約可區分為五：帝王之名諱者，自高祖諱邦曰國始也；追尊帝王之父而諱其名者，自宣帝諱其父史皇孫名進曰前始也；帝王之名而諱及他字者，自武帝名徹兼避轍始也；外戚

---

[44] 張惟驤，字季易，江蘇武進人，撰有《小雙寂庵叢書》。生平俟考。《諱字譜》並《家諱考》，是張研究歷代避諱現象專著。其取正字與諱代字立為條目的撰述體例，為今日諸家避諱字典所祖。

之名諱者，自元帝后王氏父名禁改禁曰省始也；一人著述而諱其父名者，自劉安諱其父長曰修始也。漢人在在實事求是，獨於避諱一事，循其時制諱名而不徵實。後世祖之，習焉不察。二千年以來，未聞有人道及之也。三國以後，始有為太子諱其名者。降之唐宋，諱字愈煩。一帝之名，兼諱多字。兼避之字，約而稽之，亦可區而三之：唐睿宗名旦，但字、坦字兼避者，體相似也；宋太宗名炅，兼避熲字、耿字者，義相近也；❹宋欽宗名桓，完、丸、洹、萑兼避者，音相同也。諱字[愈]多，則經籍愈淆。宋代刊行之書，避忌諸字，幾至不可窮詰，讀者病之。爰考自漢至清帝王名諱，將避諱字及避諱所改字，區而二之，以今韻列二譜譜之。元代帝王名，皆不諱。明帝名，初亦不避。崇禎三年，詔避太祖、成祖及孝武世穆神光熹七宗廟諱。清諱之字，今韻不收者，世宗名之禛字，《廣韻》十七真收之。文宗名之詝字，《廣韻》八語收之。漢唐宋諱之炟、晛、裋、峘、昀等字，或見《玉篇》，或見《廣韻》，或見《集韻》，而今韻不收。峘字，為宋真宗名恒兼避字，與今韻十四寒之峘字，音不同。凡此諸字，悉按《玉篇》《廣韻》《集韻》之音譜入。譜此諱字，雖用今韻，用其韻目，不書一東二冬，書東韻

---

❹ 此論非是，古人避諱，不見以義相近致諱者。所論熲字、耿字非在與宋太宗名炅「義相近」，而實在乎音為嫌也。《禮部韻略》附《淳熙重修文書式》：「廟諱：太宗：炅（古迥切）：熲、炯、餉、焸、泂、潁、耿、……呑、鎣、扃、憬、晶」。凡十六字，皆太宗嫌名。《資治通鑑·漢紀八十四》：「段紀明之為將」，胡注亦云：「段熲字紀明，犯太宗嫌諱，故稱字。」皆是明證。倘以義近竟為兼避，則合諱之字，勢將無所底止，且漢法「同義互訓」為避代字，亦無從說起，不能成立矣。

冬韻者此也。夫譜諱者,譜天下之通諱也,譜天下之通諱,故聖諱
及非帝王之名而諱者,附譜焉。一人所諱之字,雖見經籍,亦不入
譜。嗚呼,人寰洶洶,何時可定。書種文種恐有秦火胡灰之厄,欲
為經籍留此萌芽,事同夢影。賢者或樂其篤嗜,舉其遺誤乎。戊辰
孟春,張惟驤序於小雙寂庵。

——《歷代諱字譜》卷首

史諱舉例序　陳垣[46]

民國以前,凡文字上不得直書當代君主或所尊之名,必須用其
他方法以避之,是之謂避諱。避諱為中國特有之風俗,其俗起於
周,成於秦,盛於唐宋,其歷史垂二千年。其流弊足以淆亂古文
書,然反而利用之,則可以解釋古文書之疑滯,辨別古文書之真偽
及時代,識者便焉。蓋諱字各朝不同,不啻為時代之標誌,前乎此
或後乎此,均不能有是,是與歐洲古代之紋章相類,偶有同者,亦
可以法識之。研究避諱而能應用之於校勘學及考古學者,謂之避諱
學。避諱學亦史學中一輔助科學也。

宋時避諱之風最盛,故宋人言避諱者亦特多。洪邁《容齋隨
筆》、王楙《野客叢書》、王觀國《學林》、周密《齊東野語》,
皆有關於歷朝避諱之記載。清朝史學家如顧氏《日知錄》、錢氏

---

[46]　陳垣(1880－1971)字援庵,廣東新會人。曾任北京師範大學校長。著名歷
史學家。《史諱舉例》外,別著有《元典章校補》、《通鑒胡注表微》、
《校勘學釋例》、《中國佛教史籍概論》、《二十一史朔閏表》、《中西回
史日曆》等。

《養新錄》、趙氏《陔餘叢考》、王氏《十七史商榷》、王氏《金石萃編》等，對於避諱，亦皆有特別著錄之條。錢氏《廿二史考異》中，以避諱解釋疑難者尤多，徒因散在諸書，未能為有系統之董理。嘉慶間，海寧周廣業曾費三十年之歲月，為避諱史料之收集，著《經史避名彙考》四十六卷，可謂集避諱史料之大成矣。然其書訖未刊行，僅《蓬廬文鈔》存其敘例，至為可惜。今肆上所通行專言避諱者，有陸費墀《帝王廟諡年諱譜》一卷，刊《歷代帝王年表》末，黃本驥《避諱錄》五卷，周榘《廿二史諱略》一卷，分刊《三長物齋》及《嘯園叢書》中，此三書同出一源，謬誤頗多，不足為典要。如開篇即謂「漢文帝名恆，改恆農為弘農；漢和帝名肇，兼避兆、照」之類。人云亦云，並未深考。其所引證，又皆不注出典，與俗陋類書無異。其所記錄，又只敷陳歷代帝王名諱，未能應用之於校勘學及考古學上發人深思，所以有改作之必要也。

　　茲編所論，以史為主，體裁略仿俞氏《古書疑義舉例》，故名曰《史諱舉例》。為例八十有二，為八卷：第一避諱所有之方法，第二避諱之種類，第三避諱改史實；第四因避諱而生之訛異；第五避諱學應注意之事項；第六不講避諱學之貽誤，第七避諱學之利用，第八歷朝諱例，凡八萬餘言。意欲為避諱史作一總結束，而使考史者多一門路一鑰匙也。糾謬拾遺，以俟君子。

——《史諱舉例》❹卷首

---

❹　《史諱舉例》，是第一部將避諱之學建立於科學研究之上的奠基之作，但是我們也應注意到，俞樾《古書疑義舉例》、錢大昕論避諱諸文對陳氏的直接影響。尤其錢氏，無論材料上，還是觀點方法上，都是此書的先驅。

與陳援庵論《史諱舉例》書

一九二八年七月十二日　楊樹達[48]

　　承示大著《史諱舉例》，搜采弘博，條理精嚴，自有此書，而避諱之學卓然成為史學中之一專科，允為不祧之名著，甚盛甚盛。日來粗讀一過，輒歎觀止，殆不能復贊一辭。惟既承下問，輒復貢其管蠡。然涓埃一勺，必無補江海之大也。一事：《左傳桓六年》申繻對問名一條不以國云云，全為避諱而發，立意甚精，為避諱學上最古最重要之材料。大著雖於「避諱改官名例」中引及晉以僖侯廢司徒二語，其餘則未及徵引，鄙意宜將其文全引，而於改官名改地名改物名諸條復分引不以官不以國不以山川不以器幣諸語，始足見古人預防避諱慎於命名之意也。二事：《禮記·曲禮上篇》「卒哭不諱」一節，亦為避諱學上最古最好之材料，而「禮不諱嫌名」「二名不偏諱」二語，尤為古人預防濫諱流弊所定之二大原則，後世避諱日繁，此二原則全然破壞，既諱嫌名，二名又偏諱。大著於第五章既特設避嫌名一例，似應補設二名偏諱一例，始為該備。三事：避諱之起，由於古人尊君敬親之意。大著「惡意避諱」一條，如唐肅宗惡安祿山「安」字，盡改諸邑名安字者，卻正與古人避諱之意相反，特設一例，與全書意旨逕庭。鄙意即不刪削，亦當作為附設一條，理論上較為完密。即宋禁人名寓意借竊例及清初避夷狄

48　楊樹達（1885－1956）字遇夫，湖南長沙人。著名語言文字學家，歷任北京師範大學、清華大學、湖南大學教授。著有《古書疑義舉例續補》、《高等國文法》、《詞詮》、《漢書窺管》、《積微居小學金石論叢》、《積微居小學述林》等。

之例，亦當作為附錄以示謹嚴。以上三事關於體例者也。四事：
「因犯諱斷定訛謬例」中引《漢書·遊俠·陳遵傳》一條，謂二進
字犯史皇孫諱，應以荀悅《漢紀》作「數負遂，償遂博進」者為
是。愚按原文云：「制詔太原太守，官尊祿厚，可以償博進矣。妻
君寧時在旁知狀。遂於是辭謝。因曰事在元平元年赦令前。其見厚
如此。」官尊者，指太守而言，官尊祿厚可償博進，乃宣帝與遂戲
狎向之索債之詞。謂君寧時在旁知狀者，舉證人也。及遂謝罪，乃
曰在赦令以前，皆所以為戲狎也。若如荀氏所改，似謂宣帝當以博
進償遂者，上下文不可通矣。蓋皇孫本未登帝位，漢世諱制亦不及
後世之嚴，《宣紀》地節四年霍禹謀反事詔書有「進藥」字，又宣
帝不諱「進」之明證也。此關於斷案者也。又鄙意凡史家公諱之
字，宜以部首分類列為一表，下注明何代何人之諱以便讀史者及校
勘家之檢查，不知先生以為然否？此外鄙見所及足以補充大著者數
事，亦附寫於後，統希進而教之，幸甚幸甚！（援庵說本顧亭林，俞陰
甫已糾之。說詳余《漢書窺管》五柒壹頁。一九五五年八月二十日校字時附
記。）

原書「避諱改諸名號例」云：代祖即世祖，唐之代宗即世宗。
按明人惟不知此。故兩有代宗世宗廟號矣。

「文人避家諱例」云：《史記》改張孟談為張孟同。
按《史記》又改趙談為趙同，史公《報任少卿書》云：「同字驂
乘，袁絲變色，」同子即趙談也。又淮南王安著書避其父名「長」
曰脩，引《老子》「可以長久」作「可以脩久」，亦文人避家諱之
例。改常語例曾及長脩之例，然可互見。

「因避諱一人前後異名例」云：儒家有莊助四篇，縱橫有莊安

一篇，賦有莊葱奇賦一篇。

按《嚴助傳》作嚴助，及嚴安、嚴葱奇皆諱莊作嚴，而《藝文志》皆作莊，蓋《藝文志》錄自劉氏《七略》，《七略》在前，不避莊字，班仍其舊，故異也。

　　「二人誤為一人例」：

按柳子厚名宗元，有弟名宗玄，見永州遊記中。若如清諱玄字，則二人同名矣。

　　「秦漢諱例 雉 野雞」：

按《漢書》卷八十五〈杜鄴傳〉云：「野雞著怪，高宗深動。」用殷高宗雉雊鼎耳事，改雉為野雞。❹

　　　　　　　　　——《增訂積微居小學金石論叢》卷第五

---

❹　楊氏此書恰如其分地指出了《舉例》編撰體例及斷案之失，是陳書諍臣，亦避諱學史上重要文獻。

歷代避諱述略

　　禮諱之俗，逐步形成，禮書所載，足可徵信。《儀禮·冠禮》子祭父云：「昭告爾字……伯某甫，仲叔季。」❶甫字或作父，是男子的美稱，宋人張世南《遊宦記聞》云：「殷人以諱事神，而後有字。」❷他認為古人有字，是因諱事產生，據此，可認為避諱當發軔於殷商。卜辭中，貞人代王占卜，稱時王而不名，如「王卜曰」、「王固曰」云云；祭祀中以日干號先王，如天乙、太甲、盤庚、武丁、帝辛之類；銘文器主稱父母祖先以日干廟號，不稱私名，凡此，意味著殷商時代已出現帝王避諱的萌芽。卜辭中王自言則稱余，而於諸侯臣工、婦子則直呼其名，昭示稱呼之間已有等級制的烙印。《周禮·春官·小史》云：「小史掌邦國之志，奠系世，辨昭穆。若有事，則詔王之忌諱。」注：「先王死日為忌，名為諱。」小史外，周職官尚有大史、宰夫之屬，皆與當時諱制禮俗有關，表明兩周時代已有專門官吏執掌避先王名諱之禮，諱制禮俗較殷商又有發展。

　　西周諱俗，當是因襲了殷商禮俗。《禮記·曲禮》有「卒哭乃

---

❶　《儀禮正義》，頁 957，十三經注疏本，北京中華書局，1980。
❷　張世南：《遊宦記聞》，卷三，頁 21，1981。

諱」，〈雜記〉亦云：「卒哭而諱」，《左傳·桓公六年》云：「周人以諱事神，名，終將諱之」，兩相參證，學者以此為周人諱禮之原理。❸上引〈曲禮〉、〈雜記〉是說卒哭之禮畢，稱先王不能用名，而當以諱相稱。所以說，生前所用之「名」，終將被「諱」字替代。卒哭乃諱，並不可如鄭玄那樣推論出「生者不相避名」的結論。相反，古人交往是奉行「諸侯不生名」（《禮記·曲禮》）的。

《左傳·桓公六年》所載申繻論命名一節，是最早討論避諱與命名關係的著名文字，說到命名不以國，不以官，不以山川，不以隱疾，不以牲畜，不以器幣「六不」，因為「以國則廢名，以官則廢職，以山川則廢主，以牲畜則廢祀，以器幣則廢禮」等等。從中可看出，「凡祭不諱」、「二名不偏諱」、「嫌名不諱」諸諱禮原則，不是周初已有之禮，它們的產生，是對諱禮一些原則的修正和補充，其目的是不「失事正」，不「惑未知」。它們產生的時間當是春秋時代。申繻論述中，已有「以牲畜則廢祀」之說，見得凡祭久已有所諱，否則就不存在不以牲畜命名的問題了。而申氏所述乃是周初之諱禮，故而，至春秋始同二名、嫌名一樣，有「不諱」之修訂。

申繻的命名說，已透露出春秋時代，帝王命名已有難犯易避的傾向。《禮記·曲禮》有類似申繻的說法，「名子者不以國，不以日月」云云，鄭注：「此在常語中為難諱也」。

《禮記·曲禮》「大功小功不諱」等，乃是以喪服中的親疏為

---

❸　虞萬里：《榆枋齋學術論集》，頁 337，南京江蘇古籍出版社，2001。

標準，揭示了周諱的真相，它是以等級森嚴的宗法制為基礎的。周俗上可名下，下不可名上，《禮記‧玉藻》「廟中不諱」，鄭注：「廟中上不諱下」，揭示諱禮的等級屬性。《禮記‧曲禮》上說到：「入境而問禁，入國而問俗，入門而問諱」，說明周人人際交流已將避諱禮俗與國家禁令、一地的風俗等同，為士民遵循。

周人雖奉諱禮，但有許多修正，所謂「不諱」之例。它對人們犯諱的處分亦非如後世嚴厲。《禮記‧雜記》云：「過而舉君之諱，則起。」注：「舉，猶言也。起立者，失言而變自新。」正義：「過，過誤也。」❹晉范獻子聘魯，問具敖二山，誤犯魯二先君之諱，返晉後，遍誡所知，「人不可以不學。吾適魯而名其二諱，為笑焉，唯不學也。」❺也是過舉則起之意，自愧失言而已，不為罪也。

宋人王觀國論周諱說：「諱自周始，然而不酷諱也。」❻不酷諱，可為周諱定性。王氏又解釋不酷諱的原因說：「夏商之時質，則事簡，故無可諱，周之時文，文則事備，故有諱而不酷諱也。」以質文論諱探究成因，乃是表面的淺層的。諱例的疏密、諱律的寬嚴，實與中央集權的強弱相輔而行。

周王之諱見於經典的，最早文獻是《尚書‧金縢》，這是周公旦向祖先祈禱，願以身代武王之罹病，禱詞中「惟爾元孫某」、「以旦代某之身」，兩某字皆諱武王發字。

---

❹　《禮記正義‧雜記》，頁 1568，十三經注疏本，北京中華書局，1980。

❺　《國語‧晉語九》，頁 487，上海古籍出版社，1978。

❻　王觀國：《學林‧名諱》，卷三，頁 77，北京中華書局。

　　秦始皇滅六國，建立封建專制的中央集權，在加強皇權權威進行的一系列改革中，就有廢除周末已漸趨廢馳的謚法，以為「子議父，臣議君也，甚無謂」，自稱始皇帝，後世計數，二世、三世至於萬世，傳之無窮。❼但不廢諱禮，蓋「尊卑有序，以諱為首」❽，其於專制有用也。始皇名嬴政，一云因正月旦生，故本名正，史家避諱，加偏旁作政，或易其音讀征，又或以端代之，變體、易音、以義同之字相代，諸避諱之法，皆兆於秦代。諱及先祖，始皇之父莊襄王子楚，因避作荊。周廣業以為「荊為楚之舊號，故以荊代楚」。❾今按《說文》：「楚，叢木。一名荊也」❿，蓋出《左傳·莊公十年》：「荊敗蔡師於莘」注：「楚本號」。是又略似後世以字行之避諱法也。據此是否可以說，避諱法的大端在秦已初具規模了呢？

　　秦代諱字史料今猶存出秦人手之書，如《呂氏春秋》。其成書在秦始皇八年，故類多避楚字，〈先識覽〉：「吳伐郢得荊平王夫人」，〈審應覽〉：「荊莊王好隱」、「荊柱國莊佗」、「荊將軍子囊」等，皆是避秦諱。《呂氏春秋》間有避政字：〈先識篇〉：「周威公去苟令，三十九物」，〈物察篇〉引《左傳》羊斟曰：「昨日之事，子為制；今日之事，我為制。」令、制，皆政之代字。學者或視政為正之嫌名，是秦亦諱嫌名者也。《戰國策》、《越絕書》，多有以荊代楚，其中有始皇時人作固宜諱，如《楚

---

❼　《史記·秦始皇本紀》，卷六，頁 236，北京中華書局，1962。

❽　虞世南：《北堂書鈔》，卷九十四，頁 358，北京中華書局，1989。

❾　周廣業：《經史避名彙考》，卷五，頁 84，臺北明文書局，1986。

❿　許慎：《說文解字》，卷六，頁 126、卷一，頁 22，北京中華書局，1963。

策》張儀說秦昭王曰：「連荊固齊」，而如《宋策》多荊字，則皆秦人追改。秦法苛峻，坑儒焚書。秦二世令使者罪公子將閭，語使者曰：「受命應對，吾未嘗敢失辭也，何謂不臣？」**⓫**則知語言之失，皆在不赦之科。是秦觸諱之罪，雖史無明文，而科條必嚴矣。王觀國謂「秦漢以來，始酷諱也」。**⓬**

漢承秦制，建立的同樣是中央集權的封建專制王朝，但自高祖起能接受叔孫通等儒臣的建議，「頗采古禮，與秦儀雜就之」**⓭**，制定了一整套禮儀制度。至武帝時，終於有孔教定於一尊。從此影響了中國漫長的封建社會。叔孫通們制定的禮儀中，自然包括避諱的禮儀。因此雜采古禮與秦儀，便是漢代避諱的一大特色。在避諱史上漢代最著名的表現，是興班訓之典。班諱立訓，即顏之推《家訓·風操》所說的：「桓公名白，有五皓之稱」**⓮**，同訓代換。班訓之制，並非至漢始產生。周廣業《經史避名彙考》云：「諱訓昉於周，著於秦，尤盛於漢。《家訓》記五皓之稱，《左傳》錄娶商之語，皆春秋之法也。嬴秦祚促，所見無多。漢自高祖以下，並有明文矣」。**⓯**「五皓之稱」，指齊桓公名小白，故博具諱白作五皓，皓與白義同；「娶商之語」，指魯宗人叫釁夏的對哀公說道：「周公及武公娶於薛，孝惠娶於上商」。商，是哀公父定公，名

⓫ 《史記》，卷六，頁168，北京中華書局，1982。

⓬ 同註**⓺**，頁77。

⓭ 同註**⓫**，卷九十九，頁2722。

⓮ 顏之推：《顏氏家訓·風操篇》，頁1047，四部精要，上海古籍出版社，1993。

⓯ 同註**⓺**，頁51。

宋，故釁夏為諱而稱商。皆是春秋時期已有同訓代換之明證。秦代
則如上文說到的以荊代楚，即是承春秋之法，然所見不多。至漢高
祖起，「邦之字曰國」，頒訓成為禮制。以後歷代漢帝都有頒訓之
舉，以滿代盈、以常代恒、以開代啟……使天下共遵。相代之字必
須同訓，不像後世，以聲相近之字代，故〈風操篇〉又說：「厲王
名長，琴有修短之目。不聞謂布帛為布皓、呼腎腸為腎修也」。**⓰**
漢法以同訓一字代帝諱為常，至東漢章帝劉炟，諱訓始有二字，曰
著，曰昭。此是變例。頒訓是漢諱又一特色，有法可依，遵避不
難，此正是漢諱較前代嬴秦及後世為寬鬆的表現。

　　兩漢諱例寬疏，其最明顯的標誌是臨文不諱。民間通行文字無
所避諱，熹平石經皆不避諱。石經《尚書》「安定厥邦」，《論
語》「邦君為兩君之好」、「何必去父母之邦」，邦字皆書作國，
說者謂為避諱。其實是漢人傳《尚書》、《論語》本作國字，非為
避諱矣。官方文字如：封事、奏記、詔書要避諱，民間上書
（疏）、進呈書（與石經不同），是給皇帝看的，要避諱，其餘都不
避諱。即使要諱，也比後世寬鬆。進呈書如許氏《說文》，只諱東
漢諸帝，西漢諸帝不諱。《史記》、《漢書》，史家直襲文獻原
文，如詔文臣下上書文字，當時避諱，乃諱之；史家敘述文字則除
了本朝廟諱御名，皆不諱，也就是說沒有追改文獻的規矩。因此
《史》、《漢》多有或諱或不諱的現象，所謂駁文。陳恒，《公羊
傳》、《史記》都作陳常，蓋避文帝諱，《左傳》作恒。《公羊
傳》改而《左傳》從本文，是因為漢時《左傳》不列學宮。官方辦

⓰　　同註**⓮**，頁 1047。

學，避諱相對嚴格些。

兩漢諱令式又有所謂不名之諱。《通典·王肅已遷主諱議》：「《禮》曰：詩書臨文、廟中不諱。謂不諱見在之廟，非謂已諱者。案：漢氏不名諱，常曰臣妾不得以為名字。其言事不諱，蓋取此也。」⓱周氏《彙考》（卷六）云：「所謂不名之諱者，祖宗親盡之諱，但不許臣妾取作名字，此外雖言事亦不諱，詩書臨文，初不待言。」⓲其實質是循已祧不諱之古禮。其新穎處，是言親盡遷毀之廟諱如此，親盡而廟不祧者，亦如此也。此是漢諱令式寬鬆的又一表現。唯因有此不名之諱，故而漢人於不名之諱謹避，不失為恭，直書不得為悖。書成於成帝時的劉向《說苑》、《新序》都有直書邦字，〈刺奢篇〉有「香居謂齊宣王曰：荊邦為有主乎？荊邦為有臣乎？」王褒《九懷》：「覽舊邦兮滃鬱」，皆不避邦字。至東漢不名諱更寬，《後漢書·明帝紀》即位詔，即有「統理萬邦」，班固《典引》云「日月邦畿」，詔表如此，士庶間可知矣。東漢諱法之疏，也可見於碑石，陳垣《史諱舉例》嘗羅列「建武以後諸諱字見於現存諸碑者」⓳，有桓帝和平以後凡十九碑，其不諱的，就有秀莊肇隆保炳纘諸字，即唯章帝不見外，自光武至質帝均見有不諱之碑。

漢人避嫌名者，如《吳地記》載：「婁門東南二里，有漢吳郡太守朱梁墳。本名趙，避後漢和帝諱改名。」⓴是其例。

⓱　《通典·王肅已遷主諱議》，卷一百四，頁 2731，北京中華書局，1988。

⓲　同註⓽，卷六，頁 92。

⓳　陳垣：《史諱舉例》，卷一，頁 2，上海書店，1997。

⓴　陸廣微：《吳地記》，頁 46，江蘇古籍出版社，1986。

避諱變音之法，上承秦規。漢末魯相陳逸，父名蕃。《宋書·州郡志一》云：「蕃令，漢舊縣，屬魯……蕃音皮。漢末太傅陳蕃子逸為魯相，改音」。㉑《宋史·禮志十一》云：「又緣漢法，邦之字曰國，盈之字曰滿。止是讀曰國、曰滿，其本字見於經傳者，未嘗改易。」㉒是避諱改讀漢承秦例矣。

又有秦人所諱，漢人相沿不改，前人謂之翌代諱者，《史記·漢高祖本紀》：「父老苦秦苛法」，法即政之諱代，東方朔《七諫》「荆平寤而徐亡」，是也。

漢代諱事尚可注意的是史家避家諱之法。《史記》每稱其父，必曰「太史公」，以談為太史令也。諸贊中「太史公曰」，皆述其父言。是以官稱父。他人名若與其父同，則既不可直書犯父諱，又不可私諱奪人名，因以「同」字替代。意思是說此與家諱同耳。《史記·趙世家》「張孟同」，索隱曰：《戰國策》作張孟談。〈季布傳〉「貴人趙同」，徐廣曰：「《漢書》作趙談」。司馬遷〈報任安書〉「同子參乘，袁絲變色」，《漢書》注：「蘇林曰：即趙談也，與遷父同諱，故曰同子」。唯〈李斯傳〉「宦者諱談」、〈滑稽傳〉「談言微中」、〈司馬相如傳〉「因斯以談」不避，學者謂此後人所改也。至班固撰《漢書》，其〈敘傳〉曰：「叔皮唯聖之道，然後盡心焉」是稱父字以避諱，蓋古時不諱字，故而可行，至三國並字諱之，則私諱法又待變易矣。

漢代諱法律令，史無明文。漢制：吏民皆能上書，如壺關三老

㉑ 《宋書·州郡志一》，頁 1048，北京中華書局，1974。

㉒ 《宋史·禮志》，卷八，頁 122，北京中華書局，1977。

之類。但百姓上書有觸諱犯罪,則宣帝更名詔書即可概見:「今百姓多上書觸諱以犯罪者,朕甚憐之。其更諱詢。」❷以觸諱論罪,自然必有科條,只是我們今天無聞而已。唐宋以降,觸諱律令有杖笞之刑,想來必有所承。《後漢書·百官志》注,漢承秦制,以衛尉掌宮門。屬官有公車司馬令稽查出入,凡吏民上章、四方貢獻及征諸公車者,丞尉各一人。丞選曉諱掌,知非法,尉主關門兵禁,戒非常。是東漢有專職官吏,通曉諱典掌故,主吏民上書有無觸諱者。東漢如此,推想西漢亦然。《漢書·藝文志》云,蕭何草律法,「太史試學童,能諷書九千以上,乃得為史。又以六體試之,課最著以為尚書御史史書令史。吏民上書,字或不正,輒舉劾」。❷尚書御史史書令史,韋昭說即尚書蘭臺令史。字或不正,尚且舉劾,則觸諱犯罪者之多,可以想見。以此合參宣帝之詔,略見漢避諱律令大概焉。

漢諱所以寬鬆,其因有二:一,規範有法可依,不是隨人主喜怒無常而變幻莫測。朝廷頒諱立訓,使吏民遵避無難。二,循古。不名之諱,實質是恢復已祧不諱之古禮;同訓替換,不取音同,即是遵循嫌名不諱之遺訓。王觀國謂「秦漢以來,文乎文者也。文乎文則多事,多事則多疑,疑則為之防也密矣。此其所以酷諱之也」。❷文乎文,是對周時之文而言,周文而諱例「事備」,漢文之文,其實是恢復周禮,不得謂酷,王氏所論未免失之疏闊,不辨

---

❷   《漢書·宣帝紀》,卷八,頁 256,北京中華書局,1962。

❷   同註❷,〈藝文志〉,卷三十,頁 1721。

❷   同註❻,頁 80。

表裏也。

三國諱制較兩漢稍繁密。吳諱最密，蜀次之，魏相對寬疏，三家又有差別。嫌名之諱，即肇自東吳。《吳書》，赤烏五年，孫權立子和為太子，改禾興為嘉興。陳垣以此為歷代避嫌名之始。不但嫌名為三國先，避太子諱，怕亦是東吳首開風氣。漢代稱皇太子而不名，後來兩晉儒臣復不以避太子諱為是。《三國志·蜀書·先主傳》裴注引《獻帝春秋》：劉備〈答孫權書〉曰：「今同盟無故自相攻伐，借樞於操，使敵承其隙，非長計也」。❷⑥是敵國間互相避國諱，為宋金遼導夫先路者，亦東吳也。《禮記·雜記》：「與君之諱同，則稱字」❷⑦，而至漢魏三國之間，則連字都要迴避了。《魏書·司馬朗傳》、〈常林傳〉都載客犯孩童主人之字，而遭孩童責難故事，《蜀書·馬超傳》注引〈山陽公載記〉云，馬超常呼備字，幾為關羽張飛所殺，可見當時諱人之字，寖成社會風俗。《三國志·吳書·韋曜傳》云「或誤犯（孫）皓諱，輒見收縛，至於誅戮」。❷⑧此諱性質自然是廣義的忌諱，但名字之諱，必包括其中。是東吳與蜀諱律令嚴於曹魏之證。魏明帝卒，神主祔廟，儒者遷高皇主，有司請教王肅。王肅總結諱制，以為周代詩書、臨文、廟中不諱，都是指現在之廟，非謂已遷毀廟。漢代不名諱，只是臣妾不得以君諱為名字，由此發展為言事不諱。魏諱制當：「太祖（曹操）以上不諱，三祖以下盡親如禮」。亦即如周禮，詩書、臨

---

❷⑥　《三國志·蜀書·先主傳》，卷二，頁 880，北京中華書局，1959。

❷⑦　同註❹，頁 1568。

❷⑧　同註❷⑥，〈吳書·韋曜傳〉，卷二十，頁 1462。

文、廟中不諱;而於漢禮當「有所損益」,取其臣妾不得以命名,去其「言其不諱」,這叫做「質文隨時」,「亦合尊之大義」。❷ 王肅關於漢代不名諱的理解,未必正確。但其諱議有兩點價值:一,他主張魏諱,尊崇周禮,而有所簡化。於漢禮稍文,而於同時吳蜀為質。二,主張諱禮隨時代當有變化,質也好文也罷,各隨宜而變。在避諱史上當是可注目之議。

曹魏正始間有何晏、王弼援道入儒,逐步形成玄學。學尚玄遠,思想言論較為自由,與漢儒經學樸實拘於文句不同,魏世尚通。通者,會通其義,自抒己意。這就與雜糅古今經學,盛行漢末的鄭學發生衝突。至虞翻、王肅則明顯反鄭駁鄭。這種衝突必然會在對漢代諱禮的解釋執行上有所反映。魏諱禮寬鬆和王肅的「質文隨時說」,其根源即在此。王肅對漢不名諱的曲解也是故意的,如同他的偽造古書。

兩晉論諱,史書所載較前代特詳。西晉諱論主要集中在武、惠之世,粗略統計,較著名的就有孫毓《七廟諱字議》、束晳《不得避諱議》、孔晁《上書犯帝諱議》、江統《授官與本名同宜改議》等等。東晉則有褚爽《上表稱太子名議》、有司議孔安國授職請改選疏、傅讓王劭陸納等《帝所生諱議》等等。其中束晳等論不避「風師」、褚爽議不諱太子、傅讓等議鄭太后阿春諱,都援引了雙方爭辯言辭,既見當時爭辯的情狀,亦加深後人對晉世諱制特徵的認識和剖析,是避諱史重要的文獻。

這些諱議的內容可歸納為兩類。一類是,晉諱應當循守傳統的

---

❷ 同註❶,頁 2731。

周禮，還是沿漢魏舊准。如孔毓論當建七廟，而不當如乙丑❸詔書
所班尊諱，只立宣帝司馬懿以下三廟；束皙議咸寧元年詔，風伯雨
師皆為訓詁，「風師」、「雨師」乃天神名號，不當避景帝（司馬
師）而改名；博士孔晁上書犯帝諱，後自上又觸諱，有司奏以慢
論。晁因引「詩書不諱」「臨文不諱」自衛。宜興太守褚爽上表犯
太子之名，事下太學議。助教臧燾以為准山濤啟事故事，褚表為違
晉魏舊准。博士徐乾、徐邈都據「父前子名」，不贊成避太子諱。
孔、束、晁、褚、二徐諸家所持者周禮。而對方，乙丑詔、咸寧
詔、山濤、「有司」、臧燾所持皆漢魏近世之故事。諸爭一線貫
穿，即是率古還是循近代之諱制。此正是晉代諱禮與眾不同的一大
特徵。從中也窺見身為司馬昭丈人的王肅及其質文隨時避諱論對兩
晉諱制的深刻影響。另一類是在晉世發生的避諱新課題。這個新，
有的指其來源不明，如江統授職請改選疏。統叔父江春，授宜春
令。身為中郎的江統以為官名與身名相同，會使官員、佐吏都處兩
難境地，避也不好，不避又不行。因上疏請改選。他所持的依據是
「故事，父祖與官職同名皆得改選」。❸江疏所云「故事」，知此
諱議由來已久，只是不明其來源，是漢還是三國魏罷了。新，有的
是指從未遇到過，即如西晉循漢魏，帝諱頒下，天下共諱。皇后名
但上榜，不頒下立訓，唯天下不得取為姓名而已。東晉成帝時，則
杜皇后亦上榜頒下如帝名，天下共諱。大概因為有漢呂後野雉之諱
與高祖並頒天下的故事，故而未見朝廷爭議。至簡文帝，因生母名

---

❸　乙丑孔毓所議詔當在武帝世，武帝世無乙丑，當乙亥之訛。
❸　同註❼，頁 2733。

鄭阿春遂改頒門號縣名，如宜春改宜陽之類，然而並非上榜頒訓令天下共諱。孝武太元時追尊祖母曰簡文太后，由此掀起一場軒然大波。起因是吳興郡上事，有春字犯諱，上下制書使推之。其癥結即在阿春為簡文帝庶母，生前未立為皇后，今雖追為太后，該不該天下共諱？帝之生母諱，是前代未遇到過的新問題。尚書王劭、都官郎傅讓並謂不當諱，尚書陸納、右丞戴謐主應諱，謐辯尤力，眾官從之。尚書令王彪之力辟謐說，以王劭、傅讓議為允。據此，則晉制，帝所生不諱。王彪之理論的根據是「凡訓體憲章，經典無文者，則當准已行之舊令」。也就是無法率古，當從近世。「已行之舊令」，是「元、明、哀三帝之朝，無以所生之諱頒與天下，令人皆同諱」。❸❷

　　細審上述諱議，我們還可以發現從武惠到孝武的變法。西晉四議，朝廷從束晳、孔晁、江統之議，不從孔毓七廟議，正可見其諱例的寬鬆，而上引孝武時三議，褚爽、王彪之議，朝廷從之，亦是寬鬆的表示，因而我們可以說兩晉諱的基本特徵是寬疏簡易的。但是孝武於西晉諱制不是沒有變化的，鄭太后諱否爭辯的激烈，可以窺見朝臣對諱制寬鬆的不滿而主逐漸細密的趨向。這種趨向從授職疏請改選同一事，兩朝態度的變化，尤可見端倪。武帝時江統代叔父以官名與身同名疏請改選，朝廷尚且從之。而孝武帝時孔安國以父名與官名同，疏請改任，竟遭拒絕。有司引《禮》「君所無私諱」律之，且云以前聽許換曹，是恩出制外，現在互相攀比，「既

---

❸❷　同註❶❼，頁 2729。

違典法，有虧政體」，因此「請一斷之」。❸朝廷從之。皇后避諱問題亦可為佐證。武帝泰始二年，有司奏：「故事，皇后諱與帝諱俱下」。詔曰：「《禮》：內諱不出宮，而近代諱之，非也。勿下」。此是依經頒詔。周廣業以為此「勿下者，謂但上諱榜，使臣下不得以之命名，弗頒佈海內，使盡諱避如帝也」。❹東晉則如成帝杜皇后等皆上榜頒下，率土同諱，故周廣業乃云：「江左避諱（指后諱）精詳，已違先訓」。❺是前人早已覺察到了兩晉諱制的這種變化。

　　南北朝諱制，以南齊，北魏兩朝諱議為詳。於兩晉諱制例有繼承。帝諱梁陳以前都上榜立訓，頒佈天下。《魏書》載避顯祖拓跋弘最詳，避諱方法有改稱小名，以字行等四五種。❻《南齊書·禮志上》載改承明之門為北掖，承華之門為宣華，是避太祖父承之之諱，學者故云齊諱「僅免二名連用」。❼后諱則前後有變化：宋世前後，諸后諱無不上榜頒下，而不立訓，《南齊書·陸澄傳》載，泰始初，嘗議「皇后諱及班下，皆依舊稱姓」❽云云。南齊上榜而不頒下立訓，《齊書·禮志》云：建元元年，太常王儉議「后諱依舊不立訓，其有人名、地名，犯太常府君及后諱者，皆改」。❾所

---

❸　《晉書·禮志中》，頁 645，北京中華書局，1974。

❹　同註❾，卷二十四，頁 388。

❺　同註❾，頁 392。

❻　同註❾，卷十三，頁 192。

❼　同註❾，卷十二，頁 179。

❽　《南齊書·陸澄傳》，卷三十九，頁 681，北京中華書局，1972。

❾　同註❽，〈禮志〉，頁 148。

謂「依舊」，則指仍襲晉制也。人名、地名改避，如東晉鄭阿春，出朝廷職能部門，並非令天下共避之頒下立訓也。然人名犯后諱皆改，按之《齊書·帝紀》祖孫子母間，動多干犯，如太祖之字皆連道字，與陳皇后母道正名同。明帝諸子皆連智字，與劉皇后智容上字同。雖說禮制有嫌名、二名不偏諱說，究與前朝不同。豈董仲舒所謂字子以母別眇，固不可以觸諱例之乎？北朝元魏以降，后諱多缺，此與江左《宋書》例書「諱闕」不同，所謂諱闕者，是史失其名之例，非不上榜；而北朝非盡不敢直呼，蓋上榜之制，已與江左異也。北周武帝時，尊皇太后諱無比。禁天下婦人不得施粉黛，唯宮人得乘有輼車、加粉黛，內諱無敢直斥及者可知。

北朝敵國之間也互相避諱。如南齊沈宏使北魏，避拓跋弘，改以字玄覽行成之類。

南北朝諱制最引人注目的是私諱綦重。它突出表現在親屬之諱和官僚之諱兩個方面。先說親屬之諱。〈檀弓〉載私諱，引孔子言徵言在為例。二名如此，單名須避，不言自明。（士知尊禰，大夫及學士知尊祖、諸侯及其太祖，故廟制以此為差。）漢魏以前，典籍缺略，六朝以來則斷斷引避，漸見繁重。南朝蕭梁，朝宴以蕭琛誤犯武帝家偏諱，帝為斂容。琛執二名不偏諱。武帝曰：「各有家風」，琛云：「其如禮何？」私諱當從公禮，武帝亦無可如何。❹北魏則有高歡。相府弘曹辛子炎，稟報公事，讀署為樹。高歡父名樹生，大怒：小人都不知避人家諱！杖子炎於前。杜弼援孔子言為訟，高歡

---

❹ 《南史·蕭琛傳》，卷十八，頁507，北京中華書局，1975。

怒斥去。**④**南北二帝俱以家諱責臣工,不守古訓。高歡子孝昭帝演,史稱聰明過人。所與遊處,一知其家諱,終身不犯。風行草偃,遂與民間私諱之俗,伯塤仲箎,極一時之盛。顏之推《顏氏家訓》於南北朝諱俗記載最詳,就指出「今人避諱,更急於古」,但又不從古禮,濫諱,酷諱,士人因多有矯情之舉。《家訓》記錄梁代謝舉「聞諱必哭」,臧逢世督建昌,幾案盈積,「書有稱嚴寒者,必對之流涕」種種笑話。濫諱,酷諱的反面是以父祖名為戲謔。風起青萍之末,乃在魏晉。《世說新語·排調》載:魏末,景王司馬昭燕飲,與陳群子玄伯、武周子玄夏,共嘲鍾繇子鍾毓。昭說:「皋繇何時人?」毓對曰:「古之懿士」,還顧玄伯、玄夏兩人說:「君子周而不比,群而不黨」。司馬昭三人故意犯鍾毓父名,毓針鋒相對,亦觸三人父名為報。司馬昭家族掌權後,是高倡以孝治天下的,其中自然包括諱禮在內。而昭為魏景王時,竟以攻訐父名相戲,可見內心對禮教的鄙夷和言行不一的虛偽。是再次印證了魯迅的說法,嘴上倡禮儀的其實是反禮教的,而像嵇康那樣表面反禮教而內心卻反倒是擁護禮教的。降及劉宋,此俗有泛濫之勢。《宋書·江智淵傳》云——

> 上每酣宴,輒詬辱群臣,並使自相嘲訐,以為歡笑……嘗使
> (智淵)以王僧朗嘲戲其子景文。智淵正色曰:「恐不宜有
> 此戲」。上怒曰:「江僧安癡人,癡人自相惜」。智淵伏席

④ 《北齊書·杜弼傳》,卷二十四,頁 347,北京中華書局,1972。

流涕。由是恩寵大衰。❷

王僧朗是景文（王彧）的父親，江智淵父名僧安。孝武帝劉駿唆使江智淵以王僧朗為戲，實亦是讓江智淵自犯父諱，而一旦王彧反唇相譏，亦必自犯家諱，孝武帝居心，即在讓臣下互相攻訐以為樂。智淵不從，則又直呼其父名以泄憤。雖然禮有君前臣名之說，然究非君王對臣子之道。由此可悟南北朝時私諱之重的源頭所自。

官僚之諱，源亦自上啟。春秋，歿而稱諡，所以褒貶，以明貴賤。漢以來優禮親賢勳舊，有贊拜不名，尋常稱謂，舉字若官，皆屬「異數」。所屬吏民，義無直呼其名。其或有避及所生，連父母皆在吏民尊避之列。上引《宋書·州郡志一》，東漢末，魯人因陳逸為相，而避其父太傅蕃諱，改蕃令音為皮，這是避陳家諱。周廣業云：「蕃本有皮音，逸為相於此，不忍斥父名而避改，國人因之。此自然之理」。❸是魯人避相家諱而改讀，出於自願，非如後世出自脅制或諂附。與之相應遂有主簿請諱制度，其或起自晉世。王述，祖名湛，汝南太守，父名承，東海相。述拜揚州刺使，主簿請諱，教云：亡祖、先君，名播海內，遠近所知。內諱不出於外，餘無可諱。❹是可見晉人的通達，亦見即有請諱，亦僅限於所治。而至南朝則惟恐吏民避之不及，非脅制即諂附，乃至朝列避改私諱。劉宋尚書令傅亮因父名瑗，恃寵啟奏改徐瑗為爰。❺晉陵太守

❷　同註❷，〈江智淵傳〉，卷五十九，頁 1610。

❸　同註❾，卷三十五，頁 535。

❹　《晉書·王述傳》，卷七十五，頁 1963，北京中華書局，1974。

❺　同註❹，〈恩倖傳〉，卷七十七，頁 1917。

王亮以父名攸，遂啟代好犯家諱之晉陵令沈巑之，結果遭巑之犬咆之戲。《南史·亮傳》說亮「在職清公，有美政。」❹❻亮是個好官，也習焉不察，可見時人重家諱積習之深。

南北朝重家諱與譜諜學的興盛有密切的關係。家諱盛行，人主提倡外，是以譜諜學為基礎的。譜諜是適應宗法制度的需要而產生的，漢代士夫已有家譜。曹魏主九品中正制，以九等品評當地士人等第，按品入仕，州郡中正都為世族把持。兩晉、南北朝承之。兩晉又規定品官可按官品高下蔭其親屬，普通人士之子孫也可免除徭役。在政治經濟利益的驅動下，有財力的庶族多以賄賂，冒認祖先，更書新籍，「昨日卑微，今日仕伍」，從此「百役不及，高臥私門。致令公私闕乏，是事不舉」。❹❼世族為保持其特權、庶族則不擇手段，攀龍附鳳，朝廷為保證「百役」有人，可供驅使，也要求清理社會各階級的譜系，故而譜諜修纂在東晉、南北朝而大盛。最初揭示避諱與譜諜之關係的是明人胡應麟，「其學六朝最盛，如王弘日對千賓，不犯一諱」。❹❽王弘所以可日對千客，不犯一人家諱，是精通譜諜之學，熟知千客之私諱的緣故。南朝如王弘外，還有徐勉。《梁書》本傳說他「雖文案堆積，坐客充滿，應對如流，手不停筆。又該宗百氏，皆為避諱」。北朝譜諜學或不及南人，但如上引孝昭帝高演，亦可見於私諱的重視程度。

《史諱舉例》說「入隋則諱禁稍嚴」，基本是事實。隋祚運

---

❹❻　同註❹⓿，〈王亮傳〉，卷二十三，頁623。

❹❼　同註❶⓻，卷三，頁23。

❹❽　胡應麟：《少室山房筆叢》，卷三十九，頁394，上海書店出版社，2001。

短，為什麼隋諱表現稍嚴？主要原因是隋代高祖楊堅、其父忠、煬帝廣，都是單名，且忠、堅、廣三字都是常用字，又不改易，使用頻率極高，所以史書所見諱例頗多。

在中國避諱史上，唐代諱制與他朝比較有兩大特色：一，唐諱重形；二，唐代重私諱。唐諱重形是與宋諱重音的比較而得，它也符合唐諱的實際情況。唐諱重形具體表現在三方面：

㈠代字多取與正字形近者。唐代頒諱掌之禮部，帝諱雖頒之諸州，而不立訓。帝名上下字，聽臣下隨宜改易。代字都取形近之字，如《魏書·崔鑒傳》北魏東徐州刺史崔鑒，子名秉。唐修《北史》同傳，即作「康」。《周書·王思政傳》、《魏書·沮蒙遜傳》、《魏書·王肅傳》三人子亦名秉，《北史》俱改康，蓋取康與秉形近，以避唐高祖父李昞嫌名。再如《史記·仲尼弟子列傳》，孔子弟子名「邦巽」，唐司馬貞索隱曰：「《家語》巽作選，蓋亦避漢諱改之。劉氏作邦巽，音圭。所見各異」。孔子弟子子斂本名邦巽，文翁所見作國、劉伯莊所見作邦，皆漢高祖邦之代字；巽，《家語》、文翁所見作選，蓋作巽，避漢宣帝詢嫌名。是邦、選皆取其形近。取形近為諱代字，亦多見於敦煌《文選》，如俄藏 φ.242 無名氏注《文選》，中韋孟《諷諫詩》「總齊群邦」、「實絕我邦」、「邦事是廢」，亦以邽字代邦。上所言是以形近代正字，在唐亦有以形近致諱的。如豳州，豳字形近幽，改為邠州❹，雖是明皇忌諱，非是帝王名諱，但亦可是唐人避諱重形之佐證。

---

❹　《太平御覽》，卷一百六十四，頁 799，北京中華書局，1985。

㈡帝諱正字有兩音讀者，唐人兩讀皆諱。漢字多有一音兩讀，甚至多讀。唐前之晉、唐後之趙宋，都諱與帝諱讀音相同者，他讀並不諱。如晉明帝時，王舒授撫軍將軍會稽內史。舒上疏以官職會犯父名，辭。朝議以字同音異，於禮無嫌。舒復陳音雖異而字同，求換他郡。朝廷改會為鄶，舒乃赴官。朝廷之議字同音異，是當時公理，為改鄶，乃是權宜之計，蓋用人之際，不得已而為之。故而成帝時王舒子允之，亦任會稽內史，再以犯祖名請改，朝廷就不客氣地以君命之重固不崇其私，一拒了之。宋則「御名改避，餘字有他音、及經傳子史有兩音者，許通用」，載在《紹熙重修文書令式》，更無論矣。（如光宗惇，嫌名鶉、錞有兩音，只諱都昆切，不諱殊倫切。）唐則不然，如高宗名治，治有澄之反（平聲）和直吏反（去聲）。高宗名讀平聲。按理去聲者可不諱，但唐人兩聲皆諱，而且各有代字，周廣業云：「唐初避治字，遇平聲皆改理，遇去聲皆改化」。「平聲者，修理其事，方用其力也；去聲者，事有條理，已見其效也」。❺今案：大而言之，平聲為動詞，去聲為形容詞。《後漢書·光武帝紀》「吾理天下，亦欲以柔道行之」，同書〈應劭傳〉「夫時化則刑重，時亂則刑輕」，理、化字，原為治，皆章懷注所改。上例治，平聲動詞，下例治，去聲形容詞也。

㈢缺筆成為主要諱法。歷代避諱方法有形變法，即不用代字，而就帝諱正字增筆或缺筆，變其形體，以示敬畏意。此法漢已萌芽。《隸釋》東漢〈堯廟碑〉「失爵亡邦」，邦字作邦，是增筆；春秋時衛大夫柳莊，《漢書·古今人表》作柳壯，是缺筆。故缺筆

---

❺　同註❾，卷十五，頁 253。

之法，不昉自唐。缺筆法又可分兩類：一類缺筆後仍成字，如上舉莊之為壯外，又師（司馬師）之為帥、懿（司馬懿）之為壹、準（劉準）之為准、晃（北魏拓跋晃）之為光之類。此則周廣業氏所謂「避諱缺筆，晉已有之，未甚傷體」者。❺另一類則「為字不成」，若世作卋、民作𡆧、丘作𠀉之類。若云缺筆不成字法，盛自唐，或則是焉。高宗顯慶五年（660）有詔云：「比見鈔寫古典，至於朕名或缺其點畫，或隨便改換。恐六籍雅言，會意多變，九流通義，指事全違，誠非立書之本意。自今以後繕寫舊典，文字並宜使成，不須隨義改易」。❺「文字並宜使成」，足見當時缺筆不成字，已成泛濫之勢。此盛於高宗時之證。雖有顯慶之詔，高宗以後，缺筆不成字，卻成為不諱法的主流。

　　唐諱重形對文字、文獻的影響，主要有兩方面。就文字言，主要是消極的，或因諱使一字而新增異體、俗字、通行字、古今字之類，如袘之與裈；或因諱形音義本異之兩字，同形混淆，如蜀中之岷（㟭）山與青州之岻山；又有以正為俗，以俗為正，如蚑與蚊，唐以前蚑正而蚊俗，唐以後因諱，蚊正而蚑俗。此類變化皆以諱起。今人虞萬里先生〈唐五代字韻書所反映之唐代避諱與字形〉一文，述之甚詳，讀者可參考。❺唐人因重形而避諱盛用為字不成法，雖傷於體，而欲抑制代字隨宜改易泛濫之勢，於保存古籍經典原貌，功莫大焉。

---

❺　同註❾，卷十四，頁 211。

❺　《冊府元龜》，卷三，頁 36，北京中華書局，1960。

❺　同註❸，頁 404。

　　唐諱消長變化，似顯兩曲線狀。唐初太宗高宗時代諱式簡易，
至玄宗而唐諱漸繁重。至文宗，諱制復趨簡易，而宣、懿之世，掉
尾一振，又向繁重發展，並且延及五代。唐初的寬鬆，就武德九年
太宗即位詔，可見端倪。太宗初即位，謂侍臣曰：准《禮》，名終
將諱之。前古帝王，亦不生諱其名，故周文王名昌，《周詩》云：
「克昌厥後」。……唯近代諸帝，妄為節制，特令生避其諱，理非
通允，宜有改張。因詔曰——

　　　依《禮》：二名義不偏諱。尼父達聖，非無前指。近世以
　　來，曲為節制，兩字兼避，廢闕已多，率意而行，有違經
　　誥。今宜依據《禮》典，務從儉約，仰效先哲，垂法將來。
　　其官號人名，及公私文籍，有「世」及「民」兩字不連續
　　者，並不須避。❺

儘管太宗古帝王生不諱之說並不準確，但即位詔諱令的寬鬆，可以
此概見。高宗即位之初，有司請改治書侍御使為御書中丞諸官號，
帝初不允，後納有司「二名禮不偏諱，單名宜諱」，從之。雖顯慶
五年尚有上引「繕寫舊典，文字並宜使成，不需隨宜改易」守成之
敕，而改民部為戶部，已啟二名偏諱之風。中宗即位，因改殿名。
唐諱至玄宗迎來一大轉折。李隆基生性多疑忌，上引忌幽改邠，已
見消息。其於名諱之避，自然更多較他的前輩不稍寬貸。太宗時二
名不相連者並不諱，至玄宗隆基二名皆諱之，是廢太宗二名不偏諱

---

❺　同註❺，頁35。

舊訓。玄宗主持的《大唐六典》（卷四）云：「凡上表疏箋啟及刺策文章，如平闕之式。」所謂「平闕之式」，李林甫注云：「若寫經史群書，及撰錄舊事，其文有犯國諱者，皆為字不成」，是又廢高宗舊詔。《冊府元龜‧帝王部‧名諱》載：先天二年正月詔，改隆州為閬州，自餘州縣等名與皇帝名同者，便令所司改定。地名要改，連國姓、年號也要避。姚崇本名元崇，以與突厥叱刺同名，以字元之行。開元間避年號改姚崇。玄宗因國姓又禁人捕鯉魚，是皆創公諱新記錄，見其廣避曲諱，非通達之君。至憲宗又改淳于姓為于，以音與帝諱同故。古者不奪人之名，時則並姓改之，古今時變不可測焉。唐諱至晚唐文宗，勢又一變，漸斂廣避之勢。晚唐文宗是一個想有所作為之皇帝，又好文。在位時，有三大文化舉措，太學重修大曆時的壁經、雕鑿了開成石經、唐元度《新加九經字樣》。重視禮教，故而在避諱上相對簡易。《唐會要》（卷二十三）記載，開成元年，崔龜從奏：前婺王府參軍宋昂，與御名同，十年不改。趙璘《因話錄》（卷一）則記錄文宗與翰林學士論前代文章。舍人裴素數次說到陳子昂，同僚柳璟使以眼色，裴不察覺。文宗對柳說，他（陳子昂）字伯玉，亦應呼陳伯玉，並不見文宗怪罪。唐臣素重改名，《舊唐書‧李藩傳》載：顯宗為太子，王純請改名，君子非之。及即位，宰相改郡縣名以避之。獨監察御使韋純不請改。直至陸淳為給事中，有詔改名，韋純始上疏改名。是憲宗時已有此等風範，非是文宗軟弱。諱禮的寬鬆也集中體現在開成石經的文字處理上。高宗、太祖創業之君不祧，高宗以下至玄宗已祧不諱，皆不缺筆。缺筆者二祖外，唯肅至敬七宗。文宗舊名涵字亦不諱，凡此可概見當時諱禮之寬。而至宣懿，又有變數。唐時家諱

與國諱並重，此亦必然反映在科舉上。李賀父名晉，不能應進士試，是大家熟知的。而至宣懿之世，國諱家諱外，又有宰相諱，連主考官的家諱也要避，主考崔殷夢父名龜從，歸仁澤之姓為龜嫌名，竟不能應舉。即此一點可見彼時諱制之厲。（詳見下文）及至僖昭哀三帝，不為宦官挾持，即為藩鎮玩弄於股掌。國鼎將遷，連皇帝自己都要呼賊作父（僖宗即呼宦官田令孜為阿父），何暇顧及自家國諱？剩下要做的就是為新朝朱全忠流及他們的家諱，接二連三的下詔書了。

總結唐諱的演變沿革，我們不難看到一朝諱制的寬嚴，實主要與三個因素相關。一是取決於皇權的盛衰，亦即時世的化與亂。皇權鞏固，統治者有信心，大多嚮往周漢之治，政治開明，諱禮即相對寬鬆簡約，如太宗。反之，繁重，如宣懿。一是取決於帝王個人的人格。生性忌刻，惟我獨尊，以禮教為專制的工具，諱制便嚴厲，如玄宗。一是取決於帝王對儒學的態度。積弱之世，帝王欲有所作為，欲以儒教來挽救時世，其汲汲於古者，諱禮多從簡，其如文宗；而急功近利欲以法治；或喬裝復古，僭偽之起，則又往往繁文縟節，諱律苛且厲，其如篡唐之朱全忠。

唐代諱制的另一大特點是重家諱。重家諱標誌是唐有冒榮居官之律，《唐律疏議·職制律·府號官稱犯父祖名》云——

> 諸府號、官稱犯父祖名，而冒榮居之……徒一年。疏議曰：
> 「府有正號，官有名稱，府號者，假若父名衛，不得于諸衛任官；或祖名安，不得任長安縣職之類。官稱者，或名軍，不得作將軍；或祖名卿，不得居卿任之類。皆須自言，不得

輒受。其有貪榮昧進，冒居此官……合處徒一年」。**⑮**

既是官方的律令，民間便無有不禁之理。浸漸成俗，第二個原因便是習尚的繁重了。就看士子應試貢舉的避諱。李賀因家諱不得參加科舉，韓愈為作《諱辨》，當時哄然非之，竟不能收功。類似李的遭遇還有文宗朝的裴德融。就因為祖父名皋，當時權貢舉的高鍇拒絕其應試為門下士，高曰：「伊諱皋，向某下就試與及第，困一生事」。理由是高是皋的嫌名，不能收裴為門生。當時這樣看法的絕不止高氏一人。裴氏已除屯田員外郎，高高興興地與同除郎官一人去參見右丞盧簡求。裴氏讓此人先入，啟云與新除屯田裴員外一起祇候。盧使驅使官傳下話來：「員外是何人下及第（誰的門生）？偶有事，不得奉見。」盧以裴為高門生，是犯祖諱，故拒見。弄得裴倉猝出門，狼狽而去。宋人洪邁議此事云：「此事乖剌。鍇、簡皆當世名流，所見乃如此」。**⑯**

　　唐人避家諱，固有出禮外者。李裴兩人都是士人以家諱受挫試場宦途。《南部新書》還記載，舉子就試，題目有犯家諱者，皆托題目不便，不敢就試，托疾下將息狀求出。蓋當時臨文避諱，必有此名目也。以上說的是應試者避家諱之制。而據洪氏《續筆》引盧子期著《舉子》，至宣帝咸通間，就試三場，避國諱外，又有避宰相諱、主文諱。況且不止是宰相主文者身諱，且兼其家諱。《彙

⑮　《唐律疏議·職制律·府號官稱犯父祖名》，頁 206，北京中華書局，1983。

⑯　洪邁：《容齋隨筆·續筆》，卷十一，頁 345，上海古籍出版社，1978。

考》引《夜遊錄》云：「唐進士犯主文家諱，雖音同字不同，亦不敢入試，如歸仁澤之於崔殷夢。姓氏尚然，文字可知」。❺❼歸仁澤還是吏部尚書仁晦的弟弟。《容齋隨筆·續筆》引《唐語林》云——

> 崔殷夢知舉。吏部尚書歸仁晦托弟歸仁澤，殷夢唯唯而已。無何，仁晦復托之，至於三、四。殷夢斂色端笏曰：「某見進表，讓此官矣」。仁晦始悟己姓，殷夢諱也。❺❽

周廣業《彙考》據此條，駁洪氏貢舉避應試者家諱在「禮律之外」說之非。云「唐初尚未必有此律，後乃踵增」。又，王定保《唐摭言》「狀元錄事具啟事」，說到聞之前達言京華故事：當時主司請工於五言八韻者，點竄文字，大約避廟諱御名云云，不及避主文諱。王定保係昭帝光化間進士，既聞之前達，周氏因推斷避主文家諱之制，「宣懿朝始屬也」。❺❾周氏此論可為宣懿朝諱律趨嚴之證。唐中葉後諱制漸嚴，周氏對洪氏的駁論，固然有理，但洪氏謂應試者避家諱、避主文者諱，「出禮律之外」，也非全然無理。即就李賀父名晉肅不得應進士試而言，進不過是晉嫌名，嫌名不諱，載在唐律，本可不避，而韓文出，輿論哄然，正是唐人習俗泛於禮律的一個反映。

清人趙翼《廿二史劄記》（卷八）嘗總結唐人修史避諱之法有

---

❺❼　同註❾，卷三十七，頁 560。
❺❽　同註❺❻，頁 345。
❺❾　同註❾，頁 560。

三：一如虎字、淵字，或前人名有同之者，有字則稱其字，如《晉書》公孫淵稱公孫文懿，劉淵稱劉元海，褚淵稱彥回，石虎稱石季龍是也。再則竟刪去其所犯之字，如《梁書》蕭淵明，蕭淵藻，但稱蕭明，蕭藻，《陳書》韓擒虎但稱韓擒是也。三則以文義改易其字，凡遇虎字，皆稱猛獸，李叔虎稱李叔彪，殷淵源稱殷深源，陶淵明稱陶泉明，魏廣陽王淵稱廣陽王深是也。是唐人諱法已有定例也。⑩

五代諱律，禁防之法疏密不同，約略而言，後梁法密，後唐、後漢、後晉三朝異族，後唐為疏，漢、晉立國雖短，而諱例見密，後周亦未見寬鬆。五代中朱梁最屬。未篡位前即借手哀帝，令天下避其諱。開平元年即位詔，改單名晃，五月，詔天下管屬及州縣官名犯廟諱者各宜改換。三令五申，亦見酷繁。且法令無常，自亂其例。即位詔有舊名不諱，而不過三月，賜河南尹張全義名宗奭。朱梁最重嫌名，奪人姓氏。荊南節度使上谷王成訥，姓犯廟諱誠，改賜周、靜海節度使曲承裕，承為嫌名，作曲裕。曾祖名茂琳又因戊為茂嫌名。至改天干戊辰作武辰。至於因諱改官職、地名則無論矣。

後唐本西突厥後，德宗時歸唐，號沙陀。懿宗時因功賜姓名李國昌，子克用擊黃巢，封晉王，晉王子李存勗（莊宗）稱帝滅梁，號後唐。莊宗追尊三祖與唐高宗、太宗、懿宗、昭宗合為七廟，蓋懿宗時蒙賜國姓，編籍鄭王房，遂為唐後也。朱全忠篡位，政治經

⑩ 趙翼：《廿二史劄記》，卷八，頁157，叢書集成初編本，民國商務印書館。

濟思革其弊，亦有舉措，其於唐諱禮，只在利用其加強專制獨裁，故諱制為嚴密。莊宗以唐後自居，故一反朱梁，政治上反恢復唐末之弊，仿唐制置百官，甚至徵集逃亡之前唐宦官近千人，以為腹心，其在諱禮上亦必復古，反較宣懿朱梁以來為寬。其所以寬，乃在於必與朱梁相反，根源不在異族也。說其寬疏，有兩點可證。一，明宗即位，天成元年六月，即仿唐太宗當年詔書——

> 以太宗文皇帝自登寶位，不改舊稱。時臣有世南，官有民部，靡開曲避，上禁連呼。朕猥以眇躬，托于上人，止遵聖範，非敢自尊。應文書內所有二字，但不連稱，不得迴避。如是臣下之名，不欲與君親同字者，任自改更。❻❶

此詔上宗唐太宗，下啟清乾隆初期避諱諸詔令。次年正月又改二名為單名，「法天師古」，使難犯易避。二，天成三年正月，詔止避正呼，不改偏旁文字——

> 本朝列聖及新追四廟諱，近日奏章，偏旁文字皆闕點畫。凡當出諱，止避正呼。若迴避於偏旁則虧缺於文字，宜從樸素，庶便公私。此後凡廟諱但避正文，其偏旁文字不在減少點畫。❻❷

---

❻❶　《舊五代史·唐書·明宗紀二》，卷三十六，頁 500，北京中華書局，1976。
❻❷　王溥：《五代會要》，頁 61，上海古籍出版社，1978。

末帝清泰二年，又有詔重申偏旁文字音韻懸殊，止避正呼，不宜全改。……其餘（地名）依舊。故閔帝、廢帝二紀，稱檀（明宗諱）州甚多。後唐不避偏旁字，實亦反朱梁之道而行之。朱梁諱偏旁，如法藏敦煌《文選》伯 2525《光武紀贊》「三象霧塞」，霧字左下矛字，因為廟諱茂嫌名，即缺左下一撇。《宋史·劉濤傳》載，劉天成中進士，後為拾遺，奏太常丞史在德上章詞理鄙俗，又犯廟諱，請正其罪。不蒙上允。正見其諱律之寬。總而言之，可以認定後唐避諱實較朱梁五代諸朝為疏。宋庠《楊文公談苑》謂後唐沿唐例，人君即位，多更名，甚是，而云「避諱最重」❻，是不合事實的。

認賊作父，賣國起家的石敬瑭建立的後晉，諱制奉行「所為二名嫌名事，宜依唐禮施行」。不過前後有較大變化。起初著令只避敬瑭下一字，故天福時所立太原縣〈史匡翰碑〉，於翰之祖敬思，獨不避諱，而于翰父建瑭，建字下空一字。至少帝即位，殿名地名、府號職官的嫌名都諱，連上字嫌名也避，改地名竟陵為景陵。又改人姓氏，析敬氏為文氏、苟氏當在斯時。

後漢劉氏祚短，不及四年。然從《宋史·盧多遜傳》所載盧億，周初為侍御使時，「議改漢末府門舊名、廟諱書不成文。凡改點畫及義理之誤字，二百二十有四。詔行之」。❻即以有數的史料來推斷，後漢諱例之嚴，是無容質疑的。

五代同時有吳、南唐、前後蜀等十國。十國諱事，值得一講的是後蜀孟昶時期，相國毋昭裔主持開鑿的蜀石經。蜀經依唐開成經

---

❻　同註❾，卷十七，頁 268。

❻　同註❷❷，〈盧多遜傳〉，卷二百六十四，頁 9117。

舊本刻《孝經》、《論語》等十經，始於廣政十四年（951），歷時八年，石凡千數。流傳於南宋，因蜀經有注，較開成經為詳，學者樂從，宋人稱引皆以蜀石經為證。蜀石經諱事大致如下：《尚書》經文，詳字、民字缺筆，《論語》缺唐諱，晁公武《石經考異》以為未叛唐時所刊；《禮記》、《毛詩》經文不缺唐諱，當是孟知祥僭立時刊；《左傳》不缺唐諱、宋諱（蜀經有宋人補刻者），而缺祥字，當是知祥僭立後刊石。今皆亡。晁公武《郡齋讀書志》為每經拓本撰題記，是保存蜀石經有功之舉。

趙匡胤建立的宋朝，是積弱積貧的國家，而政府、民間對諱禮的態度卻似乎與國情相反。清人周廣業的總結是：「避諱之繁，宋為最甚」。**❻❺**

有宋諱禮之繁，可以從三方面來考量：

㈠嫌名字多。宋諱嫌名，漢語同音字多，故而嫌名應避字亦多。《淳熙重修文書式》著錄高宗合諱的嫌名就達五十五字。《容齋隨筆·三筆》卷十一云：「本朝尚文之習太盛，故禮官討論，每欲其多，廟諱遂有五十字者」**❻❻**，洪邁所說是事實。從此諱嫌名遂為定制。

㈡避諱物件多。宋代廟諱除避趙匡胤即位初即頒佈的僖（高祖）、順（曾祖）、翼（祖）、宣（父）四祖外，又憑空捏造出世祖趙玄朗、遠祖黃帝（軒轅氏），一意要勝過唐玄宗以莊子為李唐之先。對孔子避諱，也是從宋開始的。唐代帝王登基大多改單名，舊

---

❻❺　同註❾，卷二十一，頁346。

❻❻　同註❺❻，〈三筆〉，卷十一，頁541。

名不諱，而宋代舊名亦諱，只是因規定「連用為犯，若文雖連，而意不相屬者非」，所以宋代文獻罕見有避舊諱的。宋諱物件，除廟諱、孔子等外，還有外戚諱、皇父諱堪注意。仁宗、哲宗即位年幼，皆有皇太后執政，都有詔令避太后父諱。仁宗劉太后時避通字、哲宗時避高皇后父遵甫。避皇后外戚之諱當然不始自趙宋，《晉書·虞預傳》就說到：「本名茂，犯明穆皇后母諱，故改焉」。宋英宗、孝宗之位，非傳之父親，故而又有避皇父之諱。英宗父名允讓，諡濮安懿王，孝宗父名偁，諡秀安僖王。此兩王的諱，著之令式，為不刊之典，一直要避的，不像外戚之諱，不久即遭解除。

㈢無明文私輒迴避。宋代諱禮已繁，而臣工還有私自迴避以趨時好的。《禮部韻略·貢舉條式》載，哲宗元祐五年，太學博士孫諤等陳乞，內一項舊頒廟諱外，無明文而私輒迴避者，畜、愭二字，又有庸字。前者是諱神宗廟名，後者是諱哲宗舊名。本都不在文書令式內，是臣工謹避。

凡此皆見宋諱禮之繁。

「宋諱所辨在音，不似唐人概避字面」，宋諱所重在音不在體。此亦有周氏《彙考》首加總結而得。宋諱重音，大致可從兩方面得到驗證。

㈠音異雖點畫全同，不避。也分兩類：一是正字有數讀，只諱一音。如匡字有去王切、烏光切兩讀，只避去王切，烏光切不避。宋帝除英、徽兩人，單名二音皆避，餘皆一音。一是嫌名數讀，只避與正字同音，如鶉、錞兩字，都有兩讀，只避與光宗諱惇音相同之都昆切，其餘讀音許用。然如仁宗諱禎，嫌名徵，徵別音有陟裏

切，宋人也諱，《宋史·樂志》五音徵作祉。

㈡宋頒諱多列嫌避之字，而正字不列訓，代字多隨文義改易。本身已是宋諱不重字面的證明。比如太祖諱匡，可隨宜改作正、光、康、興、刊諸字，仁宗名禎，可隨宜改作祥、祺、真、貞之類。此可為重音之反證。

宋諱制法令多反復，甚至詔令與法令抵牾，而於犯諱之處置，較多見寬容。宋諱之反復，一見於對廟諱的處理，因為有七廟、九廟之爭，已祧廟諱時有變數。主要集中在僖、翼、宣三廟。神宗治平四年，祧僖祖，熙寧五年即復諱；哲宗元祐元年祧翼祖、徽宗崇寧二年祧宣祖，而明年即復諱翼宣二祖；高宗紹興三十二年祧翼祖，甯宗紹熙五年，又祧僖、宣兩祖，別立廟藏順、翼、宣三祖。二見於朝士以家諱求改職，允與不許，朝廷亦漫無定準。甚而有詔令與諱制抵牾的，如《彙考》卷三十八引《燕翼貽謀錄》云：太宗雍熙二年六月辛丑詔：臣僚三代名諱，止可行於己。州縣長史不得出家諱。新授官職，有家諱者，除三省御史臺五品、文班四品，武班三品以上。許准敕上言，餘不在改請之限。然法令明載官稱犯高、曾、祖父諱冒居者有罪，則是與此詔相反也。❻❼再者，雍熙令明文規定「州縣長史不得出家諱」，而史料所載，多有部曲而避監臨之例。如靳懷德知邛州，本名湘，素遊寇準之門。景德中避準父名（湘）改焉，俄知滄州。《揮麈後錄》卷六：「晏元獻父名國。在相位，有朝士乃固始人，往竭元獻。問其鄉里，朝士曰：本貫固縣。元獻怒曰：豈有人而諱『始』字乎？蓋其始欲避之，生獰誤以

---

❻❼　同註❾，卷三十八，頁 567。

應也。」⑱一則載之正史（《宋史·靳傳》），一則雖或小說家言，亦可概見實際生活中，雍熙令未能令而行之。部曲避監臨家諱，風本昉於唐，宋初即有禁令，而俗尚泛於詔令也。

宋諱制雖較完備，而於犯諱之處置，則相對寬容。常行之法，士大夫除官，於官稱及州府曹局名犯高、曾、祖父家諱者，令迴避。如李燾父名中，當贈中奉大夫，燾請於朝，乞用元豐以前官制，贈光祿卿，為朝臣所阻。朝廷折衷因有公私交徇寄理之制。所謂寄理，見於岳珂《媿郯錄》——

> 律文有私諱冒榮之禁，故四銓之法，遇磨勘階官之稱與其三代祖傳相值者，許其自陳。授以次官。謂之寄理。遂以繫之官稱之首。《朝野類要》云：當轉官而官序之名犯家諱者，權且帶寄理二字。他年並轉。然則此行專為應升轉而礙於名稱者設，本權計也。⑲

寄理本是權宜之計，朝廷為當轉官而官名犯家諱者設，暫且授以次官，官銜前帶寄理兩字，日後再轉官，則去之。因為是暫時的，故云寄，寄理即寄治，本作治，《通典》避唐諱而改，宋借用之未改耳。

寄理之設是朝廷對在職官僚之寬容，寬容亦見於科舉考試。俞文豹《吹劍錄》載：高宗策進士，有犯御名者，上曰：朕豈以己妨

---

⑱　王明清：《揮塵後錄》，卷六，1782，筆記小說大觀本，臺北新興書局。

⑲　岳珂：《媿郯錄》，卷三，頁1407，筆記小說大觀本，臺北新興書局。

人進取。《宋史·樓鑰傳》也載：隆興元年，樓試南宮。策偶犯
(孝宗) 舊諱。知貢舉洪遵上奏，得旨：以冠末等。高宗不以犯諱
黜人舉進士，孝宗則置犯舊諱者於末甲之首。俱見宋帝曲恕寬宏，
這在歷代帝王中應是不多見的。

　　兩宋私諱之處理的寬鬆亦見於修史、修官書。范鎮修《仁宗實
錄》，敍皇祐新樂「黃鐘為萬事根本，故尺量權衡皆起於黃鐘」云
云⑦，為國家修史，居然避父諱度字，無有以為不妥。

　　宋代諱制的發展歷程，大抵如此：國初相對寬鬆，當時諸書如
王溥《五代會要》、薛居正《五代史》、李昉《太平御覽》等，都
不避始祖之名、上舉太宗雍熙詔，對官僚改請州縣長史出家諱的限
制、以及太宗即位改單名，宣佈舊名二字，今後不需迴避⑪，都是
明證。至真宗避諱漸嚴，各種諱令日趨完備：開始避始祖名、黃帝
名、避太子 (禎) 名、又避藩邸舊諱等，皆出前代傳統之外。宋代
頒諱而不立諱訓，各朝隨宜改易，北宋末，徽宗始有固定代訓字，
而至南宋高宗，規定欽宗諱字，又隨文易義。定一之訓，宣告失
敗。南宋諱制至光宗紹熙間，尤見嚴密。紹興間依舊式修文書式
令，淳熙則重修紹興文書式，以後紹熙、慶元，迭有重修，故雖嚴
密，而有法可循。理宗後半期，國勢衰頹，諱例多不嚴謹，而度宗
以後，則日見疏略矣。如淳佑間魏克愚徽州郡齋刊《九經要義》本
之《毛詩要義》、金華馬光祖跋刊本《四書章句集注》等，避諱皆
不能嚴格矣。

---

⑦　王應麟：《困學記聞》，卷五，頁491，萬有文庫本，商務印書館。
⑪　李攸：《宋朝事實》，卷一，頁1236，筆記小說大觀本，臺北新興書局。

契丹遼太祖阿保機卒，遼太宗即位，改太祖漢名曰億，是遼用中夏禮法之始。遼謹於避諱，其諱制多祖趙宋。二名不偏諱，如太宗漢名德光，諱光不諱德，《遼史·百官志三》：「崇祿寺本光祿寺，避太宗諱改」。周廣業謂「史言諱者止此一事」者。舊名不諱，如：穆宗名璟，後更名明，諱明不諱璟，《遼史》耶律海里漢名景，碑刻有作璟，而明字則碑刻缺月中二橫筆。避嫌名則其例頗夥，唐高宗時武將程名振，作程振，省名，是穆宗嫌名。**⑫**

其於宋制稍不同，則如凡廟諱皆諱，唯不知是因遼總共才十九帝，還是受宋七廟九廟的影響。它對金源的避廟諱影響是具體的，金亦凡廟諱皆迴避。遼已有偏旁避諱，只是尚未定制。有正字為諱字之偏旁而缺筆的，如輝字，應避太宗光字，缺筆作輝；又有諱字為正字偏旁而缺筆的，如元字因世宗諱阮而作亣。不像金源，偏旁諱注重的是正字全體為諱字的偏旁。

遼與宋為敵國，而互為對方諱。宋為遼諱，《續資治通鑑長編》卷一百四載，遼聖宗太平六年（1026）宋遣韓億為賀遼后生辰使，「詔：億名犯北朝諱，權改意」，同卷又載宋仁宗慶曆三年（1043）遣丁億為生辰副使，避遼諱，詔改丁億為丁意。遼亦為宋諱。《續資治通鑑長編》：「乾興元年六月乙巳，契丹主聞[宋]真宗崩，下令國中諸犯真宗諱[者]，悉易之。」《契丹國志》七，亦有類似記載：「燕京僧錄亦犯宋真宗諱，敕更名圓融。尋下令國中，應內外文武百僚、僧道、百姓等犯真宗諱者，悉令改之。」《續資治通鑑長編》載，太平七年遼使宋賀正弘節，避宋太祖父諱

---

⑫　《遼史·地理志·遼州》，頁 467，北京中華書局，1974。

去弘字，改名鄭節。當時兩國或有外交禮儀，《長編》：「熙寧五年正月己丑，府州言：寧化軍送北界西南面都招討府牒……其牒中官號有犯廟諱嫌音者，詔河東沿邊安撫司劾原承牒官吏，仍移牒北界招討府，依理施行」。❼❸是宋政府照會遼方須避宋嫌名。邦國互避國諱，是遠祖春秋入境問禁、入國問諱之俗，近宗三國互諱之遺風，是遼謹於禮諱之一證。

道宗時，諱例尤謹，然《遼史》道宗改年號壽隆，屢見於本紀志傳。〈食貨志〉又稱道宗錢有四等，曰成雍、曰太康、曰大安、曰壽隆，皆因改元易名。隆乃其祖聖宗諱，不應犯。錢大昕《十駕齋養新錄》卷八亦謂：「予家所藏遼石刻作『壽昌』多矣。文字完好，灼然可信。且遼人謹於避諱，道宗為聖宗孫，斷無取聖宗諱紀元之理。此《遼史》之誤」。❼❹今案：周廣業嘗考聖宗弟隆慶、隆祐皆不改避，又統和二十八年，丞相耶律德昌賜名隆運，因云上字隆，當時本未嘗避，但以廟諱為年號，恐無是理。且《曆象志閏考》忽作壽昌，亦令人致疑。❼❺今案：「遼人謹於避諱」，道宗為聖宗之後，取聖宗諱紀元，似無此理，然唯因謹於避諱，亦守二名不偏諱之禮，故取隆字，未必不可，錢氏蓋未見周氏《彙考》爾。

金源諱制與宋相較，有同有不同。同在二名偏諱、諱嫌名，不同在諱小字、諱偏旁，尤其後者為金諱獨重。多少證明了金諱的苛細。

---

❼❸　《續資治通鑑長編》，卷二百二十九，頁 5568，北京中華書局，1995。

❼❹　錢大昕：《十駕齋養新錄》，卷八，頁 188，上海書店，1983。

❼❺　同註❾，卷二十二，頁 348。

　　諱小字，周廣業以為「小字是其本諱，有在位積久而始改者、有身後追改者，故必嚴其禁也」。**⑯**話是有道理的，如睿宗諱宗堯、顯宗諱允恭都是追改者。

　　金源諱偏旁，《金史・孫即康傳》述之最詳——

> 上問即康：「參知政事貫鉉曰：太宗廟諱同音字，有讀作成字者，既非同音，便不當缺點畫。睿宗廟諱改作崇字，其下卻有本字全體，不若將示字依《蘭亭帖》寫作未字。顯宗廟諱允（充）字合缺點畫，如統傍之充，似不合缺。」即康奏曰：「唐太宗諱世民，偏旁犯如葉字作菜字，泯字作泜字。乃擬熙宗廟諱從面從且。睿宗廟諱上字從未，下字從㞢〔卉〕。世宗廟諱從系。顯宗廟諱如正犯字形，止書斜畫，沈字銑字各從口，兌悅之類各從本傳。」從之。自此不勝曲避矣。**⑰**

這節君臣避諱的議論，我們可以歸納出金源偏旁諱的特點：一，需正字全體為合諱字的偏旁始諱。如宗之於崇、允之於銑、沈之類。二，某字為正字之偏旁，不諱。如太宗廟諱為晟，成字為晟字之偏旁，不諱。三，兌字（包括說、悅）《說文》：「從儿㕣聲」。因㕣乃古文充字，充含允字全體，故亦在合諱之列。兌、說、悅都讀雪

---

⑯　同註**⑨**，頁 357。

⑰　《金史・孫即康傳》，頁 2196，北京中華書局，1975。此節文字業經筆者校勘，詳情見實踐篇：〈金史孫即康傳中一節涉及金源避諱制度的文字〉。

欲切，都是喜樂之意。只是因為孫即康所擬避諱用缺筆，允字單用作允，為偏旁時厶（ㅂ）改作口，今兌已為口，所以未見變形。允字銃字雖楷書似乎含允，其實屬不同結構：銃右旁從充從儿，不從厶從儿，所以不諱。亦即合諱字古文屬同偏旁者始諱。

　　除偏旁諱外，君臣之議還給我們一點啟發，太宗諱晟字本音盛，若讀成，則孫氏認為不應諱，也就是正字兩讀，形同音不同者不諱。此與宋諱重音同。由此可見，金諱既重音，兼重形。偏旁諱其實質是重形。明昌三年詔：臣庶名犯古帝王而姓復同者，禁之。周公、孔子之名，亦合迴避。明昌六年有事南郊，党懷英讀冊至章宗御名，聲微下。章宗有諭：宜當平讀。以郊廟禮非所宜。廟諱小字之避始於泰和元年，泰和六年，又與孫即康擬歷代廟諱，故周廣業以為「討論金諱當以明昌、泰和為准」。❼❽金諱苛細，無非是要加強帝王的權威，基於同樣的考慮，對於私諱就有嚴格的控制。海陵王當國，欲令百官避其母諱，就有禮部員外郎王競反對，言「人臣無公諱」，事竟不行。❼❾競，本宋儒，恪守的是中原禮儀。可見宋諱禮儀對金源的潛在影響。

　　蒙元諸帝名皆譯音，不似遼、金帝王兼有漢名，其於避諱不甚

---

❼❽　同註❾，卷二十二，頁 355。

❼❾　《金史‧王競傳》，卷一百二十五：王競，字無競，彰德人。宋宣和中，太學兩試合格，調屯留主簿。入國朝，除大寧令……皇統初，參政韓昉薦之……遷尚書禮部員外郎。時海陵當國，政由己出，欲令百官避堂諱，競言人臣無公諱，遂止。蕭仲恭以太傳領三省事封王，欲援遼故事，親王用紫羅傘。事下禮部，競與郎中翟永固明言其非是，事竟不行，海陵由是重之。頁 2723，北京中華書局，1975。

措意。趙翼《廿二史劄記》卷二十九「元帝后皆不諱名」載,元帝
後生前皆無徽稱,臣下得直呼其名。蒙哥殂於蜀,郝經上世祖書,
謂蒙哥罕無故進兵於蜀,今已崩逝。蒙哥即憲宗。〈曹元用傳〉:
「元用言:后為天下母,豈可名呼?」是臣下呼皇后亦呼其名也。
更有君臣同名現象,屢見不鮮。如武宗名海山,〈本紀〉中以海名
者,陳垣《舉例》已得七人,官名、地名用海字者,不一而足。世
祖至元三年(1266),禮部規定〈表章迴避字樣〉:「極」、
「盡」、「歸」、「化」、「忘」等百六十一字。《元典章》注
云:「右一百六十餘字,其餘可以類推。或止避本字,或隨音旁及
避古帝王名號……並御名廟諱,皆合迴避」。是蒙元論避當始自世
祖,然至仁宗延祐年(1314),《大元聖政國朝典章》卷二十八
載:「稱賀表章元禁字樣太繁。今擬除全用御名、廟諱不考外,顯
然凶惡字樣,理宜迴避,至於休祥極化等字,不須迴避」❽⓪云云,
已寬其禁。知蒙元避諱,強調「全用」,即字不連用即不應諱,與
宋諱大異。偏諱、嫌諱則無論矣。故《元史》唯程鉅夫名文海,避
武宗廟諱,以字行而已。元代樂府作手,「四齋」之一「酸齋」貫
雲石,本名海涯、自署雲石,人疑亦避武宗,唯史不詳耳。避諱方
法,則都是臨文缺其點畫而已。

　　明代諱制較前代為寬,萬曆以前禁網疏闊。原因是明初違法近
古。《大明會典》卷七十五之「洪武禮制」即頒佈:「凡進上位表
箋及一應文字,若有御名、廟諱,合依古『二名不偏諱』、『嫌名

---

❽⓪　《大元聖政國朝典章》,卷二十八,頁 304,續修四庫全書本,上海古籍出
　　版社,2002。

不諱』。若有兩字相連者,必須迴避。寫字之際,不必缺點畫」。
⑧宣宗宣德元年七月己酉,又重申「洪武表箋舊式,二名不偏諱,
無以他字更易」。⑧不偏諱,不諱嫌名,不立訓,不缺筆,恪守的
都是古諱禮。更為前代罕見的是,明世諱例,後代帝王雖有反覆,
最終能循守祖宗成法。英宗天順末,科試有減少筆畫之例,至憲宗
成化十三年(1477)十二月甲午朔,重申科場減少筆畫定式,而至
弘治七年(1494)即為孝宗否定:「御名廟諱及親王名諱,仍依舊
制,二名不偏諱。不必缺其筆畫。違者黜落」。⑧這是說不缺筆。
再看二名不偏諱。武宗承孝宗之制,不避御名下一字照。隆慶初,
御使詹仰庇巡視十庫,疏劾內官侵漁。疏有「再照人主」云云。故
事:諸司文移往還,地方官出教,用照字。言官上書,不用此體。
宦官因指「再照人主」語為大不敬,皇帝大怒:「仰庇小子,敢照
及天子?」遂杖百,除名。因知穆宗時尚不避照字。前代臣工名有
犯諱者往往有疏請改名,明代僅見張孚敬一人。張孚敬原名璁,為
與厚熜下一字音同,嘉靖十年,上疏請更名。帝賜名孚敬,字茂
恭。是亦可見萬曆網寬之一斑。

　　明代諱制,萬曆以前與歷代相較,變化較大的是避太子及親王
諱。《明實錄》載,洪武中群臣議啟事皇太子該不該避諱。翰林編
修吳沈言,太子所以繼聖體而承天位者,尊敬之體宜同天子。從
之。歷代不稱臣之制,自斯而變。親王之名亦諱之,正統間,至有

---

⑧　　《大明會典》,卷七十五,頁 373,續修四庫全書本,上海古籍出版社,
　　　2002。
⑧　　同註❾,卷二十三,頁368。
⑧　　《明會典》,卷七十七,頁 1791-1792,萬有文庫本,商務印書館。

山西鄉試試題犯楚昭王諱，而罰俸主考及同考事。

天啟崇禎諱制漸趨嚴密。首先，有頒訓之令式。光宗名常洛。《明史·禮志》云：「（熹宗）天啟元年正月，從禮部奏：凡從點水加各字者，俱改為雒。各王府及文武職官有犯廟諱者，悉改之」。❽下字諱，上字亦諱。凡常字都改作嘗，如倫嘗、綱嘗、尋嘗之類，是二名已偏諱。常或有缺末筆作甞，是不缺筆之訓亦廢。崇禎末，誠意伯劉孔炤、大學士魏炤乘、巡撫方孔炤，本皆作照，皆避武宗廟諱改名。凡照字通用炤，既見崇禎亦有頒訓之禮，亦見二名偏諱，改名之情。其次，天崇間諱例有一特色，是崇唐。顧炎武《日知錄》云，崇禎三年，禮部奉旨頒行天下，避太祖及孝武世穆神光哀七宗廟諱❽，正依唐人之式。明人鄙夷宋元，作詩文多欲直躡漢唐，諱禮亦然如此。《天香樓偶得》云：「古人避帝王之諱，如漢諱邦為國、諱盈為滿，以不敢斥稱本字，故取義同音異之字代之，於文義初無害也。近世避諱輒用音同義異之字或仍用本字，僅於點畫之間各逞私智，妄加損益。為音既以相犯，文義或多欠通。豈有當於名之典？此必明懸甲令，庶有所遵行也」。❽所謂「音同義異」之字，如明末汲古閣刻書諱熹宗，校多作較、教（如吳郡本《晉書》題錢塘鍾人傑教）。所謂「點畫之間」「妄加損益」，則如《續通考》於仁宗至穆宗諸帝諱，熾作戬、基作其、鎮作真、鈺作玉、深作架、樘作堂、杬作亢、照作昭、垕作元，蓋謂當時俗

---

❽　《明史·禮志》，卷五十一，頁 1328，北京中華書局，1974。

❽　顧炎武：《日知錄》，卷二十三，頁 910，四庫全書本，上海古籍出版社，1987。

❽　同註❾，頁 371。

例,減省偏旁也。缺筆之法,不昉於唐,然高宗時石刻諸經,向為學者視作避諱缺筆之範例,減省偏旁實缺筆之變體。萬曆以前,諱法本疏,其有改代,出臣下謹慎。稗野所載,或避或否,雖已有用彡(珍)、章(璋)、文(炆)、隶(棣),字體乖歧,未為風氣。至天崇間盛行此習,追本朔源,源當出李唐。「各逞私智」,是說光熹間風行,至有一帝之諱,書者人各為政,如穆宗諱從后從土,古厚字。王世貞《彙苑詳注》作垕、鄭曉《大政記》作垢,鄭元慶《廿一史約編》作坃,以致《續通考》去土作元,一誤再誤,全不顧詞義。總而言之,音同義異也好,缺偏旁也好,誠與唐人鈔書,字多形變、漫無定準,同一機杼也。

滿清,康熙執政,始定諱例。與歷代避諱相較,清諱有三大特點:嚴厲、重形重偏旁和有原則便操作。

㈠清諱嚴厲,指兩個方面:諱律與令式。只聞前代犯諱,朝廷有杖笞、徒刑,科場有罰俸、停考,罕聞以諱殺人的。若有,也只是亂世武夫僭越尊大,濫施淫威。如唐末昭宗時,賦家徐寅謁見梁王朱全忠,誤犯家諱,全忠怒殺知客將。而清廷至以詩文筆記、字典編纂,對廟諱御名,有無敬避,為順逆憑證,大興文字之獄,且戮及家族無辜的,較之前代,這當然足稱嚴且厲矣。

清諱令式的嚴厲,具體表現在三方面。

1.迴避物件的擴大。元人首創避先聖孔丘名諱,清代則除諱孔子外,據張之洞《輶軒語·敬避字》「孟子諱,一體敬避」。❽五

---

❽　張之洞:《輶軒語·敬避字》,張之洞全集,卷二百七十三,頁 9816,河北人民出版社,1998。以下引文,凡出此編,不再標誌。

代孟蜀刻石經，於唐高祖、太宗諱皆缺筆，被顧炎武稱為「厚於舊君之禮」，然古代固有翌代不諱之說，不諱前朝帝王，應是通例。清廷則前代帝王（除秦始皇等極少數暴君外）規定必迴避。四庫館臣抄寫李薦《濟南集》有「漢徹方奏政」、《北史·文苑傳敘》有「頡頑漢徹」之句，即遭乾隆痛斥，飭令改為漢武。欲使天下知皇帝之尊，百世下猶可為屬，用心專制亦謂良苦。清人於「華夷之辨」既厭惡又敏感，康熙時，廟諱御名之外，復避胡戎夷狄字樣，亦是嚴於前朝的一大標誌。

2.諱例令式苛刻，場屋尤甚。

承前代餘緒，清代避諱亦有形變缺筆、改代諸法。然既缺筆之後，每有作犯諱論者：如避雍正諱，胤字缺末筆，然嫌名「酳字不可用」。同治諱載淳，淳形變作湻，嫌名醇諱作醕，然「場屋不用」。已用「恭代」，或缺筆形變之後，復有限制：以正字組合成的常見固定辭彙不用，如康熙諱上字玄，改代元，然「元德、元黃、元鳥等字皆不可用」；乾隆諱字弘，改代宏，「然宏道、宏毅等字皆不可用」；下字曆改歷，「歷象、歷數、治歷等字皆不可用」。嘉慶上字顒，諱缺末二點，然「顒若、周顒等字皆不可用」，下字琰，改作琰，「琬琰、翠琰等字皆不可用」。場屋令式尤為苛刻，甚則有明令頒行的改代字，嗣後遭場屋禁用的，如乾隆二十五年曾明令燁改爗（康熙）、禎改正（雍正），《大清會典事例》卷三百四十四即載嘉慶八年禁用令：「俾士子敬謹避寫。其有仍用舊文者，以違式論」。❽

---

❽　《大清會典事例·繕卷條例》，卷三百四十四，頁 4，商務印書館，宣統己酉再版。

種種規矩，節外生枝，具可見清諱煩瑣。

㈡唐諱重形、宋諱重音，相較而言，清諱重偏旁為其特色。避偏旁不是自清才有的，漢以來都有，然不曾如清人之騎重，並有與眾不同之特色。

歸納起來，清代避偏旁大致有四種類型：

1.正字是合諱字的偏旁，如：炫、鉉、弦、絃、眩，玄字加金旁、水旁諸字。泓、紭、軦，弘字加系旁、水旁諸字。

2.正字在合諱字中全書，即所謂上中嵌寫之字。如：率、衒、牽、強諸字。前三字中有玄字嵌寫，後一字有弘字全書。

3.合諱字為正字的偏旁。如：恬之於湉（光緒諱載湉）真之於禛（雍正諱胤禛）。

4.正、合諱字共有其偏旁。如：同治名下字淳，右旁避從隸書之享（亯）作湻，醇因避作醕。蓋右旁為兩家共有，且醇與淳通故也。

並不是凡正字之偏旁字都須改寫，清人對偏旁有一定的限制。諱字與正字不僅要形近（有同偏旁）還須有音同義近的條件。如康熙諱，上中嵌寫之率、牽，因音義與玄大不同；衒，《說文》：一作衏，音與玄同，而義固不同，故後來並不諱。嘉慶下字琰諱作玹，民間談、淡右旁下半，因作又，梁氏《公餘錄》即謂「無所據矣」，蓋談淡與琰音義非近也。

㈢有原則，便操作。

乾隆多次以諱殺人之後，人或以清帝喜怒無常、清諱令多變不測。其實細按，還是循按律令的。其變通實亦有便利操作執行之初衷，即使乾隆亦是如此。乾隆三十四年諭，即有「宏字已屬避寫，

即與本字無涉。若因字異音同，亦行缺筆，輾轉相似，必至八紘等字概從此例，勢將無所底止。」上一句明令已改代字，無須再缺筆，曲避；下一句禁字異音同之字迴避，是重申嫌名不諱之古訓，表現了乾隆的明智和通達。纂修《四庫全書》期間，乾隆令康熙舊臣王士禎改為士禎，「庶與其弟兄行派不致混淆」。❽王士禎原名王士禛，避雍正諱改作正，乾隆二十五年亦有明文規定。正是乾隆從長遠歷史考慮，故有此更改。禎與禛，雖右旁體制似同，然「音義皆別，不避。」還是遵循重形兼及音義的原則的。遵循諱禮古訓的，有清不止乾隆一人，如清末光緒時，廣西總督劉坤一奏千總潘奕勳請更名承勳，這是避光緒父醇親王奕譞。光緒雖飭部註冊，但奏摺中「潘奕勳原名應敬避」云云，卻遭光緒否定：「與前奉諭旨不偏諱之義不符，且奕字係輩分字，嗣後仍應毋庸避用。」❾表明光緒對二名不偏諱古訓和乾隆、道光遺訓的恪守。《舉例》「雍正之世，避諱至嚴」說出，後之學者大多奉為圭臬，唯臺灣李清志先生以為「乾嘉之世，避諱趨嚴」❾，筆者以李說為是，並小有修正，以為乾隆當以四十二年為界，分前後兩期，清諱是從乾隆四十二年趨於嚴屬的。

　　清諱令式歷史演變的模式呈紡錘形。乾嘉之際是分水嶺，是紡錘的中間部分，科令繁密而嚴屬。前此，順、康、雍至乾隆前期，是清諱草創期。其特點是從無至有，諱令略依古訓而未備；後此道

❽　《清實錄‧高宗實錄》，卷一千二十，頁 1269，北京中華書局，1986。

❾　同註❽，頁 4。

❾　李清志：《古書版本鑑定研究》，頁 210，臺北文史哲出版社，1986。

咸以降，則諱例刪繁就簡，漸趨單一，一頭一尾，都呈寬泛。具體
而言，順治入關未久，初效宋明人避諱，略知禮儀。順治名福臨，
而名子福全，唯下字臨之音近字齡、林上，不得加景、泰（大）之
字而已。嚴格地講，還算不上帝名避諱，只是一種原始式寬泛的忌
諱而已。康熙朝，玄字上中嵌字未見缺筆，燁之異體（曄、爗）不
諱，即使玄之偏旁字炫、鉉、弦、絃、眩諸字，亦缺筆少而不缺者
多。凡遇胡虜夷諸字皆缺筆，此是康熙避諱特色，本質上只是民族
隔閡、歧視心理的反映，亦非真正意義上的帝名避諱。《事例》載
雍正只諱下字，臨御以來屢降諭旨，嫌名不諱。諭前代年號地名不
改，是首先考慮到實用便利操作的避諱方針，都是寬泛之政。乾隆
即位，初不在意避諱，視之為文字末節，並非違心作秀。諱御名，
最初只是缺筆。二十五年詔，始用改代字，上及康雍廟諱。二十八
年，詔諱偏旁字，雖漸近繁重，然強調音義相同，已作限制，是繁
而不苛。三十年、三十四年兩詔，「上中嵌寫之字，與本字全無關
涉」、「宏字已屬避寫，即與本字無涉」❷，都是對臣下酷諱、曲
諱的糾偏。直至四十一年十一月還重申即位及三十四年兩詔，同
月，又諭嘉慶：子孫命名取不經用之字，缺筆亦易。可以認為乾隆
朝令式變化，止此只是稍繁而不至苛密。

　　乾隆四十二年是乾隆朝，也是整個清諱的轉捩點。十月，飭館
臣諱古帝王，改漢諱徹為漢武。傳錄舊籍也要避諱，況且是千餘年
前的帝王，這是一反乾隆對避諱的常態。個中緣故，是值得思索和
探究的。同月二十一日「字貫案」發，乾隆大動干戈，借讀書人作

---

❷　同註❽，頁 2。

法，大開殺戒。從此風聲鶴唳，臣工士人搖筆得罪，此乃為清諱一大轉折標誌。嘉慶未見以諱殺人，然於諱例是恪守乃父陳規，而又有變本加厲。其濃重一筆，即是重申恭代之字須與本字意義不失的諱令。粗看似乎是對恭代字的限制，是避諱寬政的表現，其實乃是重申乃父關於康雍廟諱，場屋禁用燁、正兩代字之令。這對於自乾隆二十五年以來，已相沿成習的應試人士來說，反是陷阱。隨之而來，嘉慶二十四年奏准的磨勘處分「廟諱未能敬避（不用恭代），雖經缺筆，仍罰停三科」。❸就清諱令式而言，當是最嚴厲之舉。

道咸以降，為何說漸趨寬鬆？是諱例的漸趨單純，避諱方法的簡易。它表現在：⑴帝王取名難犯易避。⑵不再頒佈恭代字，只用缺筆，或用借字相代，如道光諱寧，本從俗寫缺筆作寧，後改用甯。⑶不偏諱，只諱帝名下字。咸豐上字奕，同光二帝載字，係輩分字，皆不諱。⑷對偏旁諱字作進一步限制：期與本字體制相近、音義相同：同治諱，單用享字及敦、惇、淳、錞、埻、熟諸字，偏旁皆不得作亯即是。它解放了一大批偏旁用字。

---

❸　同註❸，卷三百五十八，頁1。

附錄

避諱學論著論文索引

一、專著

〔漢〕應劭等　（舊）君諱儀二卷　見隋書・經籍志・儀注類　佚

〔晉〕陳壽　釋諱　見常璩華陽國志　佚

〔唐〕無名氏　諱行略一卷　見新唐書・藝文志・譜諜類　宋史・
　　藝文志作諱行錄　佚

〔宋〕宋敏求　諱行後錄五卷　見宋史・藝文志　卷二　佚

〔宋〕李椿　中興登科小錄三卷姓類一卷　見陳振孫直齋書錄解題
　　佚

〔清〕宋餘懷　帝諱考略　見周榘廿二史諱略序　佚

〔清〕周榘　廿二史諱略一卷　嘯園叢書本　光緒九年（1883）

〔清〕陸費墀　帝王廟諡年諱譜一卷　乾隆四十年（1775）　四部
　　備要本

〔清〕劉錫信　歷代諱名考　乾隆四十九年（1784）　畿輔叢書本

〔清〕周廣業　經史避名彙考四十六卷　臺北明文書局影印適園抄
　　本　1986；北京圖書館出版社影清抄本　1999

〔清〕黃本驥　避諱錄五卷　道光二十六年（1846）　三長物齋叢
　　書本

張惟驤　歷代諱字譜二卷附家諱考一卷　小雙寂庵叢書本　1928

陳垣　　史諱舉例　上海書店　1928

楊家駱　清帝廟謚年諱譜　附陸費墀帝王廟謚年諱譜　四部備要本

趙慧平　忌諱　遼寧人民出版社　1990

李中生　中國語言避諱習俗　山西人民出版社　1991

陳北郊　漢語語諱學　山西人民出版社　1991

王建　　史諱辭典　東京汲古書院　1997

王彥坤　歷代避諱字匯典　中州古籍社　1997

吳良祚　太平天國避諱研究　廣西人民出版社　1998

王泉根　謚法研究　上海古籍出版社　1995

王建　　中國古代避諱史　貴州人民出版社　2002 年

李德清　中國歷史地名避諱考　華東師範大學出版社　2002

〔日〕穗積陳重　實名敬避俗研究　日本刀江書院　1925

　　　　　　　　忌諱名的研究　日本講談社　1992

二、專題

〔宋〕呂祖謙　古文關鍵　卷上辨諱　臺灣商務印書館影印四庫全
　　　　書文淵閣本　1983

〔宋〕彭叔夏　文苑英華辨證　十六避諱　北京中華書局　1966

〔宋〕王觀國　學林　卷三名諱　北京中華書局　1988

〔宋〕王楙　野客叢書　卷九古人避諱　北京中華書局　1987

〔宋〕洪邁　容齋隨筆（三筆）　卷十一帝王諱名　上海古籍出版
　　　　社　1978

〔宋〕周密　齊東野語錄　卷四避諱　北京中華書局　1987

〔宋〕岳珂　媿郯錄　民國商務印書館　叢書集成初編本

〔清〕徐松　宋會要輯稿　第五十一冊儀制十三帝諱　北京中華書
　　　局影印本　1957

〔宋〕王欽若等　冊府元龜　第三冊卷一八二帝王部　第一冊卷三
　　　十奉先部　北京中華書局　1960

〔清〕杭世駿　訂訛類編　卷三歷朝避諱字宜改正　上海書店影印
　　　嘉業堂叢書　1986

〔清〕張之洞　輶軒語・敬避字
　　　　　　　磨勘條例摘要　河北人民出版社，張之洞全集
　　　　　　　1998

陳垣　　通鑒胡注表微　避諱篇第五
　　　　舊五代史輯本發覆　三卷附薛史輯本避諱例　中國科學
　　　　出版社　1958

孫德謙　古書讀法略例　卷六避諱例　北京中國書店　1984

朱星　　古代文化基礎知識　十七章古避諱知識　天津人民出版社
　　　　1982

魏隱儒等　古籍版本鑑定叢談　第七章諱字　印刷工業出版社
　　　　1984

李清志　古書版本鑑定研究　第五章歷代寫刻書籍之避諱研究　臺
　　　　北文史哲出版社　1986

徐一青等　姓名趣談　上海文藝出版社　1987

高振鐸　古籍知識手冊・避諱知識　山東教育出版社　1988

汪澤樹　姓氏名號別稱・避諱　四川人民出版社　1993

袁庭棟　古人稱謂漫談・諱稱　北京中華書局　1994

　　　　古人稱謂・諱稱等　四川教育出版社　1994

沈錫倫　語言文字的避諱禁忌與委婉表現　臺灣商務印書館　1996

何滿子　忌諱及其他談片　上海古籍出版社　1998

王泉根　中國姓氏的文化解析　北京團結出版社　2000

虞萬里　榆枋齋學術論文集　江蘇古籍出版社　2001

三、論文索引

兩漢人臨文不諱考　胡適　圖書季刊　新5：1　1944

讀陳垣史諱舉例論漢諱諸條　胡適　新5：1　1944

諡法濫觴於殷代論　屈萬里　歷史語言研究所集刊13　1948

清朝的諡法　齊如山　中國一周　108　1952

釋諱篇　鄭振鐸　載湯禱篇　古典文學出版社　1957

諡考　楊胤宗　建設　9：10　1961

簡談聖諱　李鐵城　光明日報　1961.12.9

避諱的故事　黃裳　筆禍史談叢　人民日報社　1988.1

古籍中避諱字的處理問題　趙世暹　文匯報　1962.7.12

談避諱　王潔宇　圖書月刊　1：4　1966

對《避諱字》的補充　張德謙　語文戰線　1976.6

關於《封建論》的避諱字　芸淙　語文戰線　1977.1

薛史輯本因避諱而改動的字為什麼一般不再改回　梁太濟　內蒙古
　　　　大學學報　1977.5

明史不諱龍鳳正朔　辛雨　中華文史論叢　8　1978

關於避諱　喬雨舟　百科知識　1979.3

說諱　周修強　人民日報　1979.12.11

淺談古代的避諱　賀揚　語文教學研究　1980.1

古籍避諱與版本鑑定　陳培榮　吉林省圖書館學會會刊　1980.3

太平天國避諱制度考釋　祁龍威　吳良祚　《太平天國論叢》二輯
　　　　南京大學學報叢書　1980

史諱舉例　劉傳鈺　教學通訊　1981.2

商周稱謂與中國古代避諱起源　虞萬里　打印稿

《紅樓夢》不避諱論　陳詔　紅樓夢研究集刊　六輯　上海古籍出
　　　　版社　1981

避諱與封建專制主義芻議　松林　湖南師範學院學報　1981.2

青銅器銘文中之避諱　梓溪　南開學報　1981.3

官稱、地望稱與諱稱　古人稱謂漫談之六　袁文　歷史知識
　　　　1982.1

鬻王叔的忌諱　穆予才　廣西文學　1982.5

關於古籍中有些混亂字體　陰法魯　文獻和避諱字的清理問題
　　　　1981.10

不諱「了」考　薛軍力　中華文史論叢　1983.4

諱不始於周人辨　郭沫若　郭沫若文集卷 14　金文叢考第六

避諱略說　王能憲　語文教學（江西師院）　1983.9

淺談古代避諱　何文白　圖書館界　1984.1

避諱與古代語詞　虞雲國　字詞天地　1984.2

「正月」讀音「征月」之為秦諱說質疑　黔容　學術研究　1984.2

略論《公羊傳》的諱書理論　徐莊　中國史研究　1984.2.

禁忌避諱迷信瑣談　關爾正　語言文學　1984.2

淺談古文獻之避諱　張玉彬　長春師院學報　1984.2

我國歷史上的避諱　秦慰儉　廣西民族學院學報　1984.3

避諱起源淺探　曹松林　湖南師院學報　1984.3

語言的漢語語諱學初探　陳北郊　山西大學學報　1984.4

關於避諱的答疑　若石　北京師範大學學報　1984.5

歷史人物名諱縱談　史蘇苑　中州今古　1984.6

古代避諱語淺說　陸應南　廣州師院學報　1985.1

歷史人物名諱縱談（續）二──歷史人物名諱的方法　史蘇苑　中
　　　州今古　1985.1

歷代避諱在古音研究上的利用　李新魁　語文園地　1985.1

古籍中的避諱　毛毓松　語文園地　1985.2

「避諱」不是研究民族關係史的原則　李桂海　松遼學刊　1985.2

避諱略說　章惠康　益陽師專學報　1985.2

《秦婦吟》諱因考　張天健　河南大學學報　1985.2

關於避諱學　劉乃和講述　金召洋整理　中學歷史　1985.3

避諱略說　章惠康　圖書館　1985.5

略談唐初的避諱　鄧瑞　光明日報　1985.10

《醒世姻緣》的版本源流和成書年代　曹大為　文史 23　1985

納蘭性德應為納蘭成德　姜偉堂　社會科學輯刊　1986.1

避諱義例是錢大昕的訓詁之鑰　嚴修　復旦學報　1986.5

我國古代文書避諱初探　黃才庚　浙江檔案　1986.7

避諱與王錫侯之死　古明　歷史大觀園　1986.12

聚秀堂梓本《玉嬌梨》及作品產生年代、作者考辨　蘇鐵戈　徐州
　　　師範學院學報　1987.3

太平天國避諱字說　吳良祚　浙江學刊　1987.5

太平天國的造字與改字　史式　太平天國學刊四輯　中華書局
　　　1987

太平天國避諱的研究和利用　吳良祚　太平天國學刊五輯　中華書
　　　局　1987

避諱與書名　曹之　青海圖書館　1988.1

太平天國避諱方法探略　吳良祚　浙江學刊　1988.2

《史通》的求實精神　李秋沉　史學史研究　1988.2

《清太祖實錄》的史料學研究　薛虹　東北師大學報　1988.2

避諱制度小議　季必平　華南師範大學學報　1988.4

宋代的避諱習俗　朱瑞熙　上海師範大學學報　1988.4

從《河殤》說到「諱」　秦丁　隨筆　1989.1

父諱小考　郭忠　襄樊大學學報　1989.1

秦諱考辨　程奇立　齊魯學刊　1989.2

吳敬梓具有生父與嗣父的新證　孟醒仁　孟凡經　安徽大學學報
　　　1988.1

《五代史平話》為金人所作考　寧希元　文獻　1989.1

鍾批本《水滸傳》的刊行年代和版本問題——《水滸傳》版本探索
　　　之一　劉世德　文獻　1989.2

帛書《春秋事語》與《左傳》的傳統　李學勤　古籍整理研究學刊
　　　1989.4

《史通》與《文心雕龍》的比較研究　楊緒欣　黃淮學刊　1989.4

《青瑣高議》考疑　李劍國　南開學報　1989.6

《穀梁》傳經特點尋繹　薛安琴　遼寧師範大學學報　1990.1

《通鑒胡注表微》在近代史學上的價值　吳懷祺　文學史研究

1990.3

論商人以十日為名　董作賓　大陸雜誌　第 20 卷第 3 期

康庚與夏諱　楊君實　大陸雜誌　第 20 卷第 3 期

秦諱初探　劉殿爵　香港中文大學　中國文化研究所學報　十九卷

古代避諱芻議　蔣彰明　西北師大學報　1990.1

《明史·諸王世表》名諱諡法勘誤　王宏凱　文獻　1990.2

史諱補例——漢簡劄記之二　張俊民　西北史地　1990.4

避諱習俗起源新探　黃家理　中南民族學院學報　1990.10

三國吳諱鈎沈　劉殿爵　香港中文大學　中國文化研究所學報二十
　　　二卷　1991

碑帖避諱分析　施安昌　中國文物報　1991.3.3

「國諱」小考　陳德凱　遼寧教育學院學報　1991.3

雍正帝對官員回避問題的處理　李國榮　團結報　1991.4

避諱淺說　石微　歷史教學　1991.4

避諱與古音研究　虞萬里　語言研究　1991 增刊

工具書及史書中不明避諱致誤舉隅　王彥坤　暨南學報　1992.1

三國吳諱鈎沈補　劉殿爵　香港中文大學　中國文化研究所學報新
　　　第一期　1992

國諱、公諱、私諱、官諱和俗諱——略說避諱的不同性質和不同形
　　　式　穆長青　蘭州教育學院學報　1992.2

杜甫避家諱和相傳涉諱的詩　王仲鏞　杜甫研究學刊　1992.2

中國歷史上的地名避諱　華林甫　地名知識　1992.2

略論避諱與避諱學　吳良祚　浙江學刊　1992.3

論「諱」在中國社會產生之精神來源及其物質基礎——郭沫若先生

瑣談古代的「避諱」　金玉強　滄州師範專科學校學報　1994.4

西夏避諱制度初探　韓小忙　寧夏社會科學　1994.5

關於脂硯齋重評石頭記的諱字問題　歐陽建　山西師大學報
　　　1994.7

因其例　得其正——讀陳垣史諱舉例　羅邦柱　陳垣教授誕生百十
　　　周年紀念文集　暨南大學出版社　1994

評《太平天國避諱研究》　徐吉軍　浙江學刊　1995.2

十年寒暑磨一劍——評《太平天國避諱研究》　華強　安徽史學
　　　1995.2

韻書與避諱　虞萬里　辭書研究　1995.3

李賀避諱不舉進士漫考及其他　何根生　江蘇教育學院學報
　　　1995.3

避諱絮語　李建信　平頂山師專學報　1995.3

韓愈避諱考析　何根生　漢中師範學院學報　1995.4

避諱與河南地名　林從龍　檔案管理　1995.6

敦煌殘卷《南華真經》《莊子》及世傳本之比較研究　王運生　昆
　　　明師範高等專科學校學報　1996.1

略論語諱的類型與構成　曹志耘　韶關大學學報　1996.1

古代忌諱語　劉恭懋　貴州教育學院學報　1996.2

對《史諱舉例》的補充與修正　郭康松　湖北民族學院學報
　　　1996.4

避諱摭談　任俊榮　中學語文教學　1996.12

中國古代避諱辭典序　潘景鄭　學術集林卷九　上海遠東出版社
　　　1996

從皇帝的「避諱」看《傷寒論》的疑點　毛進雲等　中醫藥研究　1997.1

《論語》中的稱謂與避諱研究　程邦繼　語言研究　1997.1

《岳飛〈滿江紅〉詞今天應當避諱》一文質疑　陳英武　滄州師範專科學校學報　1997.3

中國文化中的避諱　王建　貴州社會科學　1997.3

加「諱」避諱　薛朝玉　中學語文教學　1997.4

《建炎以來繫年要錄》注文辨析　孔學　史學史研究　1998.1

《金瓶梅》作者問題漫談　魯歌　西北大學學報　1998.1

略談宋代的避諱稱呼和排行　王曾瑜　文史知識　1998.3

試論中國封建社會地名變遷的若干緣由　孫清玲　福建師範大學學報　1998.3

「人風」「理人」避諱了嗎？李耕拓　中學語文教學　1998.4

歷代避諱用例的數量分析　王建　貴州文史叢刊　1998.6

「人風」非為避諱辨析　汪稚青　文教資料　1999.1

避諱之根　王建　尋根　1999.1

避諱淺議　劉漢文　阿壩師範高等專科學校學報　1999.1

中國人為什麼習慣稱呼官職　曾祥斌　江漢石油學院學報　1999.2

避諱與譜牒　王建　華夏文化　1999.2

避諱與四川地名　向熹　文史雜誌　1999.2

「玄元之妙」與唐代避諱　何根生　無錫教育學院學報　1999.2

試論《醒夢駢言》取材於《聊齋志異》　丁曉昌　南京師範大學學報　1999.3

再證「繮王」「疆王」即「絞王」並兼答諸位同仁　王一軍　十堰

職業技術學院學報　1999.3

唐五代字韻書所反映之唐代避諱與字形　虞萬里　古漢語研究
　　　1999.3

怎樣認識避諱中「不嫌同名」的現象　王建　貴州文史叢刊
　　　1999.4

瑣談「避諱」　傅承江　湖北社會科學　1999.8

先秦諱禮析論　虞萬里　文史 49 輯　1999

先秦名字爵號、諡號、廟號與避諱論略　虞萬里　國學研究 7 卷

「癃」「淋」音義考　郭秀梅等　醫古文知識　2000.1

中國古代民俗中的稱謂和「避諱」　許美華　世界文化　2000.1

《文心雕龍》撰年新考辨——〈《文心雕龍》歷史疑案新考〉之商
　　　兌　劉晟　臨沂師範學院學報　2000.1

評劉廣定先生〈紅樓夢抄本抄成年代考〉　梅節　紅樓夢學刊
　　　2002.2

方言避諱語淺析　溫昌衍等　嘉應大學學報　2000.2

「避諱不始於秦」說　鄭慧生　人文雜誌　2000.2

檔案史料中的名諱現象研究之一　唐建設　檔案與歷史（河南）
　　　2000.2

檔案史料中的名諱現象研究之二　唐建設　檔案與歷史（河南）
　　　2000.3

史料略論　何忠禮　福建論壇　2000.3

仲景犯諱質疑　馬銳　國醫論壇　2000.5

魏晉不諱簡論　王建　貴州教育學院學報　2000.6

是避諱改字還是同義通用　王天海　貴州文史叢刊　2000.6

避諱的文化學探索　丁秀菊　山東工業大學學報　2000.6

淺談古代漢語中的避諱　施觀芬　自考·職教·成教　2000.15

倪瓚《九龍山居圖》卷偽訛考辨　龐鷗　東南文化　2000.8

說「諱」　陳汝明　陳作倫　中學語文　2000.8

中國避諱略述　蘇遠鳴　法國漢學第五輯　中華書局　2000

「潤揚」與避諱　陳國慶　語文建設　2001.1

古代的「避諱」現象　李華林　語文世界　2001.1

語音與避諱一二　蔣斌　重慶三峽學院學報　2001.1

古代敬諱的方法　王彥坤　古籍整理研究學刊　2001.1

古籍整理與避諱　王增群　趙新莉　雲南圖書館　2001.2

避諱雜談　南嶺　天津教育　2001.2

《史記》的避諱　梁建邦　陝西廣播電視大學學報　2001.3

「脂批晚出說」再商兌──兼與劉廣定先生的避諱說商榷　徐乃為
　　紅樓夢學刊　2001.3

中國傳統地名學對朝鮮半島的影響　華林甫　中國文化研究
　　2001.4

范鎮籍貫考辨　陳文英　商丘師範學院學報　2001.5

古人避諱與大行皇帝的靈位　天性　文史雜誌　2001.5

《篆隸萬象名義》義項釋例　呂浩　古籍整理研究學刊　2001.5

至道三年避真宗考　李學銘　學術研究　2001.8

略論歷史上的避諱　何忠禮　浙江大學學報　2002.1

試論李賀詩作瑕疵的根源　戴洱　西安石油學院學報　2002.2

談昏字與昬字的關係　曲明智　古漢語研究　2002.2

從「皮裏春秋」到「皮裏陽秋」──談談避諱　胡繼忠　語文知識

2002.2

論肥致碑的立碑者及碑的性質　劉昭瑞　中原文物　2002.3

「避諱」雜說　齊萬良　西域研究　2002.3

論遼金元三代避諱　王建　貴州文史叢刊　2002.4

唐諱升沈　王建　貴州社會科學　2002.4

從「陶」字避諱說起　鍾文　陝西師範大學學報　2002.6

二名及其避諱　戴建國　語文學習　2002.6

貞元廣利方異名考辨兼論貞字避諱　張如青　醫古文知識　2003.1

中國古代的避諱制度　單有方　安陽大學學報　2003.1

中國歷史上的排行制與實名敬避問題　錢杭　社會科學　2003.2

關於定州漢墓竹簡《論語》的幾個問題　陳東　孔子研究　2003.2

何為「避諱」？　楊琳　煙臺大學學報　2003.3

「避忌改姓」現象論略　范建國　中南民族大學學報　2003.3

「春秋筆法」與古代史官的話語權力　過常寶　北京師範大學學報
　　2003.4

古籍校勘中的形訛與借字辨析　談莉　淮北煤炭師範學院學報
　　2003.4

略論避諱在太平天國史料外部考訂中的利用　許元　瑞敏　貴常
　　山東檔案　2003.4

談古代的避諱　佟淑雲　遼寧師範專科學校學報　2003.5

「原來」與「元來」——兼說避諱　汪大昌　中學語文教學
　　2003.5

《沙州都督圖經》纂修年代及其相關問題考　朱曰梅　李並成　敦
　　煌研究　2003.5

談談顧炎武對金石文字的考釋　吳軍蘭　麗水師範專科學校學報
　　2003.6

陳垣與避諱學　張恒俊　東南亞縱橫　2003.6

淺談古代人名的避諱制度　張拴牢　渭南師範學院學報　2004.1

《嘉禾吏民田家莂》中的田家姓名問題　黎石生　故宮博物院院刊
　　2004.1

《宋書》與《南史》異文避諱考　朱湘雲　廈門教育學院學報
　　2004.1

避諱──古代不可不懂的學問　蔣吉辰　語文月刊　2004.3

杜詩學疑難問題舉隅　莫礪峰　杜甫研究學刊　2004.3

話說「避諱」　李瑞河　學語文　2004.4

敦煌寫本的避諱特點及其對傳統寫本抄寫時代判定的參考價值　竇
　　懷永　許建平　敦煌研究　2004.4

在情與禮之間──《顏氏家訓》對禮俗風尚的論述和辨證　錢國旗
　　孔子研究　2004.5

古代避諱制度漫談　陳鳴　秘書　2004.9

漢晉人名單名現象試探　鄧雙霜　陳麗琴　廣西社會科學　2004.11

支那歷代避諱通考　中邨久四郎　日本史學雜誌　第二十編　五一
　　七號

歷朝帝王諱例簡表

一、本表以歷代帝王諱例為取材物件，偶有涉及后妃、太子，如漢
　　呂后、晉鄭太后、唐太子李弘之類，蓋因其在避諱史上有一定
　　影響，故兼而取之。

二、歷來避諱類型有避正字、嫌名、偏旁諸類，本表以避正字例為
　　主，蓋嫌名、偏旁之類，牽涉面廣，諱例繁夥，不勝枚舉，其
　　有未見避正字者，則權取嫌名、偏旁例。避諱方法有代字、缺
　　筆、闕省諸類，則以採錄代字例為基準，蓋缺筆甄別既不難，
　　況且印刷不便，代字法則不易辨認故也。其避諱形式若不見代
　　字法者，則權取闕省等例，以示該正字確存在避諱現象。

三、所採代字例勢不能囊括所有，唯力求有代表性。

四、同一代字在所見今存文獻中出現多次的，視為相對固定，例
　　作：某改某；僅見一次的，例作：某隨宜改某；代字與正字字
　　數不相稱者，例作：某隨宜改易；若用闕省的，例作：某隨宜
　　改省；若諱名取字的，例作：某以字某行。避嫌名、偏旁例
　　同。非以繁瑣自重，唯求簡明且多供資訊而已。

五、所採諱例，標明出處。率用原文，繁縟者則節文以省篇幅。筆
　　者私見，加案字區而別之。標點取較簡單的逗號、句號、冒號
　　等，少用引號，以清眉目。

六、帝王正名外有舊名、又名、賜名之類，並列正名後括弧內，不
　　再區別，其有諱例可採的，一併登錄。

七、本表諱例以陳垣《史諱舉例》為基礎，斟酌訂補，誤者正之，
　　缺者補之；注釋則參酌前賢周廣業《經史避名彙考》、時賢王
　　建《史諱辭典》、王彥坤《歷代避諱字匯典》，間有補苴。

帝　號	陵　號	正　呼	在　位	諱　　例
秦始皇	驪山陵	嬴正(政)	前 221－前 210	正隨宜改端❶
父莊襄王	陽陵	子楚		楚改荊、郢❷
二世		胡亥	前 209－前 206	胡改夷❸
漢高祖	長陵	劉邦	前 206－前 195	邦改國、封、域❹
惠帝	安陵	盈	前 194－前 188	盈改滿、逞❺

❶　《史記·秦楚之際月表》：秦二世二年端月。司馬貞《索隱》：秦諱正，故
　　云端月也。

❷　《戰國策·秦策一》：臣聞：天下陰燕陽魏，連荊固齊。鮑彪注：荊，楚
　　也。始皇諱其父名，故曰荊。
　　《戰國策·秦策四》：郢威王聞之，寢不寐，食不飽。鮑注：郢，楚都也，
　　亦避始皇父諱。

❸　《史記·秦始皇本紀》：二世乃齋于望夷宮。周廣業《經史避名彙考》卷
　　五：蓋諱胡稱夷也。

❹　《漢書·高帝紀》：諱邦，字季，荀悅曰：邦之字曰國。顏師古曰：邦之字
　　曰國者，臣下所避以相代也。
　　《論語·季氏》：且在邦域之中矣。陸德明《釋文》：邦或作封。
　　《周禮·秋官·大行人》：以同邦國之禮而待其賓客。《大戴禮記·朝事》
　　改：域國。

❺　《左傳·閔公元年》：畢萬之後必大。萬，盈數也。《史記·魏世家》改：
　　萬，滿數也。
　　《史記·晉世家》：逞者，樂書孫也。裴駰《集解》：《左傳》逞作盈。劉
　　錫信《歷代諱名考·補遺》：避惠帝諱也。

高后		呂雉	前 187－前 180	雉改野雞❻
文帝	霸陵	劉恒	前 179－前 157	恒改常❼
景帝	陽陵	啟	前 156－前 141	啟改開、驚❽
武帝	茂陵	徹	前 140－前 87	徹改通❾
昭帝	平陵	弗	前 86－前 74	弗改不❿
宣帝	杜陵	詢	前 73－前 49	詢改謀⓫
元帝	渭陵	奭	前 48－前 33	奭改盛⓬
成帝	延陵	驁	前 32－前 7	驁改俊⓭
哀帝	義陵	欣	前 6－1	欣改喜⓮
平帝	康陵	衎	1－5	衎改樂⓯

---

❻ 《史記·封禪書》：野雞夜雊。《集解》：呂后名雉，故曰野雞。

❼ 《史記·夏本記》：常衛既從。《索隱》：此文改恒山恒水皆作常，漢文帝諱故也。

❽ 《史記·宋微子世家》：微子開。《索隱》：按《尚書·微子之命篇》云：命微子啟代殷后。今此名開者，避漢景帝諱也。

王應麟《困學紀聞》卷五：《左傳》啟蟄而郊。《正義》云：太初以後更改氣名，以雨水為正月中，驚蟄為二月節，迄今不改。何焯注，改啟為驚，蓋避景帝諱。

❾ 《漢書·蒯通傳》：蒯通，本與武帝同諱。顏師古注：本名為徹，其後史家追書為通。

❿ 《左傳·文公二年》：夏夫弗忌。《漢書·古今人表》：夏父不忌。

⓫ 《漢書·藝文志》：孫卿子，三十三篇。顏師古注：本曰荀卿，避宣帝諱，故曰孫。

⓬ 《通志·氏族略》二：奭氏，召公奭之后也，避漢元帝諱，故改奭氏為盛氏焉。

⓭ 《漢書·成帝紀》：孝成皇帝。顏師古注：荀悅曰：諱驁，驁之字曰俊。

⓮ 《彙考》卷七：《左傳》：曹公子欣時，《公羊傳》作喜時。此劉向所改。

⓯ 《漢書·平帝紀》：孝平皇帝。顏師古注：荀悅曰：諱衎之字曰樂。

後漢光武	原陵	秀	25－57	秀改茂❶
叔趙王		良		良改張、梁❶
明帝	顯節陵	莊	57－75	莊改嚴❶
章帝	敬陵	炟	75－88	炟改著、昭❶
和帝	慎陵	肇(肇)	88－105	肇改始❷
殤帝	康陵	隆	105－106	隆改盛❷
安帝	恭(永)陵	祜(祐)	106－125	祜(祐)改福❷
父清河孝王		慶		慶改賀❷
順帝	憲陵	保	125－144	保改守❷
沖帝	懷陵	炳	144－145	炳改明❷
質帝	靜陵	纘	145－146	纘改繼❷

❶ 　《漢書·武帝紀》：其令州郡察吏民有茂才異等，可為將相及使絕國者。應
　　劭曰：舊言秀才，避光武帝諱稱茂才。

❶ 　《元和郡縣誌》卷十：壽張縣，本漢壽良縣也。後漢光武以叔父名良，改曰
　　壽張。
　　《彙考》卷二十七：《史記·梁孝王世家》：北獵良山。《漢書·文三王
　　傳》作梁山，此班氏避趙王諱明矣。

❶ 　《漢書·司馬相如傳》：吳嚴忌夫子之徒。注：嚴忌本姓莊，史家避漢明帝
　　諱，故遂為嚴耳。

❶ 　《後漢書·章帝紀》：注引伏侯《古今注》：炟之字曰著，或云昭。

❷ 　《後漢書·孝和帝紀》：注引伏侯《古今注》：肇之字曰始。

❷ 　《後漢書·伏隆傳》：隆字伯文。注引《東觀記》隆作盛。

❷ 　《後漢書·孝安帝紀》：恭宗孝安皇帝諱祜。注引伏侯《古今注》：祜之字
　　曰福。

❷ 　《三國志·吳書·賀齊傳》注引虞預《晉書》曰：賀氏本姓慶氏。齊伯父
　　純，避安帝父孝德皇諱，改為賀氏。

❷ 　《後漢書·順帝紀》李賢注引伏侯《古今注》：保之字曰守。

❷ 　《後漢書·沖帝紀》注引伏侯《古今注》：炳之字曰明。

❷ 　《後漢書·質帝紀》注引伏侯《古今注》：纘之字曰繼。

桓帝	宣陵	志	146－167	志改意❷
靈帝	文陵	宏	167－188	宏改大❷
獻帝	禪陵	協	189－220	協改合❷
魏武帝	高陵	曹操		操改捉❸
文帝	首陽陵	丕	220－226	
明帝	高平陵	叡	226－239	
齊王		芳	239－254	芳隨宜改華❸
高貴鄉公		髦	254－260	
陳留王		奐	260－265	
蜀先主	惠陵	劉備	221－223	
後主		禪	223－263	
吳大帝	蔣陵	孫權	222－253	權改柄、勢❸
太子		和		和隨宜改嘉❸
廢帝		亮	252－258	
景帝	定陵	休	258－264	休隨宜改海❸

---

❷ 後漢司空趙戒字志伯，《金石錄》卷十五《孔子廟置卒史碑》作意伯。

❷ 《後漢書·靈帝紀》注引伏侯《古今注》：洪之字曰大。

❷ 《後漢書·獻帝紀》注引伏侯《古今注》：協之字曰合。

❸ 《彙考》卷九：儀衛有捉刀，事見《世說》。《三國志·吳書·孫權傳》：操刀上岸，《魯肅傳》：羽操刀起，皆作操。魏諱改作捉，六朝因之。

❸ 《三國志·魏書·文帝紀》注按：芳林園即今華林園，齊王芳即位，改為華林。

❸ 《三國志·吳書·諸葛瑾傳》：夫威柄不專，則其事乖錯。又至於秉勢，自還相賊。《吳書·賀邵傳》：邵上疏諫曰：陛下愛其佞媚，假其威柄。又：皆陰氣陵陽，小人弄勢之所致也。《彙考》卷九：凡權字皆易以柄及勢。

❸ 《三國志·吳書·孫權傳》：立子和為太子，大赦，改禾興為嘉興。

❸ 《寰宇記》卷一百四引《邑圖》曰：吳割歙縣西北分置休陽縣。避孫休名，改為海陽縣。

歸命侯		皓字元宗 皓宗	264－280	宗隨宜改仁❸❺
晉宣帝	高原陵	司馬懿		懿改茂❸❻
景帝	峻平陵	師		師改帥(一作率)宰、兵等❸❼
文帝	崇陽陵	昭		昭改明、曜、韶、邵❸❽
武帝	峻陽陵	炎	265－290	炎隨宜改邠❸❾
惠帝	太陽陵	衷	290－306	
懷帝		熾	306－312	
愍帝		鄴	313－316	鄴隨宜改康❹⓪

❸❺　《三國志・吳書・孫皓傳》：司空孟仁卒。注引《吳錄》：本名宗避皓字易
　　　焉。

❸❻　《彙考》卷十：晉詔令凡懿德、懿親皆改作茂。《陳書・鄱陽王伯山策》：
　　　令德茂親，本此也。
　　　《彙考》卷十：《蜀志・先主傳》：吳壹，《華陽國志》作吳懿。《劉焉
　　　傳》：並州殺刺史張益，《華陽國志》作張壹，《後漢書》作張懿，此因避
　　　諱缺旁，書懿為壹。傳寫者或改還本名，或直作壹，又或訛為益也。

❸❼　《通志・氏族略》四：帥氏，音率，亦作率。狀云：本性師氏。宋有率汀。
　　　《晉書・職官制》：晉初以景帝諱故，置太宰以代太師之任。
　　　《彙考》卷十：若《三國志》所稱義兵、義軍、聚眾之類，不可枚舉，皆避
　　　師字。

❸❽　《文選・王明君詞・序》：王明君者，本是王昭君，以觸文帝諱，改焉。
　　　《三國志・吳書・韋曜傳》：韋曜字弘嗣。裴注：曜本名昭，史為晉諱，改
　　　之。
　　　《漢書・韋玄成傳》：父為昭，子為穆。顏師古注：後以晉室諱昭，故學者
　　　改昭為韶。
　　　《宋書・州郡志》：江州建安郡：邵武子相，吳立曰昭武，晉武帝更名。

❸❾　《三國志・魏書・管輅傳》：中原太守劉邠。裴注：邠本名炎，犯晉太子
　　　諱，改為邠。

❹⓪　《宋書・州郡志》一：太康三年，分秣陵之水北為建業，愍帝即位，避帝
　　　諱，改為建康。

東晉元帝	建平陵	睿	317－322	睿改銳、明❹
明帝	武平陵	紹	322－325	紹改承、繼❷
成帝	興平陵	衍	325－342	王衍以字夷甫行❸
康帝	崇平陵	岳	343－344	岳改嶽、岱、崇❹
穆帝	永平陵	聃	344－361	
哀帝	安平陵	丕	361－365	
廢帝	吳陵	奕		
簡文帝	高平陵	昱	365－371	
太后阿春				春改陽❺
孝武帝	隆平陵	曜	372－396	
安帝	休平陵	德宗	396－418	
恭帝	沖平陵	德文	418－420	
南朝宋武帝	初寧陵	劉裕	420－422	張裕以字茂度行❻
少帝	長寧陵	義符	422－424	

---

❹ 《晉書·羅尚傳》：乃使兵曹從事任銳偽降。陳垣《史諱舉例》卷四：〈李特載記〉作任明，《華陽國志》八作任叡。叡為本名，晉人避元帝諱易之。銳取同音，明取同義也。

❷ 《彙考》卷八：《後書·（袁紹）本傳》：劉表與紹子譚曰：賢胤承統，以繼洪業。承及繼，皆避紹字。

❸ 《彙考》卷一百十一：《晉書·成恭杜皇后傳》：太尉王夷甫外孫。夷甫，王衍字也。避成帝諱，故稱其字。

❹ 《晉書·鄧嶽傳》：鄧嶽字伯山，本名岳，以犯康帝諱改為嶽，後竟改為岱焉。
《晉書·王遜傳》：將軍姚崇。校勘記：蓋此人名岳，或為嶽。其後晉史臣避康帝諱，改其名為崇。

❺ 《通典·州郡》十一壽春縣注：東晉以鄭太后諱改壽春為壽陽、宜春曰宜陽、富春曰富陽。凡名春悉改之。

❻ 《宋書·張茂度傳》：張茂度，張良後也。名與高祖諱同，故稱字。

文帝	長寧陵	義隆	424－453	
孝武帝	景寧陵	駿	453－464	
前廢帝		子業	464－465	
明帝	高寧陵	彧	465－472	王彧以字景文行❼
後廢帝		昱	472－477	
順帝	遂寧陵	準	477－479	平準令改染署令❽
齊高帝	泰安陵	蕭道成	479－482	道隨宜改景❾
武帝	景安陵	賾	482－493	
鬱林王		昭業	493－494	
海陵恭王		昭文	494	
明帝	興安陵	鸞	494－498	鸞隨宜改神❺⓪
東昏侯		寶卷	498－501	
和帝	恭安陵	寶融	501－502	王融以字元長行❺①
梁武帝	修安陵	蕭衍	502－549	衍改延、羨❺②

❼　《南史·王彧傳》：王彧字景文。《宋書》不及其名。

❽　《宋書·百官志》上：平準令……宋順帝即位，避帝諱，改曰染署。

❾　《南史·蕭景先傳》：景先本名道先，乃改為景先，以避上諱。

❺⓪　《後漢書·章帝紀》：乃者鳳凰黃龍鸞鳥比集七郡。《宋書·符瑞志》中：漢章帝元和中，神鳥見郡國。

❺①　《諱名考》：徐陵《玉臺新詠》、鍾嶸《詩品》皆於王融獨書字稱元長，疑齊和帝諱寶融，當時避諱以字行。

❺②　《文選·西京賦》：巨獸百尋，是為曼延。李善注：《漢書》曰：武帝作漫衍之戲也。《彙考》卷十二：今以韻讀之，正當為衍，蓋昭明避家諱改也。《宋書·樂志》四：陳思王《精微篇》：鄒羨囚燕市。《樂府詩集》卷五十三：作鄒衍。

父		順之		順改從、慎、填等❸
簡文帝	莊陵	綱	549-551	
元帝		繹	552-554	
敬帝		方智	555-557	智隨宜改知❹
陳高祖	萬安陵	陳霸先	557-559	先隨宜改前❺
父		文讚		讚隨宜改省❻
世祖	永寧陵	蒨	559-566	
廢帝		伯宗	566-568	
宣帝	顯寧陵	頊	569-582	
後主		叔寶	582-589	叔隨宜改僧❼
北魏道武帝	金陵	拓跋珪	386-409	珪改封❽
明元帝	金陵	嗣	409-423	
太武帝	金陵	燾	423-452	

---

❸ 《南齊書·武帝紀》：從帝立。錢大昕《廿二史考異》卷二十五：梁武帝父名順之，故子顯修史，多易為從字，宋順帝亦作從帝。作順帝者，蓋後人所改。

《文心雕龍·哀吊篇》：蘇慎張升並述哀文。《後漢書》傳作蘇順。

《文選·東都賦》：填流泉而為沼。尤延之本云：填流泉，昭明諱順，故改為填。

❹ 《南史·劉師知傳》：師知本名師智，以與敬帝諱同，改焉。

❺ 《彙考》卷十二：姚思廉《陳書·文帝記》：天嘉元年詔曰：仰惟前德。《廢帝紀》：還申襄志。後主《即位詔》：思播遺澤。皆諱先字。

❻ 《彙考》卷十二：史論始馬遷，史贊始班固，《後漢書》兼之。《南齊書》亦沿範例。姚伯審父子撰《梁》《陳》二書，避景帝諱不復作贊。

❼ 《彙考》卷十：《陳書·徐陵傳》：直縣鮑叔叡。叔一作僧，意皆避後主諱改也。

❽ 《魏書》卷一百六《地形志》下：泰州天水郡上封縣。犯太祖諱改。案：本名上邽，《元和郡縣誌》卷二：華州下邽縣：後魏避道武帝諱，改為夏封。

文成帝	金陵	濬	452－465	
父景穆帝		晃		晃改光❺❾
獻文帝	金陵	弘	465－471	弘改洪❻⓿
孝文帝	長陵	元宏	471－499	宏改容、橫❻❶
宣武帝	景陵	恪	499－515	慕容恪以字玄恭行❻❷
孝明帝	定陵	詡	515－528	詡改羽❻❸
孝莊帝	靜陵	子攸	528－530	
前廢帝		恭	530－531	
後廢帝		朗	531－532	
出帝	雲陵	脩（循）	532－534	脩，書家形變訛作循。非因避諱
西魏文帝	永陵	寶炬	535－551	
廢帝	萬年陵	欽	551－554	
恭皇帝		廓	554－556	
東魏孝靜帝		善見	534－551	
北齊神武帝	義平陵	高歡		歡改忻、欣、勸❻❹

---

❺❾　《魏書·司馬衍傳》：蘇峻使其黨韓光，光名犯恭宗廟諱，入姑孰。

❻⓿　《魏書·略陽氏呂光傳》：纂弟大司馬洪，名犯顯祖諱。

　　　《魏書·成淹傳》：父洪，名犯顯祖廟諱。

❻❶　《魏書·李先傳》：李先，字容仁。本字犯高祖廟諱。

　　　《魏書·劉裕傳》：參軍段橫，名犯高祖廟諱。

❻❷　《舉例》卷八：《魏書》稱慕容恪字曰元恭。

❻❸　《魏書·尉羽傳》：羽，名犯肅宗諱，頗有器望。

❻❹　《北齊書·張瓊傳》：有二子，長忻。《北史·張瓊傳》：瓊子欣。《舉例》卷七：避北齊高歡諱改為忻。或為欣，實即《周書·后妃傳》之張歡也。《魏書·爾朱彥伯傳》又作張勸，《北史·爾朱彥伯傳》，同。

六世祖		隱		趙隱以字彥深行 ⑥
五世祖		慶		慶改敬 ⑥
高祖		泰		泰改太 ⑥
父		樹生		樹改殊 ⑥
文襄帝		澄		
文宣帝	武寧陵	洋	550－559	
廢帝		殷	559－560	
孝昭帝	文靖陵	演	560－561	
武成帝	永平陵	湛	561－565	
後主		緯	565－576	
幼主		恒	577	
周文帝	成陵	宇文泰		泰改太 ⑥
孝閔帝	靜陵	覺	556－557	
明帝	昭陵	毓	557－560	
武帝	孝陵	邕	560－578	邕改和 ⑦

---

⑥ 　《北齊書·趙彥深傳》：趙彥深本名隱，避齊廟諱，改以字行。

⑥ 　《周書·李穆傳》：李穆字顯慶。《校勘記》：《北齊書》卷十七《斛律金》附子《光傳》，見周將申國公搶拔顯敬。即李穆，穆字顯慶，齊人避高歡家諱作敬。

⑥ 　《北齊書·顯祖紀》：天保元年，詔故御史中尉竇太。本傳、《高祖紀》，俱作泰。

⑥ 　錢大昕《廿二史考異》卷三十八《隋本紀》上：文帝。魏初為武川鎮司馬，因家於神武樹頹焉。樹頹，縣名，屬神武郡，《魏書·地形志》作殊頹，蓋避高歡父諱。

⑥ 　《文苑英華辨證》卷八：凡避諱而易以它字者，如庾信《蕭太志》，《周書》、《北史》並作蕭泰。庾信蓋避周太祖諱，泰改作太字。

⑦ 　《周書·鄭孝穆傳》鄭孝穆字道和。《北史》卷三十五《鄭義》附傳：道邕字孝穆。時賢王彥坤《匯典》：道邕當是本名，晚年避周武帝諱，以字行。《北周》舊史又改邕為和，以之為字。

宣帝	定陵	贇	578－579	
靜帝	恭陵	闡	579－581	
隋高祖	泰陵	楊堅	581－604	堅改賢、固❼
祖		禎		李孝貞以字元操行❼
父		忠		忠改誠。嫌名中隨宜改內❼
煬帝		廣	604－617	廣改大、博❼
恭帝		侑	617－618	
唐高祖	獻陵	李淵	618－626	淵改深、泉、水、川、海❼

---

❼ 《陳書·長沙王叔堅傳》：三年入關，還於瓜洲，更名叔賢。

　《彙考》卷十三：《隋書·周法尚傳》：車為固壘。執志彌固。此皆避堅字也。

❼ 《隋書·李孝貞傳》：李孝貞字元操，開皇初，為犯廟諱，於是稱字。

❼ 《隋書·許善心傳》：上顧左右曰：既能懷其舊君，即我之誠臣也。

❼ 《廿二史考異》卷十九《晉書·地理志》上曰：大成即廣成，避隋煬帝諱改。

　《文獻通考·經籍考》十六《小學類》：《博雅》十卷。晁氏曰：隋曹憲撰。魏張揖嘗采《蒼雅》遺文為書，名曰《廣雅》。憲因揖之說，附以音解。避煬帝諱，更之為博云。

❼ 《南史·裴邃傳》：裴邃字深明，河東聞喜人。深，《梁書》作淵。

　《後漢書·董卓傳》：曹操因遣夏侯淵擊建。李賢注引《魏志》：泉字妙才。

　《通鑑》卷二百三十二長水注：長水，本隋弘農郡長淵縣，避高祖名，更為長水。

　《宋書·樂志》二：王珣《歌太宗簡文皇帝辭》：靈明若神，周淡如淵。

　《晉書·樂志》下：周淡如川。

　《周書·王褒傳》：王褒字子淵。《梁書·王規傳》附，字子漢。

　《宋書·武帝記》：義熙十二年，晉帝《策》：若涉巨淵。《南史·宋本紀》上：若涉巨海。

太祖	永寧陵	虎		虎改獸、武、彪、龍❼❻
世祖	興寧陵	昺		昺改景、明。嫌名炳、丙、秉改景❼❼
太子		建成		嫌名城隨宜改易❼❽
太宗	昭陵	世民	626－649	世改代、系、時、嗣、俗　民改人、臣、萌、丁❼❾

---

❼❻　《漢書·古今人表》：龍臣。師古注：周武貢氏。《尚書》作武臣。

《急就篇》卷一：師猛虎。師古注：以猛獸為名，尚其威也。

《北史·常爽傳》：又遣別將重破之於州西彪眼泉。《魏書》卷八十二彪作虎。

《後漢書·馬援傳》：畫虎不成反類狗。《孔僖傳》：若是，所謂畫龍不成反類狗者。

❼❼　《彙考》卷十四：《晉書》師昺作師景。《隋書·宇文化及傳》鷹揚郎將孟秉，《新（唐）書·竇建德傳》作孟景，則避秉字。顏師古《漢書》注丙吉作景吉。《隋（書）經籍志》《阮河南藥方》十六卷，阮文叔撰。文叔名炳，則避炳字。

《隋書·柳莊傳》：明太子舍人，義興太守。校勘記：明應作昞，避唐人諱改。

❼❽　《舊唐書·地理志》三：漢建成縣，武德五年，改為高安。

❼❾　《後漢書·李郃傳》：馮胄字世威，奉世之後。注：奉代字子明，宣帝時為前將軍。

《漢書·雲敞傳》：殷監不遠，夏后所聞。師古注：又曰殷監不遠，在夏后之時。王先謙補注：注引世作時，避唐諱。

《南書·袁湛傳》：陳武帝長女永嗣公主。永嗣，《陳書》作永世。

《梁書·武帝紀》上：撥亂反正，濟俗寧人。《冊府》卷一百八十五作濟世寧民。

《東漢書刊誤》卷一：章懷注書，民字作人。

《彙考》卷十五：《梁書·儒林傳序》：建國君臣。《薛道衡傳》：令爾將兼撫萌俗。是民又改臣及萌。

《北史·魏本紀》三：緣路之丁，復田租一歲。《魏書·高祖紀》下丁作民。

高宗	乾陵	治	649－683	治改持、理、化、政⑧
太子		忠		嫌名中改內⑧
太子	恭陵	弘		弘改恆、昭、崇⑧
太子		賢		賢改文⑧
武后	乾陵	曌	684－704	照改昭⑧
祖父	永陵	華		華隨宜改大⑧
父	昊陵	士護		韋仁約以字思謙行⑧

---

⑧ 《左傳·哀公七年》：大伯端委以治《周禮》。《後漢書·蔡邕傳》注引治
作侍。

《彙考》卷十五，唐初避治字，遇平聲皆改理，遇去聲皆改化。《後漢書·
仲長統傳》：政亂從此周復。王先謙《集解》：政亦治字，避諱改。

⑧ 《舊唐書·高宗紀》上：立陳王忠為皇太子，改太子中允為內允，中書舍人
為內使舍人。

⑧ 《新唐書·地理志》二：弘農郡弘農縣。注：神龍初避孝敬皇帝諱，曰恆
農，開元十六年，復故名。

《新唐書·百官志》：神龍元年，改弘文館，以避孝敬皇帝之名，二年曰修
文館。

《舊唐書·王方慶傳》：孝敬皇帝為太子時改弘教門為崇教門。

⑧ 《通典·職官》十二：崇賢館屬左春坊。後沛王賢為太子，避其名改為崇文
館。

⑧ 《直齋書錄解題》卷十六：《鮑參軍集》十卷，宋前行軍參軍東海鮑照明遠
撰。世多云鮑昭，以避唐武后諱也。

⑧ 《養新錄》卷十一：垂拱初，避武氏家諱，改華州曰太州，華陰縣曰仙掌，
華原曰永安，華容縣曰容城，江華縣曰雲溪，華亭縣曰亭川。

⑧ 《舊唐書·韋思謙傳》：韋思謙，……本名仁約，字思謙，以音類則天父
諱，故稱字焉。

中宗	定陵	顯	705－710	顯改明❽❼
睿宗	橋陵	旦	710－712	旦改明、曉❽❽
玄宗	泰陵	隆基	712－756	隆改崇，基改其、業❽❾
肅宗	建陵	亨(嗣昇)	756－762	亨改通❾⓿
代宗	元陵	豫(俶)	762－779	豫改康❾❶
德宗	崇陵	适	779－804	嫌名括隨宜改處❾❷
順宗	豐陵	誦	805	嫌名訟隨宜改競❾❸

---

❽❼　《四庫全書總目》卷七十一：《佛國記》一卷。宋釋法顯撰，杜佑《通典》
　　引此書，又作法明，蓋中宗諱顯，唐人以明代之，故原注有國諱改焉四字。
　　《唐文粹》卷六十三：李適之《大唐蘄州龍興寺故法現大禪師碑銘》：禪師
　　諱法現，弋陽人，本名法顯，避中宗廟諱，於是改焉。

❽❽　《尚書大傳》卷五：夏以十三月為正，以平旦為朔。《初學記》卷四引作夏
　　以平明為朔。
　　《彙考》卷十六：明皇御刪《月令》：正月之節在虛、昏、昴中、晚壁中，
　　正月中氣在危、昏、畢中、晚尾中。旦皆作晚。

❽❾　《虛舟題跋》卷五《唐玉真公主靈飛經》：始封隆昌縣主，以避明皇諱，改
　　崇昌，又改玉真公主。
　　陸游《入蜀記》卷一：（梁文帝陵）其旁有皇業寺，蓋史所謂皇基寺也。疑
　　避唐諱改。
　　王楙《野客叢書》卷九：玄宗諱隆基，君基太一，民基太一，並作其字。
　　《新唐書·宰相世系表五》上：鄭崇業，本名崇基。

❾⓿　《彙考》卷十六：晁氏《讀書志》：李鼎祚《周易集解》十卷。避唐諱。廣
　　業按：《集解》亨皆改通。如：通為嘉會，足以合禮。引何晏曰：禮是交接
　　會通之道，故以配通。

❾❶　《彙考》卷十六：史稱帝王有疾曰不豫，亦曰不懌，並出《尚書》。《舊唐
　　書·代宗紀》：聖體不康，不視朝。《新唐書·越王系傳》：上體不裕，又
　　以裕代豫。

❾❷　《舊唐書·德宗紀》上：癸未，改括州為處州，括蒼縣為麗水縣。

❾❸　《日知錄》卷二十三：順宗諱誦，而門訟律改為門競。

憲宗	景陵	純(淳)	805－820	純隨宜改和、淳隨宜改睦❹
穆宗	光陵	恒(宥)	820－824	恒改鎮❺
敬宗	莊陵	湛	824－826	嫌名諶隨宜改易❻
文宗	章陵	昂(涵)	826－840	韋昂以字千里行，涵隨宜改瀚❼
武宗	瑞陵	炎(瀍)	840－846	炎隨宜改嵩❽
宣宗	貞陵	忱(怡)	846－859	嫌名諶隨宜改損❾
懿宗	簡陵	漼(溫)	859－873	嫌名璀隨宜改省❿
僖宗	靖陵	儇(儼)	873－888	
昭宗	和陵	曄(傑)	888－904	曄改日華⓫

---

❹ 《唐會要》卷二十三：永貞元年十二月，改淳州為睦州，以音與憲宗名同也。

《新唐書·藝文志》三：董和《通乾論》十五卷注：和本名純，避憲宗名改。

❺ 《新唐書·地理》三：（鎮州）本恒州恒山郡，元和十五年，避穆宗更名。

《宋人小說類編》卷三十六：（胡）瑗因言《孟子》民無恒產，讀為常，上微笑曰：卻又避此一字。蓋自唐穆宗已改常字，積久而讀熟。

❻ 《舊唐書·鄭餘慶傳》：鄭茂諶避國諱改茂林。

❼ 《新唐書·宰相世系表四》上：（韋）千里名昂，以字行。

《舊唐書·鄭澣傳》：澣名本涵，以與文宗藩邸時名同，改名澣。

❽ 《野客叢書》卷九：武宗諱炎，賈炎改名嵩。

❾ 《野客叢書》卷九：宣宗諱忱，常諶改名損，穆諶改名仁格。《齊東野語》卷四作韋損、穆仁裕。

❿ 《東觀奏記》卷下：憲宗鼎成之夜，左軍中尉吐突承（下一字犯懿宗諱），實死其事。

⓫ 《彙考》卷十六：《舊唐書·宦官俱文珍傳》有韓日華。韓本一字名，因昭宗諱，遂離為二字。

哀帝	溫陵	祝(祚)	904－907	嫌名柷隨宜改肇⓬
梁太祖	宣陵	朱晃(溫全忠)	907－912	嫌名鐘隨宜改大聖銅⓭
曾祖	永安陵	茂琳		茂隨宜改汶，嫌名戊改武⓮
祖	光天陵	信		信隨宜改易⓯
父	咸寧陵	誠		嫌名城隨宜改省⓰
末帝		瑱(鍠)	913－923	
唐莊宗	雍陵	李存勗	923－926	
祖	長寧陵	國昌		昌隨宜改唐等⓱
父	建極陵	克用		
明宗	徽陵	亶(嗣源)	926－933	偏旁檀隨宜改易⓲
曾祖	衍陵	敖		敖隨宜改翱⓳

⓬ 《舊唐書·哀帝紀》：（天祐元年九月）庚寅，中書奏：太常寺止鼓兩字敔上字犯御名，請改曰肇，從之。

⓭ 陶穀《清異錄》卷上：朱全忠時號鐘為大聖銅，俱以避諱故也。

⓮ 《舊五代史·梁書·太祖紀》三：甲午，詔天下管屬及州縣官名犯廟諱者，各宜改換：茂州改為汶州，潘州茂名縣改為越裳縣。
　　《彙考》卷十七：古者茂、戊音義相同，皆讀莫後切。自梁改戊為武，音隨以變，讀戊己之戊若務，始此也。

⓯ 《舊唐書·哀帝紀》下：（天祐二年十月）敕：全忠管內信都曰堯都，避全忠祖父名也。

⓰ 《舊唐書·哀帝記》下：（天祐二年七月）敕：全忠請鑄河中、晉、絳縣印，縣名內有城字，並落下，如密鄭絳蒲例，單名為文。
　　《齊東野語》卷四：梁太祖父烈祖名誠。遂改城曰牆。

⓱ 《冊府》卷三十一：湖南馬殷奏，管內州縣名有犯獻祖廟諱處。道州延昌縣復舊名延唐縣，彬州義昌縣改為義彰縣。

⓲ 《資治通鑑·後唐紀》八：庚戌，賜振武節度使楊檀名光遠。胡三省注：按：此以明帝諱亶字偏旁也。

⓳ 《十國春秋·吳太祖世家》：壽州刺使張翱。《彙考》卷十七：此翱字因唐廟諱而改。

閔帝	徽陵	從厚	933－934	
末帝		從珂	934－936	
晉高祖	顯陵	石敬瑭	934－942	敬氏拆成苟氏、文氏，嫌名唐隨宜改沁⑩
父	昌陵	紹雍		
少帝		重貴	942－946	
漢高祖	睿陵	劉暠(智遠)	947－948	遠隨宜改省⑪
高祖	懿陵	湍		湍隨宜改瀨⑫
隱帝	潁陵	承祐(祐)	948－950	
周太祖	嵩陵	郭威	951－954	威隨宜改成、義⑬
高祖	溫陵	璟		璟隨宜改景⑭
父	欽陵	簡		簡隨宜改省⑮
世宗	慶陵	柴榮	954－959	榮隨宜改筠⑯

---

⑩　《齊東野語》卷四：晉高祖諱瑭，析敬字為文氏，苟氏，至漢乃復舊。
　　《冊府》卷三：晉高祖諱敬瑭，少帝天福七年勅：唐州為沁州，恩唐州為恩化州。密州輔唐縣為膠西縣。
⑪　《宋史‧魚崇諒傳》：崇諒初名崇遠，後避漢祖諱改之。
⑫　《舊五代史‧郡縣誌》：鄧州臨湍縣：漢乾祐元年正月，改為臨瀨縣，避廟諱也。
⑬　《冊府》卷三：周太祖諱威，廣順元年正月即位，相州張彥成、潭州李洪義、侍衛步軍指揮使曹英、前陳州刺史馬令琮、慶守刺史郭彥欽，皆以名下一字與御名同，改為成、義、英、琮、欽。
⑭　《舊五代史‧僭偽列傳》第一：（李）景，本名璟，及將臣於周，以犯廟諱，故改之。
⑮　《通鑑‧後周紀》：（太祖廣順元年五月）義武節度使孫方簡避皇考諱，更名方諫。
　　《宋史‧王易簡傳》：王易簡字國寶，周朝諱簡，易簡止名易。
⑯　《通鑑‧後周紀》二：李筠即李榮也，避上改名焉。

恭帝	順陵	宗訓	959－961	訓隨宜改拱⑰
十國吳武帝	興陵	楊行密	902－905	密隨宜改易⑱
父		恁		嫌名夫隨宜改省⑲
吳越武肅王		錢鏐	907－932	嫌名劉隨宜改金、婁⑳
文穆王		元瓘	932－941	
忠獻王		弘佐	941－947	弘字隨宜改省，嫌名左改上㉑
閩太祖	宣陵	王審知	909－925	嫌名沈改尤㉒

---

⑰　《宋史·向拱傳》：向拱，始名訓，避周慕帝諱改焉。

　　《宋史·周三臣傳》：張崇詁本名崇訓，慕帝嗣位，避諱改焉。

⑱　《南唐書·周宗傳》：烈祖受禪，宗躍進至內樞使。時以樞密為內樞者，猶避吳武王諱也。

⑲　《容齋三筆》卷十：鄂州城北鳳凰山之陰，有佛剎曰興唐寺。其小閣有鐘，題志云：大唐天祐……勒官階姓名者兩人，一曰金紫光祿大、檢校尚書左僕射、兼御使大陳知新，一曰銀青光祿大、檢校尚書右僕射、兼御使大楊琮。大字之下皆當有夫字，而悉削去。觀者莫能曉……唯劉道原《十國紀年》載楊行密之父名恁。行密之子渭，建國之後，改文散諸大夫為大卿、御使大夫為御使大憲。

⑳　《元史·儒學傳》一：金履祥，其先本劉氏，後避吳越錢武肅王嫌名，更為金氏。

　　《楓窗小牘》卷上：羅昭諫投身武肅，特加殊遇，復命簡書辟之，曰仲宣遠托妻荊州，都緣亂世。

㉑　《彙考》卷十九：陸游《跋吳越備史》云：錢氏諱佐，故以左為上。凡官名左字悉改為上。又《通鑑》：晉威武節度使李弘達為唐所敗，遣使奉表乞師於吳越。以犯王名，單名達。其弟本名弘通，亦止名通。

㉒　《十國春秋·地理表》下：劍州尤溪縣。注：縣有沈溪，溪上沈姓者居之，後避閩太祖諱，改名尤，而沈姓亦改尤。

後蜀高祖	和陵	孟知祥	934－965	知隨宜改省，嫌名祥隨宜改詳[123]
祖		察		
宋太祖	永昌陵	趙匡胤	960－976	匡改正、光、康[124]
聖(始)祖		玄朗		玄改元、正，朗改明[125]
遠祖		軒轅		
高祖	欽陵	朓		朓改眺[126]
曾祖	康陵	珽		兩唐書姚珽傳，缺筆誤作姚班[127]
祖	靖(定)陵	敬		敬改恭、欽、謹[128]

---

[123] 《彙考》卷十八：《五代史纂誤》：李昊謂孟昶曰：唐德宗皇子評，生四歲而卒，贈揚州大都督，此故事也。案：唐肅王名詳，非評也。昊避知祥嫌名改易也。又：《十國春秋》張業初名知業，避高祖偏諱單名業。

[124] 《孟子·滕文公》上：匡之直之。阮元校勘記：《石經》匡諱作正。
吳任臣《十國春秋·廖匡圖傳》虔州虞化人。注：歐陽史避宋諱作光圖。
鄧名世《古今姓氏書辨證》卷十五：本朝避太祖廟諱，改匡氏為主氏。政和間，以民姓主為嫌，並改為康氏。

[125] 《十七史蒙求》卷五：（房）元齡留杜，蕭何追韓。
《困學紀聞》卷二十：《崇文總目》謂《太玄經》曰《太真經》。
《梁書·武帝紀》下：文僧明。校勘記曰：文僧明，《隋書·五行志》、《天文志》並作文僧朗，此宋刻避宋始祖玄朗而改朗為明。

[126] 沈括《夢溪筆談》卷二：予家藏《海陵王墓誌》，謝眺文。胡道靜校引林思進曰：謝眺文，舊本作朓，此避僖祖諱。

[127] 《舉例》卷四：兩《唐書·姚班傳》稱：班曾祖察，撰《漢書訓纂》，班乃撰《漢書紹訓》，四十卷。《漢書紹訓》，《舊唐志》不載，《新唐志》作姚珽撰。珽或作庭。宋初避諱缺末筆作班，後遂訛為班。據《舊唐書·姚思廉傳》：思廉子處平，處平子璹、珽，別有傳。班傳即珽傳也。

[128] 《彙考》卷十九：天聖二年刻《隋書》，改唐使臣敬播為恭播。
宋敏求《春明退朝錄》卷下：其后昭成、肅明、元獻、章欽（自注：正字犯翼祖廟諱）、睿真、昭德、莊憲諸后，皆不連帝諡。

父	(永)安陵	弘殷		弘改洪，殷改商㉔
太宗	永熙陵	炅(匡乂、光義)	976－997	義改宜、信、毅㉚
真宗	永定陵	恒(元侃)	997－1022	恒改常。元隨宜改省㉛
仁宗	永昭陵	禎(受益)	1022－1063	禎改祺、祥、貞、真㉜
英宗	厚陵	曙(宗實)	1063－1067	曙改曉、旭㉝
父懿王	永熙陵	允讓		讓改遜㉞
神宗	永裕陵	頊(仲鍼)	1067－1085	嫌名勛隨宜改勉㉟

㉔　《通志·氏族略》二：豫章有弘氏，因避宋朝諱，亦改為洪。

　　《元史·商挺傳》：商挺，其先，本姓殷氏，避宋諱改焉。

㉚　《養新錄》卷十一：太宗名光義，改義川縣曰宜川。改義陽軍曰信陽。

　　《宋史·曹彬傳》：伐蜀，詔以劉光毅為歸州行營前軍副部署。校勘記：劉光毅原名光義，因與宋太宗同名，改名廷讓，又避諱作光乂或光毅。

㉛　《通志·氏族略》六：恒氏，避宋諱改為常氏。

　　《宋史·畢士安傳》：士安本名士元，以元犯王諱，遂改焉。

㉜　《宋史·禮志》十五：天禧初，詔以大中祥符元年四月一日天書再降內中功德閣為天禎節，尋以仁宗嫌名改為天祺節。今案：禎為正字，非嫌名。

　　《宋史·真宗紀》三：壬戌，詔以四月旦日為天祥節。

　　《舉例》卷四：《(新五代史)羅紹威傳》：遂殺其師樂彥貞。新舊《唐書》皆作彥禎，而此作貞者，宋人避仁宗諱改。

　　《崇文總目》卷四：《周易通禎釋例》三卷。朱彝尊云：《通志略》禎作真，一卷；《宋志》作貞，無釋例二字，並避仁宗名。

㉝　《孫公談圃》卷下：狄青為帥，責陳曉(注：犯英宗御名)違節制。

　　《彙考》卷二十：晁補之《雜說》：仁宗時，作亭名曰迎曙，已，悟為英宗名，改曰迎旭，又以為未安，改曰迎恩。

㉞　《論語·學而》：夫子溫良恭儉讓以得之。阮元校勘記：宋《石經》避諱，讓作遜。

㉟　《金史·王倫傳》：王倫字正道，故宋宰相王旦弟王勉玄孫。校勘記：王勉，《宋史》卷三十七《王倫傳》作王勛，蓋宋人避神宗諱，改成王勉。

哲宗	永泰陵	煦(傭)	1085－1100	劉昫以字耀遠行❻
徽宗	永祐陵	佶	1100－1125	包佶以字幼正行❼
欽宗	永獻陵	桓(亶烜)	1125－1126	桓改威、植❽
高宗	永思陵	構	1127－1162	構隨宜改字，嫌名勾改幹、管❾
孝宗	永阜陵	昚(伯琮、瑗、瑋)	1162－1189	慎(昚，古慎字)改謹、真❿
父安僖王		子偁		偁隨宜改儆⓫
光宗	永崇陵	惇	1189－1194	嫌名敦隨宜改崇⓬

❻　《姓氏書辨證》卷十八：涿州歸義劉氏：左司馬乘生幽州巡官因，因生耀
　　遠，晉司空平章事，修《舊唐書》，行於世。

❼　《匯典·佶》：《宋史·藝文志·別集類》有《包幼正詩》一卷。包幼正名
　　佶，幼正乃其字，宋人避徽宗諱，故字而不名。

❽　《容齋隨筆·續筆》卷十四：紹興中，分命兩淮、江東轉運司刻三史板，其
　　兩《漢書》內，凡欽宗諱，並小書四字曰淵聖懿名，或徑易為威字。
　　《匯典·桓》：《魏書》有《裴植傳》，《劉蘭傳》中亦見瀛州刺史裴植。
　　其人即《魏書》及《北史》兩史中《刁沖傳》之裴桓。作裴植者，當宋刻本
　　避欽宗諱追改。

❾　《春明退朝錄》卷中：張公所作詔云：乃規層宇（正字犯御名）。
　　《舉例》卷三：《宋史·孫洙傳》：尋幹當三班院。《王帥約傳》：同管當
　　三院，《曾孝蘊傳》：管幹發運司糶糴事。以幹代勾、以管代勾，皆南渡後
　　避高宗嫌名追改。

❿　《野客叢書》卷一：謹夫人。《漢書·爰盎傳》作漢文帝妃慎夫人。
　　《姓氏急就篇》卷上：養吾真。注：宋真德秀，本慎氏，避諱改。

⓫　《宋詩鈔·竹洲詩鈔》：吳儆字益恭，初名偁，避秀圃諱，改名。

⓬　《咸淳臨安志》卷十一：崇化堂，元用司業高閌請，仍東都講堂舊名曰敦
　　化，後改崇化。
　　《杜清獻集》卷十九《黃灝傳》：知德化縣，葺濂溪周端頤書堂。

甯宗	永茂陵	擴	1194－1224	擴隨宜改廣⑭
理宗	永穆陵	昀(貴誠)	1224－1264	嫌名筠隨宜改瑞⑭
度宗	永紹陵	禥(孟、啟、孜)	1264－1274	
恭宗		㬎	1274－1276	
端宗		昰	1276－1277	
遼太祖	祖陵	耶律億	906－926	億改意⑭
太宗	懷陵	德光	927－947	光改崇⑭
世宗	顯陵	阮	947－951	
穆宗	懷陵	璟(明)	951－969	嫌名名隨宜改省⑭
景宗	乾陵	賢(明扆)	969－982	賢、明隨宜改恭、昭⑭
聖宗	慶陵	隆緒	982－1031	

---

⑭ 《匯典・擴》：馬擴，《宋史・信王榛傳》、《向子諲傳》作馬廣，《宋史》卷二百四十六校勘記曰：此因避宋甯宗趙擴諱改。

⑭ 《宋史・理宗紀》一：寶慶元年十一月詔曰：筠州與御名相近，改為瑞州。

⑭ 《遼史・聖宗紀》八：十一年乙丑，宋遣韓翼、田承說來賀順天節。校勘記：按翼原名億，因奉使遼廷，避太祖耶律億名改意，《遼史》又改翼。

⑭ 《遼史・百官志》三：崇祿寺，本光祿寺，避太宗諱改。

⑭ 陳述《遼史避諱表》：穆宗名璟，後更名明。諱明不諱璟。《遼史》耶律海里漢名景，碑刻又作璟。而明字不但碑刻中缺筆作眀，程名振又避嫌名作程振。

⑭ 《遼史・聖宗紀》三：乙酉，夷離菫阿魯勃送沙洲節度使曹恭順還。校勘記：恭順，《長編》、《通考》作賢順，此避景宗賢名改恭順。

《遼史・聖宗紀》五：(統和十八年)冬十一月甲戌朔，授西平王李繼遷子德昭朔方軍節度使。《宋史・夏國傳》作德明(眀)。

興宗	慶陵	宗真	1031－1055	宗、真隨宜改崇、直❹
道宗	乾陵	洪(弘)基	1055－1101	基隨宜改本❺
天祚帝	乾陵	延禧	1101－1125	嫌名熙隨宜改和❺
金太祖	和(睿)陵	完顏旻	1115－1123	嫌名岷隨宜改易❺
太宗	恭陵	晟	1123－1135	
熙宗	思陵	亶	1135－1149	
父徽宗	興陵	宗峻		嫌名浚隨宜改通❺
廢帝海陵		亮	1149－1161	
父遼王		宗幹		
太子		光英		英隨宜改仁❺
世宗	興陵	雍(襃)	1161－1189	雍隨宜改和❺
父濬宗	景陵	宗堯(宗輔)		宗改崇，堯改唐❺

---

❹ 《遼史·聖宗紀》七：戊子遣耶律繼崇、鄭玄瑕賀宋正旦。校勘記：繼崇，《長編》作繼宗。

洪皓《松漠紀聞》：女真即古肅慎國也，其後避契丹諱，更為女直。

❺ 《遼史·興宗紀》一：（重熙元年十一月）癸未，宋遣劉隨、王德本來賀應聖節。校勘記：王德本，《長編》作王德基。此避道宗洪基名改。

❺ 蔡絛《鐵圍山叢談》卷一：北先有重熙年號，時后之名禧，其國中因避重熙。凡稱重熙，則為重和。

❺ 《宋史·地理志》五：利州路西和州：舊名岷州，（紹興）十二年以與金人和，以岷犯金太祖嫌名，改西和州。

❺ 《金史·地理志》中：浚州：皇統八年，嫌與宗峻音同，更名通州。天德三年複。

❺ 《金史·文藝傳》上：楊伯仁字安道，初名伯英，避太子光英諱，改今名。

❺ 《遼史·公主表》：（道宗女撒葛只）咸雍中，徙封魏國。校勘記：雍原作和，陳大任避金世宗雍名改，元人回改遺漏，今回改。

❺ 《金史·宗端修傳》：章宗避睿宗諱上一字。凡太祖諸子皆加山為崇。

范成大《石湖居士詩》卷十二《唐山詩》注：即堯山。金祖之父名宗堯，改山名。

章宗	道陵	璟	1189－1208	嫌名景隨宜改觀❽
父顯宗	裕陵	允恭		允改永、恭改敬、欽❽
衛紹王		永(允)濟	1208－1213	永改惟❽
宣宗	德陵	珣	1213－1223	嫌名詢隨宜改梁❽
太子		守忠		忠隨宜改信❽
哀宗		守緒(守禮)	1223－1234	守隨宜改省❽
元不諱				
明太祖	孝陵	朱元璋(興宗，字國瑞)	1368－1398	璋改彰❽
惠帝		允炆	1398－1402	允隨宜改易❽
成祖	長陵	棣	1402－1424	棣隨宜改易❽

---

❽ 《金史·地理志》中：景州，大安間更為觀州，避章宗廟諱也。

❽ 《金史·衛紹王傳》衛紹王諱永濟，小字興勝，更諱允濟。章宗時避顯宗諱，詔改允為永。

《金史·完顏思敬傳》：初名思恭，避顯宗諱改焉。

《遼史·聖宗紀》五：(統和二十六年七月)諡皇太弟李胡曰欽順皇帝。校勘記：按欽順當作恭順，陳大任避金章宗父允恭名改。

❽ 《金史·顯宗紀》：趙王惟中、曹王惟功。校勘記：惟功當作永功，惟中亦當作永中。

❽ 《金史·忠義傳》二：梁持勝字經甫，本名珣誼，避宣宗嫌名改焉。

❽ 《金史·張行信傳》：張行信字信甫，先名行忠，避莊獻太子諱，改焉。

❽ 元好問《中州集》卷七：李節字正臣，初名守節，哀宗即位，去守字。

❽ 《彙考》卷二十三：方國珍兄國璋，《草木子》作國彰。

❽ 《明史·徐輝祖傳》：輝祖，初名允恭，以避皇太孫諱，賜今名。

❽ 《養新錄》卷十一：明成祖名棣，改滄州之無棣曰慶雲，樂安州之無棣曰海豐。

仁宗	獻陵	高熾	1425	嫌名智隨宜改省[166]
宣宗	景陵	瞻基	1425－1435	基改慕[167]
英宗	裕陵	祁鎮	1435－1449	鎮改填[168]
			1457－1464	
代宗		祁鈺	1449－1456	
憲宗	茂陵	見深(見濬)	1464－1487	
孝宗	泰陵	祐樘	1487－1505	
武宗	康陵	厚照	1505－1521	照改炤[169]
世宗	永陵	厚熜	1521－1566	嫌名璁隨宜改易[170]
父		祐杬		
穆宗	昭陵	載垕	1566－1572	
神宗	定陵	翊鈞	1572－1620	鈞隨宜改禹[171]
光宗	慶陵	常洛	1620	常改嘗、洛改雒[172]
熹宗	德陵	由校	1620－1627	由改繇，校改較[173]

[166] 《彙考》卷二十三：馮敏初名智安，太宗乙未進士。宣宗以仁宗嫌名，賜名敏。

[167] 《彙考》卷二十三：徐渭《路史》，以楊基為楊慕。

[168] 《彙考》卷二十三：天崇間鎮皆改用填，如填撫司、填守官之類。此字《漢書》多用之。

[169] 《彙考》卷二十三：崇禎末，誠意伯劉孔炤、大學士魏炤乘、巡撫方孔炤，本皆作照，避武宗諱改。凡照字通用炤。

[170] 《明史·張孚敬傳》：（嘉靖）十二年二月，熜以名嫌御諱，請更。乃賜名孚敬。

[171] 《明史·地理志》三：鈞州，萬曆三年四月避諱改曰禹州。

[172] 《彙考》卷二十三：《明志》：常州府萬曆末避諱曰嘗州府，蘇州府常熟縣曰嘗熟。陝西華州雒南縣，注云：元曰洛南，天啟初改洛為雒。

[173] 《養新錄》卷十四：《太倉志》十五卷。其書常作嘗、由作繇，校作較，檢作簡，則避明諱也。

毅宗	思陵	由檢	1627－1644	檢改簡⑰
清世祖	孝陵	愛新覺羅·福臨	1643－1661	
聖祖	景陵	玄燁	1661－1722	玄改元，燁改煜⑰
世宗	泰陵	胤禛	1722－1735	胤改允，禛改正、禎⑰
高宗	裕陵	弘曆	1735－1795	弘改宏，曆改歷(歷)⑰
太子		永璉		璉隨宜改連⑰
仁宗	昌陵	顒琰(永琰)	1796－1820	琰改儉⑰
宣宗	慕陵	旻寧(綿寧)	1820－1861	寧改甯(寍、宁)⑱
文宗	定陵	奕詝	1850－1861	

⑰ 《正字通·木部·檢》：明避上諱作簡。改館員檢討為簡討，府佐檢校為簡校。

⑰ 梁章鉅《南省公餘錄》卷四：《會典》中載：恭遇聖祖仁皇帝聖諱，上一字敬避作元字，下一字敬諱作煜。

⑰ 《大清會典事例》卷三百四十四：乾隆二十五年議准：世宗憲皇帝聖諱，上一字寫允，下一字寫正字。
《南省公餘錄》卷四：《會典》中載：世宗憲皇帝聖諱，上一字敬避作允字，下一字敬避作禎字。

⑰ 《南省公餘錄》卷四：《會典》中載：高宗純皇帝聖諱，上一字敬避作宏字，如偏旁及字中全書者，敬缺末筆。下一字中寫作林，下寫作止字。

⑰ 《大清會典事例》卷三百四十四：奉天府錦州知府員缺，著善璉補授。璉字系朕兄端慧太子之名，不應用，著改連字。

⑰ 《舉例》卷八：清仁宗顒琰，《韻目》上聲二十八琰改為儉。

⑱ 《大清會典事例》卷三百四十四：咸豐四年諭：宣宗成皇帝廟諱，缺筆寫作寧者，悉改寫作甯。

穆宗	惠陵	載淳	1861－1874	淳改湻[181]
德宗	崇陵	載湉	1874－1908	
父醇賢王		奕譞		
末帝		溥儀	1908－1911	儀隨宜改禮[182]

---

[181]　《大清會典事例》卷三百四十四：咸豐十一年七月諭：御名下一字毋庸缺
　　　筆。凡臣工章奏內遇有此字，著用湻字改避。

[182]　《清史稿·職官志》五：宣統元年，避上諱改掌儀司為掌禮。

國家圖書館出版品預行編目資料

避諱學

范志新著. – 初版. – 臺北市：臺灣學生，
2006[民 95]
面；公分
含索引

ISBN 957-15-1309-1(精裝)
ISBN 957-15-1310-5(平裝)

1. 避諱
2. 中國 – 史學

532.81   95011733

避 諱 學 (全一冊)

著 作 者：范　　　　　志　　　　　新
出 版 者：臺 灣 學 生 書 局 有 限 公 司
發 行 人：盧　　　　　保　　　　　宏
發 行 所：臺 灣 學 生 書 局 有 限 公 司
　　　　　臺 北 市 和 平 東 路 一 段 一 九 八 號
　　　　　郵 政 劃 撥 帳 號：00024668
　　　　　電　話：(02)23634156
　　　　　傳　眞：(02)23636334
　　　　　E-mail：student.book@msa.hinet.net
　　　　　http://www.studentbooks.com.tw

本書局登
記證字號：行政院新聞局局版北市業字第玖捌壹號

印 刷 所：長 欣 彩 色 印 刷 公 司
　　　　　中 和 市 永 和 路 三 六 三 巷 四 二 號
　　　　　電　話：(02)22268853

定價：精裝新臺幣六〇〇元
　　　平裝新臺幣五〇〇元

西 元 二 〇 〇 六 年 六 月 初 版

臺灣 學生書局 出版

史學叢刊（叢書）